高等职业教育教材

高速铁路概论

（第二版）

刘建国◎主　编
李俊娥　陈　刚◎副主编
申　毅◎主　审

中国铁道出版社有限公司

2024年·北　京

图书在版编目（CIP）数据

高速铁路概论 / 刘建国主编. — 2 版. —北京：中国铁道出版社有限公司，2024.6

高等职业教育教材

ISBN 978-7-113-30745-5

Ⅰ.①高…　Ⅱ.①刘…　Ⅲ.①高速铁路-高等职业教育-教材　Ⅳ.①U238

中国国家版本馆 CIP 数据核字（2023）第 230159 号

书　　名：高速铁路概论
作　　者：刘建国

责任编辑：悦　彩　　**编辑部电话：**（010）51873206　　**电子邮箱：**sxyuecai@163.com
编辑助理：王佳琪
封面设计：崔丽芳
责任校对：刘　畅
责任印制：赵星辰

出版发行：中国铁道出版社有限公司（100054，北京市西城区右安门西街 8 号）
网　　址：http://www.tdpress.com
印　　刷：河北宝昌佳彩印刷有限公司
版　　次：2013 年 8 月第 1 版　2024 年 6 月第 2 版　2024 年 6 月第 1 次印刷
开　　本：787 mm×960 mm　1/16　**印张：**17.25　**字数：**359 千
书　　号：ISBN 978-7-113-30745-5
定　　价：52.00 元

第二版前言

高速铁路是我国交通强国建设的重要组成部分。自2008年我国第一条设计时速350 km的高速铁路——京津城际铁路开通运营至今,经过十多年的艰苦努力,我国高速铁路建设和运营已在中部、东部、沿海、沿江、中西部欠发达地区、西北西南边疆、东北高寒地区等全面铺开。截至2023年底,我国高速铁路营业里程已达到4.5万km,稳居世界第一。

由我国自主研发、世界领先的新型“复兴号”高速综合检测列车已成功上线运行,2022年4月21日,在济南至郑州线的濮阳至郑州段,成功实现了明线上单列时速435 km、相对交会时速870 km,创造了高速铁路动车组列车明线和隧道交会速度的世界纪录。

高速铁路的快速发展,不仅加速了我国产业转型升级,降低社会物流成本,优化产业结构,同时也在悄悄改变着国人的出行习惯,改变着我国经济生活的方方面面。经过十多年的快速发展,我国已经成为全面拥有世界先进的高速铁路勘探设计、桥隧施工、装备制造、技术集成、运营管理、安全控制和精细检修等技术的国家,已成为全世界高速动车组列车投入运营数量最多、种类最全、运营经验最丰富的国家。乘坐高速动车组列车已成为公务出差、旅游出行、走亲访友等的首选,成为“一带一路”和“中国制造”走出国门的绚丽名片。

本教材此次修订,在突出高速铁路运输科学性、先进性、实践性和可操作性的基础上,注重将知识点和能力培训的有机结合,紧扣高速铁路的特点。按照《中长期铁路网规划》,以及《铁路技术管理规程》、《铁路主要技术政策》、《高速铁路设计规范》(TB 10621—2014)等相关内容进行了修改,对教材进行修订,体现了近年来我国高速铁路在规划、技术、设备、运营、管理等方面的发展和变化。

同时,从体现职业教育教学特点和遵循职业技术院校学生认知规律的要求出发,对复杂难涩的技术和理论问题,尽可能采取图文并茂的形式进行分析和介绍,化繁为简,化难为易,力争做到通俗易懂。本教材不仅适合铁路高职高专、中职教育教学使用，也可供铁路工程技术人员及对高速铁路有兴趣的相关人员学习。

本教材全面、系统介绍我国高速铁路运输组织、技术设备和运用维修的基本概念、基本知识和基本原理及基本操作技能。通过对本教材的学习，学生可以系统了解和掌握高速铁路主要设备和技术的基本内容、方法、特点，以及综合检测、精细维修的方式和安全保障体系，从而建立起对高速铁路的整体认知；同时可以系统地了解高速铁路各专业、工种、部门之间的相互关系，确立和提升本专业在整个高速铁路运输中地位、作用和重要性的认识，为后续专业课程的学习奠定基础。

本教材由长期工作在生产、教学一线的“双师型”教师团队合作编写，由武汉铁路职业技术学院刘建国任主编，武汉铁路职业技术学院李俊娥、南京铁道职业技术学院陈刚任副主编，广深铁路股份有限公司申毅任主审。具体编写分工如下：第一章由刘建国、武汉动车段刘川枫、武汉铁路职业技术学院彭文菁编写，第二章由武汉铁路职业技术学院王瑗琳编写，第三章由陈刚、武汉铁路职业技术学院邓小桃编写，第四章由李俊娥编写，第五章由武汉铁路职业技术学院何洲红编写，第六章由武汉铁路职业技术学院唐凌编写，第七章由武汉铁路职业技术学院胡华彬编写，第八章由刘建国、刘川枫编写。

本教材内容编写和修改，以现行国家及行业政策、法规、规章、标准为依据，在组织教学时应根据不同对象及具体情况，及时进行更新补充。

本教材在编写过程中，得到中国国家铁路集团有限公司、中国铁路北京局集团有限公司、中国铁路武汉局集团有限公司、中国铁路广州局集团有限公司、中国铁路上海局集团有限公司有关专家的大力支持和具体指导，参考、借鉴、吸收了相关文献及资料，在此对为本教材的编写提供帮助的专家及相关文献的作者一并表示感谢。

由于编者水平有限，教材中难免有不妥之处，恳请读者批评指正。

编　者

2023 年 12 月

第一版前言

高速铁路是集当今世界先进科学技术、制造工艺、运营管理和市场营销为一体的系统工程。由于它具有速度高、运能大、能耗低、全天候、高效率等优点，且大大缩短了地域间的时空距离，给旅客以安全、快速、便捷、舒适、优雅的乘车环境以及周到的服务，受到世界各国政府的高度重视和民众的普遍欢迎。

随着我国国民经济的快速增长，我国高速铁路的建设进入了一个全面发展、快速建设的新阶段。根据《中长期铁路网规划（2008 年调整）》，我国将建设包括北京—上海、北京—武汉—广州—深圳、北京—沈阳—哈尔滨（大连）、杭州—宁波—福州—深圳 4 条纵向，徐州—郑州—兰州、杭州—南昌—长沙、青岛—石家庄—太原、南京—武汉—重庆—成都 4 条横向，即“四纵四横”高速铁路网，以及环渤海、长三角和珠三角地区 3 个城际快速客运系统。这些规划的高速铁路已于 2005 年陆续开工建设，计划于 2020 年全面建成。近年来，随着国家拉动内需政策的出台，高速铁路建设的步伐还在加快。届时，我国的高速铁路客运网将辐射全国 70%的 50 万以上人口城市，覆盖 7 亿多人口，总里程约占世界高速铁路总量的一半。

我国高速铁路的快速发展令世人瞩目，同时对高速铁路的建设、运营、维护、管理等专业技术人才提出了迫切的需求。如何尽快培养一大批能够全面、系统地掌握高速铁路技术，建设好、维护好、管理好、运用好高速铁路的各项设备设施的技术人才，是摆在我们教育工作者面前一项十分紧迫的任务。

为满足高速铁路建设、发展、运营和维护对高层次、高技能、专业化技术人才培养的需求，推广、传播高速铁路专业技术知识，我们组织具有多年教学实践和丰富铁路工作经验的“双师型”教师团队编写此教材。

本教材在内容的编排上，注重理论联系实际，突出基本概念、基本原理、基本知识及基本技能的学习，注意吸收和运用国内外高速铁路建设、发展、运营、维护的最新技术、知识和信息，力求符合教学需要及高职高专学生的学习、认知规律，以期达到内容的全面性、系统性、时代性、实用性及可操作性。

本教材由武汉铁路职业技术学院刘建国、华东交通大学幸筱流任主编，武汉铁路职业技术学院李俊娥、陈刚为副主编，北京交通大学胡思继任主审。

各章编写的分工是：第一、八章由刘建国、幸筱流执笔，第二章由武汉铁路职业技术学院王瑷琳执笔，第三章由陈刚执笔，第四章由李俊娥执笔，第五章由武汉铁路职业技术学院何洲红执笔，第六章由武汉铁路职业技术学院唐凌执笔，第七章由武汉铁路职业技术学院胡华彬执笔，全书由刘建国统稿。

本教材在编写过程中得到了武汉、北京、广州、上海等铁路局及武广客运专线、广深客运专线的有关专家的大力支持和帮助，并参考、借鉴、吸收了相关文献、书籍及资料，在此一并表示深深的感谢。

由于编者水平有限，且编写时间仓促，教材中难免存在疏漏、不妥之处。诚恳希望各院校师生及相关读者提出批评及改进意见。

编　者

2013 年 3 月 28 日

目 录

第八章　磁悬浮铁路　239

参考文献　263

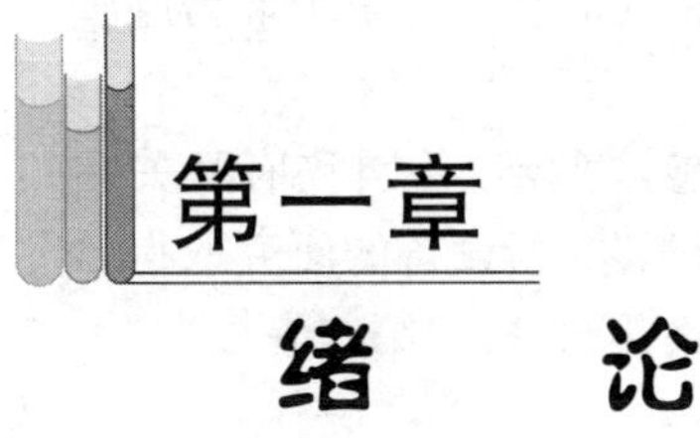

第一章 绪论

本章要点

本章以时间为轴线,概括地介绍了世界铁路产生、发展及世界各国发展高速铁路的历史和原因,详细分析了高速铁路概念及技术经济特征,并从对我国国情及交通运输发展的现状分析入手,阐述了我国高速铁路发展的必要性及“八纵八横”的发展规划。

第一节 高速铁路的产生及发展

一、高速铁路的产生

1825 年,英国人修建了世界上第一条铁路。因火车的速度远远高于轮船和马车,并以运量大、可靠性强、运行全天候等优点,使铁路在 19 世纪后半叶和 20 世纪初在世界各国迅速发展,很快成为世界各国交通运输的骨干,并形成了世界铁路的“第一个发展期”,对当时社会经济的发展与繁荣起到了很大的推动作用。但是,从 20 世纪 50 年代开始,世界进入了交通运输工具现代化、多样化时期,高速公路和汽车的快速发展,航空运输的兴起,使铁路在速度上处于劣势,受到长短途运输的两面夹击,铁路在西方发达国家首先陷入“夕阳产业”的被动局面,一度处于建设停滞状态。

提高列车速度是铁路赖以生存和适应社会经济发展的唯一出路。为此,从 20 世纪初至 20 世纪 50 年代,德国、法国、日本等国进行了大量的有关高速列车的理论研究和试验工作。1903 年 10 月 27 日,德国人用电力机车首创了试验速度达 210 km/h 的历史纪录;1955 年 3 月 28 日,法国人用两台电力机车牵引三辆客车,使试验速度达到了 331 km/h。但直到 20 世纪 60 年代,高速铁路技术才进入实际运用阶段。

日本从 20 世纪 50 年代末开始,为迎接第 18 届奥运会在东京召开,加快了研究和建设高速铁路的步伐。1964 年 10 月 1 日，世界上第一条高速铁路——日本东海道新干线赶在 1964 年10 月 10 日奥运会开幕前正式投入运营，列车运行速度达到 210 km/h，突破了保持多年的铁路运行速度的世界纪录。由于东海道新干线票价较飞机票便宜，从而吸引了大量旅客，迫使东京至名古屋间的飞机航班停运。它成为当今世界上铁路在与航空的竞争中取得胜利的一个范例。

20 世纪 80 年代，随着世界性的能源危机、环境污染等问题愈演愈烈，各国政府又关注到了铁路的优点，与此同时，随着有关高速铁路的一系列新技术、新工艺、新设备的研究取得新突破和发展，以及各国铁路运输管理体制改革的不断深入，世界铁路开始进入“第二发展期”——高速铁路的大发展期。

二、高速铁路的发展

高速铁路是现代科学技术的一项重大成就，它不仅反映了一个国家铁路牵引动力、线路结构、装备技术、制造工艺、列车运行控制、运输组织和经营管理水平等方面的发展和进步，还集中体现了一个国家科技和工业化发展的水平以及铁路运输组织管理的水平。

自日本新干线投入运营以来，高速铁路以其安全可靠、技术创新、节能环保、快捷舒适、服务优质等特色，不仅为铁路的发展带来了新的机遇，也为国民经济的发展带来了巨大的动力；高速铁路的成功，不仅使铁路在各种交通运输工具的竞争中呈现勃勃生机，也有力地促进了国民经济的增长和社会的进步。当今世界许多国家都在建设高速铁路，就连过去曾因铁路不景气大量拆掉铁路线路的“汽车王国”——美国，也在着手高速铁路的建设。据不完全统计，全世界拥有或正在建设高速铁路的有中国、德国、法国、西班牙、意大利、瑞典、荷兰、比利时、英国、日本、韩国等国家，还有一些国家和地区正在进行研究和规划。

在亚洲，日本在东海道新干线建成后，又相继修建了山阳、东北、上越、北陆、山形、秋田等新干线，形成了纵贯日本国土的新干线网。高速铁路被誉为日本“经济起飞的脊梁”。2004 年 4 月 1 日，韩国汉城—釜山的高速铁路(412 km)开通运营，最高速度为 300 km/h。

欧洲的高速铁路建设始于法国。法国 1981 年开通了 TGV 东南线(417 km)，1989 年开通了 TGV 大西洋线(282 km)，1993 年开通了 TGV 北方线(333 km)，1994 年开通了 TGV 东南延长线(148 km)，1996 年开通了 TGV 巴黎地区联络线(128 km)，2001 年开通了 TGV 地中海线(295 km)，完成了纵贯法国的高速铁路干线。

在德国，汉诺威—维尔茨堡铁路(新线 326 km)和曼海姆—斯图加特铁路(新线长99 km)于 1991 年投入运营，运行速度 280 km/h。此后，汉诺威—柏林铁路(264 km)于 1998 年投入运营(其中有 170 km 的高速区段)。2002 年 8 月 1 日德国科隆—法兰克福高速线(219 km)开通运营，运行速度为 300 km/h，它是德国第一条客运专线。在该线上运行的第三代 ICE3 型高速列车最高运行速度为 330 km/h，并允许当列车晚点时，以该速度赶点运行。

英国是世界铁路的发源地，但在高速铁路建设上却滞后于欧洲其他国家。英国的第一条高速新线是于2003年9月16日开通运营的，连接英伦海峡的CTRL隧道线路，最高速度为300 km/h。

意大利在1970年立项建设罗马—佛罗伦萨的高速铁路(236 km)，1987年建成通车，初期列车速度仅为180 km/h，1992年提高到250 km/h。

比利时和荷兰等国也正在建设高速铁路，其中比利时的布鲁塞尔—法国边境的高速铁路线(88 km)已于1997年12月开通，通往德国科隆—列日的高速铁路也于2002年12月开通运营。

西班牙在新建马德里—塞维利亚(471 km)高速铁路取得成功后，又开工建设了马德里—巴塞罗那高速铁路(651 km)，设计最高速度为350 km/h。

除西欧各国外，东欧、南部欧洲等也在积极进行既有线基础设施的提速改造，筹备建设高速铁路。

澳大利亚铁路一直以重载运输而驰名于世，40年前委托TMG公司对墨尔本—布里斯班2 000 km的东海岸进行高速铁路建设论证工作。但由于多方面的原因，迄今为止还迟迟未建。

我国铁路运输的建设和发展整体晚于世界发达国家。新中国成立后，虽然我国加快了铁路运输的建设速度，但仍长期处于国民经济发展瓶颈的地位，因此，我国在建设和发展传统铁路运输的同时，密切关注世界各国高速铁路的研发和建设，并把研发和建设高速铁路作为走出铁路运输瓶颈的重要措施之一。20世纪90年代以来，我国高速铁路经历了研究论证试验阶段、快速发展阶段、自主提升阶段、智能化阶段，具有代表性的线路有秦沈客运专线、京津城际铁路、京沪高速铁路、京张高速铁路等。截至2023年底，我国高速铁路运营里程达4.5万km，占世界高速铁路运营里程的60%左右，稳居世界首位。我国已建成世界上规模最大、现代化水平最高的高速铁路网。

世界上几种典型的高速列车如图1-1所示。

表1-1、表1-2列举了几个国家高速铁路最高运营速度和最高试验速度。

三、高速铁路的概念

一条铁路线是否能称为高速铁路，即高速铁路的定义，它有一个产生、发展、形成的过程。1970年5月，日本在第71号法律《全国新干线铁路整备法》中规定："列车在主要区间能以200 km/h以上速度运行的干线铁道称为高速铁路。"这是世界上第一个以国家法律条文的形式给高速铁路下的定义。

1985年5月，联合国欧洲经济委员会将高速铁路的列车最高运行速度规定为：客运专线300 km/h，客货混线250 km/h。1986年1月，国际铁路联盟秘书长勃莱认为，高速列车最高运行速度至少应达到 200 km/h。因此，当前国际上公认列车最高运行速度达到 200 km/h 及其以上的铁路为高速铁路。随着科学技术的发展和客观条件的变化，有关高速铁路的定义将会不断更新。我国将高速铁路认定为新建设计开行 250 km/h(含预留)及以上动车组列车，初期运营速度不小于 200 km/h 的客运专线铁路。

(a) 日本的高速列车

(b) 德国的高速列车

(c) 法国的高速列车

(d) 中国的高速列车

图 1-1　世界上几种典型的高速列车

表 1-1　几个国家高速铁路最高运营速度情况

国　　家	车　　型	最高运营速度	初建时间
德国	ICE3	320 km/h	1971 年
法国	TGV3 V150	320 km/h	1971 年
日本	新干线 E5	320 km/h	1964 年
中国	复兴号 CR400 系列	350 km/h	1999 年

表 1-2　几个国家高速铁路最高试验运行速度情况

国　家	最高试验速度(km/h)	年度	试验车型	线路
法国	380.4	1981 年 9 月	TGV-PSE	巴黎—里昂
	515.3	1990 年 5 月	TGV-A	巴黎—勒芒与图尔试验线
	574.8	2007 年 4 月	V-150	巴黎—斯特拉斯堡
日本	425.0	1993 年 12 月	STAR21	上越新干线燕三条—新潟
	443.0	1996 年 7 月	300-X	米原—京都
德国	406.9	1988 年 5 月	ICE-V	汉诺威—维尔兹堡
中国	487.3	2011 年 1 月	CRH380BL	京沪高速铁路

因此,高速铁路是一个既具有专业性又具有国际性和时代性的概念。铁路速度的分档一般规定为:时速 100～120 km 称为常速,时速 120～160 km 称为中速,时速 160～200 km 称为准高速或快速,时速 200～400 km 称为高速,时速 400 km 以上称为特高速。对于“高速”的标准,随着科学技术的进步也将不断提高。

第二节　高速铁路的技术经济特征

铁路运输由机车车辆、线路桥隧、通信信号、牵引供电、运输组织及安全保障等系统组成。只有将这些系统有机地组织在一起,相互配合,相互协调,且技术上相互匹配,才能使铁路运输顺利进行且发挥更大的作用。因此,人们常说,铁路是一个集中统一指挥下的“大联动机”。而高速铁路正是在这样一个传统的轮轨交通工具的基础之上,广泛运用现代高新技术发展起来的产物。

一、高速铁路是当代高新技术的集成

高速铁路的诞生是继航天业之后,世界上最庞大、最复杂的现代系统工程。它涉及的学科之多、专业之广已充分反映了其系统的综合性和复杂性。作为现代科学技术标志的计算机及其应用,微电子技术、电力电子器件的实用化、微型化与遥控、自控技术的成熟,生物工程、新材料、复合材料等高新技术的推广运用,为高速铁路的蓬勃发展奠定了基础。

高速铁路技术除了具备一般铁路的基本特征外,还体现在其是广泛吸收应用当今机械、化工、材料、工艺、电子、信息、控制、空气动力学、环境保护等领域高新技术的一项多学科、多专业的综合技术,集中体现了铁路的运输组织、机车车辆、牵引供电、桥隧工程、通信信号等专业的巨大技术进步,综合利用电子计算机、信息传输、机械制造、电力电子元件等多种新材料、新工艺、新产品等。它全面突破普速铁路的理论、概念、技术以及控制手段和牵引方式。例如,高速铁路突破了前人关于轮轨极限速度理论的设想;通过交—直—交电传动方式的技术突破,解决了大功率牵引电机在有限空间和重量下实现的技术难题;通过采用新结构和新材料,实现了流线型的高速车体外形、动力性能优良的高速转向架的制造和有效减轻列车重量;航天航空技术的移植,机电一体化向更高程度的发展,列车高速运行轮轨黏着、弓网规律探索研究的提升,为研制牵引和制动功率大、运行阻力小、环境噪声低的高速动车组提供了条件;融现代计算机、通信技术、信号技术和遥感技术于一体的列车运行自动控制系统和行车调度指挥系统的变革,以及轨道线路、桥隧工程技术和监测、养护技术的发展和进步等,为高速列车的安全、舒适运营创造了条件;高速铁路以其靠外部供电作为动力,可广泛利用各种新型能源,减少了对沿线环境的污染;它们与高效的运输组织与运营管理体系等综合起来,形成一种能与普速铁路路网兼容的新型高效的交通运输系统。

二、高速铁路的主要技术经济特点

高速铁路之所以受到世界各国的普遍欢迎并得以快速发展,绝非偶然。高速铁路不仅克服了普速铁路速度低的缺点,与高速公路的汽车运输和中长途的航空运输相比较,在下列技术经济指标中具有一定的比较优势。

(一)速 度 快

速度是高速铁路技术的核心,也是其主要技术经济优势所在。迄今,高速铁路是陆上运行距离最长、运行速度最高的交通运输方式。当前高速列车的运行时速已达 350 km,超过在高速公路上运行的小汽车两倍多,达到喷气客机的 1/3 和短途飞机的 1/2,因而使高速铁路在运距 100～1 000 km 范围内均能显示其节约总旅行时间(总旅行时间包括途中旅行、到离车站及机场、托运和领取行李、上下车和飞机运行的全过程,以及小汽车驶入和驶出高速公路的总时间消费)的效果,而在1 500～2 000 km 运距内也能发挥其“移动宾馆”的便利。

(二)安全性好

安全始终是人们出行选择交通运输方式的首要因素。从事交通运输产业的现代企业都把提高安全性能作为重中之重,以提高其在运输市场中的竞争地位。但是,即便如此,交通事故时有发生仍难杜绝。有资料表明,在各国交通运输中,铁路、公路、民航运输的事故率(每百万人公里的伤亡人数)之比大致为 1∶24∶0.8。由于高速铁路采用全封闭、自动化运行方式,且有一系列完善的安全保障体系,如先进的 ACT 列车速度控制系统,能自动控制列车运行速度、调整列车运行间隔,按照列车允许的行车速度,使列车自动减速或停车,故其安全可靠性大大高于其他交通工具;同时,高速铁路中与行车有关的固定设施和移动设备,都装有信息化程度很高的诊断与监测系统,并建立了科学的养护维修制度;对可能危及行车的安全问题和自然

灾害,设有预报、预警装置,这一系统措施有效地防止了人为过失、设备故障及自然灾害等突发事件引起的各类事故。因此,相比之下,高速铁路可称得上是当今世界上最安全的现代高速交通运输方式。

(三)运 能 大

高速铁路继承了铁路作为大众运输工具的基本特征。高速铁路旅客列车的最小行车间隔可达 3 min,列车密度可达 20 列/h,若每列车载客人数按 800 人计算,扣除线路维修时间(4 h/d),则每天可开行高速列车 400 列,输送旅客 32 万人,年均单向输送将达到 1.17 亿人。而 4 车道高速公路,单向每小时可通过汽车 1 250 辆,每天也按 20 h 计算,可通过 25 000 辆,如大轿车占 20%,每车平均乘坐 40 人,小轿车占 80%,每车乘坐 2 人,年均单向输送能力为 8 700万人。航空运输主要受机场容量限制,如一条专用跑道的年起降能力为 12 万架次,采用大型客机的年单向输送能力也只能达到 1 500 万～1 800 万人。可见,高速铁路的运能远远大于航空运输,且一般也大于高速公路。

(四)能 耗 低

能耗高低是评价交通运输方式优劣的重要经济技术指标之一。根据有关方面的统计,各种交通运输工具平均每人公里的能耗:飞机 2 998.8 J,大轿车 583.8 J,小轿车 3 309.6 J,普速铁路 403.2 J,高速铁路 571.2 J。如果以普速铁路每人公里的能耗为 1.0,则高速铁路为 1.42,大轿车为 1.45,小汽车为 8.2,飞机为 7.44。汽车、飞机均使用的是不可再生的一次能源——汽油或柴油,而高速铁路使用的是二次能源——电力。随着水电、太阳能、风能和核电等新型能源的发展,高速铁路在能源消耗方面的优势还将更加突出。这也是在当今石油等能源紧张的情况下,世界各国选择发展高速铁路的重要原因之一。

(五)污 染 轻

环境保护是当今关系人类生存的全球性紧迫问题。交通运输与生态环境问题密切相关,当前,交通运输对环境的污染主要是废气和噪声。据统计,在旅客运输中,各种交通运输工具一氧化碳等有害物质的换算排放量,公路为 0.902 kg/(人·km),铁路为 0.109 kg/(人·km),客机为 635 kg/h(另还有二氧化碳 46.8 kg/h,三氧化硫 15 kg/h),这些有害物质在大气中一般要停留 2 年以上,是当今造成大面积酸雨,使植被生态遭到破坏和建筑物遭受侵蚀的主要原因。由于高速铁路实现了电气化及集便技术,基本消除了粉尘、油烟和其他废气污染。另外,在噪声污染方面,日本曾以航空运输每千人公里产生的噪声为 1,则大轿车为 0.2,高速铁路仅为 0.1。从以上数据看,在现代交通运输中,航空和汽车运输造成的环境污染越来越大。而长期生活在噪声环境中,会使人的听觉器官受到损害,甚至耳聋。因此,常在高速铁路两侧修建隔声墙来降低噪声。人们愈来愈认识到,为防止地球上臭氧层被破坏而造成的气候异常现象,应大力发展清洁能源的交通工具,减少飞机和汽车的排放废气,加大城市轨道交通和高速铁路发展的力度。

（六）占 地 少

交通运输尤其是陆上交通运输，由于要修建道路和停车场，需要占用大量的土地，而且大部分是耕地。双线高速铁路路基面宽 3.6～14 m，而四车道的高速公路路基面宽达 26 m。双线铁路连同两侧排水沟用地在内，用地约 70 亩/km，而采用高架等工程，占用土地将还要少；四车道的高速公路用地为 105 亩/km。当前，我国高速铁路多采取高架或隧道等形式，故可以大大减少对耕地的占用和杜绝平面交叉道口的交通事故以及对环境的负面影响。

（七）造 价 低

工程造价的高低在一定程度上是制约某种交通运输方式能否得到迅速、持续发展的重要因素之一。高速铁路的工程造价虽然大大高于普速铁路，但并不比高速公路高。据法国资料，法国高速铁路基础设施造价要比 4 车道的高速公路节约 17%。TGV 高速列车平均每座席的造价仅相当于短途飞机每座席造价的 1/10。我国高速铁路建设成本约为其他国家建设成本的 2/3。

（八）舒适度高

随着人们物质生活水平的不断提高，出行舒适状况已成为人们选择出行交通运输方式的重要条件之一。高速铁路线路平顺、稳定、曲线半径大，列车运行平稳，震动和摆动幅度都很小。旅客在途中占有的活动空间大大高于汽车和飞机。其座位宽敞、设施先进、装备齐全、乘坐舒适、活动自如等都是飞机和汽车无法比拟的。

（九）效 益 好

评价一个产业（或产品）的好坏，不仅要看其自身的、近期的、直接的经济效益，还要看其带来的社会效益。高速铁路作为一种新型交通运输产品，仍具有轨道交通运输投资大、周期长、呈网络型、可形成规模经济的基本属性和特征。高速铁路在我国建设和发展仅有 20 多年，且目前仍处于运输网络的建设和完善阶段，但其经济和社会效益已在多个方面得到体现：一是提升了我国综合交通运输的整体水平和效率，密切了各经济区域间的联系和交往；二是提升了各地城镇化建设的水平，深化乡村振兴，为彻底解决长期以来困扰我国的城乡差别问题创造了条件；三是促进了国内旅游产业发展（如武广高速铁路开通后仅三年，对沿线旅游业的推动，受到了沿线各地的普遍好评，据有关部门报道，旅游人数较开通前大幅增加，达 30%～60%不等）；四是相比于航空、普速铁路、高速公路来讲，高速铁路具有速度快、正点率高、安全性好且不易受到气候变化影响等优点，不仅成为人们长途出行的首选交通运输工具，且为我国军事和国防建设提供了有力支持；五是未来在完善运输网络的同时，可开发更多利国利民的运输产品（如快速货物运输等），推动国民经济又好又快地发展。

第三节 我国高速铁路的规划与建设

一、我国发展高速铁路的必要性

高速铁路代表了当代世界铁路发展的大趋势，是20世纪交通运输发展的重大成就，是人类智慧的结晶和共同财富。我国作为一个地域宽阔、人口众多、能源相对匮乏、环境保护任务繁重的发展中国家，大力发展高速铁路是推动国民经济又好又快、科学发展的明智选择。

(一)高速铁路是我国经济及社会发展的需要

从发展经济学的角度看，一般说来，一国的人均GDP在400～2 000美元为经济起飞阶段，在2 000～10 000美元为加速成长阶段，在10 000美元以上为稳定增长阶段。2023年，我国人均GDP达到12 681美元，进入了稳定增长阶段。到2050年我国将达到中等发达国家水平。人民生活水平比较富裕，基本实现现代化。据有关方面预测，到2050年，我国城市化率将达到75%。稳定、健康、快速的经济增长大环境，将为我国旅客运输市场的持续增长提供基础条件。

随着人们收入的不断增加，居民用于交通方面的支出将会不断增加，对交通运输的需求也将会随之增长。根据国际经验，处于经济高速增长的阶段，客运需求的增长与国民经济的增长基本上是成正比关系。随着我国各种运输方式的不断发展，全国统一的综合交通运输体系的逐步形成，各种交通运输方式的协调发展，充分发挥各自的竞争优势，为人们的出行创造更加安全、便利、快捷、舒适的运输条件，必将使长期受到压抑的潜在客运需求得以进一步释放，未来我国的客运需求将有大幅增长。

近年来，我国居民出行已经开始从单纯的公务出差、探亲访友向旅游、休闲等消费性需求方向转变，从过去仅仅满足"走得了"向"走得快""走得好"的高品质运输的方向转变。今后，随着人民物质文化生活水平的不断提高，人们对出行的运输服务质量需求将会越来越高，方便快捷、环境舒适、安全可靠、服务良好以及各种个性化服务的出行消费需求都将提出来，仅靠传统的铁路运输工具难以满足这些需求，因此，加快高速铁路的建设是我国顺应时代发展要求的必然选择。

(二)高速铁路的比较优势决定其在运输市场竞争中的重要地位

高速铁路与公路和航空相比，突出其在速度、安全、舒适、运能、能耗、环境保护、土地占用、工程造价等方面明显的技术经济比较优势。由此，决定了高速铁路在交通运输市场中的地位和作用。

安全、快速、舒适、便捷、经济实惠对旅客来说有很强吸引力。2007年4月3日，法国

V150 高速列车，在即将开通的 TGV 东部线上进行高速试验时，最高速度达到 574.8 km/h，创造了新的世界铁路运行速度纪录。目前，在各国高速铁路运营的列车速度一般在 200～300 km/h，而法国、日本的几种新型动车组在商业运营时，时速已达到 350～360 km。2010 年 10 月 26 日，我国在京沪高铁运营线上取得了时速 481 km 的试验速度，刷新了世界铁路运营线上时速的最高纪录。高速铁路的运用改变了人们时空距离的概念，目前人们在出行选择交通工具时，经常使用总旅行时间进行比较。据国外资料，分析公路、民航和高速铁路三种运输方式的总旅行时间表明，300 km 以下的路程，高速公路具有优势；1 000 km 以上的运距航空具有吸引力；150～1 300 km 的运距中，高速铁路具有明显的比较优势。与民航运输比较，高速铁路的另一个特点是可以开行夕发朝至列车或称旅馆列车，乘坐这种列车的旅客可利用夜间行车时间睡眠，这样在 1 300～2 000 km 运距内，可以收到节约时间和费用的双重效果，与民航比较也具有一定的竞争力，如图 1-2 所示。

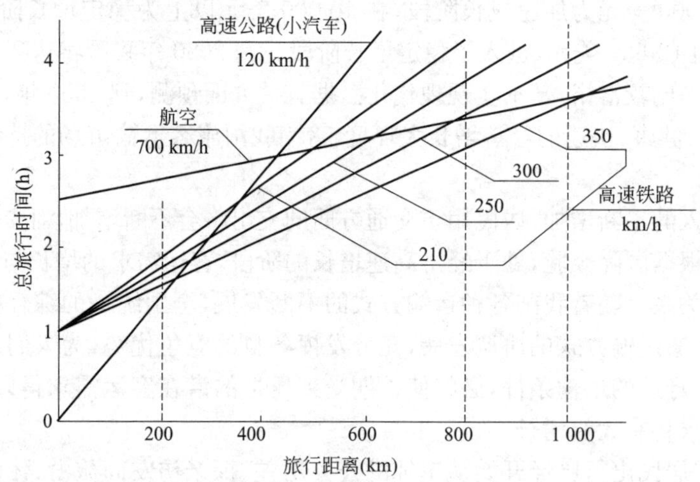

图 1-2　旅客出行总时间比较

近年来，交通运输业发展的经验还表明，当发生大雾、大雪、暴雨等恶劣天气时，相对于其他交通运输工具，铁路是最可靠的交通方式，因为铁路运输具有自动控制、全天候的技术特征。

从上述比较优势及我国人口基数大、国土辽阔、资源匮乏、环保压力大等国情来看，未来高速铁路必将成为我国解决城市间旅客运输的最主要方式。高速铁路的修建，也将大大增强我国铁路的市场竞争能力。因此，有专家预测，在未来客运运输市场竞争中，铁路的市场份额将会有所增加。据估算，2050 年的铁路旅客周转量可达到 28 000 亿人 · km。此外，既有城市人口的分布决定了客运量主要增长点仍将集中在主要干线上。我国既有铁路网是难以承担如此

庞大的客运量增长，必须在大城市间新建专门用于旅客运输的城际高速铁路。

（三）高速铁路的发展符合我国国情的需要

一个国家交通运输发展模式的选择，必须根据其本国的具体国情来确定。

我国的基本国情是：人口众多，幅员辽阔，耕地匮乏，资源短缺，人均收入低，生产布局不合理，经济发展不平衡等。因此，大力发展运力大、占地少、污染轻、安全可靠和经济舒适的交通工具，来解决大客流量的快速运输问题是我们必然选择。如前所述，高速铁路在这些方面具有明显的比较优势，完全适合我国国情的需要。

1. 高速铁路运力大，符合发展大众运输的国情

我国人口众多，幅员辽阔，经济相对落后，对大众客运运输工具的需求很大。目前，我国人均乘火车的次数远远低于发达国家平均水平。2023 年，我国铁路的旅客发送量为 36.8 亿人，年人均乘火车次数不到 3 次，这一数字不仅大大低于发达国家，且低于亚洲的邻国印度（7 次）。可以预测，随着国民经济的持续快速的增长和人民物质文化生活水平的提高，未来我国客运量肯定会大幅度增长，而高速铁路作为大众运输工具，有安全性、运量大、速度快、全天候等特征，恰好能适应这一发展需求。

2. 高速铁路的发展有利于改善地区经济不均衡并合理配置资源

我国东部人口众多、经济发达、资源匮乏，而西部人口稀少、经济相对落后、资源丰富。要改变这一局面，必须大力发展交通运输，落后地区一旦被铁路覆盖或辐射，则会使该地区更大范围地融入国民经济发展的整体中去，提高其经济发展水平，加快经济发展的进程。另外，铁路对促进资源的优化配置提供了最有效的载体，有利于市场广度和深度的开拓，使人们能够低成本地参与市场竞争。因此，高速铁路的建设，有利于实现客货运输分线，将有利于改善地区经济发展的不均衡和促进资源合理有效的配置。

3. 高速铁路用地省

如前所述，高速铁路由于多采用高架或隧道等形式，因此，与其他运输方式相比占用土地面积相对较少。这一特征尤其适合我国人多地少的国情。因为，我国目前人均占地远远低于世界平均水平，人均耕地面积仅 0.000 8 km^2（约 1.2 亩），且有逐年递减的趋势，因此，能否节约用地是我们选择发展交通运输方式的重要因素之一。

4. 高速铁路能耗低

从 2004 年开始，我国年能源消耗已超过 14 亿 t 标准煤，成为世界上继美国之后的第二能源消耗大国。随着国民经济快速发展和人民物质文化生活水平的不断提高，我国不仅面临能源需求的刚性增长，还存在着能源利用率偏低带来的增长的双重夹击。我国石油资源紧缺，公路和航空运输用油量大，目前，我国大约一半以上的成品油需进口。而高速铁路不仅能耗较低，且能够使用二次能源，因此，在能源日趋紧张的今天，大力发展高速铁路，有利于开发和利用太阳能、风能等各种新型能源，应当是我国可持续发展的一项明智的战略性选择。

（四）高速铁路的建设有利于促进我国铁路装备水平及工业制造整体水平的提高

高速铁路是一个涉及多学科、多门类、多产业的综合性先进技术，它集中了新型牵引动力、高性能的轻型车辆、高速线路和桥隧、高速度高密度的列车运行自动控制、高速度旅客运输组织等方面的最近技术和管理理念。建设高速铁路不仅需要大量的资金，而且涉及电子、信息、控制、机械、能源、化工、环保、原材料、土木建筑等多学科、多产业的科学技术与制造工艺水平的发展。抓住建设高速铁路这一发展机遇，不仅有利于加快我国铁路技术装备现代化的进程，促进我国铁路运输组织水平和服务质量的提升，还可以大大推动我国机械制造、信息技术、化工技术、电子电气、生态工程、环境保护等多项高新技术及产业的进步和发展，缩小与发达国家在这些方面的差距，为我国国民经济的全面腾飞和社会文明进步创造更好的条件。

（五）高速铁路的建设符合我国城市化发展战略的需要

改革开放 40 多年来，我国城市化率从 1977 年不到 20%提高到 2020 年的 60%；人口超过 100 万的城市有 130 个，而当今世界人口在 100 万以上的城市美国有 45 个，欧洲有 36 个，南美有 46 个，中国比它们的总和还多。城市化建设已成为推动我国经济增长、社会进步的重要手段。我国铁路客运量的 97.2%产生于城市，其中特大城市产生的铁路客运量占铁路客运总量的 53.4%。客观上这些城市都已成为客流中心，而铁路是联系这些大城市的强有力的纽带。如果高速铁路能够覆盖全国 100 万人口以上的城市，那么 50%以上的旅客就能够从修建高速铁路中受益，享受高速、舒适、安全的旅行方式。

未来人口和经济发展向中心城市集聚，客流中心的规模将不断扩大，需要形成连接客流中心的大运能的高速铁路作为通道，同时，方便、快捷、舒适的运输条件反过来又将促使城市的发展和城市规模的扩大。

二、我国高速铁路发展的战略规划

（一）我国高速铁路的发展目标

大城市群在国家和区域经济发展中具有非常重要的地位，是一个国家或地区经济发展的中心，具有强大的吸引力和凝聚力。从地理位置看，武汉距北京 1 225 km，武汉距广州 1 069 km，武汉距上海 951 km，武汉距重庆1 016 km，位于全国路网中心位置，而且是沿江经济带的中部，具有承东启西的桥梁作用。因此，我国高速铁路网应以北京、上海、广州、武汉、重庆（成都）为中心布局，这样有利于扩大上述中心城市的辐射和影响范围。

展望到 2030 年，我国将建成现代高速铁路网，连接主要城市群，基本连接省会城市和其他 50 万人口以上大中城市，形成以特大城市为中心，覆盖全国、以省会城市为支点覆盖周边的高速铁路网。届时将实现相邻大中城市间 1～4 h 交通圈，城市群内 0.5～2 h 交通圈，并能提供安全可靠、优质高效、舒适便捷的旅客运输服务。

（二）我国高速铁路的发展模式

从我国现有铁路网和城市布局情况看，高速铁路的发展模式可以有以下三种：

1. 繁忙干线客货分线，建设大能力客运通道

既有繁忙干线目前双向密度在 2 000 万人・km/km 以上、双向运输密度 8 000 万换算 t・km/km 以上，能力不能满足运输需要的可建第二双线（或高速铁路），实现客货分线运输。新建第二双线，主要承担中长途、城际间旅客运输，同时承担少量的快速货物运输（一般具有高附加值），既有线主要承担货运，同时承担少量的短途客运。

2. 中心城市间建设客运专线，实现旅客运输高速化

中心城市间一般经济发达，人口稠密，客运发展潜力巨大，同时仍有少量货运。因此，要视其发展状况合理布局，条件许可的可采取货运由其他线路承担，而一次性新建客运专线；必须承担货运的，近期可采用客货混跑快速的线路过渡，平面预留改造为高速铁路的条件，待条件成熟后，再改造为高速铁路，同时，新建一条货运线。

3. 繁忙单线客货分线，全面提升旅客运输质量

对于仅次于主要客运量通道的既有单线铁路，由于大多建成时间早，技术标准低，难以适应新时期旅客运输质量要求，而且线路所经地区地形复杂，改造既有线难度又很大，且客运发展潜力巨大，可采取新建一条双线客运专线，而既有线主要用于货物运输和沿线短途客运，形成“三线模式”的客货分线运输。

（三）我国高速铁路的布局原则

（1）高速铁路的布局应以连接中心城市、全面适应 21 世纪中叶（我国基本实现现代化）人们对出行的运输要求为目标，中心城市间形成高速度、大能力的客运通道。

（2）高速铁路的布局应以经济效益为中心，重点考虑目前能力不足的客货繁忙通道，通过新建高速铁路，实现客货分线运输，大幅度提高客货运输能力和旅客运输质量。

（3）高速铁路的布局应尽量成网布局，这样有利于充分利用高速铁路资源。

（4）高速铁路的布局应兼顾西部地区，以缩短东西部的时空距离。由于我国经济发展的不平衡性，我国广大的西部地区由于人口密度低，经济发展相对落后，从现状及能力的需要来看，双线铁路基本能够满足需要。考虑未来西部地区的发展潜力和提高运输质量的需要，效率兼顾公平，高速铁路应连接西部的中心城市，这样有利于缩短西部与中东部中心城市的时空距离，发挥中心城市的辐射带动作用。

（5）高速铁路的布局应远近结合，长大通道一次规划，分期实施，由于各线所处的地理位置不一，速度目标不一定采用统一标准。

（四）我国高速铁路的布局规划

高速铁路代表了当代世界铁路发展的大趋势，是 20 世纪交通运输发展的重大成就，是人类科学技术智慧结晶和共同财富。我国作为一个地域宽广、人口众多、能源资源相对匮乏、环

境保护任务繁重的发展中国家，大力发展高速铁路，对于推动国民经济高质量发展、解决长期困扰我们的交通运能不足、舒适度不高、难以满足人们出行需要等问题来说，可谓是一个明智选择。

自 1997 年开始，我国铁路先后进行了六次旅客列车大提速，并为发展高速铁路积极进行技术、人才、部件、装备及运营管理经验的积累和储备；经过不断学习、研发、创新，我国已经全面系统地掌握了高速铁路线路(桥隧)勘探、设计施工、工程组织、动车制造、系统控制等成套技术，在高速铁路的建设、施工、运营管理等方面达到国际领先水平。

2016 年 7 月，国家发展改革委、交通运输部、中国铁路总公司联合发文颁布了修订的《中长期铁路网规划》，规划目标主要有：

到 2025 年，铁路网规模达到 17.5 万 km 左右，其中高速铁路 3.8 万 km 左右(这一目标已在 2021 年提前实现)，网络覆盖进一步扩大，路网结构更加优化，骨干作用更加显著，更好发挥铁路对经济社会发展的保障作用。

展望到 2030 年，基本实现内外互联互通、区际多路畅通、省会高速铁路连通、地市快速通达、县域基本覆盖。

——完善广覆盖的全国铁路网。连接 20 万人口以上城市、资源富集区、货物主要集散地、主要港口及口岸，基本覆盖县级以上行政区，形成便捷高效的现代铁路物流网络，构建全方位的开发开放通道，提供覆盖广泛的铁路运输公共服务。

——打造一体化的综合交通枢纽。与其他交通方式高效衔接，形成系统配套、一体便捷、站城融合的铁路枢纽，实现客运换乘“零距离”、物流衔接“无缝化”、运输服务“一体化”。

为满足快速增长的客运需求，优化拓展区域发展空间，在“四纵四横”高速铁路的基础上，增加客流支撑、标准适宜、发展需要的高速铁路，部分利用时速 200 km 铁路，形成以“八纵八横”主通道为骨架、区域连接线衔接、城际铁路补充的高速铁路网，实现省会城市高速铁路通达、区际之间高效便捷相连。

因地制宜、科学确定高速铁路建设标准。高速铁路主通道规划新增项目原则采用时速 250 km 及以上标准(地形地质及气候条件复杂困难地区可以适当降低)，其中沿线人口城镇稠密、经济比较发达、贯通特大城市的铁路可采用时速 350 km 标准；区域铁路连接线原则采用时速 250 km 及以下标准；城际铁路原则采用时速 200 km 及以下标准。

1.“八纵”通道

(1)沿海通道。大连(丹东)—秦皇岛—天津—东营—潍坊—青岛(烟台)—连云港—盐城—南通—上海—宁波—福州—厦门—深圳—湛江—北海(防城港)高速铁路(其中青岛至盐城段利用青连、连盐铁路，南通至上海段利用沪通铁路)，连接东部沿海地区，贯通京津冀、辽中南、山东半岛、东陇海、长三角、海峡西岸、珠三角、北部湾等城市群。

(2)京沪通道。北京—天津—济南—南京—上海(杭州)高速铁路，包括南京—杭州、蚌

埠—合肥—杭州高速铁路，同时通过北京—天津—东营—潍坊—临沂—淮安—扬州—南通—上海高速铁路，连接华北、华东地区，贯通京津冀、长三角等城市群。

(3)京港（台）通道。北京—衡水—菏泽—商丘—阜阳—合肥（黄冈）—九江—南昌—赣州—深圳—香港（九龙）高速铁路；另一支线为合肥—福州—台北高速铁路，包括南昌—福州（莆田）铁路。连接华北、华中、华东、华南地区，贯通京津冀、长江中游、海峡西岸、珠三角等城市群。

(4)京哈—京港澳通道。哈尔滨—长春—沈阳—北京—石家庄—郑州—武汉—长沙—广州—深圳—香港高速铁路，包括广州—珠海—澳门高速铁路。连接东北、华北、华中、华南、港澳地区，贯通哈长、辽中南、京津冀、中原、长江中游、珠三角等城市群。

(5)呼南通道。呼和浩特—大同—太原—郑州—襄阳—常德—益阳—邵阳—永州—桂林—南宁高速铁路。连接华北、中原、华中、华南地区，贯通呼包鄂榆、山西中部、中原、长江中游、北部湾等城市群。

(6)京昆通道。北京—石家庄—太原—西安—成都（重庆）—昆明高速铁路，包括北京—张家口—大同—太原高速铁路。连接华北、西北、西南地区，贯通京津冀、太原、关中平原、成渝、滇中等城市群。

(7)包（银）海通道。包头—延安—西安—重庆—贵阳—南宁—湛江—海口（三亚）高速铁路，包括银川—西安以及海南环岛高速铁路。连接西北、西南、华南地区，贯通呼包鄂、宁夏沿黄、关中平原、成渝、黔中、北部湾等城市群。

(8)兰（西）广通道。兰州（西宁）—成都（重庆）—贵阳—广州高速铁路。连接西北、西南、华南地区，贯通兰西、成渝、黔中、珠三角等城市群。

2.“八横”通道

(1)绥满通道。绥芬河—牡丹江—哈尔滨—齐齐哈尔—海拉尔—满洲里高速铁路。连接黑龙江及蒙东地区。

(2)京兰通道。北京—呼和浩特—银川—兰州高速铁路。连接华北、西北地区，贯通京津冀、呼包鄂、宁夏沿黄、兰西等城市群。

(3)青银通道。青岛—济南—石家庄—太原—银川高速铁路（其中绥德至银川段利用太中银铁路）。连接华东、华北、西北地区，贯通山东半岛、京津冀、太原、宁夏沿黄等城市群。

(4)陆桥通道。连云港—徐州—郑州—西安—兰州—西宁—乌鲁木齐高速铁路。连接华东、华中、西北地区，贯通东陇海、中原、关中平原、兰西、天山北坡等城市群。

(5)沿江通道。上海—南京—合肥—武汉—重庆—成都高速铁路，包括南京—安庆—九江—武汉—宜昌—重庆、万州—达州—遂宁—成都高速铁路（其中成都至遂宁段利用达成铁路），连接华东、华中、西南地区，贯通长三角、长江中游、成渝等城市群。

(6)沪昆通道。上海—杭州—南昌—长沙—贵阳—昆明高速铁路。连接华东、华中、西南地区，贯通长三角、长江中游、黔中、滇中等城市群。

(7)厦渝通道。厦门—龙岩—赣州—长沙—常德—张家界—黔江—重庆高速铁路(其中厦门至赣州段利用龙厦铁路、赣龙铁路，常德至黔江段利用黔张常铁路)。连接海峡西岸、中南、西南地区，贯通海峡西岸、长江中游、成渝等城市群。

(8)广昆通道。广州—南宁—昆明高速铁路。连接华南、西南地区，贯通珠三角、北部湾、滇中等城市群。

3. 拓展区域铁路连接线

在“八纵八横”主通道的基础上，规划建设高速铁路区域连接线，进一步完善路网、扩大覆盖。

东部地区：北京—唐山、天津—承德、日照—临沂—菏泽—兰考、上海—湖州、南通—苏州—嘉兴、杭州—温州、合肥—新沂、龙岩—梅州—龙川、梅州—汕头、广州—汕尾等铁路。

东北地区：齐齐哈尔—乌兰浩特—白城—通辽、佳木斯—牡丹江—敦化—通化—沈阳、赤峰和通辽至京沈高铁连接线、朝阳—盘锦等铁路。

中部地区：郑州—阜阳、郑州—濮阳—聊城—济南、黄冈—安庆—黄山、巴东—宜昌、宣城—绩溪、南昌—景德镇—黄山、石门—张家界—吉首—怀化等铁路。

西部地区：玉屏—铜仁—吉首、绵阳—遂宁—内江—自贡、昭通—六盘水、兰州—张掖、贵港—玉林等铁路。

4. 发展城际客运铁路

在优先利用高速铁路、普速铁路开行城际列车服务城际功能的同时，规划建设支撑和引领新型城镇化发展、有效连接大中城市与中心城镇、服务通勤功能的城市群城际客运铁路。

京津冀、长三角、珠三角、长江中游、成渝、中原、山东半岛等城市群，建成城际铁路网；海峡西岸、哈长、辽中南、关中、北部湾等城市群，建成城际铁路骨架网；滇中、黔中、天山北坡、宁夏沿黄、呼包鄂榆等城市群，建成城际铁路骨干通道。

本章小结

本章简要介绍铁路发展的历史，分析了高速铁路产生和发展的原因，介绍了世界各国高速铁路发展的历程，对高速铁路产生发展的技术经济原因及特征做了系统的分析；在对我国国情及交通运输现状深入分析的基础上，阐述了我国大力发展高速铁路必然性、必要性、可行性，详细介绍了高速铁路的发展目标、发展模式、布局原则及战略规划。

复习思考题

1. 简述高速铁路的概念。
2. 高速铁路集成了哪些当代新技术?
3. 当今世界有哪些高速铁路模式? 各有什么特点?
4. 我国为什么要大力发展高速铁路?
5. 我国高速铁路布局的原则是什么?

第二章 高速铁路线路

本章要点

本章从高速铁路线路平纵断面标准、无砟轨道类型、高速铁路路基设计和施工新理念、高速铁路桥梁和隧道的特点等几方面，详细地介绍了动车组在高速运行条件下对高速铁路线路提出的要求和标准。

第一节　概　　述

高速铁路线路是保证高速列车按规定的最高速度安全、平稳和不间断运行的基础和前提。因此，高速铁路线路不论就其整体来说，或者就其各个组成部分来说，都应当具有一定的坚固性和稳定性。高速铁路的高标准要求，给传统铁路的设计、施工和养护提出了新的挑战，在许多方面深化和改变了传统的观念，必须用全新的观念来设计和施工轨道、路基、桥梁和隧道等结构物。

在高速铁路上，随着列车运行速度的提高，要求线路的建筑标准也不断提高，包括最小曲线半径、缓和曲线、外轨超高等线路平面标准，坡度值和竖曲线等线路纵断面标准以及高速行车对线路构造、道岔的特定要求。

高速铁路要求轨道具有稳定性、可靠性、良好的弹性和便于维修等特征，传统的有砟轨道结构难以满足这些要求，因此，我国高速铁路主要采用无砟轨道结构。

高速铁路要求严格控制路基工后沉降、不均匀沉降和路基的初始不平顺。将路基作为一个土工结构物来进行设计与施工，在填筑材料、压实标准、变形控制、检测要求等方面较现行铁路有很大不同，高速铁路对线路的基底处理、基床结构以及基床表层等方面都有很高的要求。

高速铁路的高速度、高舒适性、高安全性、高密度连续运营等特点对高速铁路桥梁结构的刚度和整体性提出了严格的要求。由于速度的大幅度提高，高速列车对桥梁结构的动力作用

大于普速铁路桥梁，桥梁出现较大挠度，会直接影响桥上轨道的平顺性，使结构物承受很大的冲击力，旅客舒适度受到严重影响，轨道状态不能保持稳定，甚至影响列车的运行安全。此外，为保证轨道的平顺性还必须限制桥梁的预应力徐变上拱和不均匀温差引起的结构变形。

高速铁路对隧道技术的要求主要是空气动力学特性方面。高速动车组列车通过隧道时会产生一系列的空气动力学效应，如压力波动、出口处微气压波、洞内行车阻力增大等，这些对隧道横断面的确定具有重要的意义。

由于高速线路比一般线路的修建与养护标准高，且要保持更严格的容许误差，因此，必须采取提高钢轨重量、采用焊接长钢轨、使用新型弹性扣件和高质量的衬垫以及新型道岔等必要措施。

为了适应高速运行和繁重运输任务的要求，必须加强线路的检测、监视和维修养护工作，采用先进的设备，以保证线路的质量和行车安全。

高速动车组列车的运行，还带来一个突出的也是比较复杂的问题，那就是振动和噪声以及由此而产生的污染与危害。减轻和控制由此而产生的公害，将关系到高速铁路的发展前景。

第二节　高速铁路线路的平面及纵断面

一、高速铁路线路的特征

列车高速度、高密度、高安全性和高舒适性的运行，对高速铁路线路提出了更高的要求，并表现为以下特征。

（一）高平顺性

轮轨相互作用的理论研究表明，轨道不平顺所引起的轮轨动力响应及其对行车安全性、平稳性和乘车舒适性的影响，均随行车速度的提高而显著增大。

高速铁路的理论研究和实践还表明，在平顺的轨道上，列车处于稳态运行状态，当列车速度低于临界速度时，即使速度很高，轮轨动力附加荷载也很小；反之，即使轨道、路基和桥梁结构在强度方面完全满足要求，但是由于线路平顺性不良，列车运行即使未接近临界速度，线路引起的列车振动和轮轨动作用力仍会大幅度增加。

因此，高速铁路的轨道必须满足高平顺性的要求。而高平顺性的轨道是依托在高平顺性的线路空间曲线、路基、桥梁等基础之上的。高平顺性是设计、建设高速铁路的控制性条件，也是高速铁路有别于中、低速铁路的最主要特点之一。因此，必须从线形、路基、道床、钢轨、桥梁等各方面采取保证措施，才能实现高平顺性要求。

（二）高稳定性

稳定、沉降小且沉降均匀的平顺路基是高平顺性轨道的基础。路基的稳定性主要是靠控制路基工后沉降、不均匀沉降以及路基顶面的初始不平顺来保证。这正是高速铁路路基设计、施工与普速铁路的主要区别。即高速铁路主要是以“变形”控制路基的设计与施工，而普速铁路则主要是以“强度”控制路基的设计与施工。因为路基的工后沉降大或沉降不均匀，就要求经常维修线路，而经常处于维修的线路，其稳定性、平顺性肯定差，这就影响了高速行车。同时，路基的不均匀沉降过大，或其顶面初始不平顺大，将导致道床厚度不一致，道床的残余变形积累不均匀。

(三)高精度、小残变、少维修

严格控制轨道铺设精度是实现轨道初始高平顺的保证。轨道铺设的初始不平顺是运营后不平顺发生、发展、恶化的根源。初始状态好的轨道，维修周期长，可长期保持轨道的良好水平；而初期状态不好的轨道，不仅维修周期短，即使增加维修次数，也难改变“先天不良”的痼疾。因此，必须严格控制轨道的铺设精度。首先是提高线路的测量精度；二是严格控制钢轨的平直性和焊接接头的平顺性；三是在完成铺轨后、开通运营前，打磨钢轨，去掉钢轨在轧制和施工过程中造成的轨面微小不平顺，提高焊接接头的平顺性。

严格控制轨道铺设精度，仅是实现高平顺性轨道的第一步。由于铁路轨道是由多种部件组成，特别是有砟轨道，轨排位于碎石道砟散粒体之上，在高速列车荷载的作用下，这些部件会发生变形，当变形的量值或其变形发展的速度超过一定限值时，将失去轨道的高平顺性。因此，对高速铁路轨道各部件的设计，不仅要保证强度，更重要的是保证小的残余变形，既保证线路高平顺性，又实现少维修的要求。

(四)宽大、独行的线路空间

列车沿地面高速运行时，将带动列车周围的空气随之运动，形成一种特定的非定常流场，称为“列车绕流”，俗称“列车风”。这种列车风形成的列车气动力将威胁沿线工作人员和站台旅客的安全，对沿线建筑物也有破坏作用；列车风卷起的杂物还可能危及行车安全。而相邻线路两列车相向高速运行交会时，产生的空气压力冲击波易震碎车窗玻璃，使旅客耳朵感到不适，甚至影响列车运行的平稳性。所以，高速铁路要求有一个宽大的行车空间，它可以通过增大两线间的距离和加宽站台上旅客的安全退避距离来解决。因此，一般在有高速列车通过的车站站台上，除加宽临近站台的安全退避距离外，还在安全线上设置手扶安全护栏，留出可供旅客上下车的“活门”等。

此外，由于高速列车动能和惯性力都很大，一旦与其他物体发生碰撞，其后果是不堪设想的。故高速线路要求一个独行的空间，即采用全封闭形式，沿线路两侧设全长护栏。同时，在高速铁路与道路或普速铁路相交时，一律采用立体交叉。这样可避免列车在平交道口与汽车等物体相撞事故的发生，同时可以避免出现列车运行时的频繁加减速度。

(五)高标准的环境保护

高速铁路作为现代化交通运输途径，必须注重其各种设施与周围环境的协调及环境保护。如桥梁的造型设计，要注重结构外观和色彩。法国高速铁路的桥梁造型设计要求邀请建筑师

和环保师参与或请他们审查设计。

(六)运营中,实行科学的轨道管理及严密的防灾安全监控

高平顺的轨道在列车荷载的不断作用下会发生变形和位移。当轨道及其各部件的变形、位移量值或其变形、位移发展的速度超过一定限值时,将失去轨道的高平顺性,从而恶化轮轨间的相互作用,影响列车运行的舒适性和安全性。因此,对运营中的高速线路要实行严格的轨道状态检测和科学的轨道管理制度,及时掌握铁路运营过程中轨道不平顺的量值及发展速度,并予以校正,使其恢复到小残变或初始高平顺状态,以保证高速列车运行的安全、平稳、舒适。

二、高速铁路对线路平面的要求

线路平面是由直线和曲线组成。曲线一般能较好地适应地形变化,减少施工工作量。但它也带来一些问题,如降低行车速度、增加轮轨磨耗、影响旅客的舒适度等,所以,高速铁路对线路曲线提出了更高的技术要求。正线的线路平、纵断面设计应重视线路的平顺性,有利于组成线形变化平缓的空间曲线,提高旅客乘坐舒适度。正线设计标准的选用必须满足铺设无砟轨道和一次铺设跨区间无缝线路的相关技术要求。

轨道的高平顺性,要求其空间线路曲线尽可能平滑,即线路平纵断面的变化尽可能平缓。因为,无论是平面曲线还是立面曲线,曲率变化快的地段轮轨间的相互作用力都会增加,线形也难以保持,往往是产生轨道不平顺的处所。同时,列车在曲线上运行,由于产生的离心加速度与列车速度的平方成正比,该比值直接影响列车运行的舒适、平稳和安全。因此,为保证列车的高平顺性,行车速度越高,平面曲线和竖曲线的半径应越大。此外,列车通过缓和曲线时产生的超高时变率和欠超高时变率也随列车速度成正比增加,影响乘车的舒适性。故直线与曲线间过渡的缓和曲线要有足够的长度,使线形过渡平缓,以保证列车运行平稳和旅客乘坐的舒适,同时,夹直线和圆曲线要有足够的长度,以免列车通过平面直缓、缓圆、圆缓、缓直各变化点产生的冲击振动发生叠加,影响列车运行的平稳和舒适。

铁路区间线路最小曲线半径规定见表 2-1,最大曲线半径为 12 000 m。

表 2-1　高速铁路区间线路最小曲线半径

路段设计行车速度(km/h)		最小曲线半径(m)	
200	客运专线	一般	2 200
		困难	2 000
250	有砟轨道	一般	3 500
		困难	3 000
	无砟轨道	一般	3 200
		困难	2 800

续上表

路段设计行车速度(km/h)		最小曲线半径(m)	
300	有砟轨道	一般	5 000
		困难	4 500
	无砟轨道	一般	5 000
		困难	4 000
350	有砟轨道	一般	7 000
		困难	6 000
	无砟轨道	一般	7 000
		困难	5 500

缓和曲线的长度应根据设计速度、曲线半径和地形条件根据表 2-2 合理选用。

表 2-2　高速铁路线路不同设计速度、曲线半径和地形条件下的缓和曲线长度(m)

<table>
<tr><th rowspan="3">曲线半径(m)</th><th colspan="9">设计速度(km/h)</th></tr>
<tr><th colspan="3">350</th><th colspan="3">300</th><th colspan="3">250</th></tr>
<tr><th>(1)</th><th>(2)</th><th>(3)</th><th>(1)</th><th>(2)</th><th>(3)</th><th>(1)</th><th>(2)</th><th>(3)</th></tr>
<tr><td>12 000</td><td>370</td><td>330</td><td>300</td><td>220</td><td>200</td><td>180</td><td>140</td><td>130</td><td>120</td></tr>
<tr><td>11 000</td><td>410</td><td>370</td><td>330</td><td>240</td><td>210</td><td>190</td><td>160</td><td>140</td><td>130</td></tr>
<tr><td>10 000</td><td>470</td><td>420</td><td>380</td><td>270</td><td>240</td><td>220</td><td>170</td><td>150</td><td>140</td></tr>
<tr><td>9 000</td><td>530</td><td>470</td><td>430</td><td>300</td><td>270</td><td>250</td><td>190</td><td>170</td><td>150</td></tr>
<tr><td>8 000</td><td>590</td><td>530</td><td>470</td><td>340</td><td>300</td><td>270</td><td>210</td><td>190</td><td>170</td></tr>
<tr><td rowspan="2">7 000</td><td>670</td><td>590</td><td>540</td><td rowspan="2">390</td><td rowspan="2">350</td><td rowspan="2">310</td><td rowspan="2">240</td><td rowspan="2">220</td><td rowspan="2">190</td></tr>
<tr><td>680*</td><td>610*</td><td>550*</td></tr>
<tr><td rowspan="2">6 000</td><td>670</td><td>590</td><td>540</td><td rowspan="2">450</td><td rowspan="2">410</td><td rowspan="2">370</td><td rowspan="2">280</td><td rowspan="2">250</td><td rowspan="2">230</td></tr>
<tr><td>680*</td><td>610*</td><td>550*</td></tr>
<tr><td rowspan="2">5 500</td><td>670</td><td>590</td><td>540</td><td rowspan="2">490</td><td rowspan="2">440</td><td rowspan="2">390</td><td rowspan="2">310</td><td rowspan="2">280</td><td rowspan="2">250</td></tr>
<tr><td>680*</td><td>610*</td><td>550*</td></tr>
<tr><td>5 000</td><td>—</td><td>—</td><td>—</td><td>540</td><td>480</td><td>430</td><td>340</td><td>300</td><td>270</td></tr>
<tr><td rowspan="2">4 500</td><td rowspan="2">—</td><td rowspan="2">—</td><td rowspan="2">—</td><td>570</td><td>510</td><td>460</td><td rowspan="2">380</td><td rowspan="2">340</td><td rowspan="2">310</td></tr>
<tr><td>585*</td><td>520*</td><td>470*</td></tr>
<tr><td rowspan="2">4 000</td><td rowspan="2">—</td><td rowspan="2">—</td><td rowspan="2">—</td><td>570</td><td>510</td><td>460</td><td rowspan="2">420</td><td rowspan="2">380</td><td rowspan="2">340</td></tr>
<tr><td>585*</td><td>520*</td><td>470*</td></tr>
</table>

续上表

<table>
<tr><th rowspan="3">曲线半径
(m)</th><th colspan="9">设计速度(km/h)</th></tr>
<tr><th colspan="3">350</th><th colspan="3">300</th><th colspan="3">250</th></tr>
<tr><th>(1)</th><th>(2)</th><th>(3)</th><th>(1)</th><th>(2)</th><th>(3)</th><th>(1)</th><th>(2)</th><th>(3)</th></tr>
<tr><td>3 500</td><td>—</td><td>—</td><td>—</td><td>—</td><td>—</td><td>—</td><td>480</td><td>430</td><td>380</td></tr>
<tr><td>3 200</td><td>—</td><td>—</td><td>—</td><td>—</td><td>—</td><td>—</td><td>480</td><td>430</td><td>380</td></tr>
<tr><td rowspan="2">3 000</td><td rowspan="2">—</td><td rowspan="2">—</td><td rowspan="2">—</td><td>—</td><td>—</td><td>—</td><td>480</td><td>430</td><td>380</td></tr>
<tr><td>—</td><td>—</td><td>—</td><td>490*</td><td>440*</td><td>400*</td></tr>
<tr><td rowspan="2">2 800</td><td rowspan="2">—</td><td rowspan="2">—</td><td rowspan="2">—</td><td>—</td><td>—</td><td>—</td><td>480</td><td>430</td><td>380</td></tr>
<tr><td>—</td><td>—</td><td>—</td><td>490*</td><td>440*</td><td>400*</td></tr>
</table>

注:1.(1)、(2)、(3)分别对应超高时变率 $f=25$ mm/s、$f=28$ mm/s、$f=31$ mm/s;

2. * 号标志,表示为曲线设计超高 175 mm 时的取值。

三、高速铁路对线路纵断面的要求

区间正线的最大坡度不宜大于 20‰,困难条件下经技术经济比较后不应大于 30‰。动车组走行线的最大坡度不宜大于 30‰,困难条件下不应大于 35‰。当动车组走行线的最大坡度大于 30‰时,宜铺设无砟轨道。正线相邻坡段坡度差大于或等于 1‰时,应设置圆曲线型竖曲线连接,最小竖曲线半径按表 2-3 选用,最大竖曲线半径不应大于 30 000 m,最小竖曲线长度不得小于 25 m。

表 2-3　高速铁路最小竖曲线半径

设计行车速度(km/h)	350	300	250	200
最小竖曲线半径(m)	25 000	25 000	20 000	15 000

竖曲线与平面圆曲线不宜重叠设置,困难条件下,应符合表 2-4 规定。

表 2-4　高速铁路竖曲线与平面圆曲线重叠设置的曲线半径最小值

设计行车速度(km/h)	350	300	250	200
平面最小圆曲线半径(m)	6 000	4 500	3 000	—
最小竖曲线半径(m)	25 000	25 000	20 000	—

为保证高速铁路列车运行的高舒适性,高速线路最小坡段长度除应满足两竖曲线不重叠外,同时还应考虑两竖曲线间有一定的夹坡段长度,以保证列车在前一个竖曲线终点产生的振动在夹坡段长度范围内完成衰减,不至于与下一个竖曲线起点产生的振动叠加。如法国高速铁路规定夹坡段长度不得小于 $0.4v_{max}$,京沪高速铁路的最小夹坡段长度取 $0.4v_{max}$。正线宜

设计为较长的坡段,困难条件下最小坡段长度不宜小于一般最小坡段长度,特殊困难条件下亦不应小于个别最小坡段长度。需要特别指出的是,为保证旅客良好的乘坐舒适性,特别是司机的视觉良好,纵断面不宜连续采用起伏的最小坡段长度。

第三节　高速铁路轨道

一、高速铁路对轨道的要求

(一)稳定的轨道结构

高速铁路对轨道结构的设备和材质都有比较大的加强,轨道各部件的静力强度已不是对轨道整体结构承载能力起控制作用的因素。但是,高速铁路轨道在不稳定重复荷载作用下,其承载能力却不一定能满足高速行车的要求,它的破坏形式主要表现为在列车荷载反复作用下,轨道各部件的疲劳折损、轨道整体结构残余变形积累超限等。因此,对高速铁路的轨道结构,必须保证最高程度的稳定。

(二)平顺的运行表面

为保证列车高速运行的需要,要求轨道必须提供平顺的运行表面。轨道的不平顺从结构上大约可以分为三种类型,即结构不平顺、附加不平顺和动态不平顺;从波长区分则有长波不平顺和短波不平顺。结构不平顺是指由于轨道结构及部件固有的不平顺,如钢轨表面由于轧制工艺造成的钢轨垂向弯曲、焊缝凸凹不平、轨道铺设和整道时形成的不平顺;附加不平顺是指在运行过程中由于各种原因形成的不平顺,如钢轨表面不均匀磨耗、钢轨踏面剥离掉块、有砟轨道因道砟飞溅在轨面碾压形成的轨面伤损、钢轨弹性垫层破损等;动态不平顺是指在列车运行中产生的不平顺。

(三)良好的轨道弹性

高速铁路轨道结构能否具有良好的弹性十分重要。轨道具有良好的弹性,不仅可以使轨道具有较强的抗振动与抗冲击能力,而且有利于减少噪声干扰,因此,轨道结构具有良好的弹性是各国高速铁路追求的目标。轨道结构弹性良好包括两方面的含义:一是为高速行车引起的振动起到"吸振"作用的足够的弹性;二是沿轨道纵向弹性的均匀性。有砟轨道的弹性主要由散粒道砟道床和轨下垫层提供。无砟轨道的弹性主要由混凝土基床与轨道板之间的乳化沥青、水泥砂浆和轨下垫层提供。

(四)可靠的轨道部件

高速铁路轨道结构是极为重要的工程结构,要求其具有极高的安全可靠性,对组成轨道结构的各部件自然也提出了极严格的性能和质量要求。

(五)便利的养护维修

高速铁路的轨道结构有有砟轨道和无砟轨道,结构的不同带来养护维修方式的截然不同。

但从运营需要看，却有一些共同的要求。

1. 养护维修方便

高速列车运行时，不允许出现任何超过技术标准的偏差，一旦出现则必须在第一时间内迅速处理。因此，在研究和配置轨道结构及部件的同时，就要考虑养护维修的方便。

2. 天窗维修制度

高速铁路轨道维修工作是运输能力的一部分，在设计一条新线，计算运输能力时就应预留足够的维修天窗时间。

3. 轨面平顺性

高速铁路要特别注意保持轨面的平顺性。研究表明，由于高速铁路的列车速度高，轨面不平顺(焊接接头不平顺、各种原因引起的轨面凸凹不平顺等)将使列车簧下质量产生共振，造成列车与轨道的振动及行车噪声的产生，影响列车的平稳和舒适。

4. 长、短波不平顺

既要重视轨面短波不平顺，也要重视线路长波不平顺给高速行车带来的影响。所谓长波不平顺是指波长 20 m 以上的不平顺。高速铁路之所以要重视长波不平顺的不利影响，是由于某些波长的长波不平顺会引起列车的共振，从而恶化旅客的乘坐舒适度。

二、高速铁路轨道结构

高速铁路轨道结构的主要类型有有砟轨道和无砟轨道。有砟轨道是铁路的传统结构，它具有弹性良好、价格低廉、更换与维修方便、吸噪特性好等优点。但随着行车速度的提高，其缺点也逐渐显现。首先，由于有砟轨道不均匀下沉产生的 120 Hz 以下频率范围的激振严重，轨道破损和变形加剧；其次，有砟轨道维修工作量显著增加，维修周期明显缩短。而无砟轨道具有维修费用少、使用寿命长、线路状况良好、不易胀轨跑道、高速行车时不会有石砟飞溅等优点，因此，无砟轨道在国外高速铁路上获得了越来越广泛的应用，其铺设范围已从桥梁、隧道发展到土质路基和道岔区，无砟轨道结构在高速铁路上的大量铺设已成为发展趋势。我国高速铁路主要采用无砟轨道。

随着世界高速铁路的发展，尽管无砟轨道初期造价比有砟轨道高，但由于其具有轨道平顺性好，整体性强，纵向、横向稳定性好，结构高度低，几何状态持久，低维修量和社会经济效益显著等优点，在国外越来越受到重视。越来越多的国家都在致力采用和发展无砟轨道工程技术，并取得了长足发展。毫无疑问，无砟轨道工程技术在世界高速铁路上的大范围应用已是大势所趋。

近年来，我国在无砟轨道工程技术的设计和施工等方面都取得了长足的进步。在秦沈高速铁路线试铺的长枕埋入式、板式无砟轨道两种结构，经三次综合试验的检验测试，结果表明其完全达到了有关规定和标准的要求，并为无砟轨道的设计和施工积累了宝贵的经验，尤其是板式无砟轨道上使用的CA砂浆配方的开发与应用,接近国际先进水平,为我国高速铁路建设成规模铺设无砟轨道奠定了坚实的基础。武广和郑西高速铁路应用的是双块式无砟轨道,京津城际铁路应用的是板式无砟轨道,无砟轨道技术已在我国高速铁路中大量采用。因此,对无砟轨道铺设及维护技术进行学习,具有非常重要的现实意义。

无砟轨道是由钢轨、道岔、扣件和轨下基础组成,如图2-1所示。

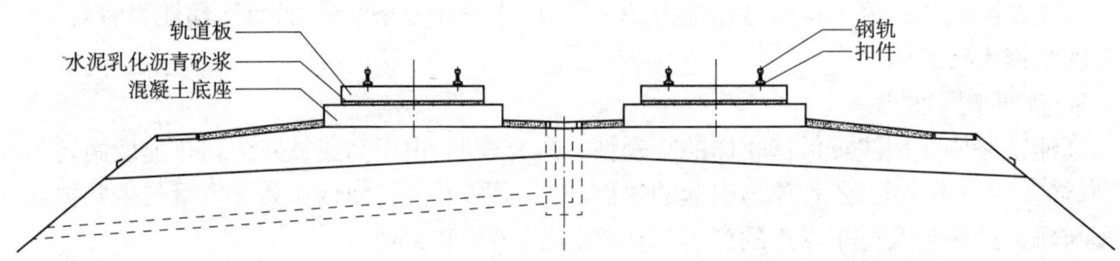

图2-1 高速铁路无砟轨道结构断面

(一)钢　　轨

钢轨是轨道结构的主要部件之一。钢轨支承并引导动车组的车轮,直接承受来自车轮和其他方面的力并传递给轨枕,同时为车轮的滚动提供阻力最小的表面,如图2-2所示。

图2-2 武广高速铁路钢轨

高速铁路钢轨在技术上要能保证足够的强度、韧性、耐磨性、稳定性和平顺性,在经济上要能保证合理的大修周期,减少养护维修工作量。

对高速铁路钢轨的质量要求主要表现在外形尺寸的精确度和内部质量的纯净度。

外部尺寸精度包括允许尺寸偏差和平直度要求。钢轨尺寸的精确和外形的平直是轨道平顺的基本保证之一。

由于高速列车的轮重相对较轻,轮轨接触应力较小,钢轨表面压溃、波磨、剥离等轨头病害出现的概率较小。同时,由于线路的曲线半径较大,列车通过一定曲线的速度也相对恒定,故在曲线地段出现外股侧磨、内股压溃的情况也较少,故高速铁路采用的钢轨均为非淬火轨。

高速铁路钢轨折损的主要形式是由于钢轨的内部夹杂、缺陷所引起的疲劳折损。因此,提高钢轨材质的纯净度是减少钢轨疲劳折损、提高钢轨使用可靠性,延长其使用寿命的有效途径。

钢轨的化学成分是影响其力学性能、焊接性能及其他使用性能的基本因素,也是钢轨材质纯净度的重要指标。为了提高钢轨材质的纯净度,在化学成分上对P、S、Al、H、O等有害元素

的含量进行了更严格的限制，并对残留元素的含量作出了规定。京沪高速铁路钢轨的化学成分主要是参考了法国 TGV 及德国 ICE 使用 UIC900A 钢种的经验及 TGV 和 EN 标准对 UEC900A 标准的部分补充和修订，并考虑到提高焊接性能的需要而对 C(碳)的含量做了小量调整之后而提出的，它综合了国外高速铁路钢轨的经验，因而，具有更优良的性能。

钢轨的力学性能，除了传统的力学抗拉强度、延伸率和踏面硬度等指标之外，高速铁路还对钢轨的疲劳强度、断裂韧性、裂纹扩展速率、残余应力、落锤性能等提出了要求。

钢轨的断面主要考虑：轨重——影响钢轨的垂向抗弯刚度及抗横向倾覆稳定；轨底宽——影响钢轨的抗横向倾覆稳定性；头高——影响金属分配比及轨头的磨耗限值；底高——影响金属分配比及底部的强度；腰厚——影响轨腰部分的强度及腐蚀限值。轨头、轨腰及轨腰、轨底的连接圆弧将影响其局部应力及接头夹板的接触面。作为钢轨断面设计的重要组成部分的轨头顶面设计，既影响到轮轨接触关系、轨头顶面接触应力和钢轨磨耗，还影响到轮轨动力性能及行车安全。

轨顶面都是弧面，这有利于维持车轮踏面在直线上运行时的自导向作用，实现轮轨间的两点接触，减少轮缘与踏面连接弧及轨头内圆角的磨耗，减少爬轨的危险，提高行车的安全性。早期轨顶断面大都由轨顶圆弧及两顶角圆弧所构成的三段式曲线组成，后来为了提高轨顶中心相对于顶角圆弧与轨头侧面切点之间的高度而又不过多地减小轨头圆弧的半径，而将轨顶弧线由三段式改为五段式。我国的 60 kg/m 钢轨采用的是五段式。

(二)扣　　件

扣件是连接钢轨和轨枕使之形成轨排的部件，在保证轨道稳定性、可靠性方面起着重要作用，如图 2-3 所示。

高速铁路列车运行速度高、行车密度大，对轨道平顺性有极高的要求，因此对钢轨扣件有比一般线路更高的技术要求。高速铁路的扣件除要求具有足够的扣压力以确保线路的纵、横向稳定之外，还要求弹性好，以保证良好的减振、降噪性能；扣压力保持能力好，以降低日常维修工作量；绝缘性能好，以提高轨道电路工作的可靠性，延长轨道电路长度，降低轨道电路投资。

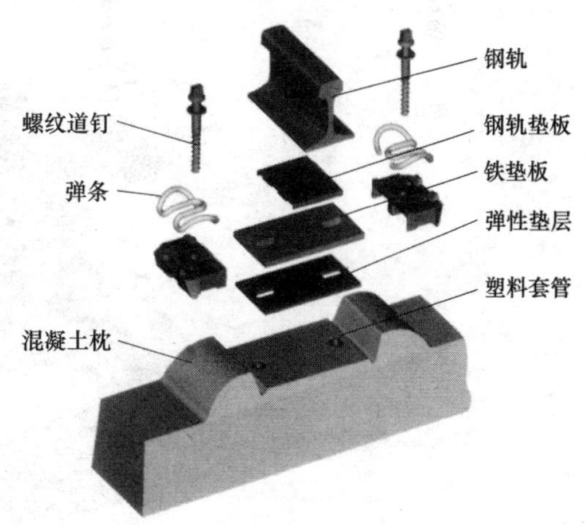

图 2-3　高速铁路钢轨扣件

无砟轨道主要采用 WJ-7 型、WJ-8 型、W300-1 型和 SFC 型扣件类型。

1. WJ-7 型扣件

WJ-7 型扣件主要由锚固螺栓、螺母、平垫圈、重型弹簧垫圈、平垫块、铁垫板、绝缘缓冲垫板、弹条、绝缘块、橡胶垫板、T形螺栓、轨下调高垫板、铁垫板下调高垫板、预埋套管等组成，如图2-4所示。

2. WJ-8型扣件

WJ-8型扣件由绝缘块、橡胶垫板、弹条、轨距挡板、铁垫板下弹性垫板、预埋套管、螺旋道钉、平垫圈、微调垫板、铁垫板、铁垫板下调高垫板等组成，如图2-5所示。

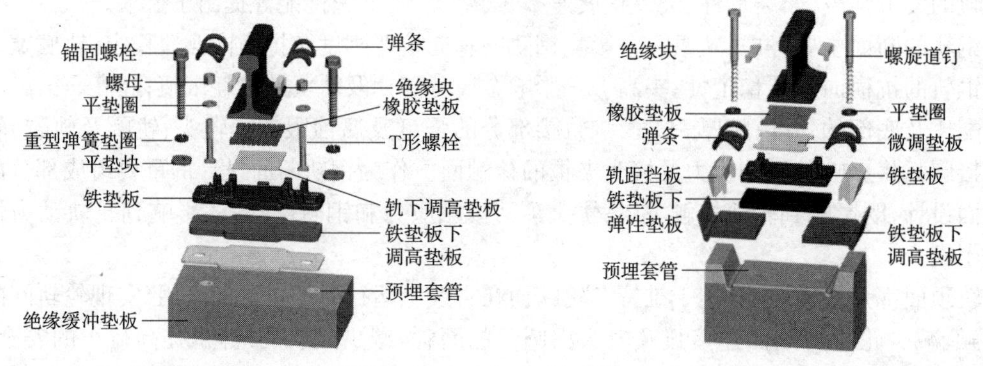

图2-4　WJ-7型扣件构成　　图2-5　WJ-8型扣件构成

3. W300-1型扣件

W300-1型扣件由预埋套管、螺旋道钉、平垫圈、弹条、绝缘垫片、轨距挡板、轨下垫板、铁垫板、弹性垫板等组成，如图2-6所示。

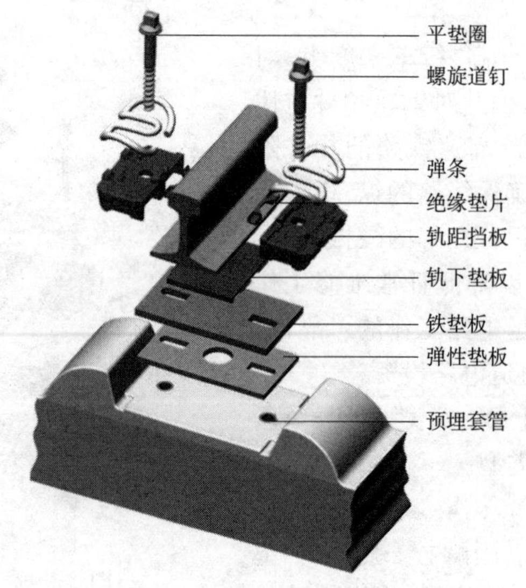

图2-6　W300-1型扣件构成

4. SFC 型扣件

SFC 型扣件由轨距挡块、橡胶垫板、铸铁底板、锚固螺栓、贝式弹簧垫圈、锯齿垫片、弹条、绝缘帽、调高垫板等组成，如图 2-7 所示。

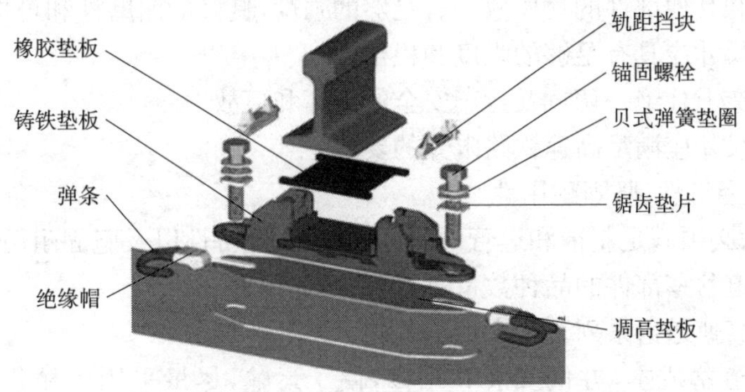

图 2-7　SFC 型扣件构成

（三）道　　岔

道岔是铁路轨道的重要组成部分。机车车辆在运行过程中，常常需要由一条线路转入另一条线路，或跨越其他线路，就需要设置线路的连接与交叉设备，即道岔。

道岔包含转辙器、辙叉及护轨和连接部分三大组成部分。转辙器部分包含基本轨、尖轨；连接部分包含直轨、导曲线轨；辙叉及护轨部分包含翼轨、护轨、岔心（图 2-8）。

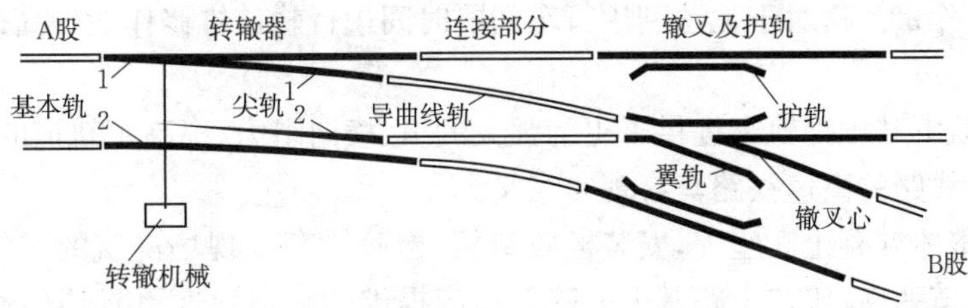

图 2-8　道岔构成

由于道岔数量多、使用寿命短、限制列车速度、行车安全性低，与曲线、接头并称为轨道的三大薄弱环节，是轮轨相互作用中一切最不利因素的集中载体。因此，高速道岔的使用环境，要比高速铁路区间轨道困难得多。为此，高速道岔应满足的基本要求和主要条件为：

1. 强度和稳定性

高速铁路道岔必须具备保障列车按额定的速度平稳又安全地行走所必要的强度和稳定性。

(1)道岔部件的冲击角、转向角(辙叉角)以及导曲线曲率半径等基本参数与额定速度相适应。

(2)道岔轨下基础(路基、基床和道床)的强度和材质应与轨件相配套。

(3)道岔辙叉和其他部件的材质应具有足够的强度,良好的耐磨性和可焊性。

(4)道岔部件尺寸应具有足够的强度和稳定性。

(5)从道岔构造上杜绝一切危及行车安全的破坏和事故。

(6)道岔构造尺寸应满足高速铁路限界的要求。

2. 可操作性、经济性、坚固耐用性

高速铁路道岔必须满足制造和运营中的可操作性、经济性以及坚固耐用性。

(1)尽量减少道岔零部件的品种数量,尽量采用通用件。

(2)合理制定高速道岔系列。

(3)尽量降低道岔成本,方便安装和维修,便于运输,尽量采用机械化工艺等最新科技成果。

(四)轨下基础

轨下基础是轨道结构的重要组成部分。它承受来自钢轨的各种作用力,并弹性地将作用力传布于道床,同时有效地保持轨道的轨距、方向和位置。采用混凝土、沥青混合料等整体基础取代散粒体碎石道床的轨道结构统称为无砟轨道。无砟轨道的结构特点及使用条件如下。

1. 无砟轨道的优点

(1)消除了由于散粒体道砟的破碎、粉化、道床的形变而导致轨道几何形态恶化和日益增加的轨道维修工作量。这对于无法利用行车间隔时间进行轨道维修作业的高速铁路具有特别重要的意义。

(2)整体化轨下基础给轨道提供了更为强大的纵、横向阻力,提高了轨道的稳定性,这对于采用跨区间无缝线路的高速铁路具有现实意义。

(3)在刚性整体混凝土底座上,安装橡胶垫板,橡胶靴套或现场浇筑的 CA 砂浆垫层等弹性元件提供的轨道弹性,比在土路基上的碎石道床提供的轨道弹性更具均匀性。这有利于提高高速列车的运行平稳性和乘车舒适性。

2. 无砟轨道的缺点

(1)散粒体碎石道床可通过起、拨、捣作业,方便地对轨道几何形态的变化进行整治和修理。而无砟整体道床,只能利用扣件的有限调节量调整轨道几何尺寸的变化,因此,无砟轨道结构建成之后的永久变形受到严格的限制。

(2)无砟轨道为刚性基础,其轨道整体弹性差。列车运行时其环境振动、噪声及轨道振动强烈。要取得与有砟轨道相当的整体弹性,必须增大弹性元件的投入。

(3)无砟轨道的基础一旦出现变形或破坏,其整治和修复相对困难,资金和人力的投入也

更大，故要求其具有坚实和稳固的基础。

(4)无砟轨道的工程费用比有砟轨道高。在无砟轨道的施工工艺比较成熟、施工机械比较完善的国家，其工程费用通常比有砟轨道的工程费用高 15%～25%；在无砟轨道的施工技术及施工机具正处于发展和逐步完善的国家，其工程投资之比约为 2∶1。

(五)无砟轨道类型

国内高速铁路常用的无砟轨道有：CRTSⅠ、CRTSⅡ、CRTSⅢ型板式无砟轨道；CRTSⅠ、CRTSⅡ型双块式无砟轨道；道岔区轨枕埋入式无砟轨道；道岔区板式无砟轨道。

1. CRTSⅠ型板式无砟轨道结构

CRTSⅠ型板式无砟轨道由钢轨、扣件、预制混凝土轨道板(简称轨道板)、乳化沥青水泥砂浆调整层(简称 CA 砂浆调整层)、混凝土底座(简称底座)、混凝土凸形挡台(简称凸形挡台)及其周围填充树脂等部分组成，如图 2-9 所示。

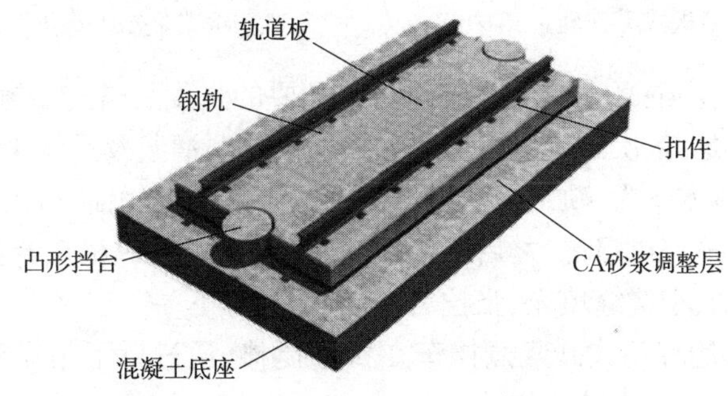

图 2-9　CRTSⅠ型板式无砟轨道结构

2. CRTSⅡ型板式无砟轨道结构

CRTSⅡ型板式无砟轨道结构路基地段由轨道板、水泥乳化沥青砂浆充填层(砂浆垫层)、水硬性材料支承层等部分组成，如图 2-10 所示。

京津城际铁路应用的是 CRTSⅡ型板式无砟轨道(图 2-11)。这种无砟轨道，沿袭了博格无砟轨道的特点，采用了预应力轨道板结构、经数控磨床打磨的高精度承轨槽、轨道板快速测量定位系统，以及高性能沥青水泥砂浆垫层等先进的技术和工艺，同时，又结合京津城际以长桥为主的实际情况，对长桥上无砟轨道结构进行了改进，这些改进包括设置路桥过渡段端刺和摩擦板、桥面上设两布一膜滑动层以及梁面增加剪力齿槽和 C、D 侧向挡块，取消凹形限位槽，取消无缝线路轨道结构中的钢轨调节伸缩器，考虑中国铁路轨道电路传输的制式，又增加了钢筋绝缘保护的措施等。从轨道扣件、轨道板等方面实现了路基、桥梁、隧道地段无砟轨道结构的统一，简化了轨道板的生产和底座混凝土的施工。

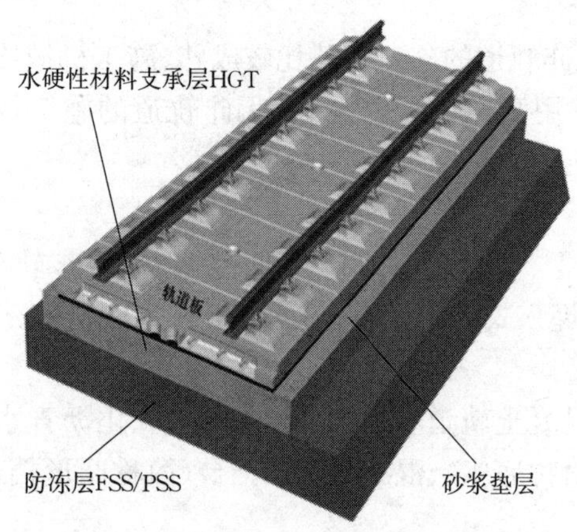

图 2-10　CRTSⅡ型板式无砟轨道结构

图 2-11　桥梁上 CRTSⅡ型板式无砟轨道结构

轨道板铺设是在底座混凝土施工完成并达到必要的强度后进行。施工时，若按双线同向平行施工，其施工工序是：依次布置测量、运板、铺板、精调、灌浆及后续工序。

轨道板铺设的总体方案为：轨道板通过汽吊由桥下吊装到桥面，再由双向运板车纵向运输到铺设地点，铺板龙门吊完成粗铺，之后可开展轨道板的精调、纵横向封边、固定、制浆、灌浆、拆除压紧装置和调节轴、窄接缝填充、张拉、宽接缝填充等下一道工序。

CA 砂浆的灌注采用移动式砂浆搅拌车在桥下搅拌，通过桥下吊车和中转仓吊装浆料上桥，运输到灌浆施工位置，完成灌注作业。

3. CRTSⅢ型板式无砟轨道结构

CRTSⅢ型板式无砟轨道道床结构由预应力轨道板、自密实混凝土充填层和混凝土底座(支承层)等组成，如图 2-12 所示。

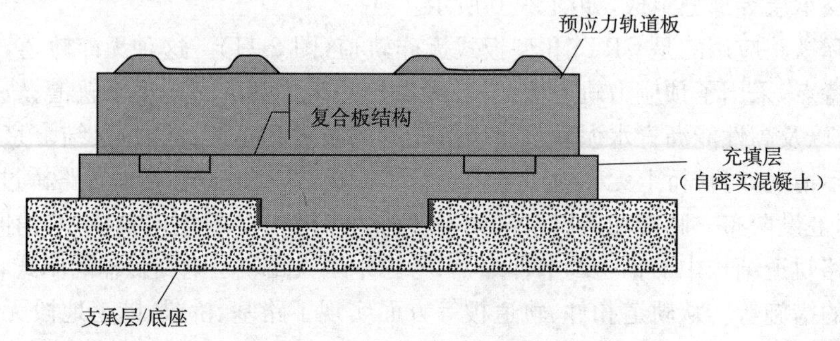

图 2-12　CRTSⅢ型板式无砟轨道结构

4. 双块式无砟轨道

双块式无砟轨道由钢轨、扣件、双块式轨枕（图 2-13）、道床板、底座等部分组成。我国采用的双块式无砟轨道有 CRTSⅠ型和 CRTSⅡ型两种。

图 2-13　武广高速铁路双块式轨枕

CRTSⅠ型双块式无砟轨道（图 2-14）采用的是雷达 2000 型无砟轨道技术。雷达 2000 型轨道是在 1998 年由德国开发的，它由两根桁架形配筋组成的特殊双块式轨枕取代了原 Rheda 型中的整体轨枕，取消了原结构中的槽形板，统一了隧道、桥梁和路基上的形式。同时，轨道的建筑高度从原来的 650 mm 降低为 472 mm。雷达 2000 型中的特殊双块式轨枕只保留承轨和预埋扣件螺栓部位的预制混凝土，其余为桁架式的钢筋骨架，使与现场灌注混凝土的新、老界面减至最少，这有利于改善施工条件，提高施工质量和结构的整体性。武广高速铁路上采用了 CRTS Ⅰ型双块式无砟轨道（图 2-15）。

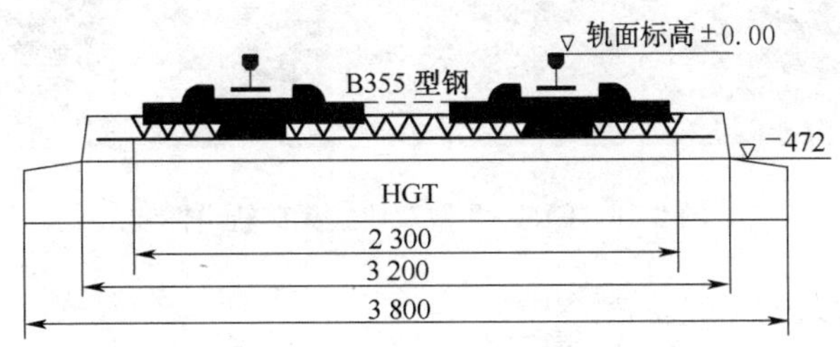

图 2-14　CRTS Ⅰ型双块式无砟轨道结构（单位：mm）

图 2-15　武广高速铁路使用的 CRTSⅠ型双块式无砟轨道

CRTSⅡ型双块式无砟轨道(图 2-16)是与 CRTSⅠ型双块式轨道结构类似的另一种无砟轨道。它在施工时,采用特殊铺设机械在灌注好的新鲜混凝土中边振动边将双块式轨枕埋入混凝土中就位,机械化施工性好。

图 2-16　CRTSⅡ型双块式无砟轨道铺装

5. 道岔区轨枕埋入式无砟轨道

路基和隧道地段道岔区轨枕埋入式无砟轨道道床结构由桁架式预应力岔枕、道床板、底座或支承层等组成,如图 2-17 所示。

图 2-17　道岔区轨枕埋入式无砟轨道

6. 道岔区板式无砟道床结构

路基地段道岔区板式无砟道床结构由道岔板、底座(自密实混凝土层)及找平层等部分组成,如图 2-18 所示。

图 2-18　道岔区板式无砟道床

三、高速铁路线路检查与维修

(一)高速铁路线路检查

线路检查应坚持"动态检查为主,动、静态检查相结合,结构检查与几何尺寸检查并重"的原则。动态检查应以综合检测列车(图 2-19)和探伤车检测结果为主要依据,巡检设备、车载式线路检查仪和添乘检查作为动态检查的辅助手段。发现问题时，应对重点病害或轨道不平顺地段，使用轨道测量仪、轨道检查仪(图 2-20)和钢轨探伤仪进行现场静态复核，全面分析原因，合理确定维修作业方案。对超过临时补修偏差管理值的处所应及时处理。

图 2-19 综合检测列车

图 2-20 轨道检查仪

1. 高速轨道检查车

高速轨道检查车应能准确地检测出前述的各种垂向、横向和复合不平顺，以及轨道不平顺引起车体垂向和横向振动加速度，并能实时处理检测数据，分析评定轨道的平顺状态，诊断平顺性的恶化程度。当发现可能危及行车安全的严重不平顺时，应能立即通过无线通信设备，将需要降速和紧急整修的地段和有关数据，向行车管理部门报告。国外高速轨道检查车对高低、方向两种基本轨道不平顺的检测，大多采用弦测法或惯性基准法。检测性能都还需要进一步研究提高。法国采用六点弦测系统，虽比三点弦测系统的传递特性有所改进，但可测波长范围仍较窄。日本东海道新干线等高速轨道检查车采用三点 10 m、20 m 弦测量系统，经推算后能

获得 40 m 弦测结果，虽使可测波长范围较原 10 m 弦测结果展宽了很多，但由于弦测法的传递函数随波长等因素变化，测得的轨道不平顺幅值和波形都有较大失真。需按各波长成分不同的传递特性进行复杂的修正"复原"，才能得到轨道不平顺的实际波形和正确的功率谱密度。英国、美国、中国、德国、荷兰等国和日本东北新干线的新型高速轨道检查车，均采用更先进的惯性基准法，其传递函数有较好的平直特性，测得的不平顺波形失真小。但由于惯性检测系统比较复杂，当对车辆的各种振动或倾斜、转动修正补偿不良时仍可能引起测量失真。高通滤波器等瞬态特性不佳时基线也会波动，因此，必须注意正确补偿修正。此外，测量波长较长的不平顺时，幅值的分辨精度尚需进一步提高。

2. 轻型轨道不平顺检测小车

轻型轨道不平顺检测小车是一种可检测无列车轮载作用时静态轨道不平顺的便捷工具，现代轻型轨道不平顺检测小车已采用电测传感器、专用或便携式计算机等先进检测和数据处理设备，可检测高低、水平、扭曲、轨向、轨距等轨道不平顺。在动静态不平顺差异较小的高平顺线路、无砟轨道线路，以及在新线施工中，整道、检查铺轨精度、验收作业质量时，得到广泛运用。

3. 车体振动加速度监测

车体振动加速度是一种或多种轨道不平顺激扰引起的车辆综合响应。振动加速度大小与人的舒适性感觉和行车安全有密切关系。为确保高速动车组平稳舒适和行车安全，弥补高速轨道检查车对复合不平顺的检测评定尚不成熟，检测周期较长等不足，国外高速铁路还通过测量动车组车体垂向和横向振动加速度来帮助监控评价轨道的平顺性。由于车体振动加速度不能区分是由何种轨道不平顺引起的，并且同一幅值和波长的轨道不平顺，在不同行车速度时，引起的车体振动加速度大不相同，因此，车体振动加速度不能用来确切地定量评定轨道的平顺状态。

4. 轨面短波不平顺检测

国内外高速铁路上使用的各种轨检车，检测短波不平顺的分辨精度都还不能满足要求，因此，对轨面短波不平顺的检测，大多使用更精确的手提式专用检测装置或检测小车。

5. 长波不平顺的检测

日本新干线和德国高速轨道检查车装备了用陀螺仪作基准的长波高低不平顺检测装置。40 m 弦测量长波不平顺的性能较其他弦长好，已为日本高速轨道检查车采用。由于不少高速轨道检查车检测长波不平顺的性能尚不尽人意。因此，往往还需用精密水平仪、经纬仪进行测量，经剔除线路坡度、曲线曲率变化等影响的处理后，可得到长波不平顺数据。

(二)高速铁路线路维修

高速铁路轨道不平顺的维修管理工作，仍应坚持预防为主、管小防大的原则。在轨道不平顺发生、发展变化的各个阶段，都应层层把关设防，采取相应的监控、养修管理措施，确保高速铁路列车运行的平稳安全和维修管理的经济性。因此，高速铁路的养护，不得放弃对轨道不平顺发展初期的监控管理，不可等到平顺状态已恶化到需紧急补修时，才进行整修。在运营过程中，必须安排时间足够的夜间大天窗、白天小天窗，确保高质量地进行高速线路的养修作业。

1. 高速铁路轨道不平顺的安全管理（紧急补修和限速管理）

当某处轨道不平顺比较严重，若不处置，可能危及行车安全时，必须进行紧急补修或限速管理。

(1)紧急补修和限速管理标准

为了识别诊断严重的轨道不平顺，判定是否需要实施紧急补修或降低行车速度，各国大多依据轨道不平顺幅值对行车安全的影响和运营经验，制订轨道不平顺的紧急补修和限速等安全管理标准。中国铁道科学研究院集团有限公司较早研究制订了轨道不平顺安全监控管理标准的理论和方法，较科学地根据各种轨道不平顺的幅值、波长、波数、和周期性等特征参数，对脱轨系数、减载率、侧向力和车体振动加速度等的影响，以最不利波长的幅值为控制值，制订了我国线路静态几何尺寸容许偏差管理值（表 2-5 和表 2-6）。

表 2-5　200～250 km/h 线路轨道静态几何尺寸容许偏差管理值

项　目	作业验收	经常保养	临时补修	限速(160 km/h)
轨距(mm)	+1 −1	+4 −2	+6 −4	+8 −6
水平(mm)	2	5	8	10
高低(mm)	2	5	8	11
轨向(直线)(mm)	2	4	7	9
扭曲(mm/3m)	2	4	6	8
轨距变化率	1/1 500	1/1 000	—	—

注：①高低和轨向偏差为 10 m 及以下弦测量的最大矢度值。

②扭曲偏差不含曲线超高顺坡造成的扭曲量。

表 2-6　250(不含)～350 km/h 线路轨道静态几何尺寸容许偏差管理值

项　目	作业验收	经常保养	临时补修	限速(200 km/h)
轨距(mm)	+1 −1	+4 −2	+5 −3	+6 −4
水平(mm)	2	4	6	7
高低(mm)	2	4	7	8
轨向(直线)(mm)	2	4	5	6
扭曲(mm/3m)	2	3	5	6
轨距变化率	1/1 500	1/1 000	—	—

注：①高低和轨向偏差为 10 m 及以下弦测量的最大矢度值。

②扭曲偏差不含曲线超高顺坡造成的扭曲量。

(2)紧急补修和限速管理的实施

轨道检查车检出的轨道不平顺超过紧急补修标准的部位,应要求养路工区在限定的时间内作紧急补修,使其达到日常保养标准范围以内。超过限速管理标准的应立即通知行车指挥部门,发出限速慢行命令,同时,由工务部门抓紧施行紧急补修。许多国家铁路由于建立了强制性的紧急补修和限速管理制度,十分有效地避免了轨道不平顺引起的脱轨事故和车辆剧烈振动。

日本、法国等铁路还通过一周或 10 d 定期监测客车车体垂直和水平振动加速度实施轨道不平顺的紧急补修和限速管理(称为车辆振动监测管理)。

2. 轨道不平顺的预防性计划维修管理

为了限制需要紧急补修的处数和避免出现限速地段,保证列车能经常平稳舒适地运行,延长设备使用寿命,经济合理地进行维修工作,对轨道实行预防性计划维修管理是非常必要和有效的。所谓预防性计划维修,即在轨道平顺状态已成段不良但尚未恶化之前,有计划地安排大型养路机械进行成段综合维修,使轨道的平顺状态达到作业验收标准。

各国制定轨道不平顺预防性计划维修标准的主要依据是列车平稳、舒适性要求,减少紧急补修工作量,工务部门的维修能力和经验维修周期以及经济性,将其作为评判是否需要进行预防性计划维修的技术指标。

3. 轨道不平顺的日常养护管理

高速铁路只有经常保持高平顺的优良状态,才能保证乘坐平稳舒适,减少轨道和车辆零部件的伤损,延长轮轨系统的维修周期,使高速铁路获得较好的综合技术经济效益。因此,在两次预防性计划维修之间,或计划维修和大修之间,还应根据高速铁路轨道检查车等作出的检测记录,充分利用大、小天窗时间,对轨道进行局部养护,消除那些变化较快,超过日常保养目标值和舒适度管理目标值的少数局部轨道不平顺。国外多数国家的保养目标值即是使轨道经常保持优良状态的控制标准值,也常称为优良目标管理值。舒适度目标值是为了防止引起高速车辆超过规定的舒适性指标而设立的管理目标值。实行优良目标管理,管小防大,对于延长维修周期,经常保持高平顺状态,效果良好。

四、高速铁路道岔的养护维修与管理

(一)初期养护

道岔铺设初期,是道岔构件磨耗变形、道床压实稳定时期,因此,必须加强稳定方面的养护工作。

(1)加强巡视、检查、观测。

(2)加强基础,全面起道捣固一遍,特别是加强钢岔枕部位的捣固。

(3)需对各类螺栓全面复紧一遍,并对各类螺栓、垫板及轨腰轨底全面涂油一遍。

(4)道岔使用初期,心轨易产生肥边,需及时打磨,以防心轨和翼轨掉块。

(5)保持几何尺寸的良好状态。

(二)日常养护

(1)工长每月应对道岔全面检查两遍,检查道岔的空吊、离缝、磨耗和螺栓松动等项目。

(2)巡道工除按一般标准巡视外,对高速道岔还应注意以下内容:

①心轨连接板与钢岔枕边缘是否碰卡,如发现类似情况,应及时通知工区处理。

②转换部分道岔的横向螺栓是否松动,一经发现应及时紧固。

(3)应及时对轨距块进行调整,使轨距块与轨底及挡肩之间无 2 mm 以上的间隙。

(4)滑床板和护轨垫板弹片的销钉容易松动退出,应及时加强检查补充。

(5)注意加强道岔及其前后线路的锁定工作,以防止心轨串动,严重时造成心轨连接板碰卡钢岔枕立墙,而影响心轨转换。

(6)密切注视薄弱部件的病害情况及其发展趋势。

第四节 高速铁路路基

一、高速铁路路基的结构和特点

(一)高速铁路路基的结构

高速铁路路基如图 2-21 所示,路基断面如图 2-22 所示。路基是轨道的基础,也叫线路下部结构,承受轨道和机车车辆荷载,主要由以下三部分组成。

图 2-21 施工中的高速铁路路基

1. 路基本体

在各种路基形式中,为了能按线路设计要求铺设轨道而构筑的部分,称为路基本体。在路基横断面中,路基本体由路基顶面、路肩、基床、边坡、基底几部分构成,路基本体是直接铺设轨道结构并承受列车荷载的部分,如路堤、路堑等。

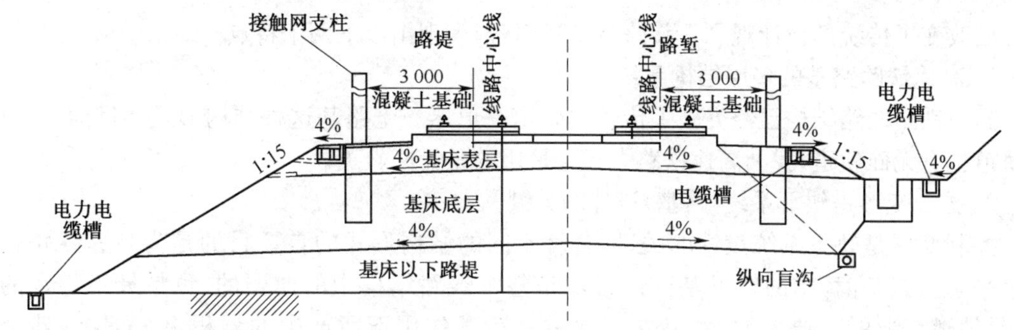

图 2-22　高速铁路路基断面(单位:mm)

2. 路基防护和加固建筑物

路基防护和加固建筑物属于路基的附属建筑物,是为确保路基体的稳固性而采用的必要的经济合理的附属工程措施。

路基防护设施用以防止或削弱风霜雨雪、气温变化及流水冲刷等各种自然因素对路基体所造成的直接或间接的有害影响。常用的防护设备包括坡面防护和冲刷防护。为防止路基边坡和坡脚受坡面雨水的冲刷,防止日晒雨淋引起土的干湿循环,防止气温变化引起土的冻融变化等因素影响边坡的稳固,常采用坡面防护;为防止河水对边坡、坡脚或坡脚处地基不断地冲刷和淘刷,应设冲刷防护;防护位置和所采用的类型则常视水流运动规律及防护要求而定。特殊条件下的路基的防护类型更多,例如,在多年冻土地区,为防止冻融线路的剧烈变化应采用各种保温措施;在泥石流地区,为防止泥石流对路基体的威胁,常设置多种拦蓄与疏导工程;在风沙地区为防止路基体砂蚀和被掩埋,常采用各种防沙、固沙设施等。

路基加固设施是用以加固路基本体或地基的工程设施,在路基工程中,有护堤、挡土墙、支垛、抗滑桩及其他地基加固措施等。路基加固设备是提高路基稳定的一种有效措施。

3. 路基排水设施

它属于路基的附属建筑物,路基的排水设备分地面排水设备和地下排水设备两种。地面排水设备用以拦截地面径流,汇集路基范围内的雨水并使其畅通地流向天然排水沟谷,以防止地面水对路基的浸湿、冲刷而影响其良好状态。地下排水设备用以拦截、疏导地下水和降低地下水位,以改善地基土和路基边坡的工作条件,防止或避免地下水对地基和路基体的有害影响,如排水沟、侧沟、天沟等。

(二)高速铁路路基的特点

自 20 世纪 60 年代世界上第一条高速铁路在日本建成以来,世界范围内出现了竞相修建高速铁路的热潮。高速铁路的出现对传统铁路的设计、施工和养护维修提出了新的挑战,在许多方面改变了传统的设计观念。就路基工程而言，表现出以下两个特点。

1. 高速铁路路基的多层结构系统

高速铁路线路结构已经突破了传统的轨道—道床—土路基这种结构形式。目前，既有有砟轨道也有无砟轨道，我国高速铁路大部分采用的是无砟轨道。

2. 控制变形是轨下系统(路基)设计的关键

控制变形是轨下系统设计的关键，各种不同的结构形式的首要目的是为高速线路提供一个平坦、均匀和稳定的轨下基础。路基是整个线路结构中的薄弱的、也是最不稳定的环节，是轨道变形的主要来源，它们在多次重复荷载作用下所产生的累积永久下沉(残余变形)将造成轨道的不平顺。同时，它们的刚度对轨道面的弹性变形也起着关键性的作用，因而，对列车的高速走行条件有重要的影响。高速行车对轨道变形有严格的要求，因此，变形问题便成为高速铁路设计所考虑的主要控制因素。普速铁路路基按强度破坏设计，对于高速铁路路基强度已不是问题了，一般来说，在达到强度破坏前，已经出现了不能容许的过大有害变形。

二、高速铁路对路基的要求及处理措施

(一)对路基的要求

高速铁路对路基的高标准要求，与传统铁路在设计、施工和养护等方面都有很大的不同，在许多方面突破了传统的观念。

(1)路基要达到高速铁路轨道高平顺性要求。

(2)路基必须满足高速铁路对工后沉降的要求。

(3)必须严格控制路基的不均匀沉降。

(4)必须控制路基的初始不平顺。

(二)处理措施

1. 提高路基填筑标准且强化基床结构

将路基作为土工结构物来进行设计与施工，对填筑材料、压实标准、变形控制、检测要求等较现行铁路标准有很大提高，同时强化基床结构，特别是基床表层。

基床表层是路基直接承受列车荷载的部分，它是路基中的最重要部分。基床表层不但给轨道提供了一个坚实的基础，同时，也对其下的土路基提供保护，因此基床表层必须有足够的强度和刚度，同时还要有稳定性和耐久性。作为基床表层的材料，需要有较好的力学性能，充分压实后在长期动力作用下保持稳定，并有很好的水稳定性和较小的渗透性。

2. 严格控制路基沉降变形

高速行车需要高度平顺和稳定的轨下基础，控制变形是高速铁路路基设计的关键。在列车高速运行情况下，路基在重复荷载作用下所产生的累积沉降和不均匀下沉所造成的轨道不

平顺将严重影响列车运行速度和舒适度，并增加线路养护的工作量。

路基沉降变形主要包括三个方面：列车行驶中路基面产生的弹性变形，长期行车引起的基床累积下沉（塑性变形），路基本体填土及地基的压缩下沉。

列车行驶中弹性变形、运营阶段的塑性变形及路基填土压实下沉，只要满足基床及路基本体填筑材质、压实标准，其值都是有限的，而且也可得到控制的。因此，如何控制路基的沉降变形特别是工后沉降值，关键在于控制支承路基地基的沉降。

《高速铁路设计规范》规定无砟轨道路基工后沉降应符合线路平顺性、结构稳定性和扣件调整能力的要求，工后沉降不宜超过 15 mm。与桥梁，隧道横向结构物交界处的工后差异沉降不应大于 5 mm，不均匀沉降造成的折角不应大于 1/1 000。

为了有效地控制工后沉降量及沉降速率，采用动态设计是解决这一问题的重要手段。如在每个松软、软土地基工点及各种过渡段必须设置沉降和位移观测设备，随施工进程观测，及时绘制填土—时间—沉降曲线；控制填土速率，保证路基在施工过程中的安全与稳定，避免施工控制不当而产生过大附加沉降；根据沉降观测资料及沉降发展趋势、工期要求等，采取相应的措施，如调整预压土高度，确定预压土卸荷时间，提出基床底层顶面抬高值，以及为铺轨前对路基进行评估及合理确定铺设上部建筑时间提供依据，以确保铺轨后路基工后沉降量与沉降速率控制在允许范围内。

三、高速铁路软土地基的处理

我国软土绝大部分分布于东部沿海地区，主要集中在滨海平原、河口三角洲、湖盆地周围，多为河相、海相或潟湖相沉积层，多处于饱和的正常压密固结状态，土的类别多为淤泥、淤泥质黏土、淤泥质亚黏土，在南方少数地区也有淤泥质混砂层存在。软土的主要特点有：含水量高、孔隙比大、低干密度、高压缩性、低透水性、中等灵敏度等。软土地基在工程上主要表现为压缩量大，排水固结缓慢，地基稳定性差等特性。为了满足高速铁路路基稳定性的需要，根据具体条件对软土地基有以下处理方法。

（一）换 填 法

当软土地基的承载力和变形满足不了设计要求，而软土层的厚度又不是很大时，将路基底面下处理范围内的软弱土层部分或全部挖去，然后分层换填强度较大的砂（碎石、素土、灰土、二灰土等）或其他强度较高、性能稳定、无侵蚀性的材料，并用人工或机械方法压实至要求的密实度为止，这种地基处理的方法称为换填土法，如图 2-23 所示。

换填土法适用于淤泥、淤泥质土、素填土、杂填土地基及暗沟、暗塘等浅层和低洼区域处理，还适用于处理湿陷性黄土、膨胀土和季节性冻土等一些区域性特殊土。换填土法的处理深度通常宜控制在 3 m 以内，但也不宜小于 0.5 m，因为垫层太薄，换土垫层的作用不显著。

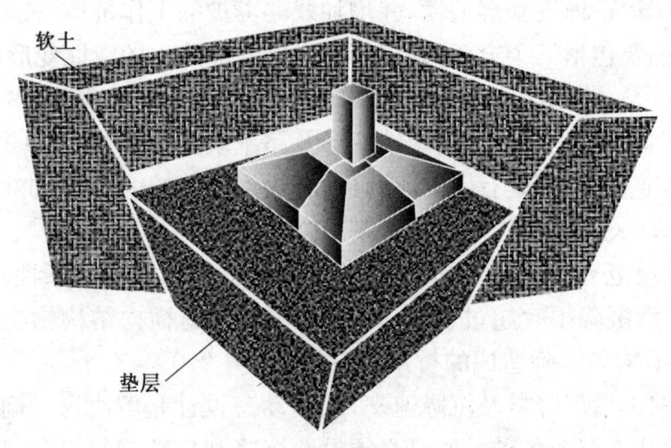

图 2-23　换填法施工

换填土法的垫层常用材料为砂、砂石、素土、灰土、二灰土等无黏性土，因为这类土的强度大，压缩性小，透水性好，比较容易使之密实，且在不少地区料源丰富，因而广泛使用。

（二）排水固结法

排水固结法处理软基是在路基施工前，对天然路基或已设置竖向排水体的路基上加载预压，使土体固结沉降基本完成或大部分完成，从而提高地基土强度，减少地基工后沉降的一种地基加固方法。

排水固结法由排水系统和加压系统两部分共同组成。

排水固结系统由竖向排水体和水平排水体构成，主要作用是改变地基的排水边界条件，缩短排水距离和增加孔隙水排出的途径。当软土层靠近地表且较薄或土的渗透性好且施工周期较长时，可在地面铺设一定厚度的砂垫层，不设竖向排水通道。土中的孔隙水在外荷载作用下排至砂垫层，从而产生固结。若软土层较厚时，为加快排水固结，应在地基中设置砂井等竖向排水体，与水平砂垫层一起构成排水系统。加压系统是指对地基施加的荷载布置。排水系统与加压系统总是联合使用的。如果只设置排水系统，不施加固结压力，土中的孔隙水没有压差，不会发生渗透固结，强度不会提高。如果只施加固结压力，不设置排水体，孔隙水就很难排出来，地基土的固结沉降就需要较长的时间。

实际工程中应用较多的排水固结法有砂井（塑料排水板）加载预压和砂井（塑料排水板）真空预压（图 2-24）。

排水固结法一般适用于饱和软黏土、吹填土、松散粉土、新近沉积土、有机质土及泥炭土地基。因此，要保证排水固结法的加固效果，从施工角度考虑，主要应做好以下三个环节：铺设水平垫层、设置竖向排水体和施加固结压力。

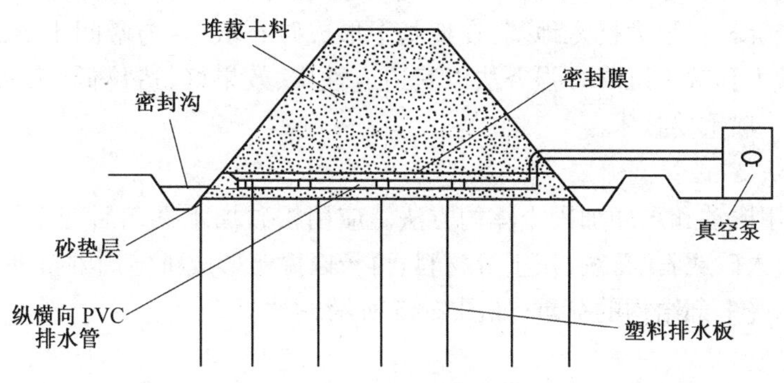

图 2-24　真空预压法

（三）强 夯 法

强夯法是 20 世纪 60 年代末 70 年代初首先在法国发展起来的，国外称之为动力固结法，以区别于静力固结法。它一般是通过 10～40 t 的重锤采用 10～20 m 的落距（最高可达 40 m）夯击地基，对地基土施加强大的冲击能，在地基土中形成冲击波和动应力，使地基土压密和振密，以加固地基土，达到提高强度，降低压缩性，改善砂土的抗液化条件，消除湿陷性黄土的湿陷性的目的，如图 2-25 所示。它主要适用于加固砂土和碎石土、低饱和度粉土与黏性土、湿陷性黄土、杂填土和素填土等地基。工程实践表明，强夯法具有施工简单，加固效果好，使用经济等优点，其承载力可提高 200%～500%，压缩性可降低 200%～1 000%，不仅可以在陆地施工，也可在水下夯实，其缺点是施工时的噪声和振动较大，因而不

图 2-25　强夯法施工现场

宜在人口密集的城市内使用。对于饱和黏性土地基，近年来发展了强夯置换法。它是利用夯击能将碎石、矿渣等材料强力挤入地基，在地基中形成碎石墩，并与墩间土形成碎石墩复合地基，提高地基承载力和减小沉降。强夯法以其适应性广、效果好、造价低、工期短等特点，成为我国地基处理的一项重要技术。

(四)振 冲 法

振冲法是利用振动和水冲加固土体的方法。应用松砂加水振动后变密的原理，再通过振冲器成孔，然后填入砂或石、石灰、灰土等材料，再予以捣实形成桩与周围挤密后的松砂所组成的复合地基，来承受上部结构的荷重，如图 2-26 所示。

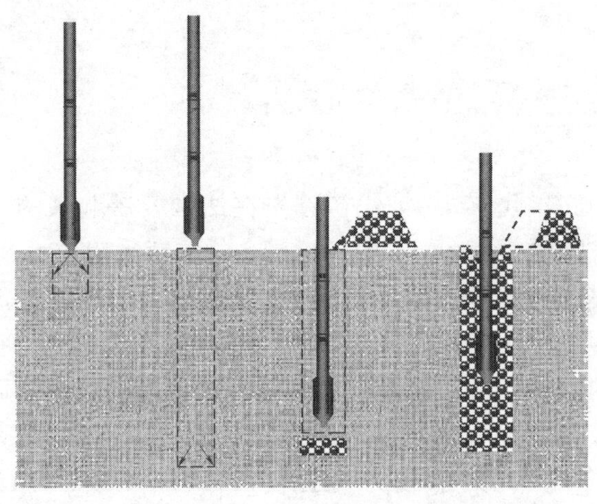

图 2-26　振冲法施工工艺流程

起初振冲法用于加固松砂地基，后来开始将振冲法用于黏性土地基，在黏性土中制造一群以石块、沙砾等散粒材料组成的桩体，这些桩与原地基土一起构成复合地基，使承载力提高，沉降减少。这一方法也称为"碎石桩法"或"散粒桩法"。用桩体构成复合地基的方法是振冲法应用的一种扩大和创新。

(五)水泥搅拌法

水泥搅拌法是用于加固饱和黏性土地基的一种方法。它是利用水泥(或石灰)等材料作为固化剂，通过特制的搅拌机械，在地基深处就地将软土和固化剂(浆液或粉体)强制搅拌，由固化剂和软土间所产生的一系列物理和化学反应，使软土硬结成具有整体性、水稳定性和一定强度的水泥加固土，从而提高地基强度和增大变形模量。

根据施工方法的不同，水泥土搅拌法分为水泥浆搅拌法(国内俗称深层搅拌法，又称为湿法)和粉体喷射搅拌法(又称为干法)两种。前者是用水泥浆(有时添加减水剂，如木质素等和

速凝剂）和地基土搅拌，后者是用水泥粉或石灰粉和地基土搅拌。两种方法各有相应的适应性和利弊。从概念方面看，前者搅拌较均匀，易于复搅，但加固体硬化时间长，天然含水量过高时，桩间土多余的孔隙水需较长时间才能排除。对后者来说，虽搅拌均匀性欠佳，难于全程复搅，但水泥硬化时间短，且在一定程度上降低了桩间土的含水量，在一定范围内提高了桩间土的强度。

由于粉体喷射搅拌法采用粉体作为固化剂，不再向地基中注入附加水分，反而能充分吸收周围软土中的水分，因此，加固后地基的初期强度高，对含水量高的软土加固效果尤为显著。它为软土地基加固技术开拓了一种新的方法。

1. 深层搅拌法（湿法）

深层搅拌法（湿法）是用于加固饱和软黏土地基的一种新颖方法。它是利用水泥浆作为固化剂的主剂，通过特制的深层搅拌机械，在地基深处就地将软土和固化剂（浆液状）强制搅拌，利用固化剂和软土之间所产生的一系列物理-化学反应，使软土硬结成具有整体性、水稳定性和一定强度的优质地基，如图 2-27 所示。

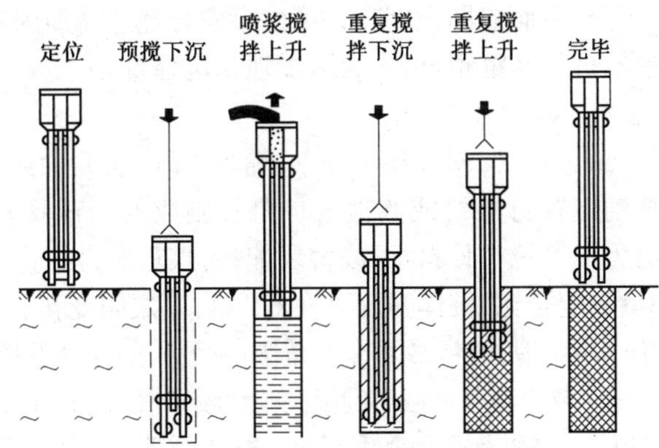

图 2-27　深层搅拌法施工工艺流程

深层搅拌机一般由双层管组成，外管下端带叶片，靠管上端的电动机带动旋转，内管供输送水泥或生石灰。我国制造的 SJB-1 型深层搅拌机系采用三管并列，两侧管各带二叶片式搅拌头，中央管除支承两侧管外还兼作输浆管用。一次加固面积 0.7～0.8 m^2，加固深度可达 10 m（改型后，加固深度大于 15 m）。深层搅拌法施工时，除深层搅拌机外，尚需起吊设备、固化剂制备泵送系统（灰浆搅拌机、灰浆泵、冷却水泵、管道等）和控制设备。

2. 粉体喷射搅拌法（简称粉喷法，又称干法）

粉体喷射搅拌法是利用压缩空气向软土输送和喷射干粉（生石灰粉、水泥干粉等），利用干粉与土拌和发生化学反应，改善土质，提高地基的强度，它属于化学加固方法。加固后，可增加路基的稳定，减少路基的沉降。

这种技术使得施工能在解决了干粉连续输送、压缩空气与干粉在土中分离以及土中空气排除等技术问题后得以进行。压缩空气将粉体加固料以雾状喷入地基深部，凭借钻头叶片的旋转，使粉体加固料与原位软土搅拌并得到充分混合，形成桩体或墙体，与路基下软土形成复合路基，从而使软土硬结。

水泥干粉与软土被搅拌后形成水泥加固土。它与混凝土的硬化机理有所不同。水泥加固土，水泥掺量很小（仅是被加固土的7%～15%），水泥的水解和水化反应完全是在具有一定的活性介质——软土内进行，硬化速度缓慢且作用复杂。水泥颗粒表面的矿物质能与软土中的水发生水解和水化反应，生成多种化合物，有的自身继续硬化，有的则与其周围具有一定活性的黏土颗粒发生反应。这些新生的化合物在水中和空气中越均匀，则水泥土的结构强度的离散性越小，总体强度越高。

粉体喷射搅拌法适合于加固各种成因的饱和软黏土，目前国内常用于加固淤泥、淤泥质土、粉土、杂填土等含水量较高的黏性土。以干粉作为加固料，不需向地基注入附加水分，反而能充分吸收周围软土中水分，因而初期强度高。可以事先合理选择加固料及配合比，针对不同的地质情况灵活设计桩径、桩长及桩距，可大大减少地基沉降量。

（六）水泥粉煤碎石桩

水泥粉煤灰碎石桩（cement fly ash gravel pile，简称CFG桩），由碎石、石屑、粉煤灰掺加适量水泥加水拌和，用振动沉管打桩机或其他成桩机具制成的一种具有一定黏结强度的桩。桩体主体材料碎石、石屑为中等粒径骨料，可改善级配；粉煤灰作为细骨料，可以和低强度水泥作用。通过调整水泥掺量和配合比，桩体强度可在C5～C20之间变化。

CFG桩由于桩身具有一定的黏结性，故可全长范围内受力，能充分发挥桩周摩擦阻力和端承力，桩土应力比一般为10～40，复合地基承载力的提高幅度较大，有沉降小、稳定快的特点。

CFG桩可用于加固填土、饱和及非饱和黏性土、松散的砂土、粉土等，对塑性指数高的饱和软黏土应慎重使用。

CFG桩的打桩顺序有连打法、间隔跳打法。具体采用何种打法由现场试验来确定。连打法易造成邻桩被挤碎或缩颈，在黏性土中易造成地面隆起；跳打法不易发生上述现象，但土层较硬时，在已打桩中间补打新桩，可能造成已打桩被震裂或震断。

在软土中，桩距较大可采用隔桩跳打，但施工新桩应与已打桩时间间隔不少于7 d；在饱和的松散粉土中，如桩距较小，不宜采用隔桩跳打；全长布桩时，应遵循“由一边向另一边打桩”的原则。

四、高速铁路路基的质量检测

为了保证路基填料达到设计压实标准，在确定压实机械后，关键是怎样有效地检测施工过

程中填料的压实质量。检查填料压实质量的项目与土工结构物的类型有很大的关系。铁路路堤主要考虑整体和边坡的稳定性，基床表层土的病害和路堤的下沉。检测填土压实质量的仪器和方法随着工业化的发展在不断地发生着变化，总的趋势是快速、准确地满足施工现场的需要。

通过路基质量检测，一方面，可以评价路基施工过程中或竣工后路基的质量，检验路基是否达到了设计要求，验证路基是否具有足够的强度能够承受列车动荷载的作用，同时，又具备保证列车安全、舒适运行的合理刚度；另一方面，可以了解施工过程的质量情况，控制施工进度，促进施工单位改进施工工艺，加强施工质量管理，保质保量地完成施工任务。

路基检测的方法主要有压实度检测试验(环刀法、灌砂法、灌水法、核子密度湿度仪)、现场CBR值试验、回弹模量、承载力检测试验等。主要检测指标有压实系数K、孔隙率n、地基系数K_{30}、动态变形模量E_{vd}、静态二次变形模量E_{v2}。

1. 环刀法检测密实度

环刀法是测量现场密度的传统方法。用环刀法测得的密度是环刀内土样所在深度范围内的平均密度，只适用于黏性土和粉土。

2. 灌砂法检测密实度

灌砂法属于对压实土面的破坏性量测方法，是利用均匀颗粒的砂去置换试洞的体积。该方法适用于现场测定最大粒径小于20 mm的土的密度，也是当前最通用的方法，很多工程都把灌砂法列为现场测定密度的主要方法。缺点是需要携带较多量的砂，而且称量次数较多，因此，它的测试速度较慢。

3. 核子仪法检测密实度

核子密度湿度仪法，即利用元素的放射性来测定各种材料的密度和湿度。仪器内部带有两个辐射源，即用于测定密度的同位素Cs-137γ源和用于测定湿度的Am-241/Be中子源。此外，仪器内部还有两种射线的接收装置(即接收器)以及为检测射线和显示测值所需要的微处理机电子部件。核子仪法适用于现场测定填料为细粒土、砂类土的压实密度。

相对于灌砂法和其他破损性测量方法，核子仪法有以下优点：被测土体体积大，结果具有代表性。有操作人员引起的误差几乎没有，因为操作非常简单，仪器自动计算结果，连同计量单位一起显示在屏幕上。因系无破损测量，同一地点可以准确重复测量多次，测量的精度也可以立即显示出来。与灌砂法不同，操作人员可以站着，以便观察周围施工机械的活动，有危险时可以及时避开。测量可以在压实机械来回通过的间隙时间内完成，压实系数可以立即获得，以便决定是否继续进行碾压。但是，它的缺点是发出的放射性物质对人体有害。

4. 地基系数K_{30}检测

高速铁路采用平板载荷试验来确定填土的地基系数，并以此来检查填土或垫层的压实质量。我国的铁路路基压实质量控制采用地基系数 K_{30} 检查。K_{30} 平板载荷试验是采用直径为 30 cm 的荷载板测定下沉量为 1.25 mm 的地基系数试验方法，属单循环荷载试验，计量单位 MPa/m。国外还有用直径为 60 cm 和 75 cm 的荷载板试验确定的地基系数 K_{60} 和 K_{75}。

K_{30} 平板载荷试验适用于粒径不大于荷载板直径 1/4 的各类土和土石混合填料，测试有效深度范围为 400～500 mm。

5. 变形模量 $E(E_{v2})$ 检测

变形模量 E 可用于路基填土压实检测，在荷载板试验应用过程中，常用的加载方式有单循环静载和二次循环静载。单循环静载是按每级 40 kPa 加载，当每级加载完成后，每间隔 1 min 读取百分表 1 次，直至两次读数符合沉降稳定要求，才能转到下一级荷载，直至试验最大荷载为止。二次循环静载也是按每级 40 kPa 加载，分级加载到最后一级荷载的沉降稳定后，开始卸载，卸载梯度按最大荷载的 0.5 或 0.25 倍逐级进行，全部荷载卸除后记录其残余变形，之后又开始另一加载循环。采用 $d=30$ cm 的荷载板试验计算变形模量时，荷载一直加到沉降值达 5 mm 或荷载板正应力达到 0.5 MPa 为止。

6. 动态变形模量 E_{vd} 检测

无论是基床系数 K_{30}、变形模量 E 和二次变形模量都是通过施加静荷载测得的，尚不能完全反映列车在动荷载作用下对路基的真实作用情况。随着高速铁路的出现，在高速列车动荷载作用下，路基表现为动态行为(产生动态变形)。为保证列车的安全与正常运行，必须对路基的动变形加以控制，同时，要全面反映路基的质量和状态。动态变形模量 E_{vd} 是反映路基动态特性的指标，是路基中某点的动应力与动应变之比，它描述了一定状态下该点抵抗动荷载产生动变形的能力。其大小与填土种类、含水量、密实度、强度、应力状态等参数有密切关系，任一参数的变化都将会影响到动模量数值的大小。

在被检测的路基面上放置一块一定直径的荷载板，通过落锤在一定高度处自由下落，落到阻尼装置后，再经荷载板在填土面施加冲击动荷载，使填土面产生沉陷，通过测试冲击动荷载的大小、板底填土面的动变形(荷载板的沉陷值)，利用专用的信号采集及数据处理软件，来求算路基土层的动态变形模量。荷载板的沉陷值越大，被测点的承载能力越小，动态变形模量也越小，反之，动态变形模量越大。因此，动态变形模量能反映该处的承载力。

第五节　高速铁路桥梁

一、桥梁的构造

桥梁是铁路线路跨越河流、低地、深谷、公路及另一条铁路时而修建的建筑物。桥梁主要由桥面、上部构造(桥跨结构)及下部构造(墩台及基础)所组成，如图 2-28 所示。

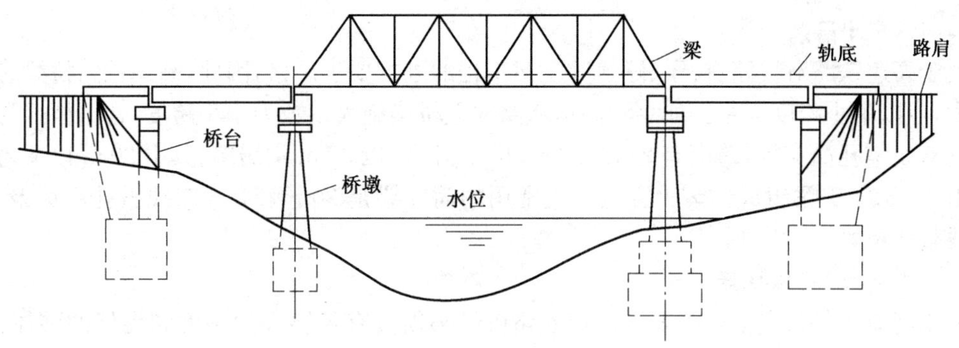

图 2-28　桥梁构造

二、高速铁路桥梁的特点

高速铁路的高速度、高舒适性、高安全性、高密度连续运营等特点对其土建工程提出严格的要求，由于速度大幅度提高，高速列车对桥梁结构的动力作用大于普速铁路桥梁，桥梁出现较大挠度会直接影响桥上轨道的平顺性，造成结构物承受很大的冲击力，旅客舒适度受到严重影响，轨道状态不能保持稳定，甚至影响列车的运行安全。此外，为保证轨道的平顺性还必须限制桥梁的预应力徐变上拱和不均匀温差引起的结构变形，这些都对高速铁路桥梁结构的刚度和整体性提出了严格的要求。高速铁路桥梁的特点如下。

(一)桥梁所占比例大、高架长桥多

高速铁路设计参数限制严格，曲线半径大、坡度小，并需要全封闭行车，导致桥梁建筑物数量要大大多于普速铁路。如京沪高速铁路桥梁占线路总长的 86.5%。在建中的高速铁路高架桥如图 2-29 所示。

图 2-29　在建中的高速铁路高架桥

（二）以中小跨度为主

由于高速铁路对线路、桥梁、隧道等土建工程的刚度要求严格，因此，高速铁路桥梁跨度不宜过大，应以中小跨度为主。如京沪高速铁路线上桥梁绝大多数为中小跨度，常用桥式为等跨布置的双线整孔简支梁，跨度有 24 m、32 m、40 m 几种，以 32 m 梁居多，其中 20 m 以下跨度的桥梁由 4～5 片 T 梁组成。秦沈客运专线常用的简支梁是 20 m、24 m 双线整孔箱梁及 32 m 单双线整孔箱梁。

（三）刚度大、整体性好

列车高速、舒适、安全行驶要求高速铁路桥梁必须具有足够大的刚度和良好的整体性，以防止桥梁出现较大挠度和振幅。同时，必须限制桥梁的预应力徐变上拱和不均匀温差引起的结构变形，以保证轨道的高平顺性。一般来说，高速铁路桥梁设计主要由刚度控制，强度基本上不控制其设计。尽管高速铁路活载小于普速铁路，但实际应用的高速铁路桥梁，在梁高、梁重上均超过普速铁路。

（四）纵向刚度大

高速铁路要求依次铺设跨区间无缝线路，而桥上无缝线路钢轨的受力状态不同于路基，结构的温度变化、列车制动、桥梁挠曲会使桥梁在纵向产生一定的位移，引起桥上钢轨产生附加应力。过大的附加应力会造成桥上无缝线路失稳，影响行车安全。因此，墩台基础要有足够的纵向刚度，以尽量减少钢轨附加应力和梁轨间的相对位移。

（五）重视改善结构耐久性，便于检查、维修

高速铁路是极其重要的交通运输设施，任何中断行车都会造成很大的经济损失和社会影响。为此，桥梁结构物应尽量做到少维修或免维修，这就需要在设计时将改善结构物的耐久性作为主要设计原则，统一考虑合理的结构布局和构造细节，并在施工中严格控制、保证质量。一些国家规定高速铁路桥梁在结构耐久性方面要求的设计基准期，一般以 50 年不需维修为目标；在日常检查、养护前提下，期待能达到 100 年的耐用期。

另一方面，由于高速铁路运营繁忙、列车速度高，造成桥梁维修、养护难度大、费用高，因此，桥梁结构构造应易于日常检查与维修。

（六）强调结构与环境的协调

高速铁路作为重要的现代交通运输设施，应强调结构与环境的协调，重视生态环境保护。这主要指桥梁造型要与周围环境相一致并注重结构外观和色彩，在居民点附近的桥梁要有降噪措施，避免桥面污水损害生态环境等。

三、高速铁路对桥梁的要求

高速铁路的高速度、高舒适性、高安全性、高密度连续运营等特点对高速铁路桥梁结构的刚度和整体性提出了严格的要求。各国高速铁路桥梁基本上遵循以下原则：采用双线整孔桥

梁，主梁整孔制造或分片制造整体联结；除了小跨度桥梁外，大都采用双线单室箱形截面；增大梁高，欧洲各国高速铁路预应力混凝土简支梁高跨比一般在1/10～1/9之间；尽量选用刚度大的结构体系，如连续梁、刚架、拱桥、斜拉桥；桥梁跨度不宜过大。

高速铁路常用跨度梁部的设计与普速铁路有很大的不同，主要体现在桥梁类型的选择、设计计算的主要内容和限值、结构构造要求、桥面构造布置、施工方法的选择与系统的协调等。

高速铁路桥梁主体耐久性设计考虑以下措施：采用高性能混凝土，设计安全系数留有储备（抗裂安全系数均大于1.3），加大钢筋的保护层厚度，结构构造更简捷、方便施工；规定了施工工艺，最大限度地考虑了养护维修的条件等。重点对影响结构耐久性主要因素进行了详细规定，如材料的选用、构造的处理、施工工艺的要求和养修要求等。

（一）桥梁建筑材料

桥梁建筑材料的耐久性是结构耐久的基础。主体结构和附属设施的材料选择，除满足相关的规范要求外，对组成混凝土原材料的选择有一些具体的规定：梁体采用高性能混凝土，使混凝土有良好的抗侵入性、体积稳定性和抗裂性。同时，对外加剂的成分也进行了严格规定。对后张法预应力的管道压浆材料也提出了相应的规定，如泌水性、微膨胀性、抗拉、压强度、流动性以及对预应力钢筋的防锈保护等。

(1)为减弱桥梁振动和减少噪声，以钢筋混凝土（RC）、预应力混凝土（PC）和部分预应力混凝土（PPC）、型钢混凝土（SRC）桥为宜。

(2)对钢筋混凝土及部分预应力混凝土梁，应比一般铁路桥梁更严格控制裂缝宽度。在不得已的情况下使用钢桥时，最好采用外包混凝土梁，桥面采用正交异性板桥面构造，非明桥面构造。

(3)在梁高、施工等受限制的地方，可考虑组合梁方案，但对防噪声及运营期间的维修养护应给予特别重视。

（二）桥梁结构体系

(1)根据高速铁路对桥梁动力性能的要求和我国铁路桥梁建设的经验，结合桥梁工程造价和施工运营条件，可供选择中小跨度桥梁结构的体系主要有：混凝土简支梁、混凝土连续梁和混凝土刚架桥。在建筑高度受限制的地方，也可采用钢板梁上设混凝土板的结合梁桥。

(2)小跨度的刚架桥的截面形式以现浇板梁为宜；简支梁与连续梁桥的截面以单箱单室箱梁为宜；钢桁架桥的桥面系以采用正交异性板为宜；组合梁桥也以箱形截面为宜。

(3)从国外高速铁路建桥经验来看，在中小跨度桥梁中，也可采用结合梁和型钢混凝土桥梁，但比例较小。在地形、地质及桥位合适的地方，也可采用拱桥、连续刚构、斜拉桥等桥式，一般以采用下承式结构为宜，以减小桥梁的横向振动。

(4)国内既有铁路各种形式的中小跨度桥梁,均能满足高速铁路的要求,并有成熟的使用经验,可以在不同的条件下进行合理地选择。对于 40 m 以上的中等跨度桥梁,基本上可采用箱形截面预应力混凝土连续梁形式。40 m 以下的小跨度桥梁,则主要采用预应力混凝土或部分预应力混凝土简支梁。

(三)上部结构形式

在双线并列的情况下,梁部结构可采用两单线桥的分离结构,也可采用双线整体式结构(图 2-30)。对于中等跨度混凝土连续梁结构,考虑到一般采用悬臂浇筑法施工,以采用双线整体结构较为合理。对于小跨度桥,则需要从制造、运输、架设、运营和养护,特别是动力性能诸方面考虑,进行比较。

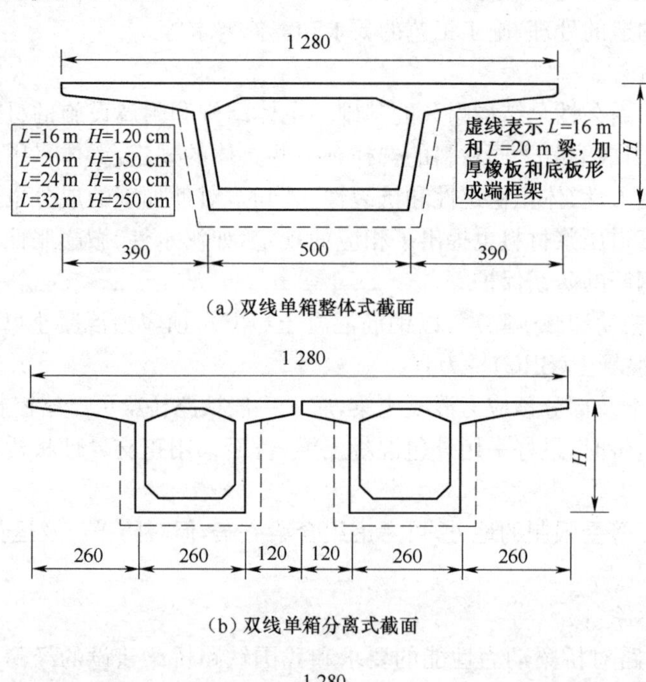

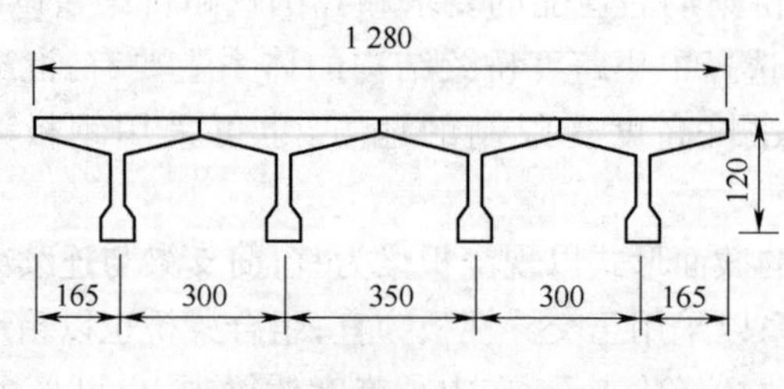

图 2-30 各种梁体截面(单位:mm)

(四)下部结构形式

(1)为节省圬工量,降低对地基的压力,减小基础尺寸和基桩的数量,对于中小跨桥梁宜采用轻型墩台,特别是对于多跨联孔的高架桥。除高地震区外,宜优先采用轻型的耳墙式桥台;轻型桥墩优先采用双柱式墩。

(2)基础形式的选择,主要取决于桥址处的水文地质情况,因地制宜。可供选用的基础形式,除深水河流外,一般用明挖扩大基础和桩基础。

(五)桥梁支座

高速铁路桥梁对支座的特殊要求除了减振性能外,主要在于更严格的横向位移限制(允许±1 mm),应采用具有横向限位装置的橡胶支座。在桥梁使用寿命期内,应能在不影响列车运行的情况下进行支座检查及更换。

(六)施工工艺

施工工艺是保证结构耐久的重要环节,设计中对关键工序进行了规定,但施工过程中的变异性很大,能否保证各环节满足设计要求,也是确保耐久性的基础,实施中应加强施工工艺的过程控制。主要有以下措施。

(1)加强对混凝土拌和物的检验。

(2)加强对灌注时混凝土入模温度,模板温度的限值检验。

(3)规定蒸汽养护,自然养护时的温度指标和养护时间。

(4)严格执行拆模的混凝土的强度、弹模、梁体内外温差、环境温差等条件规定。

(5)对后张梁规定三次张拉工艺和管道压浆工艺,对折线配筋的先张梁规定张拉和放张的顺序以及应力控制措施。

(6)规定 30 d 后收缩徐变拱限制值的测试(1/3 000)。

(7)采用真空压浆工艺。

(8)严格桥面防排水的相关要求的落实。

(9)严格执行梁体各部位的保护层的工艺标准和检验要求。

(10)加强对梁缝间相对高差以及伸缩装置的检验。

(11)加强对存、运、架梁的管理。

(12)严格执行支座下座板下注浆的工艺标准。

(七)养护维修

为便于养护维修,梁体的箱内净空均满足规范规定的大于 1.6 m 的净高要求,加大了梁端悬出长度(预制 0.55 m,现浇 0.75 m);梁端设有进人孔,设置在墩顶和两孔梁的连接处(1.5 m×0.6 m),桥墩墩顶在相对位置纵向拉通开槽;挡砟墙的内侧宽度满足大型养护机械作业要求(挡砟墙到线路中心 2.2 m);桥面设连续防水层,梁端处设止水伸缩缝,且伸缩缝不影响大机作业,高度与桥面齐平;桥面防水层采用改进型 TQF-Ⅰ防水层;支座采用可调高支座，梁端预留顶梁位置；人行道板、人行道挡板、声屏障采用RPC粉末混凝土，在确保使用功能的同时更耐久；电气化接触网支柱设计位置在满足电气化专业要求的同时，充分考虑了车辆界限以及检查车通过的需要，距线路中心大于2.9 m，距人行道栏杆大于80 cm，支柱基础下未设加劲肋，方便检查车移动。

四、高速铁路桥梁的维护与管理

(一)经常维修保养工作范围

(1)明桥面整平。

(2)各种连接铁件、螺栓涂油或更换。

(3)护轨整修。

(4)钢梁清扫和补充拧紧高强螺栓，油漆涂装。

(5)支座清扫、涂油，整修排水坡，整平支座。

(6)涵洞清淤，修补管节勾缝。

(7)添补防火设备内的水、砂。

(8)各种标志的刷新和补充。

(9)补充人行道、吊篮等步板，整修危及人身安全的安全检查设备。

(10)修补圬工梁及墩台勾缝、清除梁端石砟，疏通排水管。

(11)清除桥下淤积，修理砌体圬工。

(12)及时消除可能危及行车安全的病害。

(二)综合维修

(1)明桥面上线路整平，增设或更换防磨胶垫，冻结钢轨接头。

(2)各种螺栓、联结铁件的涂油、修理、补充和更换。

(3)钢结构维护性涂装，铆钉、螺栓或联结系杆件的更换，杆件裂纹、损伤和弯曲等就地修理，结构不良的小型改善，增设防爬角钢。

(4)圬工梁拱裂纹整治、圬工勾缝、抹面、喷浆和压浆，局部翻修和加固修理及局部增设防水层，排水设备的修理和部分增设。

(5)支座整平、修正、涂油和捣垫砂浆，小跨度梁支座更换和增设座板，更换和补充锚螺栓。支座防尘罩及各种标志的修理、更换和零星增设。

(6)涵洞局部改善，管节修理和更换。

(7)桥涵的调节河流建筑物和防护设备的修理。

(8)桥涵上下游30 m范围内河床的清理。

(9)其他不属于大修范围的工作。

第六节　高速铁路隧道

一、隧道构造

隧道是铁路线路穿越山岭的构造物。高速铁路对线路的平纵断面提出了更高的要求，隧道在线路中的比例也有所增大。

隧道由洞门、洞身和洞内附属设施组成，如图2-31所示。

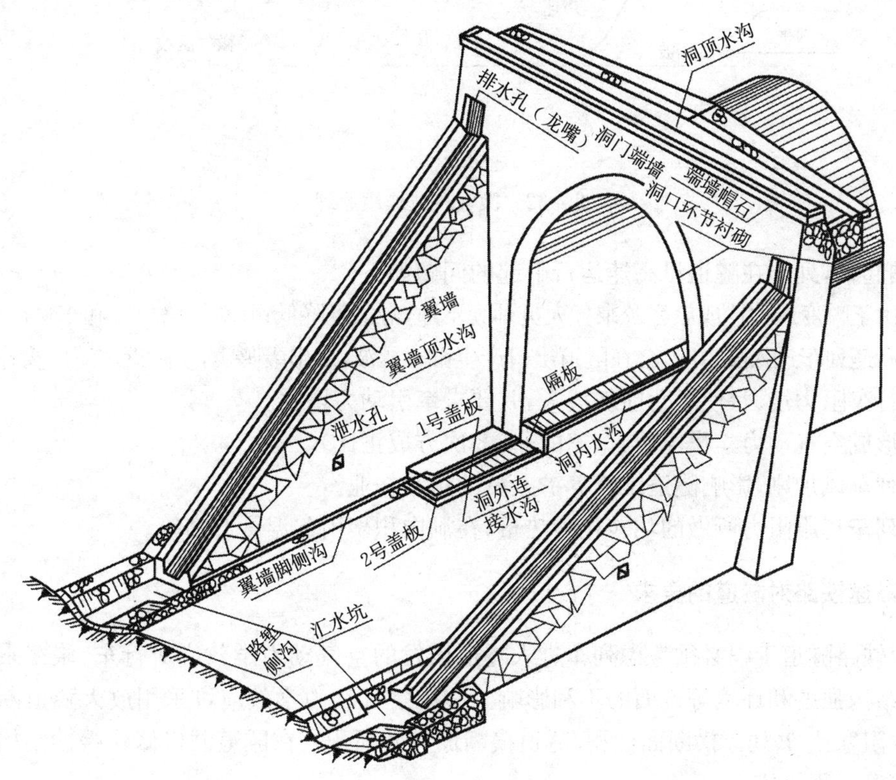

图2-31　隧道构造

二、高速铁路隧道的特点

高速列车通过隧道时会产生一系列的空气动力学效应，如压力波动、出口处微气压波、洞内行车阻力增大等。在高速运行的条件下，列车进入隧道时会产生压力波，该压力波以声速向前推进，到隧道洞口处反射回来，又遇到列车。即使在窗户密闭的条件下，也会使乘客因压力变化而感到不适。隧道的微气压波是列车突入隧道时形成的压缩波，在隧道内传播，到达出口时向外放射脉冲状的压力波。微气压波的发生实态和大小与许多因素有关，其中主要有列车速度、列车横断面积、列车长度、列车头部形状、隧道横断面积、隧道长度、隧道内道床的类型等。微气压作用原理如图 2-32 所示。

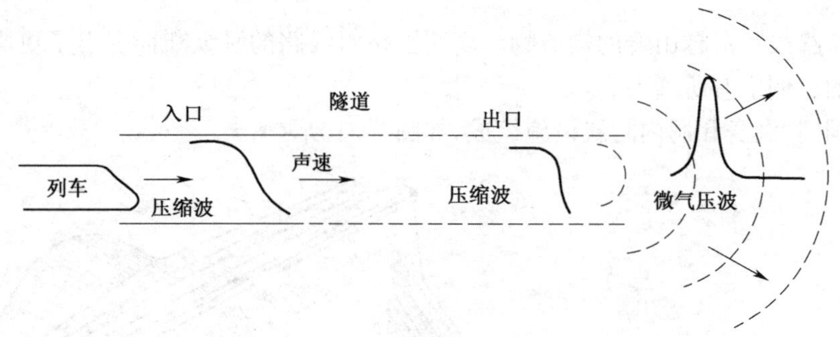

图 2-32　微气压波作用原理

归纳起来，列车在隧道里高速运行引起的问题如下：

(1)由于瞬变压力造成旅客及乘务人员耳膜不适，舒适度降低；并对铁路员工和车辆产生危害。

(2)高速列车进入隧道时，会在隧道出口产生微气压波，发出轰鸣声，使附近房屋门窗作响。

(3)行车阻力增大，使运营能耗增大，并要求牵引动力增大。

(4)形成空气动力学噪声(与车速的 6～8 次方成正比)。

(5)列车风加剧，影响隧道维修养护人员的正常作业。

(6)列车克服阻力所做的功转化为热量，在洞内积聚引起温度升高等。

三、高速铁路对隧道的要求

高速铁路隧道工程必须考虑列车进入隧道诱发的空气动力学效应对行车、旅客乘坐舒适度、车辆结构强度和环境等方面的不利影响。缓解空气动力学效应可采用放大隧道断面有效面积减少阻塞比 β(列车横断面面积/隧道横断面有效面积)、在隧道洞口修建缓冲结构及增设辅助坑道等工程措施。

(一)加大隧道横断面积

克服空气动力学效应采取的一个有效手段是加大有效净空面积。确定隧道断面内轮廓应考虑以下因素：线间距和建筑接近限界，缓解空气动力学效应对隧道断面有效面积的要求，养护维修、救援和其他使用要求所需的空间。

在满足以上条件的基础上，从结构受力等方面应对断面进行优化，并使盈余空间最小。隧道横断面由隧道建筑限界、轨道数量、线间距、应预留的空间(如安全空间、避难和救援空间、线

路上部建筑维修空间等)、空气动力学影响所需的空间和设备安装空间构成。

建筑限界一般应符合动态的标准建筑限界和扩大标准建筑限界。我国高速铁路隧道建筑限界基本尺寸及轮廓如图 2-33 所示。

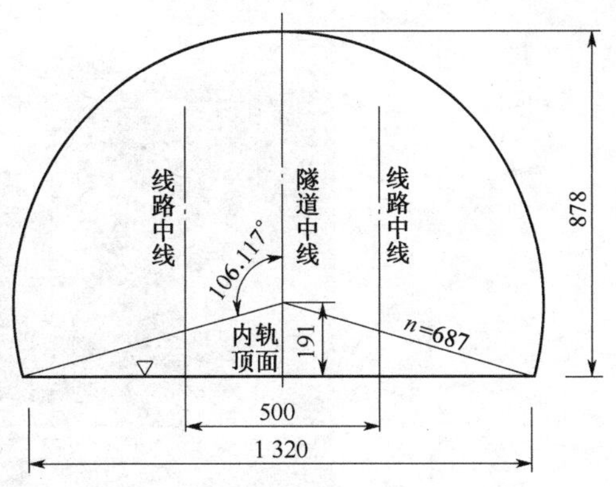

图 2-33　单洞双线隧道断面轮廓(单位:mm)

线间距与列车速度和车辆形式等有关,一般情况下都应大于 4.0 m。我国京沪高速铁路的线间距,在列车速度为 350 km/h 的条件下采用 5.0 m。在列车速度为 250 km/h 时,德国规定的线间距为 4.7 m。位于曲线上的隧道,原则上不考虑曲线加宽。

隧道内安全空间应在距线路中线 3.0 m 以外,单线隧道设在电缆槽一侧,多线隧道必须设在两侧。安全空间尺寸:高度不应小于 2.2 m,宽度不应小于 0.8 m;安全区的地面应不低于轨面规定高度,必须平整,允许有 3‰的横向排水坡。安全空间的地面与接触网设备的带电部件之间的距离不小于 3.95 m。在安全区的边界应带有反光的白色线条标志。如果不设安全区,就必须设避车洞。

避难和救援通道的空间是隧道中在线路两侧设置一个贯通的避难和救援通道,该通道直通到隧道外。这一通道应位于安全空间的侧面,并距轨道中线至少 2.2 m。避难和救援通道宽度至少是宽为 1.60 m,高为 2.20 m。

线路和上部建筑维修空间是为进行上部建筑维修作业而留出的。

架设接触网设备空间是电气化铁道上预留架设接触网等设备的空间。

(二)在隧道洞口修建缓冲结构

减小微气压波影响的主要措施是设置隧道入口缓冲段。入口缓冲段的结构形式主要有:横断面积不变,具有一定长度的缓冲段;横断面积扩大,具有一定长度的及侧面开口的缓冲段等。缓冲段的结构形式主要视洞口地形、地质、周边环境、洞内设施安装条件等而定。要处理好列车速度和缓冲段长度的关系。隧道洞口缓冲结构如图 2-34 所示。

隧道洞口缓冲结构应符合下列规定。

(1)隧道洞口设置缓冲结构应考虑列车类型及长度,隧道长度及横断面净空面积,隧道内轨道类型,隧道洞口附近地形和洞口附近居民情况。

(2)隧道洞口缓冲结构形式应从实用美观角度出发,结合洞口附近的地理环境确定。

(3)隧道洞口缓冲结构侧面或顶面应开减压孔,开孔面积根据实际情况确定,一般开孔面积为隧道断面有效面积的 0.2～0.3 倍。

(4)隧道洞口缓冲结构宜采用钢筋混凝土。

图 2-34　隧道洞口缓冲结构

(5)对于预留缓冲结构条件的洞口,若有路基挡墙,其挡墙位置应在缓冲结构之外。

(三)其他降低微气压波的措施

除在入口设置缓冲段外,具体还可采取以下方法降低微气压波:

(1)利用斜井、竖井。可在埋深小的洞口段开挖竖井来降低压缩波的坡度,在比较长的隧道中,多采用斜井或竖井,可把此作为压缩波的传播通路来降低压缩波的坡度。

(2)做带有开口的防护棚。

(3)隧道壁面的措施。洞内设施尽量隐蔽设置,使隧道表面平整光滑,减少列车运行时的阻力对设施的破坏。

(4)改善轨道结构,提高洞内列车运行的稳定性和舒适度。列车在高速运行的条件下,轨道基础的良好状态是至关重要的。为此,在多数情况下隧道衬砌都要设置仰拱,并加强对轨道基础施工质量的控制。

(5)车辆方面的措施。如采用密闭车辆,使动车组或机车的外形具有良好的空气动力学特性的形状。为减少隧道横断面积和列车运行时的阻力,必须改进现行机车车辆的车体横断面积和机车头部形状。

四、高速铁路隧道与普速铁路隧道的区别

列车在高速运行的条件下,对隧道技术的要求,主要是空气动力学特性方面。其次,由于断面的扩大和长大隧道的增加,使得隧道施工难度增加,常常成为全线控制工期的关键工程。

高速铁路隧道较普速铁路隧道的横断面大,受力比较复杂,且列车运行速度较高,隧道维修有一定的时间限制,对隧道衬砌的安全性、耐久性和防水性能要求提高。

大断面隧道的受力情况复杂，尤以在隧道底部，而两侧边墙底直角变化容易引起应力集中，因此，需要对边墙底与仰拱连接处进行加强处理。

隧底结构由于在长期列车动载作用及地下水侵蚀的影响下极易产生破坏，从而引起基底沉陷、道床翻浆冒泥等病害，不但增加养护维修工作量，而且严重影响运营安全，尤其是高速铁路对隧道底部的强度较普速铁路要求更高，且高速铁路隧道的断面跨度较大，对底板厚度和仰拱、底板混凝土强度要求提高。

隧道渗漏水的危害主要会引起洞内金属设备及钢轨锈蚀、隧道衬砌丧失承载力、隧底翻浆冒泥破坏道床或使整体道床下沉开裂、有冻害地区的隧道衬砌背后积水引起衬砌冻胀开裂、衬砌漏水会引起衬砌结冰而侵入净空。因此，要加强隧道的防排水工程施工质量控制及日常维护。

为减低养护维修工作量、保障运营安全，应加强对隧道病害的监测、诊断及评定和整治技术的提高。

五、高速铁路隧道施工

隧道施工中，开挖方法是影响围岩稳定的重要因素之一。因此，在选择开挖方法时，应对隧道断面大小及形状、围岩的工程地质条件、支护条件、工期要求、工程量、机械配备能力、经济性等相关因素进行综合分析，采用恰当的开挖方法，尤其应与支护条件相适应。

高速铁路隧道开挖方法有：Ⅴ级围岩浅埋或洞口地段采用双侧壁导坑法，深埋地段采用环形开挖留核心土法或 CRD 工法；Ⅳ级围岩浅埋或洞口地段采用 CRD 工法或 CD 工法，深埋地段采用短台阶法；Ⅲ级围岩采用台阶法，Ⅱ级围岩采用全断面法施工。按开挖隧道的横断面分部情形来分，以上开挖方法又可分为全断面开挖法、台阶开挖法和分部开挖法。

1. 全断面开挖法

全断面开挖有较大的工作空间，适用于大型配套机械化施工，施工速度较快，且因单工作面作业，便于施工组织和管理，但开挖面大，围岩相对稳定性降低，且每循环工作量相对较大，要求具有较强的开挖、出渣能力和相应的支护能力。

有较大的断面进尺比(即开挖断面面积与掘进进尺之比)，可获得较好的爆破效果，且爆破对围岩的震动次数较少，有利于围岩的稳定，但每次爆破震动强度却较大，要求进行严格的控制爆破设计，尤其是对于稳定性较差的围岩。

采用全断面法开挖时应注意摸清开挖面前方的地质情况，加强对支护后围岩的动态量测与监控，随时准备好应急措施(包括改变施工方法)，以确保施工安全，尤其应注意突然发生的地质条件恶化，如地下泥石流等。各工序使用的机械设备力求配套，以充分发挥机械设备的使用效率和各工序之间的协调进行，在保证隧道稳定安全的条件下，提高施工速度。

2. 台阶开挖法

台阶开挖法可以有足够的工作空间和相当的施工速度，但上下部作业有干扰。台阶开挖虽增加对围岩的扰动次数，但台阶有利于开挖面的稳定。尤其是上部开挖支护后，下部作业就较为安全，但应注意下部作业时对上部稳定性的影响。

台阶开挖时应注意台阶长度要适当。选用长台阶还是短台阶、微台阶，应根据两个条件来确定：其一是初期支护形成闭合断面的时间要求，围岩稳定性愈差，闭合时间要求愈短；其二是上半断面施工时开挖、支护、出渣等机械设备所需的空间大小的要求。还应注意解决好上、下半断面作业的相互干扰问题，尤其是短台阶干扰较大，要注意作业组织，对于长度较短的隧道，可将上半断面贯通后，再进行下半断面施工。下部开挖时，应注意上部的稳定，若围岩稳定性较好，则可以分段顺序开挖；若围岩稳定性较差，则应缩短下部掘进循环进尺；若稳定性更差，则可以左右错开，或先拉中槽后再挖边帮。

3. 分部开挖法

分部开挖因减少了每个开挖洞室的跨度，能显著增强隧道围岩的相对稳定性，且易于进行局部支护，因此，它主要适用于围岩软弱破碎严重的隧道或设计断面较大的隧道施工采用。分部开挖由于作业面较多，各工序相互干扰较大，且增加了对围岩的扰动次数，若采用钻爆掘进，则更不利于围岩的稳定，施工组织和管理的难度亦较大。另导坑超前开挖，有利于提前探明地质情况，并予以及时处理。但若采用的导坑断面过小，则施工速度就较慢。

分部开挖时由于工作面较多，相互干扰大，应注意组织协调，实行统一指挥。由于多次开挖对围岩的扰动大，不利于围岩的稳定，应特别注意加强对爆破开挖的控制。尽量创造条件，减少分部次数，尽可能争取用大断面开挖。凡下部开挖，均应注意上部支扩或衬砌的稳定，减少对上部围岩及支护、衬砌的扰动和破坏，尤其是边帮部位开挖时。

六、一般辅助施工措施

对浅埋、偏压等地形、地质条件较差的隧道洞口、洞身段应先预加固围岩后再开挖，视地质条件可采用地表砂浆锚杆、地面预注浆、地表旋喷桩等加固围岩，网喷混凝土或砂浆锚杆等加固边仰坡，并根据具体围岩情况设置长管棚（10～40 m）超前小导管、超前锚杆等超前支护措施。

软岩段隧道的基底可采用围岩注浆、钢管桩、旋喷桩或其他加固措施，确保衬砌有足够的强度、刚度和抗裂性。

岩溶发育的长大隧道，根据隧道环境要求、具体围岩状况、水压、水量等采用恰当的注浆堵水措施。

七、高速铁路隧道维护与管理

从各国高速铁路隧道运营的现状看，对列车安全运行有重大影响因素有两类：一类是突发性因素，如列车火灾事故；另一类是经常性因素，如隧道病害。为此，各国重点在这两方面采取

相应措施。

（一）隧道内列车火灾事故的预防及救援

列车火灾事故虽然极少，但一旦发生，后果严重，常常是灾难性的。隧道内列车火灾，绝大多数是由于非隧道本身的原因所造成的。防止列车火灾重点措施如下：

(1)车辆的阻燃化。如改善卧铺车和餐车的阻燃性，在卧车内设置烟传感器及自动灭火装置，改善发热器的性能，采用新型阻燃材料制造动车组等。

(2)隧道内防灾设施及设置基准。如在隧道内设置列车和洞口最近车站的无线联络设备，改善列车前后的无线联络设备，加强对隧道内步行路线的整修及灭火装置的配置等。

(3)建立防止列车火灾事故发生的预案。

(4)采用隧道内外、列车内的火灾检知技术。以红外线火灾检知器为主体，配合以烟传感器，建立检知、警报、通信联络体系。

(5)避难、通风、排烟等系统。从目前修建的长大高速铁路隧道看，在总体方案上主要有以下两种方式：

①单独设置服务坑道的方式。如英法海峡隧道、青函隧道都是沿隧道全长设置服务坑道，综合利用于避难、通风、排烟及维修养护等。

②分设两个单线隧道的方式。一般高速铁路是双线，因此可以分设两座单线隧道，上下行线则以间隔数百米的联络通道连接。

这两种方式各有利弊，应根据地质条件、环境条件、输送方式、维修方式等综合考虑决定。一般说，对长大隧道而言，以采用两个单线隧道为宜。

（二）隧道病害的监测及整治

在高速铁路隧道维修养护中最重要的是及时发现隧道的变异，推定变异发生的原因，正确地评价结构的健全度，以便选择合理的维修养护措施。运营实践证明：在良好的施工质量前提下，隧道结构物也具有良好的耐久性和健全度。在运营一段时间后，10～15 年左右，隧道会出现各种变异，如衬砌开裂、渗漏水、底鼓等，严重时会影响列车的安全运行。因此，从一开始，就应重视隧道的维修养护工作。维修养护工作除满足一般铁路隧道的要求外，更要结合列车高速运行的特点进行，如洞口微气压波和空气噪声的测试、列车振动的测试以及隧道底部结构的检查等。

目前，在国外的高速铁路中已经建立了相当完整的隧道功能状态检测体系。如采用地质雷达探测衬砌背后的状态，采用壁面机械手检查衬砌表面的开裂状态，采用画像摄影方法判断衬砌的健全度等。

因此，高速铁路隧道的维修管理，应能保证列车行驶的安全，及时发现变异或病害，及时维护与整治，使隧道结构的功能状态始终处于健全的状态。

本章小结

通过本章学习我们知道，高速铁路对线路平纵断面、稳定性、坚固性、良好弹性和便利维修等都提出了新要求，高速铁路路基按照新的理念和要求进行设计和施工，制定了更高的检测标准，采用了新型的检测手段和检测设备，增加了桥隧在线路中的比例，在桥梁结构方面采用增大刚度和提高整体性等措施，隧道主要采用加大隧道净空面积和洞口缓冲结构等措施，以满足高速铁路动车组运行安全和旅客对舒适度的要求。

复习思考题

1. 高速铁路线路有哪些特征？
2. 高速铁路对线路平、纵断面各有什么要求？
3. 高速铁路对轨道有哪些要求？
4. 高速铁路路基有什么特点？
5. 高速铁路对路基有哪些要求？
6. 高速铁路软基处理有哪些方法？
7. 高速铁路桥梁有哪些特征？
8. 高速铁路对桥梁有哪些要求？
9. 高速铁路隧道有哪些特征？
10. 高速铁路对隧道有哪些要求？

第三章 高速铁路供电

本章要点

本章主要包括高速铁路供电系统、接触网系统和供电设备的检测与维护等内容,重点介绍高速铁路供电方式、牵引变电所(亭)设备以及高速铁路接触网的结构。

高速动车组的基本要求是启动快、速度高、牵引功率大,为满足高速动车组的动力要求,世界各国的高速铁路几乎都采用电能为牵引动力。以电能为主要牵引动力的铁路称为电气化铁路,将牵引用电能从电力系统传送给列车的电力装置称为电气化铁路的牵引供电系统。

高速铁路牵引供电系统主要由牵引变电所和接触网组成。我国高速铁路正线牵引网供电方式一般采用2×25 kV自耦变压器(AT)供电方式,牵引变电所将电力系统通过三相高压输电线路送来的110 kV或220 kV的交流电能变换为27.5 kV的单相交流电,经馈电线送至接触网;接触网沿铁路上空架设,动车组升弓后便可从其取得电能,牵引列车不间断地、高速地、可靠地和安全地运行。

交流电气化铁路牵引供电系统组成结构如图3-1所示。牵引供电回路是由牵引变电所—馈电线—接触网—动车组—钢轨和大地—回流线—牵引变电所接地网组成的闭合回路,其中流通的电流称牵引电流。通常将馈电线、接触网、钢轨(包括大地)和回流线统称为牵引网。

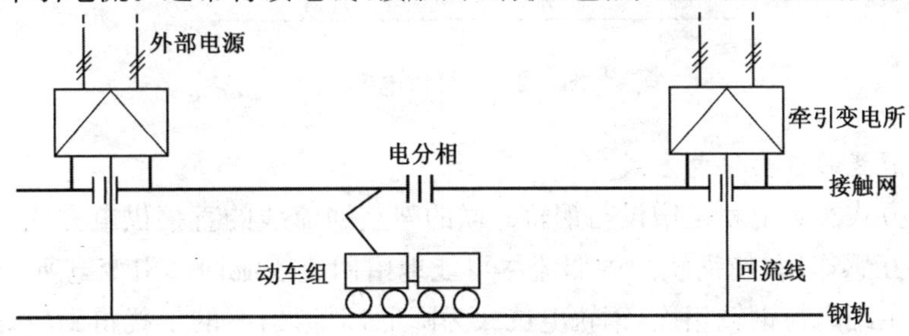

图3-1 牵引供电系统组成

两相邻牵引变电所之间设有分区所，牵引变电所至分区所之间的牵引网区段被称作供电臂。

第一节　高速铁路变电

高速铁路牵引变电系统的任务是根据线路输送能力和行车组织方式确定牵引供电方案和牵引供电设施的布局，将来自公共电网电能的电压转变成与所使用的牵引电能相符的标称电压，并将之输送到接触网，确保高速铁路运输牵引供电能力的完全匹配。

一、牵引供电方式

我国电气化铁路均采用单边供电方式，即牵引变电所向牵引网供电时，每一个供电臂的接触网只从一端的牵引变电所取得电能；复线区段可通过分区所将上下行接触网连接，实现“并联供电”，可适当提高末端网压。当牵引变电所发生故障时，相邻变电所通过分区所实现“越区供电”，此时供电范围扩大，网压降低，通常应减少列车对数或牵引定数，以维持运行。

单相工频 25 kV 牵引网供电方式主要有直接(TR)供电方式、带回流线的直接(TRNF)供电方式、吸流变压器(BT)供电方式、自耦变压器(AT)供电方式、同轴电力电缆(CC)供电方式等五种。

(一)直接供电方式

直接供电方式是以牵引变电所直接向牵引网供电，牵引电流只由钢轨和大地流回牵引变电所的供电方式，交流负荷在接触网周围空间产生交变电磁场，从而对附近通信设施和无线电装置产生一定的电磁干扰，一般只在通信线路少的山区采用，如图 3-2 所示。

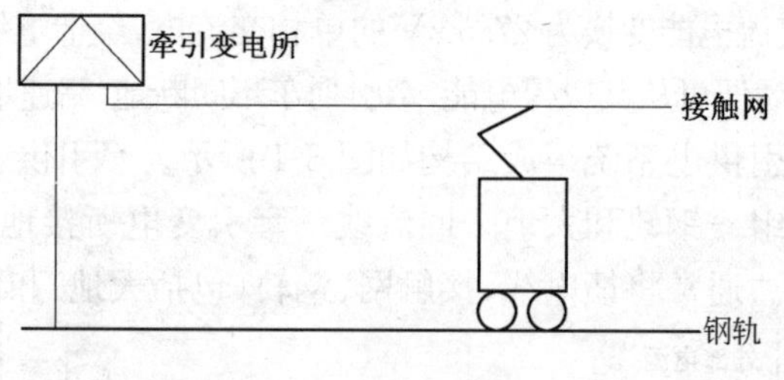

图 3-2　直接供电方式

(二)带回流线的直接供电方式

这种供电方式实际上就是增设与钢轨并联的架空回流线的直接供电方式，利用接触网与回流线之间的互感作用，使钢轨中的回流尽可能地由回流线流回牵引变电所，如图 3-3 所示。回流线每隔一定距离与钢轨相连，钢轨电位大为降低，对通信线的干扰得到较好抑制，还能降低牵引网阻抗，使供电臂延长 30%及以上。

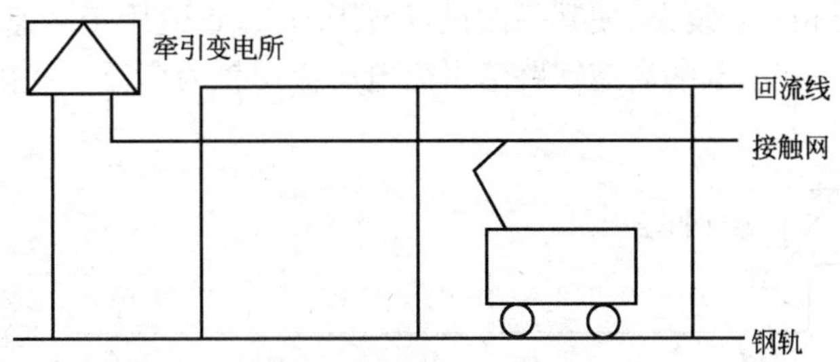

图 3-3　带回流线的直接供电方式

由于没有吸流变压器，接触网结构简单可靠，供电设备的可靠性得到了提高，造价也不太高，所以这种供电方式在我国电气化铁路上得到了广泛应用。

（三）吸流变压器（BT）供电方式

这种供电方式，在接触网上每隔一段距离装一台吸流变压器，变比为 1∶1，其原边串入接触网，间隔约 1.5～4 km，次边串入回流线，又称负馈线，架在接触网支柱田野侧，与接触悬挂等高，每两台吸流变压器之间有一根吸上线，将回流线与钢轨连接，其作用是将钢轨中的回流“吸上”去，经回流线返回牵引变电所。BT 供电方式的钢轨电位低，抑制通信干扰的效果很好，如图 3-4 所示。

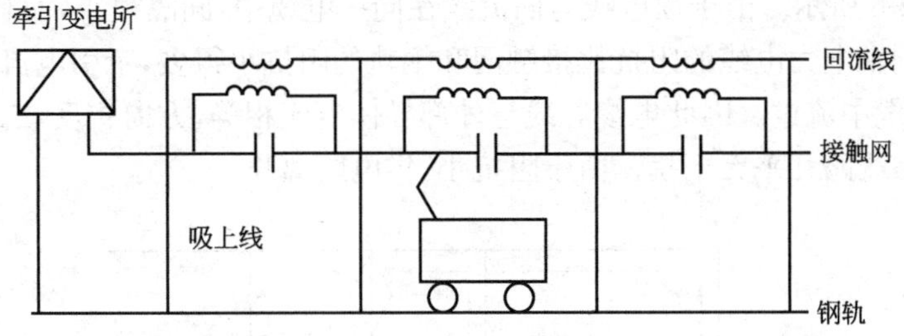

图 3-4　吸流变压器供电方式

BT 供电方式牵引网结构复杂，造价较高，牵引网阻抗变大，供电臂长度将减小。BT 供电方式是串联系统，可靠性较低，电力机车过 BT 时，易产生电弧，不利于高速、重载等大电流的机车运行。

（四）自耦变压器（AT）供电方式

采用 AT 供电方式时，牵引变电所主变输出电压为 55 kV，经 AT 向接触网供电，一端接接触网，另一端接正馈线，其中点抽头则与钢轨相连，由于自耦变压器变比为 2∶1，因此接触网输送的仍为额定电压。由于 AT 供电方式牵引变电所馈出电压高，所间距可增加一倍，便于牵引变电所选址和电力部门的配合；同时分相点少，并可适当提高末端网压，如图 3-5 所示。

但牵引变电所主接线相对较复杂，使其一次投资费用增大，它适用于高速、重载和繁忙的干线电气化铁路，在欧洲一些国家的高速铁路牵引变电所应用较为广泛。我国高速铁路也选用了AT供电方式。

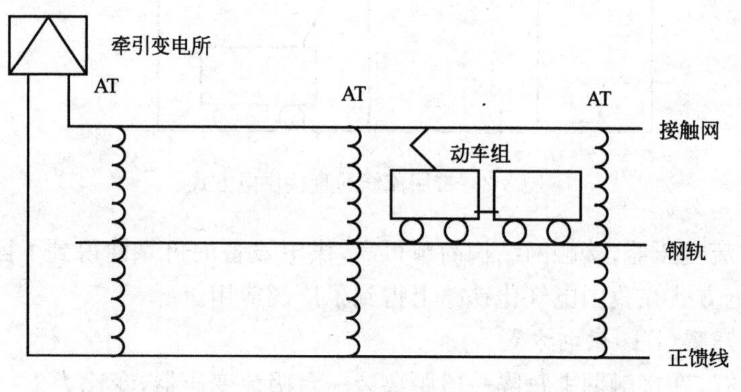

图 3-5　AT 供电方式

（五）同轴电力电缆供电方式

同轴电力电缆供电方式是一种新型的供电方式。同轴电力电缆沿铁路线路埋设，其内芯线作为馈电线与接触网并联连接，外部导体作为回流线与钢轨并联连接。每隔 5～10 km 作一个分段，如图 3-6 所示。由于馈电线与回流线在同一电缆中，间隔很小，而且同轴布置，使互感系数增大，因同轴电力电缆的阻抗比接触网和钢轨的阻抗小得多，牵引电流和回流几乎全部经由同轴电力电缆中流过。因此电缆芯线与外部导体电流相等，方向相反，二者形成磁场相互抵消，对邻近通信线路几乎无干扰。由于阻抗小，供电距离长。

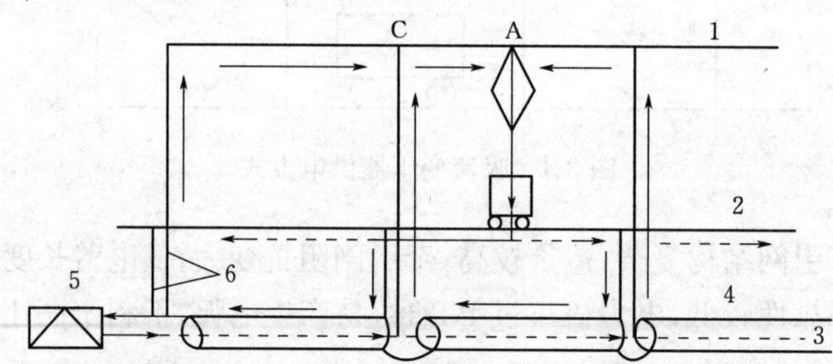

图 3-6　同轴电力电缆供电方式原理

1—接触网；2—钢轨；3—同轴电力电缆内芯；4—牵引变电所；6—连接导线

二、牵引变电所一次设备

牵引变电所是交流牵引供变电系统的重要环节，它完成变压、变相和向牵引网供电等功

能，并实现公用三相电力系统与单相电力牵引供电系统的接口与系统变换。牵引变电所停电后，可由相邻变电所实现越区供电，但牵引网电压水平将下降。牵引变电所的设备通常分为两类：一类为主变压器、断路器、隔离开关、互感器、避雷器、输电线路、母线、电缆等用于完成电能的输送、变换、分配等功能的高压一次电气设备，图 3-7 为武广高速铁路乌龙泉牵引变电所一次设备实景图；另一类为测量、控制和信号装置，继电保护装置，自动装置，操作电源，控制电缆等用于完成对一次设备的工作状态进行控制、保护、监视和测量的低压、弱电的二次电气设备。

图 3-7　武广高速铁路乌龙泉牵引变电所一次设备

（一）电气主接线

电气主接线又称一次接线，是指牵引变电所一次设备即高电压、强电流设备的连接方式，也是变电所接受电能、变换电压和分配电能的电路。它反映了牵引变电所的基本结构和功能。

1. 电气主接线应满足的基本要求

(1)根据用户负荷性质不同采用不同可靠性的主接线，确保用户供电的可靠性。

(2)主接线应保证运行的灵活性，同时给高压设备的检修提供安全保障。

(3)在供电可靠性和运行灵活性的前提下，主接线应尽可能减少投资。

(4)主接线尽量简单明了，减少设备运行过程中的出错。

2. 电气主接线应满足的技术原则

(1)牵引变电所必须有独立的双回路电源供电，独立的双回路电源是指互不影响的两回 110 kV 或 220 kV 线路，其含义是：

①两回 110 kV 或 220 kV 电源线路来自不同的电源点。

②来自同一电源点的不同分段母线上，以保证每一回路的独立性。

(2)电力系统提供稳定、可靠的供电电源，是确保高速电气化铁路正常供电的基本条件。

过去我国牵引供电系统的电源电压等级一直采用 110 kV，均保证了安全、可靠供电。高速电气化铁路由于列车速度高、牵引负荷电流大，波动比较剧烈，单相负荷对电网的负序影响大，如果仍采用 110 kV 供电，就很难满足供电要求，电力网的运行指标也会恶化，在条件许可时应尽可能选用 220 kV 电压等级的电源。

3. 电气主接线的基本形式

主接线是根据变电所的容量规模、性能要求、电源条件及配电出线的要求确定的，我国高速电气化铁路牵引变电所基本主接线分为线路变压器组接线、线路分支接线（双 T 接线）、单母线隔离开关分段接线等形式。

(1)线路变压器组接线

在牵引变电所两路电源均非常可靠的条件下，牵引变电所高压侧通常采用线路变压器组接线，如图 3-8 所示。两路变压器组设备和接线完全相同，正常工作时，一组运行，一组备用，虽然两路变压器组在高压侧没有联系，但两路外部电源处于热备用状态，完全可以满足牵引变电所的用电可靠性需要，因简化了高压侧的设备，在高铁牵引变电所得到广泛采用。

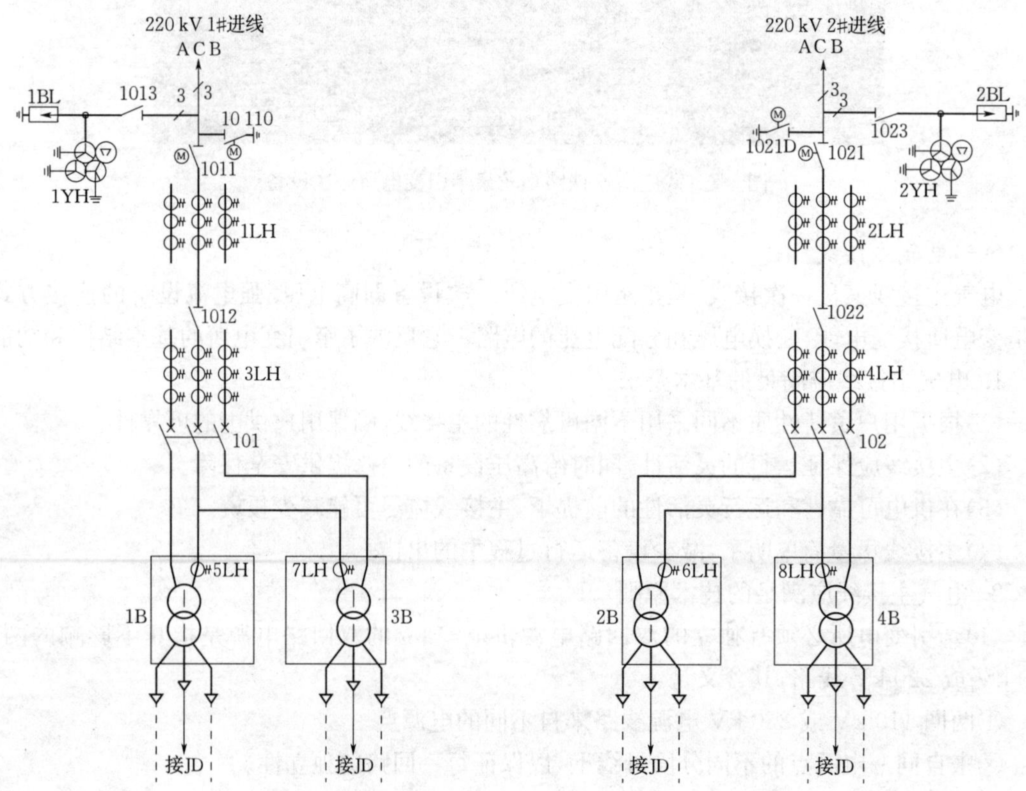

图 3-8 采用线路变压器组接线的高速铁路某牵引变电所（高压侧）主接线

(2)线路分支接线(双 T 接线)

牵引变电所电源侧亦可采用线路分支接线(双 T 接线),如图 3-9 所示。在两回进线之间设置两台隔离开关的跨条,实现电源进线与变压器直列或交叉供电的运行方式,提高运行方式的灵活性。我国目前已经实施的高速铁路中,京沪、郑西、京津,合武等牵引变电所采用线路变压器组接线方式;武广、京石、石武等采用线路分支接线。

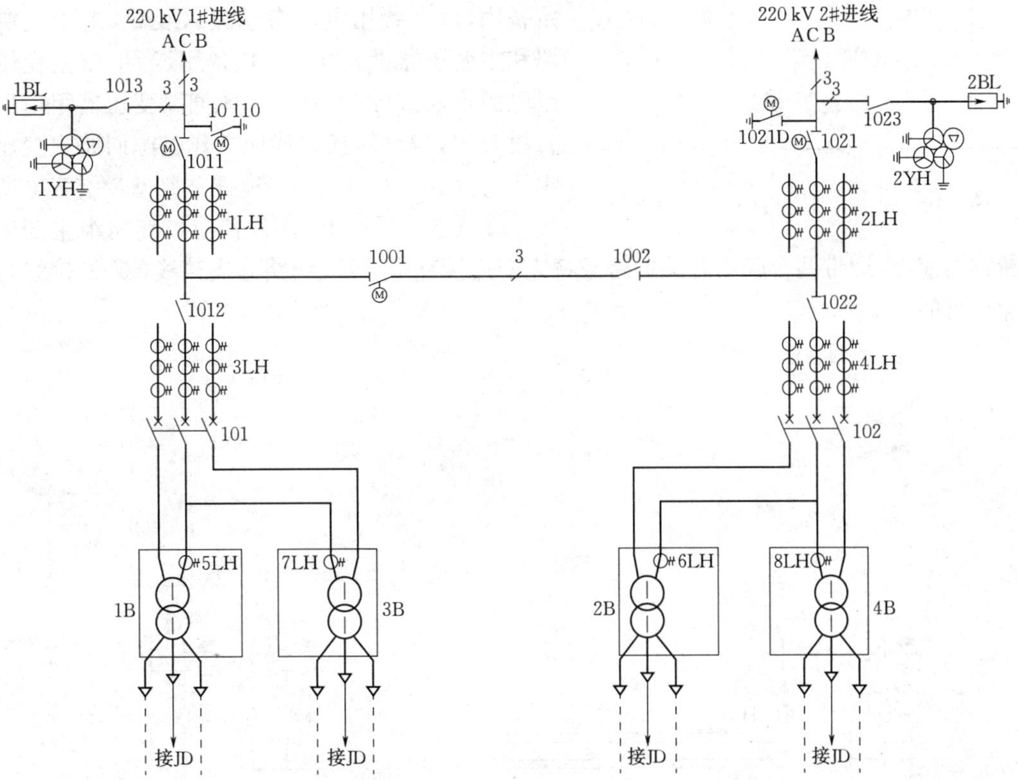

图 3-9　采用双 T 接线的高速铁路某牵引变电所(高压侧)主接线

(3)单母线隔离开关分段接线

牵引变电所 27.5 kV(AT 供电方式为 2×27.5 kV)侧常采用隔离开关分段的单母线接线形式,每段母线上均接有电压互感器,供测量、保护用。这种接线一般正常运行时是不分段的,只有当母线检修或故障时才分段运行。图 3-10 所示为常用的隔离开关分段的单母线接线形式。

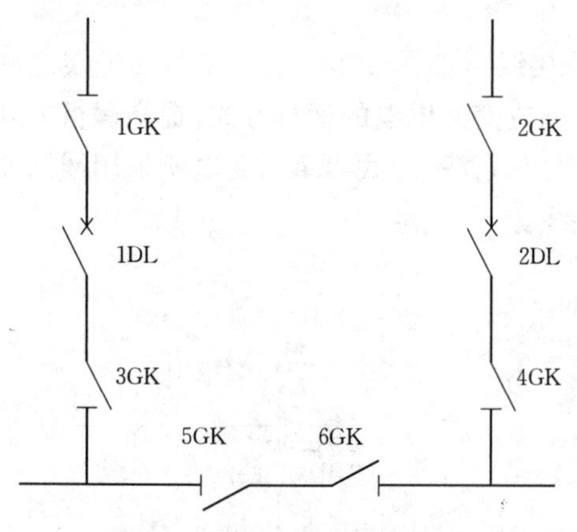

图 3-10 隔离开关分段的单母线接线

4. 我国高速铁路牵引变电所典型主接线

我国高速铁路正线一般采用 AT 供电方式，牵引变电所优先采用两回路独立可靠的 220 kV 电源供电，设置四台单相主变压器，主变压器采用 Vx 接线，其中两台 220/2×27.5 kV 牵引变压器 1B、3B(或 2B、4B)运行，另外两台 2B、4B(或 1B、3B)为固定备用，设有备用电源自动投入装置，由于电源回路和主变压器都是 100％热备用，当工作主变压器或电源回路故障时，备用电源回路变压器组借助于自投装置，自动转换取代原工作电源回路主变压器组运行，图 3-11 为京沪高速铁路典型牵引变电所电气主接线图。按需要，高压侧也可在两组主变压器的断路器前面，用带两台隔离开关的跨条将它们连接起来，组成线路分支接线(双 T 接线)，以增加运行的灵活性。

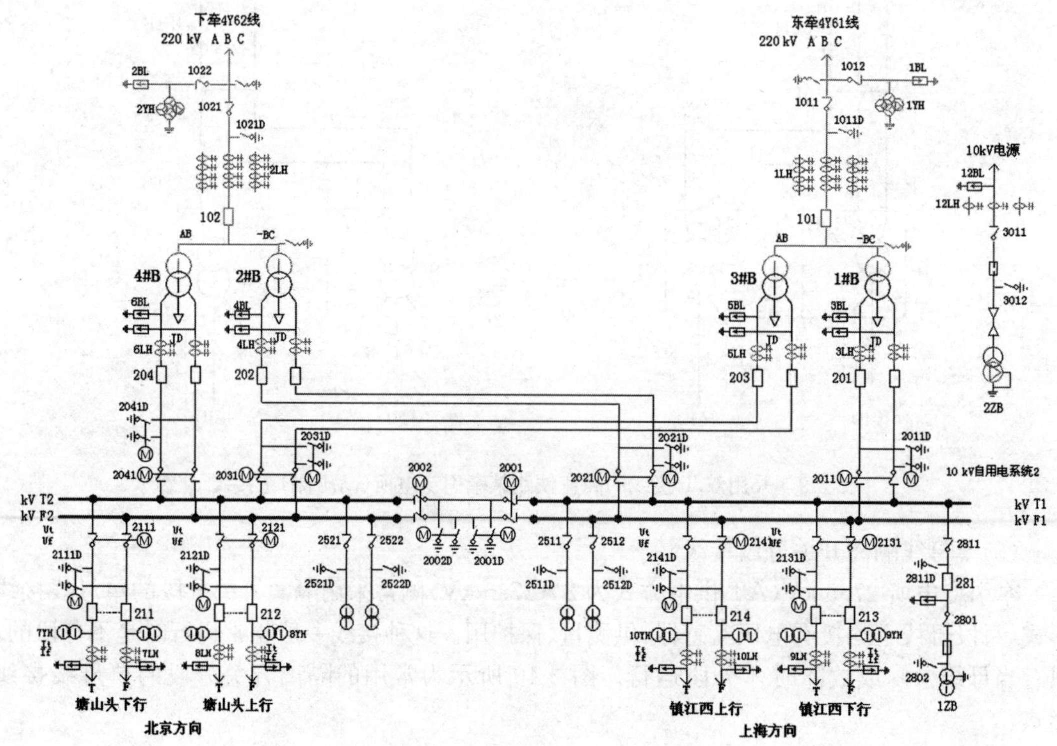

图 3-11 京沪高速铁路典型牵引变电所电气主接线

（二）牵引变压器

牵引变压器是牵引变电所中用来变换交流电压、传输交流电能的一种电器。牵引变压器是牵引变电所的主变压器，为给牵引负荷供电而设，容量大，电压高。高压侧电压一般为三相 110 kV 或 220 kV，低压侧电压为单相 27.5 kV，AT 供电方式为 2×27.5 kV 或 55 kV。

我国高速铁路牵引变压器的接线形式主要有以下几种类型：

1. 纯单相接线

纯单相接线在 AT 供电方式下采用。哈大线、武广高速铁路广东境内均采用这种方式，设两台单相变压器，一台运行，一台备用，其接线如图 3-12 所示。单相变压器原边绕组引出端 A、X 接三相电力系统的两个相线；副边绕组带中点抽头引出接地点 O 接钢轨，a 端子接至接触网 T 线上，x 端子接至正馈线 F 线上。

纯单相接线变压器的主要优点是变压器容量利用率高，且变电所的主接线简单，设备少，占地面积小，投资少。缺点是单相负荷在三相系统中形成负序电流较大，虽经换相连接在总体上可减少对三相系统的影响，但在局部的影响是较大的，故只用于电力系统容量较大，地方电网较发达地区，铁路的负荷电流对它们来说所占比例可忽略不计。

2. 单相 Vv 接线

变压器单相 Vv 接线图如图 3-13 所示。两台单相变压器高压侧的首端 A_1、A_2 分别接在不同的两个相线 A、C 上，而末端 X_1、X_2 接在剩下的一个相线 B 上，成为公共端。低压侧两个末端 x_1、x_2 为公共端，接至接地网和钢轨，两个首端 a_1、a_2 分别接至接触网 T 线上和正馈线 F 线上。

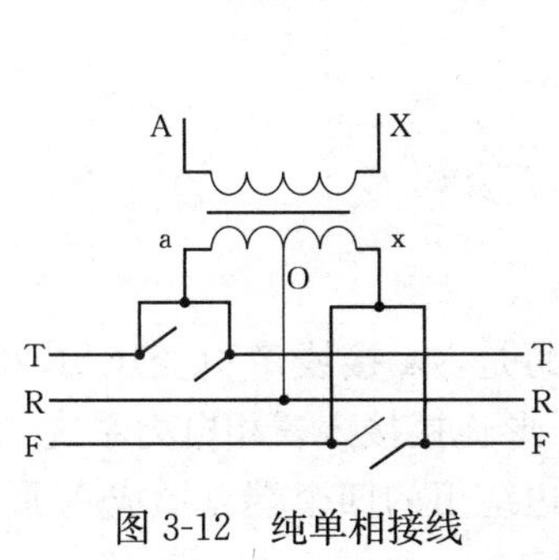

图 3-12　纯单相接线

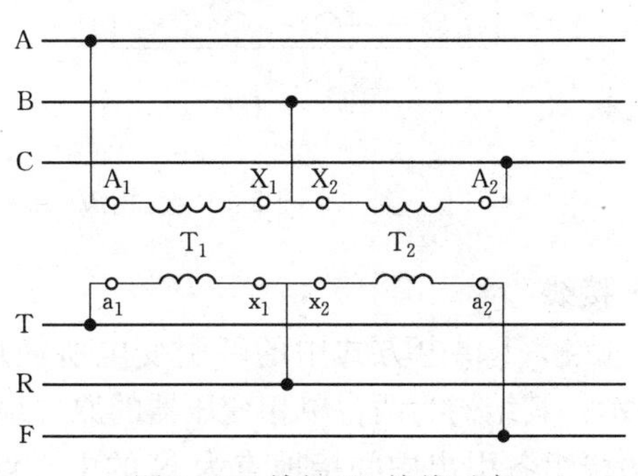

图 3-13　单相 Vv 接线示意

3. 三相 Vv 接线

三相 Vv 接线是将两台 Vv 接线的单相变压器安装在同一个油箱内，并将相关部件进行一些简单组合的接线形式。三相 Vv 接线变压器实质是两台单相 Vv 接线的变压器。图 3-14 为变压器三相 Vv 接线示意图。两台单相变压器的高压侧端子分别为 A_1、X_1、A_2、X_2，在变压器

油箱内已将 X_1 与 X_2 连接在一起，这样引出油箱外只有 3 个端子。A_1 引出线标为 A，X_1 与 X_2 引出一个公共端子标为 B，A_2 引出线标为 C；低压侧四个端子 a_1、x_1、a_2、x_2 分别引出油箱，可根据供电需要成正 V(Vv6 接线)和反 V(Vv0 接线)，如图 3-15 所示。

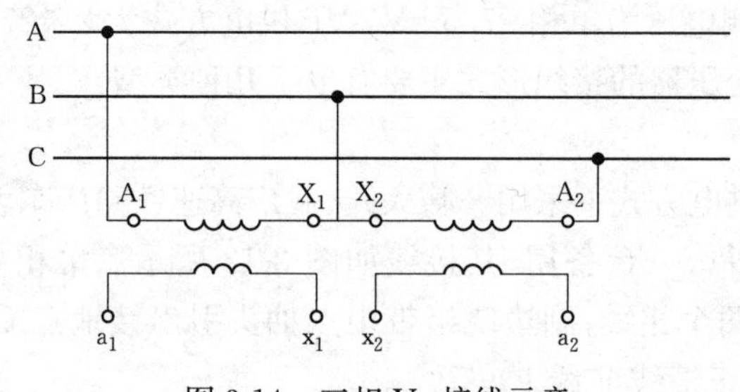

图 3-14　三相 Vv 接线示意

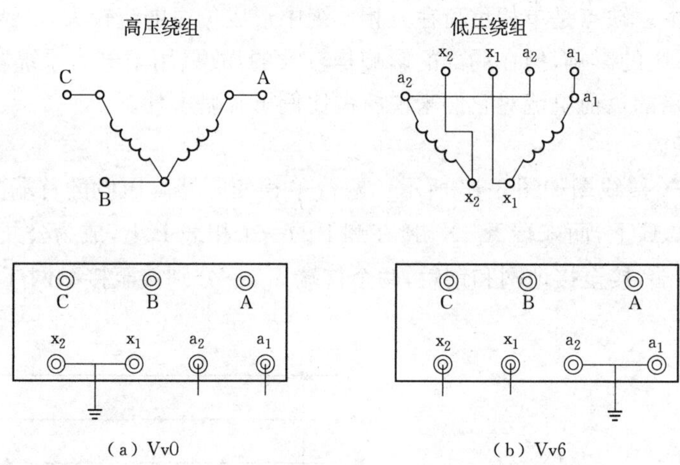

(a) Vv0　　(b) Vv6

图 3-15　三相 Vv 接线变压器端子接线

4. Vx 接线

高速铁路 AT 供电方式中的牵引变电所使用最多的是 Vx 接线牵引变压器，接线图如图 3-16所示。其结构为两台单相变压器的原边绕组呈 V 形连接接入三相电力系统 AB 和 BC 相上，副边绕组各引出中间接地点为 N 的中心点，同副边绕组的四个端点形成 X 形，其中 T 绕组连接接触网，F 绕组连接正馈线。

Vx 接线牵引变压器现有共箱式和分箱式两种形式，如图 3-17 所示。共箱式将两单相绕组置于同一个油箱内，构成 Vx 接线；分箱式将两单相绕组分别设置于不同的油箱内，拼接成 Vx 接线。分箱式现大量应用于 220 kV AT 供电方式，且均为分设油枕方式，解决了运输重量问题，但牵引变电所场坪较大。图 3-18 为武广高速铁路牵引变压器 Vx 接线实物图。

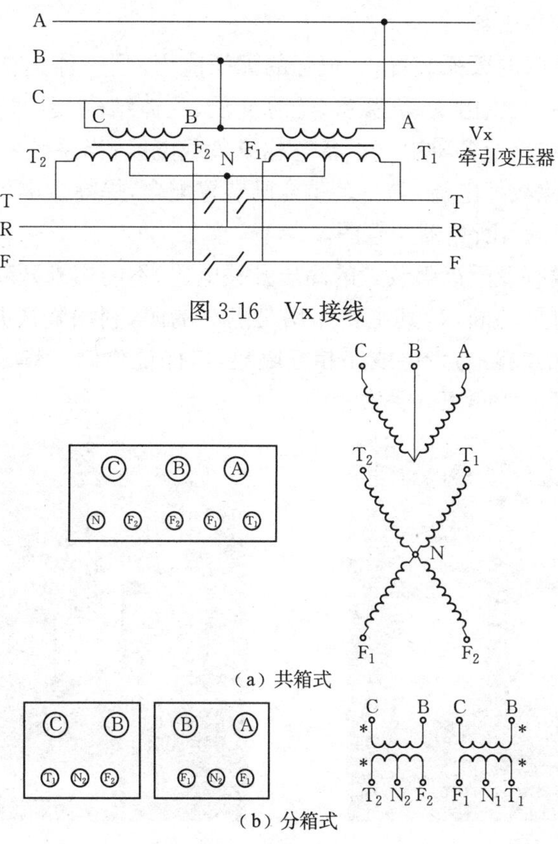

图 3-16　Vx 接线

图 3-17　Vx 接线的不同形式

图 3-18　武广高速铁路某牵引变压器 Vx 接线

（三）高压电器与开关设备

高压断路器具有专门的灭弧装置，有很强的灭弧能力，是一种具有开关和保护双重作用、性能完善的开关电器，一般由触头、灭弧室、绝缘介质、壳体结构、运动机构等组成。当系统正常运行时，切断和接通线路及各种电气设备空载或负载电流；当系统发生故障时，在继电保护装置的作用下，迅速切除故障电流；与自动重合闸装置配合，提高供电可靠性。图 3-19 为武广高速铁路某牵引变电所 SF_6 断路器实景图。

隔离开关是一种没有专门灭弧装置的高压开关电器，不能用来开断负荷电流或短路电流，在分闸状态时有明显可见的断口，其主要作用是隔离电源，利用隔离开关断口的可靠绝缘能力，令需要检修或分段的线路与带电线路相互隔离，以保证检修工作人员的安全。图 3-20 为武广高速铁路某牵引变电所隔离开关实景图。

图 3-19　武广高速铁路某牵引变电所 SF_6 断路器

图 3-20　武广高速铁路某牵引变电所隔离开关

图 3-21　220 kV 油浸式电流互感器

互感器是测量电器，是电力系统中一次电路与二次电路的联络元件。它将一次回路的高电压或大电流按比例变换成标准的低电压或小电流，向测量仪表、保护装置及自动控制设备提供信号。图 3-21 为高速铁路牵引变电所 220 kV 侧常用的油浸式电流互感器实景。图 3-22 为高速铁路牵引变电所 220kV 电容式电压互感器实景图。

限制电器是限制电路中的电压电流的电器，主要有电抗器、避雷器，其中电抗器用于限制电路中的短路电流，避雷器用于限制电路中出现的过电压。图 3-23 为高速铁路牵引变电所 220 kV 氧化锌避雷器实景图。

图 3-22　220 kV 电容式电压互感器

图 3-23　220 kV 氧化锌避雷器

熔断器是最简单和最早采用的一种保护电器，常和被保护的电气设备串接于电路中使用，当电路中流过短路电流时，利用其熔件的熔断开断电路，起到保护电气设备、缩小事故范围的作用，通常用于保护功率较小和对保护性能要求不高的电气设备。

GIS 组合电器（GIS 开关柜）是成套电器装置，是将断路器、三位置开关（隔离开关、接地开关）、电流互感器、电压互感器、避雷器、母线、进出线套管、电缆终端等主要电气元件，按照一次主接线的要求，依次组成一个整体，高压带电部分均封闭于接地的金属体内，并充以一定压力的 SF_6 气体作为绝缘介质。图 3-24 为武广高速铁路采用的 2×27.5 kV GIS 开关柜实景图。

图 3-24　武广高速铁路 GIS 开关柜

三、分区所、开闭所与自耦变压器(AT)所

分区所一般设于两变电所之间的两供电臂连接处，它把电气化铁道牵引网分成不同供电区段，装有开关设备，根据运行需要可以连接同一供电臂的上、下行牵引网并联供电，改善牵引网供电质量，同时在牵引网发生故障时可缩小停电范围，相邻变电所全所停电时，分区所还可连接相邻供电臂以实现越区供电。

开闭所实际上是开关站，多设于铁路枢纽，一般两路进线、多路馈线，进线和馈线都经过断路器，可灵活地对各分区接触网停、供电，用以实现对站场各股道群的分别供电控制，从而缩小事故停电范围。

自耦变压器(AT)所是AT供电系统中除变电所、分区所和开闭所外，在牵引网上放置自耦变压器的场所，工频单相交流电气化铁道每隔10～15 km设置一台自耦变压器。

四、控制和信号系统

牵引变电所控制系统用于对开关进行分闸与合闸的控制以及直流电源调节、交流电源切换、变压器冷却风扇的投入和退出、变压器抽头调节等操作。变电所开关控制一般有当地控制、距离控制和远程控制三种方式。变电所的主控制室一般有交流电源屏、直流电源屏、蓄电池屏、计量屏、控制屏、保护屏、远动系统的RTU等二次设备。

中央信号系统是操作人员对设备监视的助手，系统由预告信号和事故信号两部分组成，当事故或故障发生时，相应的装置能及时发出灯光及音响信号等事故报警或预告事故信号，事故报警或预告信号来源于继电保护系统，当设备发生各种异常信号(如控制回路断线、PT断线、变压器油温过高、液压操作机构油压过压或欠压等)时，保护装置在跳闸、动作的同时将有关信息送到中央信号系统。

五、继电保护及自动化系统

我国高速铁路牵引供电系统的继电保护及监控装置均采用微机型综合自动化系统，为满足无人值守的要求，各所的防灾安全监控系统及交直流自用电系统的操作、监控、直流绝缘监控装置均纳入了本系统。

(一)继电保护

继电保护是反映电力系统中电气元件发生故障或不正常运行状态并动作于断路器跳闸或发出信号或指示的自动装置。当电力系统出现过负荷、频率降低、过电压等不正常工作状态或短路、断路等电气故障。继电保护应迅速指示不正常状态并予以控制或迅速切除故障，使停电范围缩小。

1. 继电保护的设计原则

(1)选择性。首先由故障设备或线路本身的保护切除故障，当故障设备或线路本身的保护或断路器拒动时，才允许由相邻设备保护、线路保护或断路器失灵保护来切除故障，确保该跳闸的断路器跳闸，不该跳闸的不跳，以使停电范围限制在最小的范围内。

(2)速动性。故障后保护装置应尽快切除短路故障，减小故障设备和线路的损坏程度及对非故障区段的影响时间，其目的是提高系统稳定性，减轻缩小故障波及范围，提高自动重合闸和备用设备自动投入的效果，但速动性不能影响选择性。

(3)灵敏性。对保护范围内的故障反应灵敏，不拒动，保护装置的灵敏系数通过继电保护的整定值来实现。

(4)可靠性。要求保护装置的元件和接线处于良好状态，该动作时均能正常动作。在正常运行状态时，不该动作时应可靠不动作。

2. 继电保护的构成

继电保护的构成原理如图 3-25 所示。

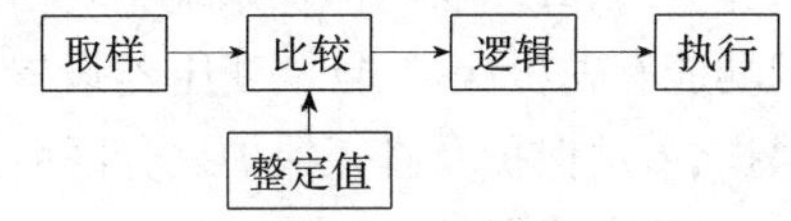

图 3-25　继电保护的构成原理

(1)取样单元。它将被保护对象的电流、电压、阻抗、功率方向等物理量经过电气隔离并转换为继电保护装置中比较单元可以接收的信号，由一台或几台传感器如电流、电压互感器组成。

(2)比较单元。将取样单元输入的信号与整定值进行比较，根据比较结果给出具有“0”或“1”性质的一组逻辑信号，从而判断保护是否应该启动。

(3)逻辑单元。接受比较单元来的信号，根据信号的大小、性质、组合方式及出现的先后顺序等逻辑状态确定是否应跳闸或发信号，并将有关命令传给执行元件。

(4)执行单元。根据逻辑单元输出的有关命令，完成保护装置所担负的任务。如故障时断路器的分闸，不正常运行时的声、光信号。

3. 牵引网保护

牵引网保护用于切除牵引网短路故障及超出允许范围内的过负荷电流，发生故障时，切除故障馈线，牵引网的主要特点如下。

(1)单相供电，负荷波动性较大，且大小随时变化。

(2)牵引网的阻抗大，在最小运行方式下牵引网末端短路时，短路电流在数值上可能与最大牵引负荷差不多，采用一般保护很难满足灵敏度的要求。

(3)故障率高(其中瞬间故障，即一次重合闸能成功者占 70%以上)。

根据上述特点，牵引网仅采用过流保护不能满足要求，通常采用具有平行四边形特性的方向阻抗继电器的距离保护作为主保护，其原理是鉴别故障时的线路阻抗(包括相位角)，用于躲过机车运行及空投时的涌流，同时牵引网末端短路时，保护应具有足够的灵敏度。

4. 牵引变压器保护

牵引变压器保护用于牵引变压器内部、外部故障及超出允许范围内的过负荷保护，保护动作将使牵引变压器 220 kV 侧和 2×27.5 kV 侧的断路器分闸。牵引变压器是电力牵引供电系统的核心设备，牵引变压器的故障一般分为内部故障和外部故障，前者指的是变压器油箱内所发生的故障，如绕组的相间短路、匝间短路、单相接地、铁心烧损等；后者指的是油箱以外的，如引出线及套管上发生的各种相间短路和接地故障。变压器的不正常工作状态主要是指由于外部短路或过负荷引起的电流、电压不正常和温升超过允许的数值以及油面的降低等。对于主变压器的各种故障及不正常工作状态，应装设有瓦斯保护、差动保护、过电流保护及过负荷保护、零序电流保护等保护装置。

5. 分区所、开闭所保护

分区所、开闭所的保护系统主要由线路失压保护、电流速断保护、自耦变压器保护组成。其保护功能有失压保护、自耦变压器设置瓦斯报警、瓦斯跳闸、油温过热报警、油温过热跳闸、过负荷保护、差动保护及碰壳保护。分区所馈线还设有不少于二段距离保护和过电流、高阻保护。

6. 电容器保护

电容器保护对电力电容器及补偿电路中出现的过流、短路、涌流、谐波、过压等故障进行保护。电力电容器作为无功功率补偿装置的主要电器件而得到广泛应用，但由于电容器长期处于运载状态，经常会受到电网中各种非正常因素引起的过电流对电容器的冲击，当系统中电压、电流超越电容器的额定电流值时，将导致电容器内部介质耗损增加，产生过热而加速绝缘老化、降低使用寿命，严重时可能使介质击穿，引发重大事故。

(二)综合自动化

我国高速铁路具有起步晚、起点高的特征，牵引变电所监控都采用牵引变电所综合自动化系统实现。变电所综合自动化是利用先进的计算机技术、现代电力电子技术、通信技术和信号处理技术，将变电站的二次设备(包括仪表、信号系统、继电保护、自动装置和远动装置等)的功能进行组合和优化设计，它连接着不同的智能设备和主控系统，协调这些设备间的数据和命令交换，实现对牵引变电所的主要设备和线路的运行情况进行监视、测量、自动控制和保护。变电所综合自动化系统替代了变电所常规二次设备，简化了变电所二次接线。系统的基本组成如下。

(1)监控子系统。负责完成数据采集、事件顺序记录、操作控制、安全监视以及故障记录、故障录波和测距功能等。

(2)继电保护子系统。负责完成故障记录，统一时钟对时，存储多套整定值以及当地、远方修改整定值功能等。

(3)通信子系统。负责完成所内通信以及调度端通信功能等。

我国高速牵引变电所、开闭所均按无人值班设计，AT 所、分区所均按无人值班、无人值守设计。各所的进线电源、牵引变压器、AT 变压器设置有自动投入装置；各所馈出线设置有自

动重合闸装置。此外牵引变电所、分区所、AT 所还设置有接触网故障测距装置，分区所、AT 所的吸上电流值通过专用通道上传至同一供电臂的牵引变电所，并与其牵引变电所的馈线所测得的电流值通过接触网故障测距装置进行计算得出接触网故障点的距离。

综合自动化系统完成本所就地的运行管理，各所的保护、测量和控制功能均采用综合自动化系统，对牵引变电所的监控也大多通过牵引变电所综合自动化系统来实现。此外综合自动化系统还通过远动通道与调度端设备接口实现远动功能，纳入综合调度系统中的牵引供电调度子系统。

我国高速铁路牵引供电综合自动化系统以供电臂为单元，采用分层、分布式结构，由站级管理层、网络通信层和间隔设备层组成，以实现对设备的集中控制、监视、测量、数据集中管理及远程维护等功能。

六、牵引供电 SCADA 系统

SCADA(supervisory control and data acquisition)系统，即数据采集与监视控制系统。SCADA 系统的应用领域很广，它可以应用于电力系统、给水系统、石油、化工等领域的数据采集与监视控制以及过程控制等诸多领域。在电力系统以及电气化铁道上又称远动系统。牵引供电设备的一体化监控管理由 SCADA 系统完成。

SCADA 系统是以计算机和现代通信技术为基础将操作命令、数据和信息编成电码，再将电码经过调制，成为适合传输的电信号，通过通道送到终端，经过调解还原成电码，再经过译码去执行或显示。该系统一般由调度端、被控站及信道等组成。

(1)调度端。调度端设在电力调度所内完成远动对象的监控、数据统计及管理功能等，高速铁路中主机均为网络化设备。

(2)被控站。各牵引变电所(亭)，受调度端监视的站称为被控站(remote terminal unit，简称 RTU)，被控站完成远动系统的数据采集、预处理、发送、接收及输出执行等功能。被控站内的信息和数据包括开关的位置信号、事故信号、预告信号(何种保护动作、动作时间、自动重合闸是否动作等)以及电度表、电压、电流和故障点的测量数据等。高速铁路中被控站的远动系统由综合自动化系统完成，牵引变电所综合自动化系统除具备常规远动终端 RTU 的四遥和事件记录远传等全部功能外，还包括微机保护定时、远方监视、修改、录波、测距数据远传以及其他数据通信功能。接收调度端远动装置发来的查询、遥控命令，经译码确认后执行，将被控站内的数据和信息编码发送给调度端。

(3)信道。远动信息传输的介质(通路)称为信道，调度端与被控站是通过通道联系起来的。通道形式有有线、无线、光缆等多种。在高速电气化铁路中，信道主要采用光缆，音频信号或电码可直接送到通信站，经调制成光信号传输到执行站附近车站，经光端机解调还原成音频或电码送往执行站。

我国高速铁路 SCADA 系统是集通信、信号、牵引供电、电力远程监控一体化设计，采用分层分布式系统结构。控制中心采用独立的监控网络及设备，通过网络安全隔离措施与其他系统进行接口。

牵引供电 SCADA 系统通过一个或多个相互连接的通道，将牵引供电系统综合调度系统的主控中心、维修中心、被控站构成一个广域网系统。调度端通过通道与被控站连接成一个 1∶N 系统，对远方处于分散状态的牵引变电所、亭进行集中监测、集中控制和集中管理，以实现远程控制、远程信号、远程测量、远程调节等各项功能。

牵引供电系统采用调度所远方控制、所内集中控制、设备本体控制三级控制方式。正常运行时采用调度所远方控制，当设备维修时采用所内集中控制或设备本体控制。三种控制方式相互闭锁，以达到安全控制的目的。

七、自用电系统

(一)交流自用电系统

牵引变电所、分区所、AT 所的通风、照明，主变压器的冷却，操作机构的加热，直流系统的充电等均来自交流自用电系统，自用电属于一级负荷，各所自用电的交流电源要求有两个来源，其中一路单相自用变压器由 2×27.5 kV 母线供电，另一路自用变压器由 10 kV 非牵引线路供电，两路电源设自动投入装置。交流自用电系统的监测单元纳入本所综合自动化系统，以实现远程监控。

(二)直流自用电系统

变电所的一个重要电源是直流电源系统，以蓄电池作为直流电源系统的后备，牵引变电所、分区所、AT 所采用铅酸免维护智能型直流系统，采用高频开关电源模块对蓄电池组进行强充电、均衡充电、浮充电及供给正常运行负荷。蓄电池容量应能满足全所事故停电 2 h 的放电容量和事故放电末期最大冲击负荷容量的要求。直流输出电压为 110 V。直流自用电系统的监测单元纳入本所综合自动化系统，以实现远程监控。

八、防雷与接地

(一)防雷装置

各牵引变电所、分区所、AT 所、开闭所设有独立的避雷针以防止直击雷对全所设备、架构及建筑物的袭击。独立避雷针与配电装置带电部分空气中距离不小于 5 m。在牵引变电所 220 kV 进线侧、主变压器低压侧、馈线负荷侧、分区所、AT 所、AT 所兼开闭所 2×27.5 kV 进线侧、馈线侧设有相应等级的氧化锌避雷器，以限制雷电波的幅值。

(二)接地装置

变压器的底座和外壳、户内外配电装置的金属构架和钢筋混凝土基础以及靠近带电部分

的金属围栏和金属门等应进行保护接地。牵引变电所、分区所、AT所接地网的接地电阻应不大于0.5 Ω,根据系统短路电流进行校核。当各所的接地电阻实测值达不到要求时,可采用引外接地、加降阻剂或利用挖方和填方将土壤换为所要求的土壤等方法起到降低该所接地电阻值。

第二节　高速铁路接触网

接触网是电气化轨道交通所特有的、沿路轨架设的、为电力机车或电动车组提供电能的特殊供电线路,它是电气化轨道交通牵引供电系统的重要组成部分。接触网分为架空式接触网和第三轨式接触网。第三轨式接触网仅用于地铁与封闭的城市铁路和轻轨,架空式接触网除此外,还可用于铁路干线、城市地面交通和工矿电力机车的电力牵引线路。

接触网沿路轨架设,分布区域广,无法实现备用。无备用性决定了它的脆弱性和重要性;接触网与周边设施之间相互影响,雷电等气象条件对接触网的机电参数作用十分明显,高速铁路接触网除此之外,还必须充分考虑接触网的动态受流特性。

一、高速铁路接触网的受流特点

(一)弓网波动特性

高速受电弓沿接触导线移动的速度很快,当接触悬挂的波动速度和受电弓的实际运行速度不匹配时,受流过程将不能正常进行,甚至造成弓网解体。

(二)受电弓的动态特性

受电弓的上下振动和左右摆动直接影响到弓网安全和受流质量,对受电弓的这种晃动必须加以充分考虑,为此,在高速接触网的设计与施工中还要考虑受电弓的动态包络线,即列车在最高设计速度运行下,受电弓上下左右所允许达到的极限尺寸。

(三)空气动力和振动对弓网接触压力的影响

在列车高速运行下,受电弓将受到一个在低速时可以忽略的外加的空气动力,轨道任何微小的不平都会造成列车的振动,空气动力和列车振动都会造成弓网动态接触压力的变化,加剧受电弓滑板和接触网的电气磨耗和机械磨耗,受流质量变差。

(四)大牵引电流的影响

高速列车牵引功率高、牵引电流大,牵引电流的加大造成接触线与滑板之间容易过热,动车组多弓受流还要增加阻力、加大噪声,并引起接触网扰动。因此,对受电弓滑板和接触线材质的要求也更高,大电流的存在对接触网的回流线路及接地系统也会有更高的要求。

(五)不对称电回路的影响

电气化铁路属于不对称电回路,高速铁路由于接触网中牵引电流大,不平衡电磁场对周围金属体的阻性耦合和感性耦合影响更大，对人员和设备存在潜在威胁；同时由于牵引功率的加大，接触网中高次谐波电流对通信环境的影响更强。

二、高速铁路接触网的基本结构

高速铁路采用架空式接触网，主要由支柱与基础、支持装置、定位装置、接触悬挂等部分组成，后三部分带电，与支柱（或其他建筑物）接地体之间用绝缘子隔开，接触网通过与受电弓的直接接触将电能供给动车组。

图 3-26　武广高速铁路 H 形截面钢柱

（一）支柱与基础

支柱与基础是接触网重要机械设备，用以承受接触悬挂、支持和定位装置、附加导线的全部机械负荷，并传递给大地，同时将接触悬挂固定在规定的位置和高度上。我国高速铁路接触网一般采用 H 形钢柱和硬横跨作为接触网的承载设备。

高速铁路正线路基、桥梁段接触网腕臂柱一般选用热浸镀锌 H 形截面钢柱，图 3-26 为武广高速铁路 H 形截面钢柱。多股道并行区段一般采用钢管式硬横跨。支柱通过接地端子与综合接地系统相连。接触网下锚一般采用棘轮补偿装置。

（二）支持装置

支持装置承受定位装置和接触悬挂的全部机械负荷并传递给支柱和基础。其结构随线路情况而变化，支持装置包括腕臂、拉杆、定位装置、悬式绝缘子串、棒式绝缘子、软横跨、硬横跨及其他建筑物的特殊支持设备。

区间主要为腕臂结构，多股道并行区段一般采用硬横跨结构隧道和桥梁等大型建筑物处又要视具体情况而设计，必要时采用特殊结构。

硬横跨与软横跨相比较，由于各股道上的接触网在机械上和电气上相互独立，接触悬挂在硬横跨上采用吊柱旋转腕臂的支持结构，机械上独立，结构稳定，抗风能力强，寿命长，在受流性能上与区间接触悬挂相同。法、英、日本等国家的高速铁路接触网几乎全部采用硬横跨，我国的高速铁路的接触网也趋向使用刚性硬横跨，如图 3-27 所示。

腕臂支持是接触网应用最多的支持形式，它有柔性支持和刚性支持两类结构。刚性支持装置由水平腕臂和斜腕臂组成的稳定三角形结构，提高了腕臂结构的整体稳定性和抗风能力，具有结构简洁、零件数少、稳定性高，受流特性好的优点，高速铁路接触网采用刚性腕臂支持结构，严格来说，支柱与基础也属于支持装置。

图 3-27　武广高速铁路接触网硬横跨

（三）定位装置

如图 3-28 所示，定位装置包括定位器和定位管，其功用是固定接触线的位置，保证接触线与取流受电弓的相对位置在规定范围内，确保接触线与受电弓不脱离，并将接触线的水平负荷传给支柱。定位装置的机械特性对弓网运营安全和受流质量有决定性的影响。其结构应简洁、稳定、安全可靠；零件少而轻，便于装配和调整；构造简单、无集中载荷，不形成接触悬挂硬点；材质上一般采用铝合金材料，重量轻、防腐性能好，具有足够的强度；环路电阻小，不形成电损坏；当温度发生变化时，不影响接触网线索沿线路方向的移动。

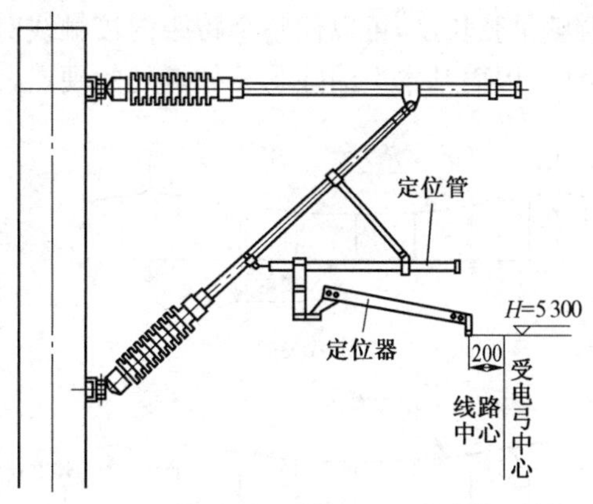

图 3-28　定位装置（单位：mm）

（四）接触悬挂

接触悬挂是指安设在接触网支持和定位装置之上、直接参与弓网受流完成电能传输、由接触网线索及其悬挂零部件组成的结构的总称。接触悬挂包括承力索、吊弦、接触线以及连接零件。接触悬挂通过支持装置架设在支柱上，其功用是将从牵引变电所获得的电能传送给电力机车、动车组。

接触悬挂的种类较多，一般根据其结构的不同分成简单接触悬挂和链型接触悬挂两大类。

1. 简单接触悬挂

简单接触悬挂系由一根接触线直接固定在支柱支持装置上，一般都采用补偿方式，只在机务段库线、厂矿专用线等少数场合采用。

简单接触悬挂方式结构简单，支柱高度低，支持装置承受的负荷较轻，但是弛度大、弹性不均匀。为改善这一状况，国内外对简单接触悬挂做了不少研究和改进。我国既有铁路采用的带补偿装置的弹性简单接触悬挂系在接触线下锚处装设了张力补偿装置，以调节张力和弛度的变化。在悬挂点上加装 8～20 m 长的弹性吊索，通过弹性吊索悬挂接触线，这就减少了悬挂点处产生的硬点，改善了取流条件。另外跨距适当缩小，增大接触线的张力去改善弛度对取流的影响。由于弹性简单接触悬挂建造费用低，施工方便，维修简单，城市电车或轻轨往往采用这种悬挂方式。地铁为了减少隧道净空，采用以弹性支座或弓形腕臂作支持部件的弹性简单接触悬挂。

2. 链型接触悬挂

接触线通过吊弦悬挂到承力索上的悬挂称为链形悬挂。链型悬挂承力索悬挂于支柱的支持装置上，接触线通过吊弦悬挂在承力索上，接触线在不增加支柱的情况下增加了悬挂点，利用调整吊弦长度，可以使整个跨距内接触线对轨面保持一致高度。由于接触线是悬挂在承力索上的，因而基本上消除了悬挂点处的硬点，使悬挂线的弹性在整个跨度内都比较均匀，增加了悬挂重量，提高了稳定性，可以满足动车组高速运行取流的要求。链型悬挂比简单接触悬挂性能好得多，但结构复杂、投资大、施工维修调整较为困难。接触网链型悬挂的类型很多，简单链型悬挂、弹性链型悬挂、复链型悬挂等三种悬挂方式在国外高速铁路接触网中均有采用。图 3-29 所示为高速铁路接触网的三种悬挂类型。

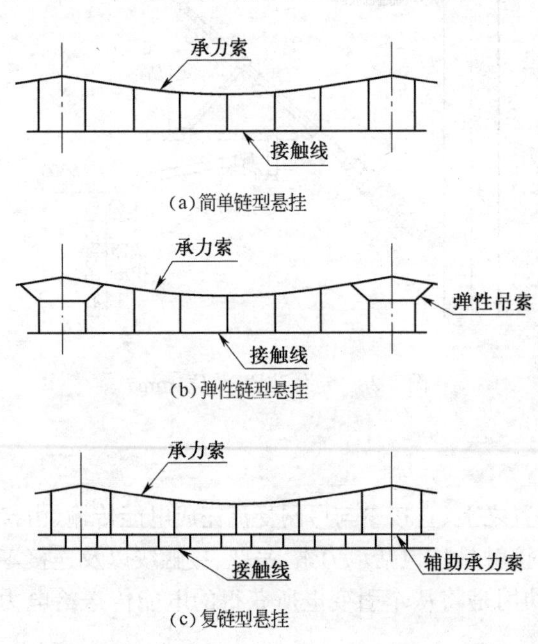

图 3-29　高速铁路接触网的三种悬挂类型

(1)简单链型悬挂。简单链型悬挂结构简单，接触线的高度容易控制，安装调试维修方便，能够适应于高速受流简单链型悬挂，唯一不足就是在定位处及其附近弹性不好，易形成相对硬点，磨耗大。我国干线电气化铁路正线大都采用全补偿简单链形悬挂，站线则多为半补偿简单链型悬挂。

(2)弹性链型悬挂。在简单链型悬挂的基础上，定位点处加装装设弹性吊索，改善了

定位点处的弹性,使得定位点的弹性与跨中的弹性趋于一致,整个接触网的弹性均匀,受流性能好,但存在弹性吊索调整维修比较复杂,定位点处导线抬升量大,对定位器的安装坡度要求严格等缺点。

(3)复链型悬挂。在结构上,承力索和接触导线之间加了一根辅助承力索,具有接触网的张力大,弹性均匀,安装调整复杂,抗风能力强等特点。高速接触网目前所采用的简单链型悬挂、弹性链型悬挂及复链型悬挂在相同运行速度及线路条件下,综合比较如下:在高速受流质量、波动传播速度、多普勒效应、波状磨耗、离线率方面,简单链型悬挂较差,弹性链型悬挂优于复链型悬挂;在结构复杂程度、工程造价、维修工作量方面,复链型悬挂较差简单,链型悬挂优于弹性链型悬挂;在弹性均匀度、受流稳定性、动态抬升量方面,简单链型悬挂较差,复链型悬挂优于弹性链型悬挂;运行速度为 300～350 km/h 的高速电气化铁路,复链型悬挂、弹性链型悬挂及简单链型悬挂等三种类型都不具有排他性,选用时只是考虑的侧重面不同。

我国高速铁路接触网经过多年反复论证,决定采用简单链型悬挂,主要原因是满足弓网受流质量和接触线使用寿命的前提下结构简单,便于施工、运营,且符合我国一贯采用简单链型悬挂的国情。

三、高速铁路接触网的其他装置

(一)锚段关节

接触悬挂沿线路架设,为了满足机械受力方面的要求而分成一个一个单独的锚段,锚段与锚段的相互过渡结构称为锚段关节,如图 3-30 所示。通常有绝缘锚段关节和非绝缘锚段关节之分,前者亦称电分段锚段关节,后者则为机械分段锚段关节。锚段与锚段之间的电气连接用电连接线或隔离开关完成。锚段关节的作用如下。

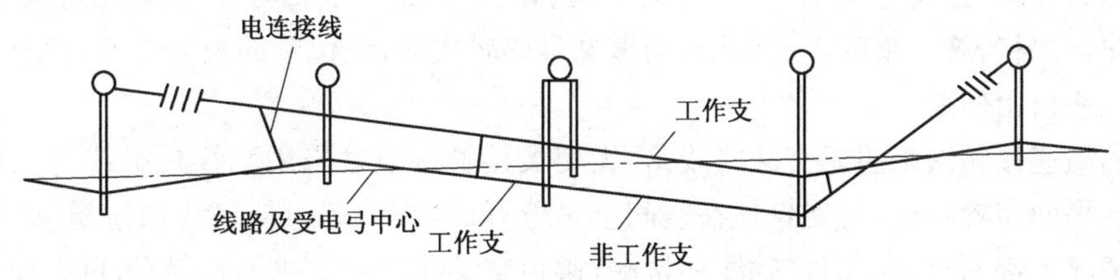

图 3-30　四跨非绝缘锚段关节

(1)实现接触网的机械和电气分段,以满足供电和受流需要。

(2)使受电弓高速、平稳、安全地从一个锚段过渡到另一个锚段。

(3)便于在接触网中安装必要的机电设备。

（二）中心锚结

为防止接触悬挂在温度变化或其他因素作用下发生来回窜动或断线，缩小事故范围、减少温度变化引起的线索张力差、增加悬挂弹性均匀性，一般在锚段中部适当位置安设中心锚结，如图 3-31 所示。

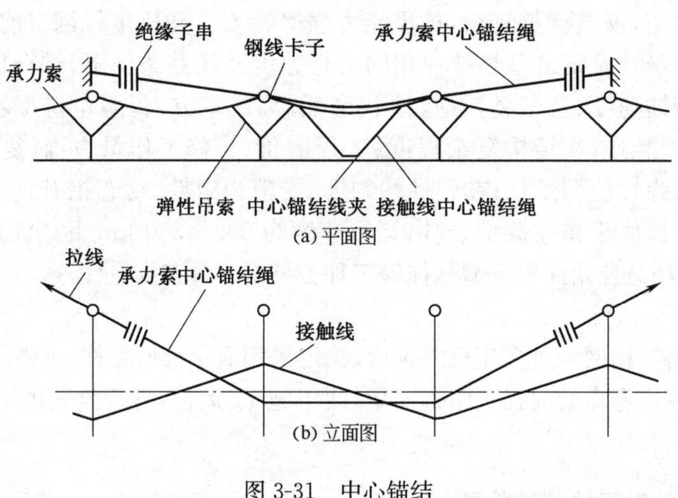

(a) 平面图

(b) 立面图

图 3-31 中心锚结

（三）线 岔

线岔是两股道接触网交叉处的装置。它直接影响着高速受电弓的运行安全，是高速接触网设计和安装中需要特别解决好的环节，接触网线岔可分为交叉和无交叉两大类。交叉线岔由于限位管的存在，当列车高速通过正线时，由于接触线抬升量较大，受电弓必然要接触两支接触线，在交叉点附近形成相对硬点是难免的，弓网间将产生较大的冲击，从而加剧线岔处接触线的局部磨耗，另外还存在钻弓、打弓的危险，如图 3-32 所示。另外，线岔处正线接触线的高度要求非常严格，施工精度实难保证；当道岔号码较大时，限位管的长度将变得很长，否则两支接触线无法自由伸缩。

我国的高速接触网采用无交叉式线岔，无交叉接触网线岔采用侧线接触线与正线接触线无交叉式的平面布置结构，两支悬挂在空间上是分开的，当动车组从正线通过道岔时，其受电弓在任何情况下都不与侧线的接触线相接触，避免交叉线岔的上述不利因素，可以保证正线高速行车的安全。缺点是侧线行车时受电弓的转换过渡不是很平缓，也就是说侧线允许通过速度不能太高，一般不宜超过 80 km/h，否则弓网间将产生较大的冲击。该种线岔形式适合于与正线相连的车站到发线道岔。

图 3-33 为无交叉式线岔原理图，A、C 为悬挂点，B 为侧线支接触线始抬点，悬挂点 A 一般位于线间距 500～600 mm 处，侧线支接触线始抬点 B 一般为悬挂点 A 右侧第 3 吊弦处。

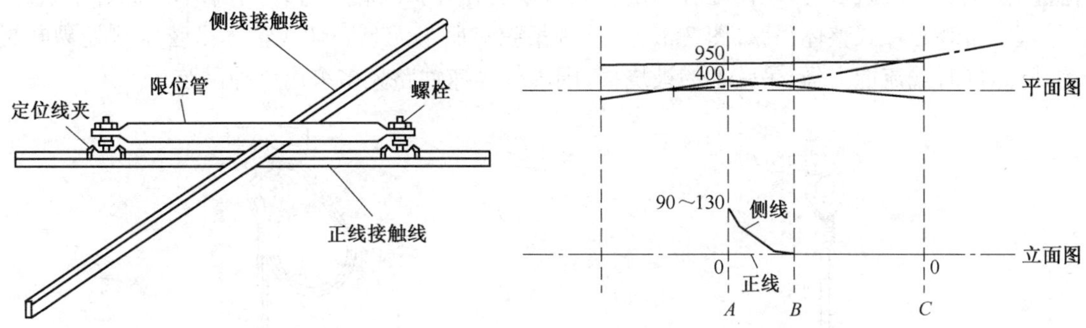

图 3-32　交叉式线岔　　　　图 3-33　无交叉式线岔原理(单位:mm)

悬挂点 A 处,正线接触线拉出值为 350～400 mm,并按正常接触线高度设计,侧线接触线相对于正线线路中心的拉出值一般为 950～1 000 mm,并抬高 90～130 mm(视道岔号码大小而定),使得 A 点处侧线接触线位于正线上运行的受电弓正常动态抬升量(该值可通过弓网模拟确定)以外。BC 段正线、侧线接触线一般按等高设计,侧线接触线自 B 点开始按抛物线抬高,至悬挂点 A 处时抬高 90～130 mm,正线在 AC 段始终按正常高度设计。图 3-34 为武广高速铁路接触网中的无交叉式线岔。

图 3-34　武广高速铁路接触网中的无交叉式线岔

(四)吊　　弦

链型悬挂中,接触线通过吊弦挂在承力索上,以保证接触悬挂的结构高度和接触线距轨面的高度,增加了接触线的悬挂点,提高动车的取流质量。

高速铁路接触网必须具有均匀的弹性,安装的精度越来越高,同时由于载流量的加大,承力索也参与导电,运行的实际表明,用镀锌铁线制作的环节吊弦已不能适应安装精度和横向电流的要求。因此,高速接触网普遍采用截面为 10 mm^2 耐腐蚀镁铜合金软绞线制成的整体吊弦,整体吊弦主要由接触线吊弦线夹、承力索吊弦线夹、心形环、压接管、连接线夹、吊弦线及调整螺栓等组成。整体吊弦施工精度高,工艺要求强,必须测量准确,严格控制安装工艺和精度。我国高速铁路接触网采用的整体吊弦结构形式主要有以下两类。

(1)无鸡心环式整体吊弦(图 3-35)。该种吊弦两端均采用压接工艺,虽然具有一定的载流能力,但运营实践表明,压接处容易出现疲劳断裂,国内外高速铁路已基本不用此种吊弦。

(2)带鸡心环式整体吊弦(图 3-36)。该种吊弦克服了无鸡心环式整体吊弦压接处易断裂的缺点,同时载流能力强、吊弦不易被烧损,国内外高速铁路大多采用该种吊弦。

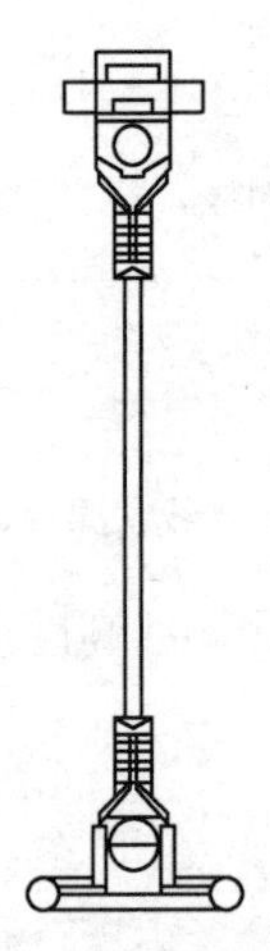

图 3-35　无鸡心环式整体吊弦

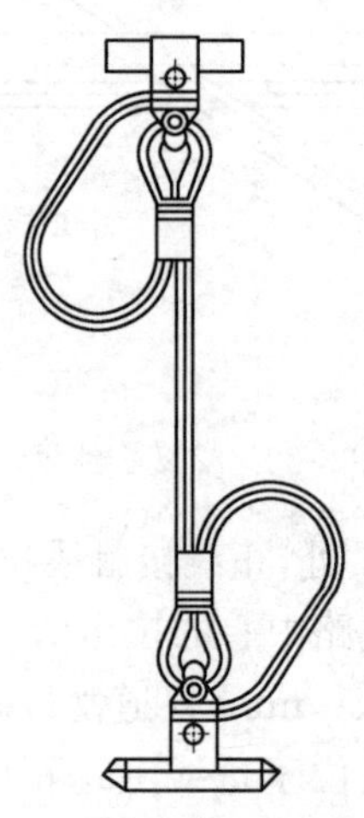

图 3-36　带鸡心环式整体吊弦

(五)高速接触网的张力补偿装置

张力补偿装置的作用是在环境温度变化时,调整承力索、接触导线张力,使接触线、承力索的张力保持恒定的自动装置,是接触网的关键部件。承力索和接触线下锚方式均采用补偿装置的叫全补偿,仅接触线采用补偿的称半补偿。

图 3-37　武广高速铁路滑轮组自动补偿装置

对张力补偿装置的要求是传动效率高、安全可靠、耐腐蚀性能好、少维修、寿命长和有断线制动装置。高速铁路接触网一般有滑轮组自动补偿装置(图 3-37)和棘轮自动张力补偿装置(图 3-38)。补偿滑轮是滑轮组自动补偿装置的核心设备,一般由铝合金铸造而成,补偿滑轮的传动效率直接影响补偿装置的性能,其传动效率应在 98%以上。棘轮自动张力补偿装置与滑轮组自动补偿装置相比,具有占用空间少、转动灵活、传动效率高、防腐性能好、使用寿命长等优点,但由于棘轮本体形状复杂、轮径大、薄壁部位多,因此对生产制造设备和工艺要求较高,价格偏贵。

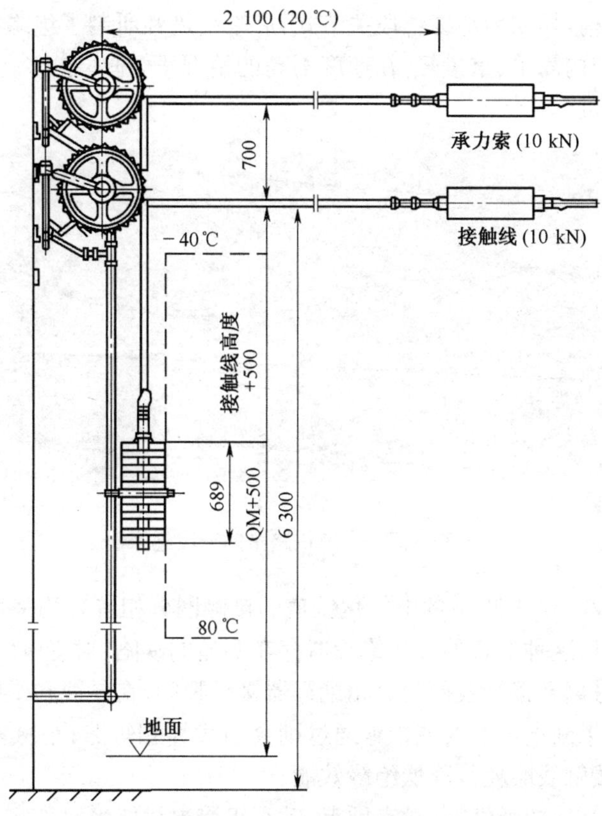

图 3-38　棘轮自动张力补偿装置(单位:mm)

高速铁路接触网中两种补偿装置均有使用。

(六)高速接触网的供电分段

为了保证供电安全和运用灵活,接触网在结构上设有供电分段。在牵引变电所和分区所所在地的接触网设置的分相绝缘装置为分相电分段;在同一供电臂内设置的电分段为同相电分段,同相电分段的结构为绝缘锚段关节或分段绝缘器。

分段绝缘器是接触网电气分段的常用设备,一般装设在电气化铁道区段各车站的装卸线、机车整备线上及电力机车库线等地,为了保证工作人员的作业方便及人身安全,将接触网进行电气分段,如图 3-39 所示。

分段绝缘器安设在上述独立区段的两端,其结构既能保证供电的分段,又能使受电弓平滑地通过该设备。分段绝缘器大多应配合隔离开关使用,以便使分段绝缘器两端的接触线当开关闭合时都能带电。当隔离开关打开时,独立的区段中则没有电,便于在该独立区段中进行装卸或停电作业。

分相电分段的结构，早期为绝缘锚段关节式，后来引进和研制了绝缘材料制作的器件式电分相，器件式电分相结构简单、重量轻，在速度不高的情况下，基本能够满足弓网关系，大大减少了施工和维护工作量。

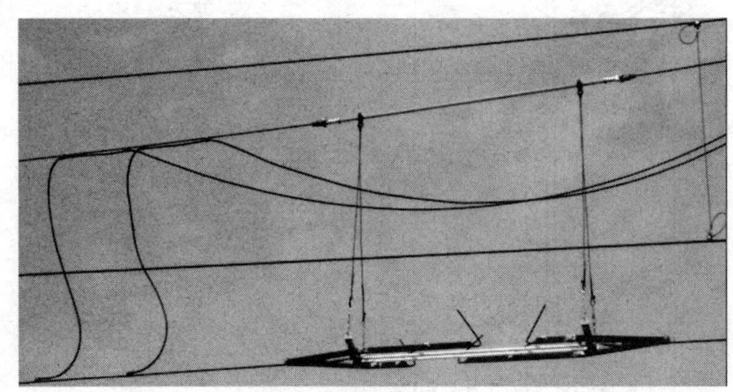

图 3-39　武广高速铁路中的分段绝缘器

目前我国既有 120 km/h 以下的电气化铁道的接触网分相装置均采用分相绝缘器来实现相间隔离，但在高速时，这种形式的分相绝缘器存在明显的缺陷：对受电弓的滑板撞击大，容易造成弓网事故；受电弓离开接触线而与分相绝缘器接触瞬间，在导线和受电弓之间常会产生电弧，烧伤绝缘元件，如果断电不及时或带电通过则会引发异相短路；绝缘棒底部与受电弓摩擦吸附铜粉(受电弓与接触线磨耗)，降低绝缘效能。

锚段关节式分相结构的弹性好、没有硬点，动车组受电弓能平滑地实现接触线和中性线的过渡，不需降弓运行。同时，由于无电区较长能有效避免高速动车组受电弓通过电分相时拉弧而引发的异相短路。高速铁路接触网又回到了锚段关节式电分相的时代，这种关节式电分相一般由两个绝缘锚段关节组成，锚段关节式电分相两端连接不同相的供电臂，中间为一段无电中性区。

国内的高速和准高速线路上采用的关节式电分相有七跨(陇海线)、八跨(京广线)、九跨(哈大线)、十二跨(秦沈客运专线)等多种形式。

动车组在通过分相绝缘装置时，要“断电”通过，即在通过前将主断路器断开，滑行通过后，再闭合主断路器继续运行，否则会引起强烈电弧，造成相间短路，甚至烧断接触网线索。高速铁路采用全并联 AT 供电方式，供电臂长度 50～60 km，当列车速度达到 300 km/h 及以上时，平均每 5 min 就要经过一个电分相，高速铁路必须采用自动过分相来解决上述问题。高速铁路动车组过分相主要有以下几种方式：

(1)地面开关切换方式。当动车组受电弓在分相的中性段之前和刚进入中性段时，由一相供电，然后在中性段断电 0.25～0.3 s 后切换到另一相。其优点是列车无操作，停电时间短

暂，冲击及失速小，但设备复杂，切换过程容易产生很高的过电压。

(2)地磁感应和射频定位方式。

①地磁感应方式。

地面定位和动车组感应信号分别采用斜对称埋设和备份接收，以保证自动过分相的安全和可靠。动车组自动过分相地面磁感应装置是基于免维护地面定位技术的车载自动过分相控制系统的地面磁性设备，一般为嵌入专用轨枕的耐高温、耐腐蚀、不易损坏的永久磁铁。

②射频定位方式。

射频识别(radio frequency identification，RFID)技术，又称电子标签、无线射频识别，是一种通信技术，可通过无线电信号识别特定目标并读写相关数据，而无须识别系统与特定目标之间建立机械或光学接触。射频定位卡安装于承力索上，阅读器安装于车顶上，其功能是接收网上射频定位卡信息，阅读器将接收到射频卡定位信息传送给主机。

当动车组通过分相中性段时，动车组接收来自接触网上射频定位卡或地面感应器的信号，动车组通过定位信号确定动车组与分相点的相对位置，控制动车组主断路器断开，断电不降弓通过中性段；动车组通过中性区后，动车组又接收到地面或网上信号，控制动车组主断路器合闸受电，完成了动车组过分相的全过程。

(3)列控系统自动过分相。

根据 CTCS-3 级列控系统应答器应用原则，应答器向列控系统发送的分相区信息为分相区断电标志牌起点位置及长度信息。列控系统接收到应答器的地面分相数据后，列控系统根据当前的运行速度，实时计算车头距离分相区距离与时间，自动过分相控制装置根据系统和设备反应时间的要求，适时控制电机电流平稳下降至 0，并发出断“主断”信号给控制电路，控制电路控制断劈相机。动车组通过电分相后，自动过分相控制装置送出合“主断”信号给控制电路，控制电路控制合劈相机、合“主断”，控制电机电流缓慢恢复到过分相前工况。

(七)附加导线

AT 供电区段接触网的附加导线主要包括供电线、正馈线、保护线和架空地线等。

(1)供电线又称馈电线。它是牵引变电所、分区所、开闭所与接触网连接的线路。其作用是将牵引变电所的电能送至接触网上。

(2)正馈线(AF 线)是在 AT 供电方式中起回流作用的导线。正馈线的电压与接触线相同，电流方向则与接触线相反，正馈线架在田野侧，与接触悬挂等高，正馈线的作用同 BT 供电方式中的回流线一样，起到防干扰功能，但效果较前者为好。

(3)保护线(PW 线)在正馈线下方。保护线也有几百伏的电位，保护线经跳线与接触网各绝缘子接地端相连，在 AT 所自耦变压器的中点处和钢轨连在一起。当绝缘子发生闪络或击穿时，保护线为短路电流提供一个良好的电气通路，使变电所继电保护装置迅速动作，达到及时反应和排除故障的目的。

(4)架空地线。架空地线在基本站台或中间站台上,为了人身安全,除设置保护线外,还在支柱顶部架设了一段架空地线,架空地线直接固定在支架上,并与钢柱相连。架空地线在站台的两侧下锚,在两端各打一个接地极,如有综合接地系统,则架空地线接入综合接地系统。架空地线的设置可以使站台钢柱上有双重保护,保证了站台上的人的安全。

(八)高速接触网的综合接地装置

高速接触网负荷电流、故障短路电流均比既有铁路大,因此地网中钢轨电位也大大增高,采用传统的接地方式不能满足相关标准要求。如果不能降低轨道回流和轨道大地间的电阻,则轨电位偏高,轻则威胁车站旅客和线路维修人员的人身安全;重则烧毁预应力钢筋,破坏混凝土强度,损伤信号设备的绝缘,威胁行车安全。对于列车密度高、客流量大的客运专线,旅客的安全至关重要的,接地系统必须满足相关的安全标准。

因此,需要采取必要措施降低轨电位和漏泄阻抗。为此,在架空接触网区域,电气设备的外壳和导电部件以及桥梁、隧道、变电所和支柱基础的各个接地系统均连接到回流回路上,形成电气化铁路的整体接地系统,以避免运行和短路时产生危险接触电压。综合接地可以简化网上结构,直接接地,可靠性高,并有效降低钢轨电位,同时可避免沿线的各设备相互干扰和故障,提高整体可靠性。

四、高速铁路接触网的主要结构参数

(一)接触线高度与坡度

接触线高度指接触导线距钢轨面的高度,在满足建筑限界的情况下,高速铁路接触线的悬挂高度应尽量低,以减小空气动力对弓网受流质量的影响,车站、区间接触网高度应一致。但接触线最低的悬挂点高度不宜小于 5 300 mm,接触线最低点高度不宜小于 5 150 mm。除锚段关节外,接触线悬挂点高度的设计坡度,设计速度大于 250 km/h 时应为 0,设计速度为 250 km/h时应小于等于 1‰,坡度变化率应小于等于 0.5‰。

双层集装箱运输的客运专线(石太、合武、合宁等)接触线悬挂点高度为 6 450 mm,最低点不小于 6 330 mm。

(二)结构高度

结构高度是指定位点处承力索距接触导线的距离。

(1)高速铁路正线接触网结构高度一般为 1.6 m。

(2)区间跨线建筑物受限区段,结构高度可适当降低,但结构高度不宜小于 1.1 m,个别困难点不宜小于 0.8 m。结构高度大小主要取决于允许的最短吊弦长度。速度大于 250 km/h 时,最短吊弦长度不小于 600 mm;速度在 200～250 km/h 区段,最短吊弦长度不宜小于 500 mm。

(3)联络线及其他新建线路结构高度一般为 1.4 m。

(三)跨距及拉出值

跨距及拉出值取决于线路曲线半径、最大风速和经济因素等。我国高速铁路一般在保证跨中导线及定位点在最大风速下均不超过距受电弓中心 300 mm 的条件下，确定跨距长度和拉出值。

跨距宜经系统仿真评估后确定，简单链型悬挂下标准跨距取 50 m、最大跨距取 55 m；弹性链形悬挂下 250 km/h 速度下标准跨距取 60 m、最大跨距取 65 m，300 km/h 及 350 km/h 速度下标准跨距取 55 m、最大跨距取 60 m，允许施工误差±1 m；桥上跨距需根据桥梁孔跨的形式进行配合确定，一般为 48 m，困难时局部最大跨距可为56 m，相邻跨距之差不应大于 10 m；为延长受电弓滑板使用寿命，拉出值不宜过小，且正线直线或曲线段拉出值尽量按正反定位间隔布置成之字值，正线直线拉出值尽量采用 300 mm 设计，曲线不超过 400 mm；为防止水平力过大，对跨距小于 50 m 的直线、关节、道岔区域部分悬挂需减小拉出值至 200 mm。

(四)锚段长度

(1)正线接触网锚段长度一般不超过 2×700 m，个别困难情况下不超过 2×750 m；单边补偿的锚段长度不超过 750 m。

(2)站线最大锚段长度不宜大于 2×800 m，个别困难时不宜大于 2×900 m；单边补偿的锚段长度不超过 850 m。

(3)高速铁路正线道岔处的两支接触悬挂的补偿方向一致，其余道岔处的两支接触悬挂的补偿方向尽量一致。

(4)根据以上锚段长度，验算承力索、接触线的张力差，均不大于额定张力的±5%。

(5)附加导线锚段长度一般不超过 2 000 m，困难时不应超过 3 000 m。

(五)侧面限界

正线接触网支柱侧面限界，一般路基区段应不小于 3.0 m，桥上为 3.0 m。站内正线与站线间立柱时支柱对正线侧面限界不小于 2.5 m，有条件时，尽量加大至正线侧面限界。

(六)承力索和接触线的张力

对于最高运行速度为 350 km/h 的高速铁路，承力索、接触线的张力应分别不小于 20 kN 和 25 kN。

(七)接触网线材

接触导线是接触网中直接与机车受电弓作摩擦运动传递电能的线材，它对接触网——受电弓系统的受流性能的好坏产生至关重要的作用，受流系统的许多性能指标直接由接触导线决定。承力索是接触网承载接触导线，并传输电流的线材，因此承力索的线胀系数应与接触导线相匹配。

接触线的设计使用寿命按弓架次计算，接触线的设计使用寿命应在 250 万弓架次以上，相当于平均每天 170 对车双弓运行 20 年以上。此外高速铁路牵引网需要的载流量较大(一般为

800～1 200 A)，要求接触线及承力索有足够的载流截面。

随着电气化铁路运行的高速发展，必然要求加大接触悬挂的张力，提高载流能力和接触网的稳定性，改善机车受流质量，接触网材料具有良好导电性的同时，还应具有高的抗拉强度。以铜基合金为基础的二元合金导线如铜银、铜锡、铜镁合金线由于耐磨性能好、导电率高而在国内外高速电气化铁路中得到了广泛应用。目前我国高速铁路接触网承力索主要采用120 mm^2的铜基合金绞线，接触线主要采用150 mm^2的铜基合金线。当接触线和承力索总的载流截面不能满足牵引网载流量要求时，还需设置加强线。

通过关键技术的研究，我国自主研制的铜铬镐三元合金高强高导接触网导线抗拉强度达560 MPa以上，导电率达75%IACS以上，实现了铜合金导线高抗拉强度、高导电率的技术突破，引领了铜合金导线制造领域的世界先进水平，该新型导线已经在武广、京沪等30多条线路挂网，覆盖运营里程超过1.3万km。

第三节　高速铁路供电设备的检测与维护

一、我国高速铁路供电管理体制和检修模式

我国高速电气化铁路经过一段时间的运行实践，已初步形成了一套运行维护办法，并制定了《高速铁路接触网运行维修规则》和《高速铁路牵引变电所运行检修规则》，作为现阶段高速电气化铁路运行维护指导性文件。

接触网运行维修应坚持“预防为主、重检慎修”的方针，按照“定期检测、状态维修、寿命管理”的原则，遵循专业化、机械化、集约化维修方式，依靠铁路供电安全检测监测系统(6C系统)等手段，建立信息资源共享平台，实行“运行、检测、维修”分开和集中修组织模式，确保接触网运行品质和安全可靠性。

牵引变电所的运行、检修应贯彻“预防为主、严检慎修”的方针。遵循“全面养护、寿命管理”的原则，实现“实时监测、科学诊断、精细维修、寿命管理”目标。

二、国外高速铁路管理体制和检修模式

国外高速铁路管理体制和检修模式主要有以下三种：

(1)均采用综合管理体制和检修模式，且高速铁路和普速铁路同为一个机构。

(2)供电设备的管理和维修是综合维修的一个子系统。

(3)在检修模式上，变电设备的检修均采用委外方式，由供货厂、商负责检修，接触网的维修和事故抢修一般不外委，由自己的维修机构负责，但接触网的大修和改造工程则采用委外方式。

三、我国高速铁路供电设备维护的发展动向

我国高速铁路供电设备维护主要采取以下方法：

(1)按照“少维护、状态修”的维修原则，多数设备实行以周期检查、状态修为主的检修模式。其中周期检查包括综合检测车的动态检查、维修单位的普通几何尺寸检查以及步行巡视检查。

(2)部分设备可以实行寿命管理、限制值管理为主的检修模式。

(3)实行养修分开，综合维修单位只负责抢修和定期检查、故障跳闸地点的查找、局部调整、临时更换线夹及开关等日常缺陷的处理工作，其他如更换接触线、绝缘子、大范围调整及其他缺陷处理和故障的恢复等项目，由高速铁路的专业公司下属的大修子公司或委托给其他专业的安装公司进行。

(4)工程竣工最初 2 年由施工单位负责对电气化设备进行维修。

(5)昼间行车，夜间(一般是 0:00—4:00)垂直停电，综合维修。

(6)由于高速铁路的维修涉及多个不同专业，相互间有着千丝万缕的联系，最终供电设备的维修与管理将与线路、轨道、通信、信号等设备的维修实行“一体化管理”的模式。

本章小结

本章介绍了我国高速铁路牵引供电系统的供电方式，牵引变电所一次设备，分区所、开闭所与自耦变压器(AT)所，控制和信号系统，继电保护及自动化系统，牵引供电 SCADA 系统，自用电系统以及防雷与接地等设备组成。

复习思考题

1. 我国高速铁路电气化铁路一般采用哪种供电方式？为什么？
2. 接触悬挂有哪些类型？我国高速铁路采用何种悬挂？为什么？
3. 高速铁路接触网一般采用何种分相？为什么？
4. 简述牵引供电系统的组成。
5. 简述牵引变电所中一次设备、二次设备的作用。

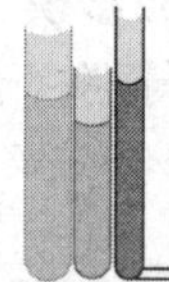

第四章 高速铁路信号与通信

本章要点

本章主要介绍了高速铁路信号系统、高速铁路通信系统的组成及工作原理。

第一节 高速铁路信号系统

高速铁路信号系统是保障高速列车运行安全、提高运输效率的关键技术装备。对全面实现高速铁路“安全、正点、快捷、舒适”的服务宗旨起着至关重要的作用。

高速铁路信号系统是一套完整的行车安全制式，主要由列车运行控制系统（简称列控系统）、计算机联锁系统、行车指挥系统、信号集中监测系统及电源系统等组成。

一、高速铁路列控系统

列控系统是用来实现列车间隔控制、速度控制、保证行车安全和提高运输能力的控制系统，具有线路空闲检测、危及行车安全因素检测、间隔控制和速度控制功能。

（一）高速铁路采用列控系统的必要性

传统的行车方式是由司机按照地面信号驾驶列车，正确识别、理解信号并及时正确执行，其行车安全由司机保证。

铁路沿线设置的闭塞分区长 1.5～2 km，当列车运行速度超过 200 km/h 时，司机每隔约 20 s 就要辨认一次信号显示，频繁的瞭望信号使司机疲劳，识别信号的错误率显著增加。为防止司机失误影响行车安全，需要使车载信号设备把地面传送上来的信号命令直接转变为对列车制动系统的控制。

列车高速行车时，以地面信号为主体信号的闭塞制式已不可行，高速铁路采用了列控系统完成闭塞功能，其特点如下：

(1)以车载信号作为行车凭证。

(2)向司机提供速度命令。

(3)信号直接控制列车制动。

由此可见,列控系统具备了高速铁路行车所需要的以速度信号代替色灯信号,以车载信号作为行车凭证,车载信号设备直接控制列车减速或停车这三大安全要求。

(二)列控系统发展概况

当今世界各国已投入使用的高速动车列车(时速超过 200 km)运行控制系统主要有法国的U/T 系统、日本新干线 ATC 系统、德国和西班牙高速铁路使用的 LZB 系统、意大利高速铁路的 9 码列车自动控制系统、瑞典铁路的 EBICA900 系统、我国列车运行自动控制系统 CTCS-2 及 CTCS-3 等。

这些系统都可以实现自动连续监督列车运行速度,可靠地防止人为错误操作所造成的恶性事故的发生,保证列车的高速安全运行。主要区别体现在对高速列车超速后的控制方式以及车—地间信息传输方式有所不同。

1. 法国 U/T 系统

法国高速铁路 TGV 区段均采用带速度监督的 TVM300 型或 TVM430 型机车信号,地面信息传输采用 UM71 或 UM2000 轨道电路,简称 U/T 系统。

机车信号带有列车速度监督是法国 U/T 系统的一个特点,它是保证行车安全、防止列车超速运行的有效手段。U/T 系统对速度的控制是采用分段(每个轨道电路区段)制动的列控模式,司机按照每一个轨道电路地面信息给出的速度值运行时,速度监督设备将不干预司机正常操作,当司机违章操作或列车速度超过规定的允许速度时,速度监督设备就将自动实施制动。

法国 U/T 系统大多采用 UM71 无绝缘轨道电路。该轨道电路是法国 1997 年为防止电气化牵引电流谐波干扰而研制的一种移频轨道电路。它分为 1 700 Hz、2 000 Hz、2 300 Hz、2 600 Hz四种类型。它在两个相邻的轨道电路间采用电气分隔接头,实现了无机械轨缝的电气隔离。为解决地面向机车传递多种信息,在 TVM300 系统中,采用 UM71 轨道电路向机车发送 18 种低频调制信息,以实现速差式机车信号及带阶梯形速度控制曲线的速度监督。

1993 年开通的法国第三条北方线高速铁路,列车运行速度已达 320 km/h,为此,法国有关公司对原由模拟电路构成的 U/T 系统进行了全数字化的改造,投入使用的有 TVM430 系统,其在继承原 UM71 轨道电路基本特性基础上,通过对设备器材的数字改造,低频数量增加到 27 种,并且进行编码处理,使其信息传输量由 TVM300 的 18 种变为 221 种,为提高列控系统的性能创造了条件。

2. 日本 ATC 系统

日本于 1964 年即交付使用了世界上第一条高速铁路——东海道新干线。它每天以开行 200 多次列车的高密度,至今已有 60 多年的历史。

随着电子数字技术的发展，日本铁路公司新开发了多种数字式 ATC 系统，不仅对装置实施微电子化，而且使通过轨道电路向列车传送的信息数字代码化。

数字 ATC 分地面设备和车载设备两部分。地面轨道电路检查列车出清或占用，并将线路状况信息传输给列车；车载设备根据该数据确定能保证列车安全运行的速度，控制机车运行。

3. 德国 LZB 系统

德国 LZB 连续式列车运行控制系统由阿尔卡特 SEL 公司和西门子公司联合开发的。

1995 年，LZB 系统在慕尼黑—奥斯堡区间投入运用，目前在德国已经在数千公里铁路线上装备了 LZB 系统。1992 年开通的西班牙马德里—塞维利亚 471 km 高速铁路已成为 LZB 系统应用的典范。

LZB 系统突破了传统闭塞区段分段控制的概念，首次将列车连续速度控制的列控模式用于对高速列车的实际控制。

LZB 系统主要由地面列控中心、车—地双向信息传输设备、车载列控设备三部分组成。

地面列控中心是 LZB 系统的核心，它负责实时确定所管辖范围内各列车的安全运行速度，并通过车—地双向信息传输设备将速度控制命令传送给相应的车载列控设备，控制列车安全运行。

LZB 系统在移动列车与地面列控中心之间的信息传输媒介有以下两种。

(1)轨道电缆。按一定方式铺设在轨道内的 LZB 专用电缆。

(2)无线设备。GSM 数字移动铁路专用无线通信网。

车载设备主要包括中央计算机、快速制动组合、自动运行和制动控制设备、测距测速设备等。

通过 LZB 车—地双向信息传输系统，LZB 车载列控设备将列车的精确位置、实际速度、机车及列车工作状况(如设备状态、轴温、供电、故障)等信息送到 LZB 地面列控中心，LZB 地面列控中心的计算机对列车运行线路状况信息(坡道、曲线半径、限速要求、线路安全防护信息等)、相邻联锁中心传送来的列车进路信息、采集的列车实时运行信息等经计算、比较处理后，确定出在保证列车行车安全的前提下使列车运行间隔最小的列车运行速度，并立即通过 LZB 地—车双向信息传输系统将这一速度命令传给机车上的 LZB 车载列控设备，由此实现对列车运行速度的控制。

4. 欧洲 ETCS 系统

20 世纪末，为解决跨国列车运行及高速铁路中列控系统的互连互通和兼容性问题，欧洲国际铁路联盟(UIC)提出泛欧铁路系统互操作性规定。在欧盟支持下，欧洲各信号厂商联合制订了 ERTMS/ETCS 技术规范，欧洲铁路运输管理系统(ERTMS)是欧洲铁路通信信号一体化发展项目，其包含两个重要方面：其一是欧洲列车运行控制系统(ETCS)，其二就是欧洲铁路综合调度移动通信系统(GSM-R)。安装符合 ERTMS/ETCS 技术规范的列车运行控制系统，在欧洲境内穿越国境时可实现互通运营。

ETCS 系统根据功能需求和运用条件配置基本结构，划分了三个应用等级，分别是 ETCS1、ETCS2、ETCS3。低等级系统在原有设备的基础上，增加一些新的设备(模块)就能方

便升级到更高的等级，原有的列控车载设备在高等级的系统中继续使用。

目前，欧盟各国计划建设的高速线将全部采用ETCS2级系统，该系统是基于无线传输的列控系统，在由无线闭塞中心控制并且装备了欧洲应答器和欧洲无线，即GSM-R的线路上运行，由地面设备提供列车定位功能和列车完整性检测，司机凭车载信号行车，已采用ETCS2的项目如下。

(1)西班牙马德里—莱里达高速线采用ETCS1＋ETCS2＋ASFA系统，ETCS1级目标速度为300 km/h，2005年1月按照250 km/h运营速度投入商业运营，列车运行间隔5 min 30 s。该线路ETCS2级开通后，ETCS1级将作为备用系统。

(2)德国柏林—莱比锡示范线采用ETCS2，并配置PZB作为兼容系统，线路最高运行速度200 km/h，2005年12月5日开通商运。

(3)意大利罗马—那不勒斯高速线采用ETCS2，列车运行速度300 km/h，2005年12月20日开通，没有配置降级备用系统。

(4)瑞士ETCS2级项目。线路2005年7月按照运行图试运行，线路最高速度220 km/h，配置了本国ZUB系统作为兼容系统运行。

5. 我国列控系统的发展概况

20世纪80年代末期，我国相继在京广线郑武段、京哈线京秦段引进了法国的UM71轨道电路和TVM300列控系统，在京哈线秦沈段引进了法国的UM2000轨道电路和TVM430列控系统，在京九线、广深线试验和小范围使用了国内研究开发的LCF模式曲线超防系统和LSK分级速度控制系统。

进入21世纪以来，为适应提速战略和高速铁路的建设，保证我国铁路运输安全及满足互通运营的需求，迫切需要规范化的列车运行控制系统。

2003年，在前段研发工作的基础上，铁道部正式立项自主开发适合我国国情的新一代列车运行控制系统。其中，首先实施的也是最重要的步骤，就是制定《CTCS技术规范》。

CTCS是中国列车运行控制系统(Chinese train control system)的英文缩写，以分级的形式满足不同线路运输需求，在不干扰机车乘务员正常驾驶的前提下有效地保证列车运行的安全。根据系统配置，按功能划分了五个应用等级，分别是CTCS-0级、CTCS-1级、CTCS-2级、CTCS-3级、CTCS-4级。

(1)CTCS-0级为既有线的现状，由通用机车信号和运行监控记录装置构成。

(2)CTCS-1级由主体机车信号和安全型运行监控记录装置组成。面向160 km/h以下的区段，在既有设备基础上强化改造，达到机车信号主体化要求，增加点式设备，实现列车运行安全监控功能。

(3)CTCS-2级是基于轨道电路传输信息的列车运行控制系统，面向提速干线和高速新线，采用车—地一体化设计，适用于各种限速区段，地面可不设通过信号机，机车乘务员凭车载信号行车。

(4)CTCS-3 级是基于无线传输信息并采用轨道电路等方式检查列车占用的列车运行控制系统。面向提速干线、高速新线或特殊线路，基于无线通信的固定闭塞或虚拟自动闭塞，适用于各种限速区段，地面可不设通过信号机，机车乘务员凭车载信号行车。

(5)CTCS-4 级是基于无线传输信息的列车运行控制系统。CTCS-4 级面向高速新线或特殊线路，基于无线通信传输平台，可实现虚拟闭塞或移动闭塞；CTCS-4 级由无线闭塞中心 RBC 和车载验证系统共同完成列车定位和列车完整性检查；CTCS-4 级地面不设通过信号机，机车乘务员凭车载信号行车。

2004 年底，铁道部组织研究并决策，在我国铁路既有线第六次提速 200～250 km/h 时采用 CTCS-2 级列控系统，在动车组列车上装备 CTCS-2 级列控车载设备，在提速至 200～250 km/h线路区段进行 CTCS-2 级列控地面设备改造。

2006 年 7 月，采用关键设备和技术引进、主要设备自主研发、既有设备结合改造的模式，主要依靠国内技术力量、借助国外先进经验进行系统集成的 CTCS-2 级列控系统通过铁道部技术审查。

2007 年，铁道部在总结近年来既有线提速和客运专线 CTCS-2 级列控系统建设和运用经验的基础上，颁布了《既有线 CTCS-2 列车运行控制系统技术规范(暂行)》和《客运专线 CTCS-2级列控系统配置及运用技术原则(暂行)》等文件，用于指导 200～250 km/h 客运专线的 CTCS-2 级列车运行控制系统和作为 300～350 km/h 客运专线的后备模式的 CTCS-2 级列车运行控制系统的工程设计、施工，设备研发、生产，运行试验、运用及维护。

2008 年，CTCS-3 级列控系统标准规范由铁道部科学技术司及铁道部运输局联合颁布。

2009 年底，装备 CTCS-3 级列控系统的武广高速铁路成功开通运营。

2013 年，中国铁路开始对 CTCS-3 级列控系统进行技术创新，引入了智能感知、大数据分析等技术。

2015 年，中国铁路成功研发出新一代 CTCS-3＋ATO 列控系统，并应用于京沪、沪杭高速铁路。

2018 年，中国高速铁路成功研发出 CTCS-3 级列控系统升级版，提高了安全性和可靠性，并应用于“八纵八横”高速铁路网。

(三)列控系统的分类

1. 根据系统功能、人机分工和自动化程度分类

(1)列车自动防护系统(ATP)。ATP 可对列车运行速度进行实时监督，当列车实际运行速度超过最大允许速度时，自动控制列车实施常用全制动或紧急制动，使列车停在显示禁止信号的信号机或停车标前方。

(2)铁路列车运行自动控制系统(ATC)。ATC 可根据行车指挥命令、线路参数、列车参数等实时监督列车运行速度，通过控制列车多级常用制动，自动降低列车运行速度，保证行车

安全。ATC 是比列车超速防护系统高一级的列车自动控制系统，它可替代司机的部分操作。

2. 按人—机设备优先等级分类

(1)设备制动优先的列控系统。设备制动优先的列控系统在列车速度高于目标速度后立即进行制动控制，当列车速度低于目标速度后自动缓解，不必司机参与。日本新干线 ATC 采用设备制动优先控制的方式。

(2)司机制动优先的列控系统。司机制动优先的方式只有在列车速度超过安全运行所允许的速度，设备才自动介入实施制动，列车正常运行时设备不干预司机操作。法国 TVM300/430 以及德国的 LZB 系统即采用司机控制优先的方式。

3. 按控制模式划分

(1)阶梯控制方式。阶梯控制方式，在一个闭塞分区内只控制一个速度等级。在一个闭塞分区中只按照一种速度判断列车是否超速。阶梯控制方式又可分为出口检查方式(滞后式控制)及入口检查方式(提前式控制)两种。

图 4-1 中出口检查方式要求司机在闭塞分区内将列车运行速度降低到目标速度，ATP 车载设备在闭塞分区出口处检查列车运行速度。如果司机按照允许速度操纵列车，ATP 设备不干预司机正常操作，当司机违章操作或列车运行超过允许速度时，列控设备将自动实施制动。属于滞后控制模式，列车制动后需要走行一段距离才能减速(或停车)，因此，在禁止信号后方需要设置一段防护区段实现过走防护。法国 TVM300 就采用这种控制方式。

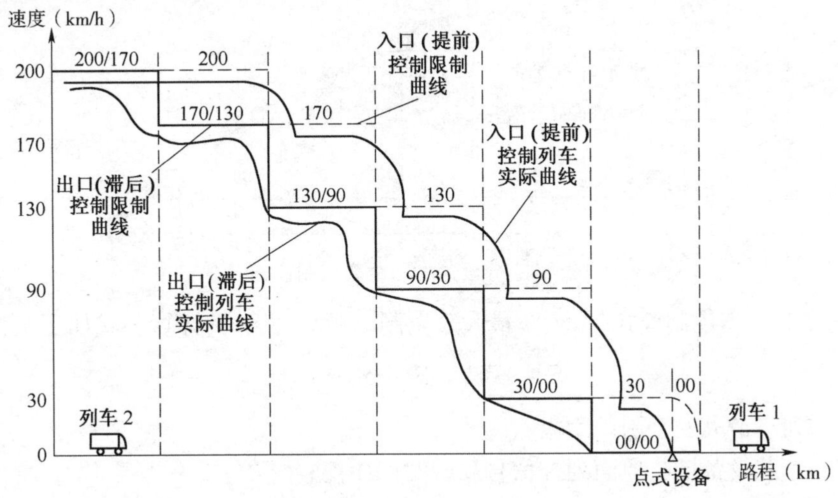

图 4-1　阶梯控制曲线

图 4-1 中入口检查方式就是列车在闭塞分区入口处接收到允许速度后立即依此速度进行检查，没有目标速度指示，一旦列车速度超过允许速度，则列控设备自动实施制动使列车运行

速度降低到目标速度以下。入口检查方式中本区段的入口速度就是本区段的允许速度。日本新干线 ATC 就用这种方式，较滞后式控制方式可有效提高间隔能力。

阶梯控制方式的系统主要优点是简单，需要地车传输的信息量小，不需要知道列车的准确位置，只需要知道列车占用哪个区段即可。

(2)速度—距离模式曲线控制方式。速度—距离模式曲线控制是根据目标速度、线路参数、列车参数、制动性能等确定的反映列车允许速度与目标距离间关系的曲线，速度—距离模式曲线反映了列车在各点允许运行的速度值。列控系统根据速度—距离模式曲线实时给出列车当前的允许速度，当列车超过当前允许速度时，设备自动实施常用制动或紧急制动，保证列车能在停车地点前停车。因此，采用这种控制方式的列控系统不需要设置安全防护区段，具体有以下两种控制方式。

①分段速度—距离模式曲线控制。分段速度—距离模式曲线控制是将轨道区段按照制动性能最差列车安全制动距离要求，以一定的速度等级将其划分成若干固定区段。一旦这种划分完成，每一列车无论其制动性能如何，其与前行列车的最小追踪距离只与其运行速度、区段划分有关，这对于制动性能好的列车其线路通过能力将受到影响，TVM430 就采用这种控制方式，如图 4-2 所示。

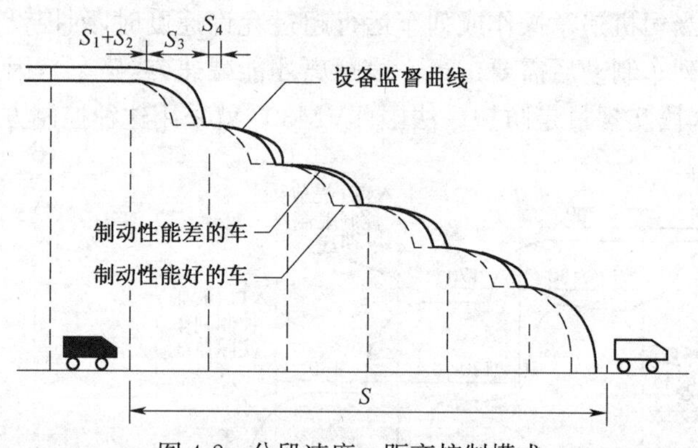

图 4-2　分段速度—距离控制模式

分段速度—距离控制模式时，列车最大安全制动距离为 S，其计算公式如下：

$$S=n(S_1+S_2+S_3+S_4) \tag{4-1}$$

式中　S——列车最大安全制动距离；

S_1——车载设备接收地面列控信号反映时间距离；

S_2——列车制动响应时间距离；

S_3——列车制动距离；

S_4——过走防护距离；

n——列车从最高速度停车制动所需分区数。

②连续速度—距离模式曲线控制。连续速度—距离模式曲线控制是根据目标距离、目标速度的方式确定的速度—距离模式曲线，该方式不设定每个闭塞分区速度等级，采用一次制动，故又称一次速度—距离模式。以前方列车占用闭塞分区入口为目标点，通过地车信息传输系统向列车传送目标速度、目标距离等信息。连续速度—距离控制模式更适于高中速混跑的线路。连续速度—距离控制模式如图 4-3 所示。连续速度—距离控制模式列车最大安全制动距离 S 为

$$S=S_1+S_2+S_3+S_4 \tag{4-2}$$

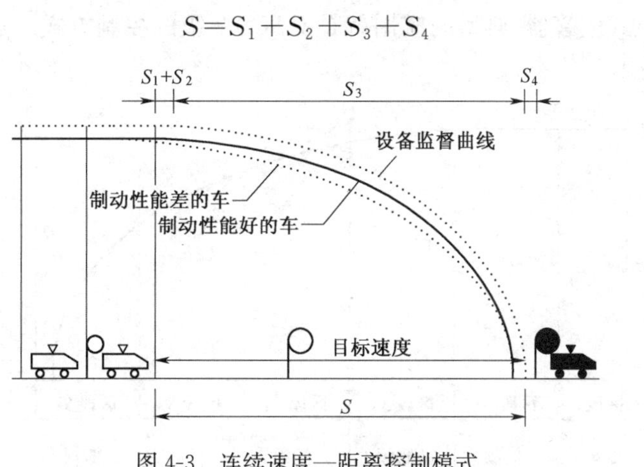

图 4-3　连续速度—距离控制模式

在计算连续速度—距离控制模式最大安全制动中由于为一次制动，因此在制动过程中它们只考虑一次。而在分段速度—距离控制模式中由于在整个制动过程中要多次制动、缓解，这三个参数要考虑 n 次。另外，连续速度—距离控制模式列车最大安全制动距离 S_3 采用的是每一列车的实际最大安全制动距离，列车制动性能好的列车 S_3 的数值小，性能差则 S_3 的数值就大。因此，在连续速度—距离控制模式中，列车的运行间隔距离，各尽其能，有助于提高运行效率。同时其所具有的一次性制动的性能也与列车实际制动方式相吻合。连续速度—距离控制模式是各国铁路尤其是高速铁路列车运行控制系统的发展主流。

连续速度—距离控制模式若以前方列车占用的闭塞分区入口为追踪目标点，则为准移动闭塞；若以前方列车的尾部为追踪目标点，则为移动闭塞。

4. 按照地—车信息传输方式划分

(1)点式列控系统。点式列控系统是一种点式传递信息，用车载计算机进行信息处理，最后达到列车超速防护目的的系统。它采用高信息容量的地面应答器、地面轨道环线或其他感应设备进行地面对车载设备的信息传输，其主要功能是实现列车超速防护，又称为点式超速防护(点式 ATP)系统，具有结构简单、安装灵活、可靠性高等优点。

(2)连续式列控系统。鉴于点式列控系统的主要缺点是信息传递的不连续性，有时会对列

车的精确定位或高效运行造成影响，西方国家的铁路信号公司相继研制开发了采用连续交叉轨道交叉环线、音频轨道电路、GSM-R、漏泄交叉环线、无线或波导管等方式作为信息传输通道的连续式列控系统，实现了连续信息传递。连续式列控系统是适应高速铁路干线与高行车密度的地铁、轻轨交通而发展的信号技术。

(3)点连式列控系统。我国的列控系统采用点连式列车运行控制系统，点式应答器作为线路数据的输入，连续轨道电路信息作为列车前方轨道空闲数量的传输媒介。这种方式有效利用了轨道电路和点式应答器，典型的应用就是 CTCS-2 级的控制方式。点连式列控系统的控制原理如图 4-4 所示。

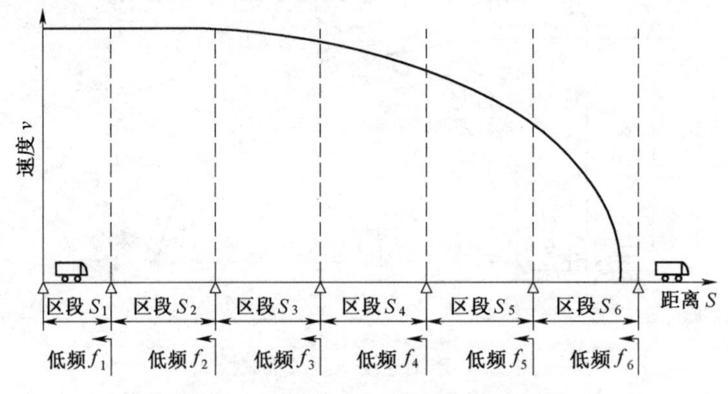

图 4-4　点连式列控系统的控制原理

在点连式列控系统中，轨道电路作为连续信息传输的通道，分别采用低频信息代表列车运行前方闭塞区段的空闲数目，在每个区段或间隔几个区段设置的应答器向列车传送线路参数信息，车载 ATP 设备将接收到的点式应答器数据与轨道电路接收的连续信息进行综合计算，则计算出列车目标点的目标距离和限制速度，实时比较列车的实际速度和限制速度，实现对列车的安全控制。

(四)CTCS-2 级列控系统的构成和工作原理

CTCS-2 级列控系统由地面设备及车载设备两大部分组成，如图 4-5 所示。系统通过轨道电路完成列车占用和完整性检查，连续向列车传送控制信息，并采用点式应答器向高速列车传送定位信息、进路参数、限速和停车信息等，采用连续速度—距离控制模式监控列车安全运行。

1. 地面设备

地面设备由 ZPW-2000(UM)系列轨道电路、车站电码化、应答器和车站列控中心(包括地面电子单元 LEU)等设备组成。车站列控中心具备与车站联锁系统、TDCS/CTC、集中监测等系统的接口。

2. 车载设备

车载设备由车载安全计算机(VC)、轨道电路信息接收单元(STM)、应答器信息接收单元

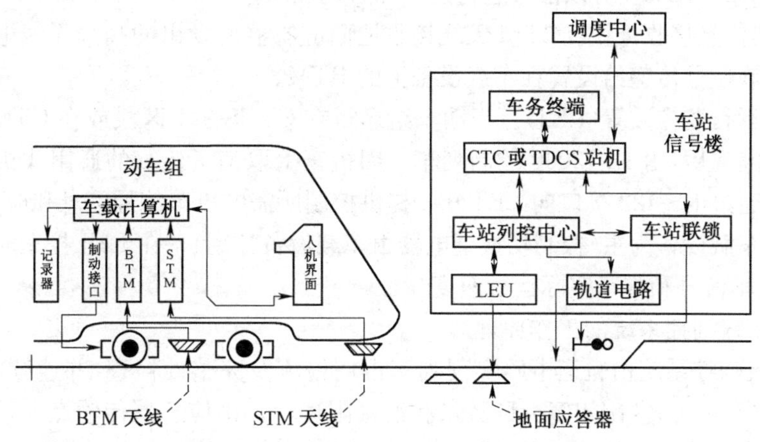

图 4-5　CTCS-2 级列控系统结构

(BTM)、制动接口单元(TIU)、记录单元(DRU)、人机界面(DMI)、速度传感器、轨道电路信息接收天线、应答器信息接收天线等部件组成。

(1)安全计算机是车载设备的核心。VC 基于两个处理器的实时比较达到 SIL4 级,为了提高系统可用性采用了三个处理器。该原则基于两个不同应用处理器同时执行应用软件,并采用故障安全检测器对这些处理器的输出进行比较。如果输出相同,检测器给出相关输出。若存在任何差异,检测器将输出设置为限制状态。

(2)轨道电路信息接收单元。STM 模块用于接收 ZPW-2000 系列轨道电路及 4 信息、8 信息、18 信息等传统移频轨道电路的信息,并及时将地面轨道电路信息传输给 VC 和 LKJ 监控装置。

(3)应答器信息接收单元。应答器信息接收单元通过 BTM 天线,接收、解调地面应答器的报文信息,并在校核后将正确的信息传输给 VC。应答器具有提供精确定位功能。

(4)制动接口单元。车载设备与动车组的接口均为继电接口,各不同型号的动车组与各不同型号的 ATP 车载设备均采用统一接口。

(5)记录单元。车载设备配备了内部记录器,主要用于设备状态和故障信息以及各种事件(包括司机对车载设备的操作、轨道电路信息、车载设备与机车的信息交换等)的记录。维修人员可通过专用电脑或 IC 卡等进行数据下载。

(6)人机界面。DMI 是周围配置了扬声器和各种按键的 10 英寸 LCD 液晶显示器,安装在驾驶台上,作用是通过按键、声音、文字和图像实现司机与车载设备的信息交互。

(7)速度传感器。车载设备的测速系统要求配置两套速度传感器。速度传感器需安装于不同的轴端,可以为机车及其他车载设备提供速度通道,供 VC 了解列车速度和辅助确定列车距离位置。

(8)轨道电路信息接收天线。利用电磁感应接收流经钢轨的信号电流,传送到设置在车载设备主机柜的 STM,STM 对该信号进行选择和解调。

(9)应答器信息接收天线。BTM 天线接收地面应答器所发出的高频无线电信号,并通过专用的电缆将该信号传递给设置在车载设备上的 BTM。

(10)列车运行监控装置(LKJ)。当动车组运行在 CTCS-0/1 区段或在 CTCS-2 区段车载设备因故障被隔离后,由 LKJ2000 控制列车。因机车上取消了传统的通用式机车信号设备,需要车载设备通过 RS-422 接口向 LKJ2000 提供控制所需的机车信号信息和应答器信息。控车权的转换以车载设备为主(控制切换继电器由车载设备控制)。在 LKJ 控车时,车载设备的 DMI 上显示机车信号和列车实际运行速度。

3. CTCS-2 级列控系统的工作原理

CTCS-2 级列控系统由轨道电路实现列车占用检测及完整性检查,并连续向列车传输控制信息,包括行车许可、空闲闭塞分区数量和道岔限速等。由应答器传输点式信息,包括线路长度、线路坡度、线路固定限速、列车定位、列车进路、临时限速信息等。CTCS-2 级采用连续速度—距离模式曲线控制。

(1)车站列控中心。车站列控中心与 CTC 或 TDCS 站机连接获取临时限速命令,与车站联锁连接获取列车进路信息。按照行车计划选择合适时机将临时限速信息和进路信息发送到 LEU 和有源应答器,向列车发送。

(2)车载设备。列车运行过程中车载设备不断检测列车运行速度,接收轨道电路低频信息,根据空闲闭塞分区数量确定目标距离,结合地面提供的列控动态信息(包括运行许可、进路信息等)、线路静态信息、临时限速信息及有关动车组数据,计算生成速度—距离模式曲线,通过 DMI 显示列车运行速度、允许速度、目标速度和目标距离等,控制列车运行。

(3)调度中心。调度中心通过 CTC 或 TDCS 网络向车站列控中心发送临时限速命令,车站列控中心接收到临时限速命令后返回确认。当网络中断后,调度中心应授权在 CTC 或 TDCS 站机上完成临时限速命令设置操作。CTC 或 TDCS 既有功能不变。

(五)CTCS-3 级列控系统的构成及工作原理

CTCS-3 级列车运行控制系统是我国铁路时速 300~350 km 高速铁路的重要技术装备。CTCS-3 级列控系统是基于 GSM-R 无线通信实现车一地信息传输、无线闭塞中心(RBC)生成行车许可,应答器设备提供列车测距修正定位基准信息、轨道电路检查轨道占用及列车完整性的列车运行控制系统,系统采用先进的技术手段对高速运行下的列车进行速度、运行间隔等实时监控和超速防护,以目标距离连续速度控制模式、设备制动优先的方式监控列车安全运行,并可满足列车跨线运营的要求。

1. CTCS-3 级列控系统总体结构

CTCS-3 级列控系统总体结构可分为列控车载设备、地面设备、GSM-R 无线通信网络、信号数据传输网络四部分。系统总体结构如图 4-6 所示。

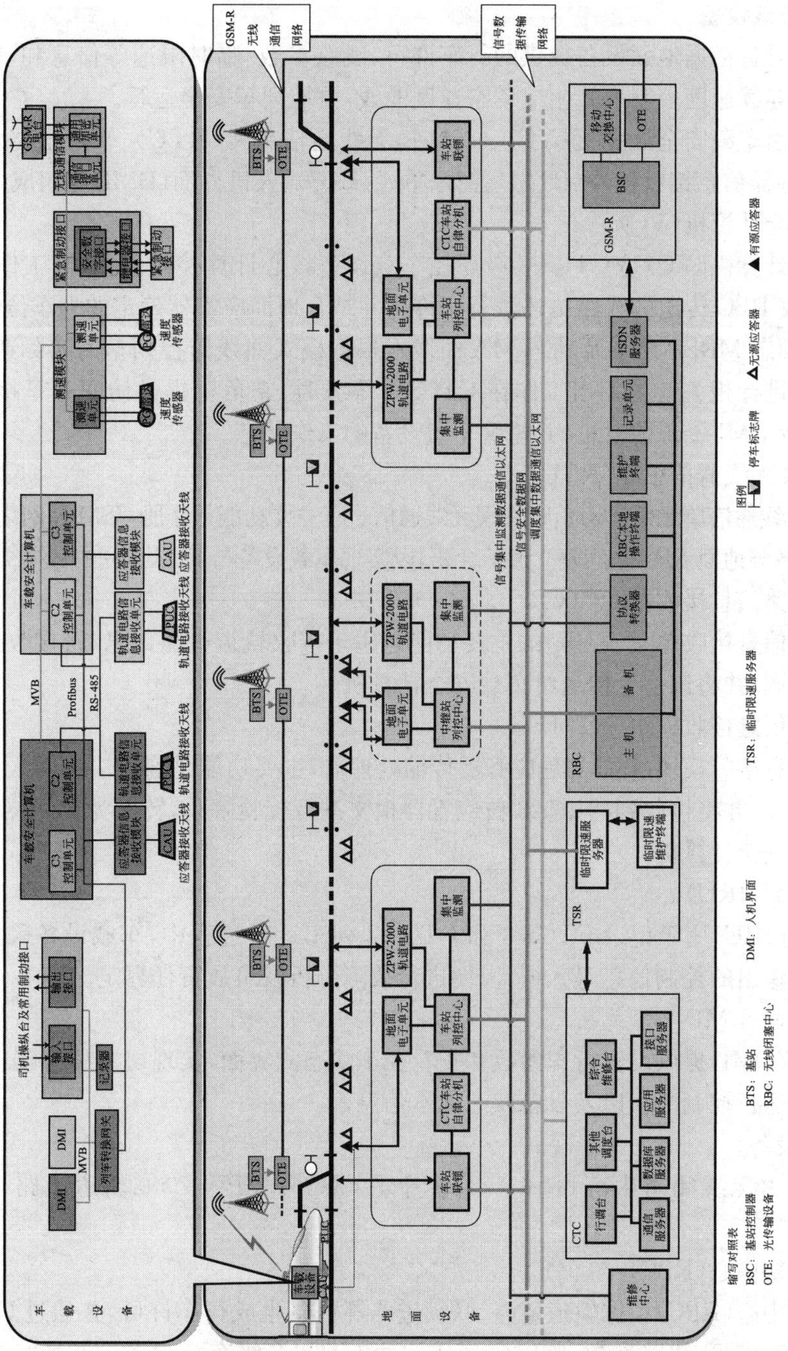

缩写对照表

BSC：基站控制器
OTE：光传输设备
BTS：基站
RBC：无线闭塞中心
DMI：人机界面
TSR：临时限速服务器

图例

停车标志牌
无源应答器
有源应答器

图 4-6　CTCS-3 级列控系统总体结构

(1)列控车载设备。

列控车载设备根据地面设备提供的行车许可、线路参数、临时限速等信息和动车组参数，按照目标距离连续速度控制模式生成动态速度曲线，监控列车安全运行。

车载设备由车载安全计算机(VC)、GSM-R 无线通信单元(RTU)、轨道电路信息接收单元(TCR)、应答器信息接收模块(BTM)、记录单元(JRU)、人机界面(DMI)等组成。

①车载安全计算机(VC)

车载安全计算机(VC)是 CTCS-3 级列控车载设备核心计算控制单元，当工作在 CTCS-3 等级时，它接收 RBC 传送的线路描述及行车许可并结合地面应答器确定的列车位置计算模式控制曲线(含静态 MRSP 曲线及动态 MA 曲线)，根据模式曲线监控列车的实际速度和位置，在列车超速时进行相关干预。当工作在 CTCS-2 等级时，它负责提供访问列车接口、制动接口、测距单元及 DMI 资源的通道，并监管车载设备的工作状态。

②GSM-R 无线通信单元(RTU)

GSM-R 无线通信单元(RTU)负责处理无线通信。其主要功能是注册 GSM-R 网络并通过该网络使得车载设备与地面 RBC 之间建立通信会晤，以实现车载设备与 RBC 之间的数据交互。

③轨道电路信息接收单元(TCR)

轨道电路信息接收单元(TCR)的主要功能是用于接收轨道电路信息，将接收到的轨道电路信息进行解调，并将该信息传送给车载安全计算机。

④应答器信息接收模块(BTM)

应答器信息接收模块(BTM)是应答器传输处理器，主要功能是通过应答器天线实现对应答器信息的接收，并将接收到的 1 023 位应答器报文进行校验解码，转换为 830 位的有效消息后发送给车载安全计算机。

⑤记录单元(JRU)

记录单元(JRU)用于记录 CTCS-3 和 CTCS-2 列车运行过程中，车载设备采集的原始信息和车载设备输出的控制信息等数据，以便进行故障分析及事故责任界定。

⑥人机界面(DMI)

人机界面(DMI)提供设置行车参数和查看控车状态的界面，实现司机号、车次号的输入功能并显示列车运行控制曲线以及设备状态文本信息等。

(2)地面设备。

地面设备由无线闭塞中心(RBC)、列控中心(TCC)、ZPW-2000 轨道电路、应答器(含 LEU)等组成。

①无线闭塞中心(RBC)

无线闭塞中心(RBC)根据轨道电路、联锁进路等信息生成行车许可，并通过 GSM-R 无线通信系统将行车许可、线路参数、临时限速传输给 CTCS-3 级车载设备；同时通过 GSM-R 无

线通信系统接收车载设备发送的位置和列车数据等信息。

②列控中心(TCC)

列控中心(TCC)接收轨道电路的信息,并通过联锁系统传送给 RBC;同时,列控中心(TCC)具有轨道电路编码、应答器报文实时编码、站间安全信息传输、临时限速功能,满足后备系统需要。地面列控中心(TCC)接收轨道电路占用信息并通过联锁传送给无线闭塞中心(RBC);在 CTCS-2 级运用时,具有轨道电路编码、应答器报文储存和调用,根据轨道电路、进路状态及临时限速等信息产生 CTCS-2 行车许可,通过轨道电路及有源应答器将行车许可传送给 CTCS-2 列车。

③应答器

应答器向车载设备传输定位和等级转换等信息;同时,向车载设备传送线路参数和临时限速等信息,满足后备系统需要。应答器传输的信息与无线传输的信息的相关内容含义保持一致。

④ZPW-2000 轨道电路

轨道电路实现列车占用及完整性检查,在 CTCS-2 级运用时连续向具有 CTCS-2 级功能的列车传送空闲闭塞分区数量等信息。

为实现系统功能,列控地面设备还通过车站列控中心与车站联锁系统、CTC/TDCS 车站分机相连。

另外,GSM-R 无线通信网络用来完成车—地之间信息的双向传输。信号数据传输网络包括信号安全数据网,调度集中数据通信以太网,信号集中监测数据通信以太网。

(3)GSM-R 网络用于实现车载设备与地面设备的双向通信,GSM-R 核心网包括移动交换子系统、GPRS 子系统、智能网接口,采用冗余交叉覆盖的方式进行布置,提高了车地通信的可靠性。

(4)信号数据传输网络由 RBC/联锁安全数据通信以太网、列控中心(TCC)/联锁安全数据通信局域网、调度集中(CTC)数据通信以太网、信号监测数据通信以太网组成,实现无线闭塞中心(RBC)、调度集中(CTC)、联锁、列控中心(TCC)、监测系统间的信息传输。

2. CTCS-3 级列控系统工作原理

CTCS-3 级列控系统通过应答器实现列车定位,利用 ZPW-2000 轨道电路实现列车占用和完整性检查,列车通过 GSM-R 无线网络给 RBC 发送列车位置和速度等信息,RBC 根据车载设备发送的信息结合车站联锁的进路信息及限速信息,计算列车追踪距离,向列车发送行车许可,实现列车运行的闭环控制。

车载设备通过 GSM-R 无线网络从 RBC 获取行车许可和线路参数等信息并通过车载安全计算机计算后生成目标距离连续速度控制曲线,在 DMI 上显示允许运行速度和相关信息,并根据列车运行情况,发出不同的语音提示。

行车指挥中心对列车运行状态进行监控,并根据不同情况下达调度命令,RBC 操作终端设置临时限速,行车指挥中心与车站联锁和车站列控中心通信,控制车站联锁排列进路,车站列控中心根据车站联锁的进路信息和临时限速信息控制应答器和轨道电路发码,实现了由对地面的固定信号显示的控制到面向列车移动体直接控制的转变，确保最小追踪间隔 3 min，最高运行时速 300～350 km 的列车运行安全，满足高密度、高速度、高舒适度的列车运营需求。

（六）列控系统功能

在满足高可靠性、可用性、可维护性和安全性的条件下，列控系统要完成设备运行状态诊断记录，向机车乘务员提供驾驶信息及数据输入输出界面，对列车进行超速防护，保证列车安全运行，其基本功能如下。

1. 安全防护

(1)在任何情况下防止列车无行车许可运行。

(2)防止列车超速运行。防止列车超过进路允许速度、超过线路结构规定的速度、超过机车车辆构造速度、超过临时限速及紧急限速、超过铁路有关运行设备的限速。

(3)防止列车溜逸。

(4)测速环节应保证，一定范围内的车轮滑行和空转不影响车载设备的功能，并具有轮径修正能力。

2. 人机界面

人机界面是为机车乘务员提供的信息显示、数据输入及操作装置。

(1)人机界面应能够以字符、数字及图形等方式显示列车运行速度、允许速度、目标速度和目标距离。

(2)人机界面应能够实时给出列车超速、制动、允许缓解等表示以及设备故障状态的报警。

(3)机车乘务员输入装置应配置必要的开关、按钮和有关数据输入装置。

(4)具有标准的列车数据输入界面，可根据运营和安全控制要求对输入数据进行有效性检查。

3. 检测功能

(1)具有开机自检和动态检查功能。

(2)具有关键数据和关键动作的记录功能及监测接口。

4. 高可靠性和安全性

(1)按照故障导向安全原则进行系统设计。

(2)采用冗余结构。

(3)满足电磁兼容性相关标准。

（七）列控车载设备工作模式

CTCS-3 级列控车载 ATP 设备共有 9 种工作模式，其中通用的模式有完全监控模式(FS)、调车模式(SH)、引导模式(OS)、目视行车模式(SR)、隔离模式(IS)、待机模式(SB)和休眠模式(SL)等 7 种模式；部分监控模式(PS)和机车信号模式(CS)仅适用于 CTCS-2 级。

1. 完全监控模式

当车载设备具备列控所需的全部基本数据(包括列车数据、行车许可和线路数据)时，列控

车载设备生成连续速度—距离模式曲线，并能通过 DMI 显示列车运行速度、允许速度、目标速度和目标距离等，监控列车安全运行。

2. 部分监控模式

该模式仅用于 CTCS-2 级控车。在 CTCS-2 级，当车载设备接收到轨道电路允许行车信息，线路数据缺损时，列控车载设备产生一定范围内的固定限制速度，监控列车运行。

3. 调车模式

进行调车作业时，司机按压调车按钮，列控车载设备按固定限制速度 40 km/h，监控列车前进或折返运行。

4. 引导模式

引导信号开放或出站信号开放且列车前端距离出站信号机较远（大于 250 m）发车时，列控车载设备生成连续速度—距离模式曲线，并通过 DMI 显示列车运行速度、当司机请求时也显示允许速度、目标速度和目标距离等，车载设备按固定限制速度 40 km/h 监控列车运行，司机负责在列车运行时检查轨道占用情况。

5. 目视行车模式

地面设备故障、列控车载设备显示禁止信号且列车停车后需继续运行时，根据行车管理办法，经司机操作，列控车载设备按固定限制速度 40 km/h 监控列车运行，列车每运行一定距离（300 m）或一定时间（60 s）司机需确认一次。

6. 待机模式

列控车载设备被上电后，执行自检和外部设备测试正确后自动处于待机模式，车载设备禁止列车移动。

7. 隔离模式

列控车载设备停用时，需在停车情况下，经操作隔离列控车载设备的制动功能。在该模式下，车载设备不具备安全监控功能。列控车载设备应能够监测隔离开关状态。

8. 机车信号模式

该模式仅用于 CTCS-2 级控车。列车运行到地面设备配置未装备 CTCS-3/CTCS-2 级列控系统的区段，根据行车管理办法（含调度命令），经司机操作后，列控车载设备按固定限制速度 80 km/h 监控列车运行，并显示机车信号。列车越过禁止信号时触发紧急制动。

9. 休眠模式

该模式用于非本务端列控车载设备。在该模式下，列控车载设备仍执行列车定位、测速测距、记录级间转换及 RBC 切换信息等功能。升为本务端后，车载设备可自动进入正常工作状态。

二、高速铁路计算机联锁系统

联锁系统主要是实现信号、道岔、进路之间互相制约的联锁关系，用于车站进路的控制，以保证列车运行及作业安全。计算机联锁系统是一种新型的车站信号自动控制系统,它以计算机作为主要技术手段实现铁路车站联锁的要求,从而完成排列进路、锁闭进路、解锁进路,信号机及道岔控制等任务。

(一)高速铁路采用计算机联锁系统的必然性

车站联锁控制系统直接关系到行车安全,也影响到车站作业的高效率运转。随着列车运行速度的不断提高,计算机技术的发展,特别是对冗余容错技术的深入研究,计算机联锁系统取代继电联锁成为铁路信号发展的必然趋势。与继电联锁相比,计算机联锁系统具有以下几方面的优越性:

(1)计算机联锁系统功能更加完善。继电集中联锁在发展过程中虽然不断改善,但由于受继电电路本身的限制及费用昂贵等原因,在功能及功能扩展方面均受到限制,而计算机联锁系统有可能用较少的硬件投资和软件开发即可完成继电集中联锁所难以完成的功能。

(2)计算机联锁系统的信息量极为丰富,通过各种网络手段,可与行车调度指挥系统、列车运行控制系统、客运自动化系统等联网,实现各种信息共享,以使信号系统协调工作。随着铁路向高速、重载方向发展,以及铁路综合计算机系统的形成,计算机联锁技术与继电集中联锁相比更具技术优势。

(3)计算机联锁系统易于实现系统自检测、自诊断以及远程诊断功能,并可对电子器件和信号系统的检测及诊断情况给出必要的表示和打印,对操作人员的操作情况和设备工作情况进行记录、再现和打印。计算机联锁系统本身可以储存和提供很多监测数据,有利于维修、故障处理和维修报表的形成,有助于电务维修管理系统的建立。

(4)计算机联锁系统与继电联锁相比,技术经济指标更合理。随着大规模集成电路的发展,计算机联锁系统的设备造价也将越来越低;通过区域控制的方式节省干线电缆,达到减少基建投资的目的;使用继电器的数量较继电集中联锁大为减少,与其他计算机系统接口费用较继电集中联锁要低得多。计算机联锁系统易于实现标准化,施工、改建和故障修复时间的缩短,减少了对运输的干扰,其经济效果是非常显著的。

计算机联锁系统技术已经成熟,国内外均有成功的研究设计及使用维护的先例和经验,因此,计算机联锁系统是高速铁路车站信号联锁制式的必然选择。

(二)计算机联锁系统发展的概况

1978 年,世界公认的第一个计算机联锁系统在瑞典哥德堡车站开通使用后,各国竞相开发研究计算机联锁,并取得了显著的成绩。

1985 年,英国的计算机联锁系统 SSI 于明斯顿车站正式使用。

德国高速铁路(ICE)的车站联锁系统。根据原联邦德国铁路(DB)提出的故障安全技术要求,德国西门子公司和阿尔卡特公司共同开发了适合于高速列车联锁控制系统。

西班牙高速铁路 ATCC 系统。ATCC 的原理基于将铁路系统中的行车、调度、信息等所有领域的管理集中在一个地方，并将管理列车和路网的所有功能综合于一个系统中。

法国 TGV 高速铁路车站联锁控制系统。法国 CS 运输部的 TVM 430 系统是用于法国北部线的 TGV 高速铁路的自动列车控制系统。

意大利安萨尔多 ACC 计算机联锁系统。它的基本特点是模块式结构和冗余的计算机配置。这些特点使控制系统完全能够满足对安全性、容错性和可用性的要求。

我国计算机联锁系统的研发始于 20 世纪 80 年代初期，最先应用在厂矿铁路专用线以及编组站调车场尾部实现平面调车功能。2003 年，许多项目成段采用计算机联锁，计算机联锁进入了大发展时期。2004 年，北京铁路通信信号研究设计院研发的 DS6-K5B 型区域集中计算机联锁系统通过铁道部审查，已应用于多个车站。

纵观各国计算机联锁发展情况，由于采用了先进的计算机技术和通信技术，联锁系统本身已不再是一个孤立的车站信号联锁设备而是综合行车指挥控制系统的一个重要组成部分，是具有多种功能和安全保证的指挥控制系统的基础设备，通过各种制式的联锁总线、局域网、广域网实行多层次控制，使控制范围扩大，减少投资，并可与运行图管理系统联网，根据调度计划实现进路程序控制，还可与旅客向导服务系统，车次号跟踪系统联网，构成全方位的计算机综合控制、管理系统。

（三）计算机联锁系统的工作原理

计算机联锁是由联锁控制用计算机、各种接口、输入／输出通道及外部设备，通过系统总线连接在一起的实时控制系统。由于涉及行车安全，系统的软、硬件设计必须遵循闭环工作原理，如图 4-7 所示。硬件实现模块件的闭环沟通，软件使整个系统闭环运转。每一个安全控制信息输出、信息输入的局部环节，系统内部的逻辑处理过程，控制监视机与联锁逻辑处理机之间的联系等，均按闭环原理工作。例如，执行表示机在输出控制命令时，一是要通过驱动板实现驱动信号、道岔、转辙机等现场设备；二是为了实现对现场设备执行情况进行监视，通过输入口采集回读信息。闭环控制中，系统中任何一部分发生故障，系统即可诊断出来并采取措施，进行记录和报警，直至切断输出控制电源以确保安全。

由于高速铁路运行间隔小、运行速度高，为提高系统对各种运行信息的响应速度，计算机联锁系统具有进路自动排列和进路储存功能。随着计算机技术发展，强化了人机工程的研究，提供现代化的声、像、图文显示，改善操作人员的工作环境和提高工作效率，控制方式已由传统的控制盘，改为键盘、数字化仪、鼠标等。各国高速铁路均设立集中的维护管理中心，以保证高速铁路的不间断的运转。车站设维护管理终端，与中央调度所的维护管理中心联网，传送各种信号设备状态，联锁系统的运行信息、故障报警信息，维修人员可及时对设备进行干预及维护。

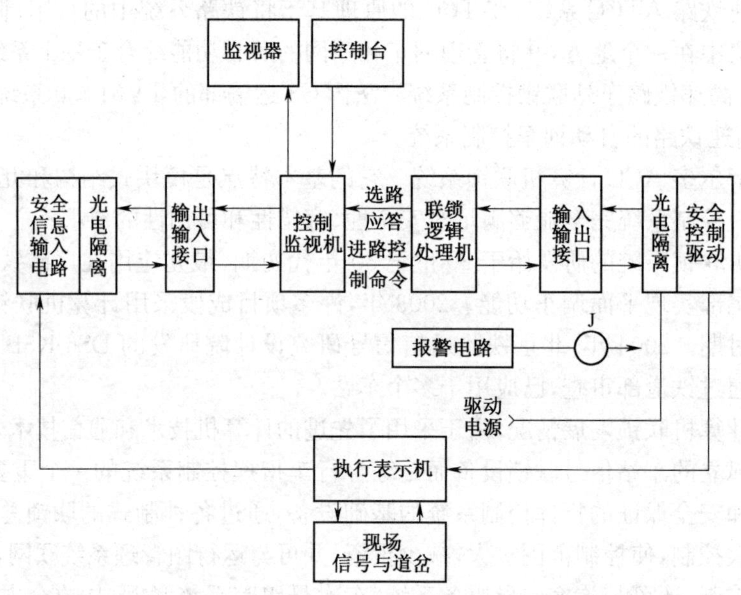

图 4-7 计算机联锁系统的工作原理

(四)计算机联锁系统的结构

为满足计算机联锁“故障—安全”的高安全性，必须具备的高可靠性、可用性及快速技术支持等要求，计算机联锁系统均采用冗余设计的方法，即用额外增加系统的硬件、软件、信息和时间的冗余方式来掩盖故障造成的影响，使系统中即使某部分发生故障，整个系统仍能正常工作。近年来，我国计算机联锁已由当初的单机系统提升为双机热备、三取二、二乘二取二等高级别冗余结构。

1. 双机热备联锁系统

双机热备联锁系统基本思想是“单机双软件保证安全，双机提高可靠性”，属于动态冗余结构，可通过主、备机切换动态改变系统配置。当主用系统发生故障时，备用系统可自动转换为主用进行控制。双机热备中的切换是对模块不间断进行检测，发现故障时就将其从系统中隔离出来，并及时将备用模块投入使用。双机热备联锁系统结构如图 4-8 所示。

2. 三取二联锁系统

三取二联锁系统基本思想是“通过硬件冗余方式，提高系统高安全、可靠性”。系统有 3 个主处理器模块，每个主处理器模块完全独立与 I/O 子系统通信并执行联锁程序，3 个主处理器在每个循环周期比较数据，从而构成三取二联锁系统，三取二联锁系统结构如图 4-9 所示。

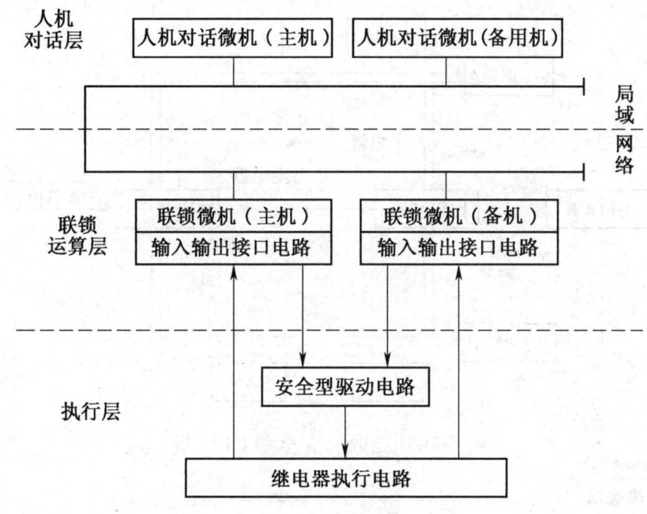

图 4-8　双机热备联锁系统结构

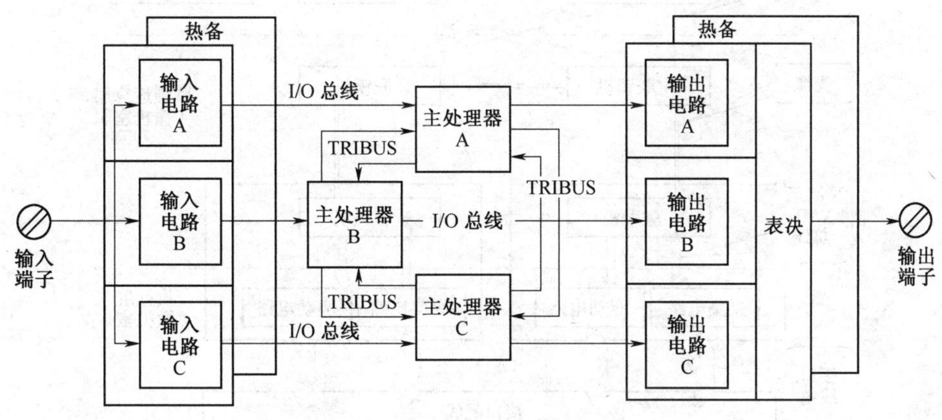

图 4-9　三取二联锁系统结构

3. 二乘二取二联锁系统

二乘二取二联锁系统核心部件是二取二安全型 CPU 板，如图 4-10 所示。在该板上集成了两套完全相同计算机系统，并比较了实现双机校核的总线比较电路。CPU-A 和 CPU-B 硬件完全相同，所装系统软件、应用软件完全相同。正常情况下，A、B 两套 CPU 工作应该完全相同，该板驱动正常继电器，证明其双套电路正常且同步，可以运用。只有正常继电器接点，才能给该板输出部分供电，形成真实输出，从硬件上保证设备安全。二乘二取二联锁系统结构如图 4-11 所示。

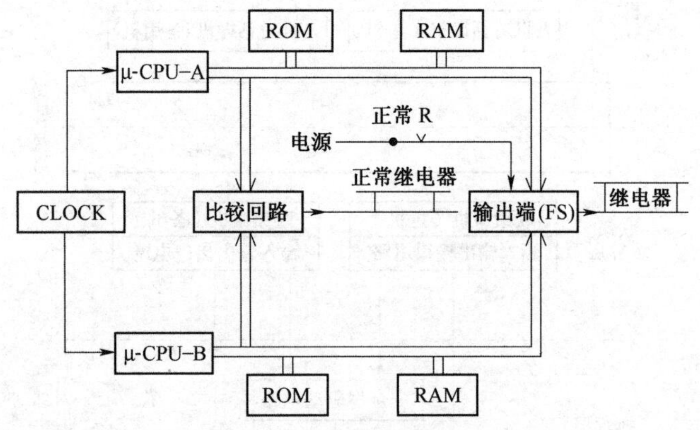

图 4-10　二取二安全型 CPU 板

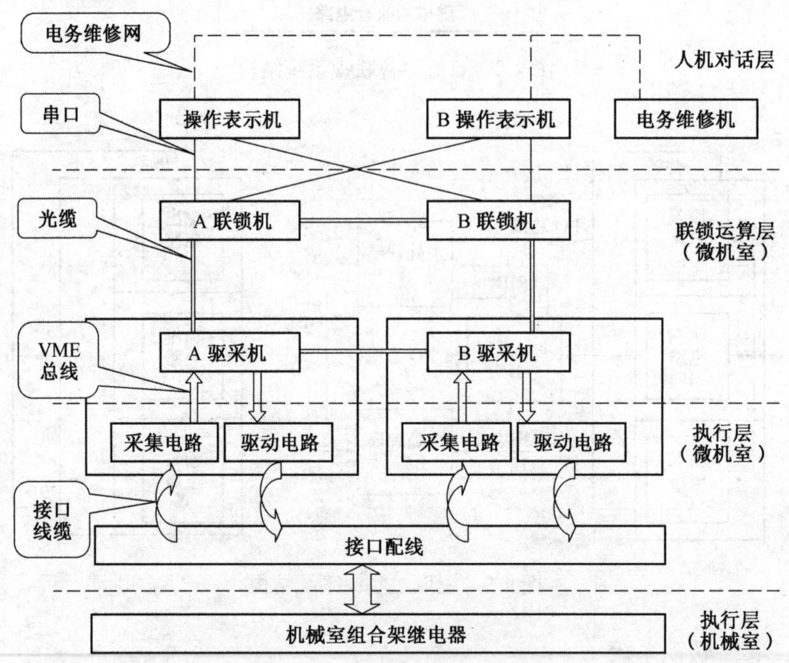

图 4-11　二乘二取二联锁系统结构

三、高速铁路行车指挥系统

行车指挥系统是用来实现行车调度指挥。对于铁路运输，司机不能随意停、开列车，其操作要服从调度员命令，并使列车严格按照事先制定的时刻表运行。

为使铁路运输安全而高效，调度所要制定周密的行车计划，并通知所有行车单位、人员。调度所全天 24 h 有调度员值班，组织行车，指挥列车安全、正点运行。

铁路列车调度指挥系统（train operation dispatching command system，TDCS）是实现铁路各级运输对列车实行透明指挥、实时调整、集中控制的现代化信息系统，已成为全路运用最广泛的运输调度指挥设备。

调度集中系统（centralized traffic control，CTC）是在 TDCS 系统功能的基础上增加了列车及调车进路的自动控制功能。其特点是将信号与监控列车运行结合起来，在控制中心指挥列车运行。

（一）中国高铁调度集中系统发展概况

2003 年 6 月之后，调度集中作为铁路信息化建设的重要组成部分得到了快速发展。2003 年10 月，秦沈客运专线（时速 200km 以上）调度集中系统开通使用，并于 2010 年改造升级为分散自律调度集中系统。

2004 年，我国发布《分散自律调度集中系统技术条件》，普速铁路采用了具备分散自律功能的 CTC 系统。随着 CTCS-2 和 CTCS-3 系统的建设，高速铁路 CTC 系统在普速铁路 CTC 基础上不断完善，通过与高速铁路列控中心 TCC、无线闭塞中心 RBC、临时限速服务器系统 TSRS 等结合，同时开发了其他配套功能，满足了时速 350 km 高速铁路调度指挥需要。

为适应高速铁路运营网络的快速发展，铁道部于 2007 年启动了北京、上海、武汉、广州、铁道部“四所一中心”调度指挥中心工程，开启了路网性高速铁路 CTC 系统研究及建设进程。

2016 年中国铁路颁布的《调度集中系统技术条件》定义了中国铁路建设调度集中的技术标准、关键功能及技术特点。2019 年颁布的《智能调度集中系统暂行技术条件》定义了智能调度集中系统总体要求、系统功能、系统应用场景以及外部接口。

作为智能高速铁路运营调度指挥的中枢，智能调度集中系统是在我国高速铁路广泛使用分散自律调度集中系统的基础上，结合智能铁路建设的需求，在列车运行自动调整、进路和命令安全卡控、行车信息数据平台、行车调度综合仿真、ATO 功能应用和行车作业检索分析等方面进行了优化完善，并运用于 2019 年 12 月开通的智能京张高速铁路。

（二）分散自律调度集中系统的构成及工作原理

分散自律调度集中系统是综合了计算机、网络通信和现代控制技术，采用智能化分散自律设计原则，以列车运行调整计划控制为中心的高度自动化调度指挥系统。既是一种新型的行车指挥和信号控制设备，也是一种新的高效的运输组织管理模式。

分散自律调度集中系统包含了行车调度指挥的所有功能：列车运行监视、车次号自动跟踪、到发点自动采集、实绩运行图自动生成、日班（阶段）计划的自动调整、调度命令的网络下达、车站行车日志自动生成等，在此基础上进一步实现了车站信号设备的集中控制、列车进路的按图排路。

分散自律是分布式人工智能和自动化领域的新概念，具体到铁路调度系统，是将对列车有干扰的调车作业计划，分散纳入列车计划，适时自律实施控制。

昼夜不间断运输、客货混合运输、中低速列车共线，大多数车站有调车作业，这些是我国铁路运输的现状。在线路上实施调度集中控制时，存在着集中控制与频繁下放车站控制调车作业的矛盾。分散自律调度集中系统采用智能化分散自律设计原则，通过在车站设立自律机来完成正常接发列车工作。在调整列车运行计划的基础上，解决列车作业与调车作业在时间与空间上的冲突，实现列车和调车作业的统一控制。

1. 分散自律调度集中系统总体构成

分散自律调度集中系统由调度中心子系统、车站子系统、调度中心与车站及车站之间的网络子系统三部分组成。

调度中心子系统硬件结构如图 4-12 所示，包括中心机房设备和调度所设备。中心机房设备一般包括数据库服务器、应用服务器、通信服务器、网络设备、电源设备、防雷设备、网管工作站、系统维护工作站等。调度所设备一般包括调度员工作站、助理调度员工作站、值班主任工作站、控制工作站、计划员工作站、大屏幕表示墙(可选)、综合维修工作站等。

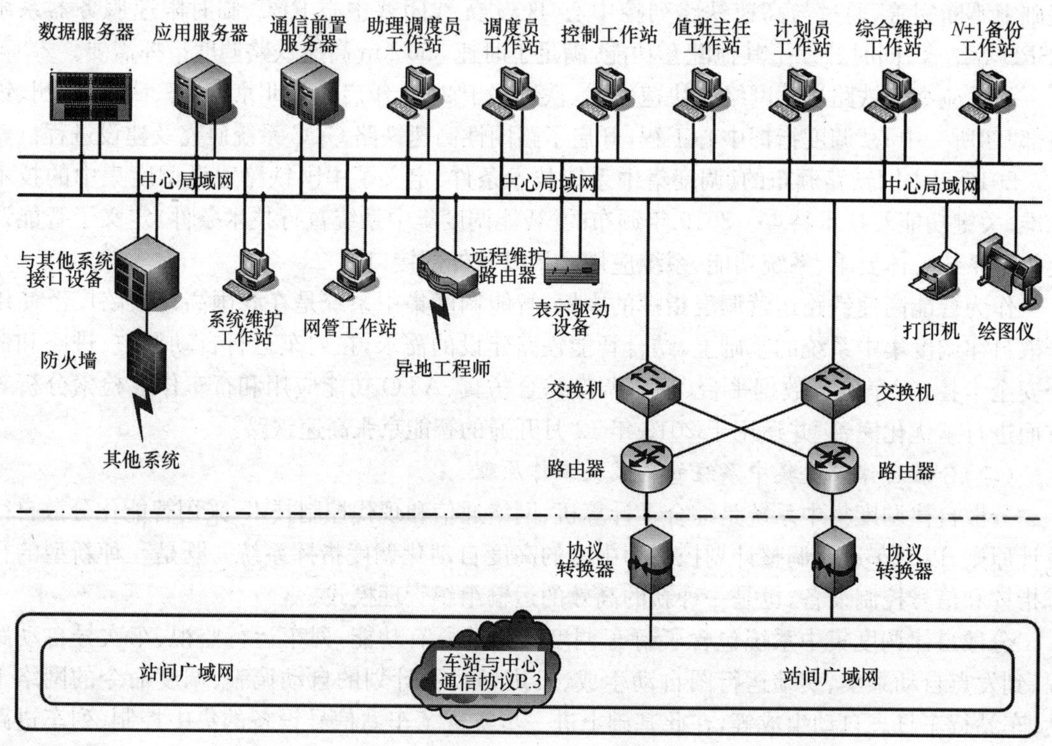

图 4-12　调度中心子系统硬件结构

车站子系统硬件结构如图 4-13 所示，主要设备包括车站自律机、车务终端、综合维修终端、电务维护终端、网络设备、电源设备、防雷设备、联锁系统接口设备和无线电系统接口设备等。车站子系统是分散自律调度集中系统的重要组成部分，它是整个网络系统的基本功能节点。车站系统根据列车运行调整计划完成进路选排、冲突检测、控制输出和状态显示等核心功能。

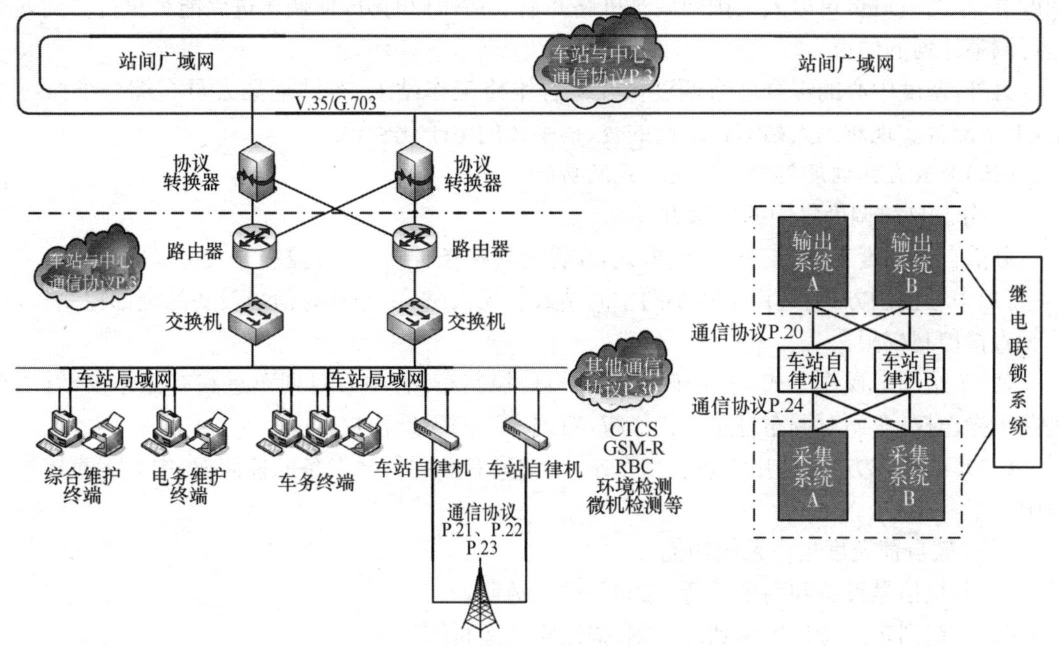

图 4-13　车站子系统硬件结构

网络子系统由网络通信设备和传输通道组成。调度中心、车站由高性能的交换机组成双 100 Mbit/s 高速冗余以太网，所有设备通过双网卡连接到双局域网上，确保各节点数据传输的可靠性。

2. 分散自律系统工作原理

系统工作原理可以简单概括为：中心实现计划管理、车站完成进路自动控制。车站根据计划生成进路命令，交由联锁系统排列进路；进路控制以列车计划为主、调车作业为辅，在保证列车计划顺利执行的前提下，实现对调车作业的约束管理。

在调度中心，以 TDCS 为平台，调度集中为核心，列车调度员在行调台根据日班计划自动生成运行调整计划，结合列车运行实际，经过自动和人工调整，调度员确认后适时下达到车站自律机中。同时，助理调度员（在助调台）、车站值班员（在车务终端）编制的调车作业计划也下发到车站自律机中。两种计划在自律机中经过自律运算，在保证列车运行调整计划顺利执行的前提下，实现列车作业和调车作业在时间和空间上的隔离，自动排列进路，并将列车进路预告、调车计划、调度命令等信息通过无线通信系统传送到机车，协调有序地完成列车计划和调车计划。

系统按计划自动执行过程中，人工干预优先，调度员可以在中心人工排列、变更列车进路；调度员、车站值班员可以人工排列调车进路并输入钩作业时分，但调车进路能否执行受到列车运行调整计划的约束。

另外，调度中心的综合维修调度员在综合维修工作站上、车站现场人员在综合维修终端上，上下配合实现对无人站综合维修的登、销手续的电子化管理。

(三)分散自律调度集中的控制方式及功能

1. 分散自律调度集中的控制方式

分散自律调度集中有三种控制方式，在符合转换条件时，三种控制方式可以转换。

(1)中心控制方式:适用于较小的中间站或者无人站，中心具有信号设备的全部控制权，车站无直接控制权限。

(2)车站调车操作方式:适用于大多数 CTC 控制车站，中心对列车进路有操作权，对调车进路无操作权；车站对调车进路有操作权，对列车进路无操作权。

(3)车站操作方式:适用于较大型车站，车站具有全部信号设备的控制权，中心无直接控制权限。

2. 分散自律调度集中系统功能

(1)监视信号设备和列车运行，站间和区段透明。

(2)追踪列车运行位置和到发时刻，描绘实绩运行图。

(3)辅助编制和调整列车运行计划。

(4)通过系统网络向车站下达计划和调度命令。

(5)通过系统网络和无线通信向机车下达调度命令、调车作业单、行车凭证和进路预报等信息。

(6)自动编制车站行车日志。

(7)追踪列车编组状态。

(8)遥控车站联锁设备。

(9)自律机自主控制列车进路。

(10)自律机根据机车请求和列车运行状况，自主控制调车进路。

(11)实现维修作业的综合管理和远程登录、销记。

(12)具有完备的网络安全防护功能。

四、信号集中监测系统

信号集中监测系统是对各种信号设备工作状态进行实时监测并记录、发现信号设备状态不良及时给出报警提示的监测设备的统称，是保证行车安全的重要行车设备之一。监测的方式上具备采集、表示、储存、回放以及远程测试、监测等功能。

利用集中监测系统可以发现信号设备隐患、分析信号设备故障原因、辅助故障处理、指导现场维修、加强设备结合部管理，从而提高电务部门的信号设备维护水平和维护效率。

信号集中监测系统由电务段监测总机设备、车站设备、车间和工区终端设备以及广域网数据传输系统组成。信号监测数据网采用通信提供的数字通道，用于信号集中监测系统的信息传输。

信号集中监测的主要内容包括信号基础设备如信号机、道岔转辙机、轨道电路、电缆、电源等模拟量、开关量以及操作表示信息、设备状态、落物继电器状态等。

CTC、列控中心、临时限速服务器、计算机联锁、综合电源屏、ZPW-2000 轨道电路设备、智能灯丝报警装置等自身具备监测功能，相关监测信息通过相关接口传递给监测系统。

五、电源系统

电源设备为联锁、列控、CTC 车站设备、信号集中监测、ZPW-2000 系统等设备统一供电，并具备自诊断及监测报警功能，并与信号监测系统交换信息，电源系统采用模块化、智能化、标准化设计，可适应各种现场负荷种类及容量规格的需要。

六、维护管理

1. 维护管理的目标

维护管理单位必须严格执行国铁集团有关规定，严格执行电务安全生产规章制度、技术标准和操作规程，认真落实标准化作业，确保高速铁路信号设备处于良好运用状态。

2. 维护管理的工作制度

维护管理应实行安全生产责任制、岗位责任制和质量验收制，以计划管理、质量管理、技术管理、设备管理和成本管理为重点，以安全管理为核心，以现代化管理为手段，实行统一指挥、分级管理、分工负责、密切协作的制度，做好各项基础工作，不断提高维护管理水平。

3. 系统设备的维护管理

(1)系统设备的管理。系统设备、器材主要技术指标应符合日常维护质量标准。技术资料齐全，图纸与实物相符。实行寿命管理，已达到寿命期的系统设备、器材不得继续使用。

(2)系统设备的维护。列控设备的维护包括维修和大修两个修程，维修依据系统设备、器材日常养护工作内容及质量标准实施。车站列控中心系统设备、LEU 和车载设备的大修周期为10年；应答器大修周期为15年；显示器、打印机、UPS等终端设备的大修周期，应满足系统使用性能的要求。

4. 系统设备结合部的管理

列控系统CTCS、分散自律调度集中系统CTC等，其维护工作涉及运输、机务、工务、车辆等部门，其维护工作技术要求高，既相对独立，又相互联系，因此，铁路局集团公司应制定电务与运输、机务、工务、车辆等部门的结合部管理办法，明确各有关部门的维修责任和维修界面，定期进行联合检查整治，提高设备的运用质量。

列控系统设备与车站联锁系统、CTC、TDCS、集中监测系统连接应采用统一标准接口。

5. 故障处理

要完善设备故障后的处理办法和处理程序，全面系统考虑应急处理问题，建立全覆盖、各层次的应急处理预案。要明确应急处理预案启动权限、启动等级，遇突发事件，立即启动应急抢修预案，紧急出动，组织抢修，尽快恢复。如列控系统设备故障应急处理预案中应包括列控车载设备、列控中心、LEU、应答器、轨道电路、区间自动闭塞等设备故障情况下的应急措施。

6. 检测数据的分析管理

要明确检测数据分析处理、问题追踪落实的责任部门及时限，分级、分层、分类建立完备的数据“问题库”。对动检车、电务试验车、微机监测、列控系统实时检测的数据及ATP记录信息等进行认真分析，发现异常无论是否形成故障，都要一查到底。对一时难以处理的疑难问题，组织攻关，盯住不放。要建立畅通的信息传输及反馈机制，确保各类检测数据及时、准确地传递到责任部门和生产线，并实时掌握了解问题分析处理情况。

7. 网络安全管理

直接涉及行车安全的TDCS、CTC、CTCS等系统，在系统工作的连续性、安全性、可维护性等方面，必须分别组网，自成体系(指硬件、软件及网络传输通道)，封闭运行，严禁与其他系统直接联网，不得在车站层面向其他系统开放接口；为防止系统在使用过程中，发生网络传输中断和设备故障对运输生产安全的影响，TDCS、CTC、CTCS系统应具备冗余功能，局部故障不能影响到整个系统的使用。

要做好维护人员和开发人员的计算机使用管理，防止病毒带入网络；完善网管系统功能，网络管理要增加设备及应用程序状态监督、软件版本管理、应用数据流量监督、通信传输质量监督等功能。必须从应用环境、网络传输、应用区域边界三个层面规范对系统安全的保护，完善信息外泄、病毒破坏、黑客攻击等的防护措施。

8. 建立完善的技术支持体系

各生产厂家、研发单位要建立技术服务体系，明确售后服务范围，建立24 h不间断技术支持值班制度在设备集中的地方设立现场技术服务组，掌握设备工作状态，及时分析问题的原因、发现系统设备存在的缺陷、指导维修人员进行故障处理，提供了有力的技术支持。

设备使用部门要和系统集成部门签订代维修协议，规定双方责任、代维内容、响应时间等；各使用单位间要签订 ATP 车载设备跨局线修协议。

9. 软件维护

信息系统软件、计算机联锁软件等，具有不透明的特殊性，软件发生错误的隐蔽性和高科技性，故必须实行谁研制开发谁负安全责任的软件终身负责包修制度。

软件日常维护由专门部门负责。影响中心和相邻部门系统软件修改或应用数据修改，须经上级批准；中心和基层网应用软件或应用数据修改，须经有关部门批准。

当软件和数据修改影响到上一级使用时，应同步进行修改。系统软件、应用软件备份不少于两套。备份软件由系统供应商负责提供。备份软件必须与实际使用的软件一致。软件修改后，应重新备份，原有备份软件封存。

10. 维护管理的考核

完善日常管理考核制度，强化闭环追踪、督查督办管理机制。各级相关部门依据管理权限、分工职责范围，对设备运用中出现的问题、日常检查中发现的问题、安全分析中找出的问题，分级纳入“问题库”管理，明确责任人，限定完成期限，督查追踪解决情况。

第二节　高速铁路通信系统

一、概　　述

(一)铁路专用通信系统

通信主要是用来完成各种信息的传输。铁路运输是由车、机、工、电、辆等专业部门构成的完整大系统(或称大联运机)，为保证各相关部门之间信息畅通，指挥列车安全、快速的运行及解编列车，铁路有一套完整的专用通信系统。

铁路通信系统是铁路运输的重要基础设施，在铁路运输中起着神经系统及网络的作用。它主要完成以下任务：

(1)保证指挥列车运行的各种调度指挥命令信息的及时传输。无论是旅客列车还是货物列车，都必须严格按照运行图和调度员的指挥命令行车。铁路通信必须保证调度指挥命令信息的及时、准确、可靠传输。

(2)为旅客提供服务的各种通信。人民铁路为人民。铁路要为旅客服务，一般来讲，其项目离不开通信。例如，预售客票服务就需要及时汇总各地的售票情况，必须有计算机数据通信网来实现预售票中各种数据信息的存储与传输。车站内的旅客向导，也需要通信线路把数据库中储存的各种信息调用和显示出来，用于指导旅客乘车或自动回答旅客提出的各种问题等。

(3)为设备维修及运营管理提高通信条件。例如，线路或沿线设备维修时，维修人员需要及时互通信息,需要有沿线电话。列车乘务员在运行中出现各种情况需要及时与调度员或车站值班员联系时,必须用列车无线电话进行通信。其他如传真电报、地区电话等也是铁路运营管理中不可缺少的行车设备。

(二)铁路现代通信技术

通信技术、计算机技术、控制技术的发展互相融合,使得人们在广域范围内随时随地获取及交换信息成为可能,也为现代铁路信息技术发展提供了机遇。

通信系统的基本任务就是确保发信源的信息,如语音、数据、图像等,能迅速、准确、安全、可靠的传递到收信息者。随着通信技术的发展及用户需求的日益多样化,铁路现代通信网络类型及所提供的业务种类不断增加及更新,形成了复杂的通信系统网络体系。

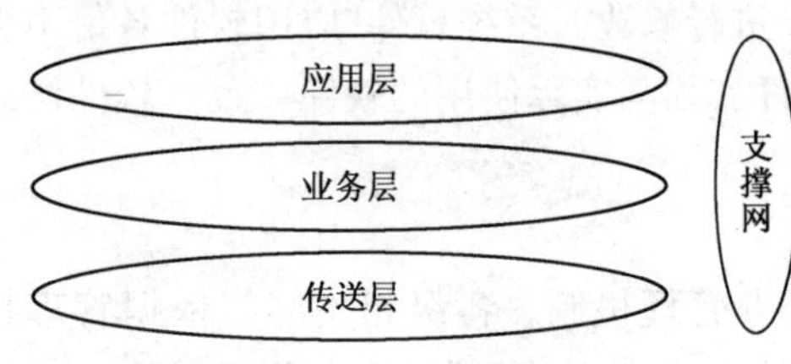

图 4-14　铁路通信系统分层结构

从功能上来讲,其可分为应用层、业务层及传送层,如图 4-14 所示。

基于用户接入网络的实际网络连接,可划分为用户住地网、接入网及核心网;也可分为局域网、城域网及广域网。

在现代通信系统中,应用层处于分层结构的最高层,其业务是直接面向用户的,主要有模拟与数字视音频业务(如普通电话业务、智能网业务及 IP 电话业务等)、数据通信业务(如网络商务)、多媒体通信业务(如分配型业务和交互型业务等)。

业务层主要提供基本的语音、数据、多媒体业务,可采用不同交换技术的节点、交换设备形成不同类型的业务网。

传送层是指在不同地点的各点之间完成信息传递功能的网络,是为业务网提供各种手段的基础设施。根据不同的需求,有不同的实现方式。具体实现技术包括有线传输及无线传输,如光纤属于有线通信、是以光波为载体,以光纤为传输媒质的通信方式。

二、高速铁路通信系统

(一)高速铁路通信系统技术要求

高速铁路列车运行速度高达 300～350 km/h,对通信系统要求如下。

(1)通信系统应具有高可靠性,以保证列车的高速、安全运行。

(2)通信系统应具有高效率,以保证行车调度指挥、运营管理及旅客服务系统高效工作。

(3)通信系统应与信号系统紧密结合,形成高级自动化的通信、指挥、控制及信息系统。

(4)通信系统应与计算机结合,形成现代化的运营、管理、服务系统。

(5)通信系统应完成多种信息的传输和提供多种通信服务。除语音信息的传输之外,高速

铁路通信中还有大量的非话业务，如数据、图像、监控信号的传输与处理。

(6)移动通信、卫星通信、微波中继通信、室内无线通信等将与光纤通信、程控交换等多种通信方式结合，形成统一的铁路通信网络。

(二)高速铁路通信系统的特点

(1)通信需求业务的多样化，并且数据及图像成为主要业务。因此，对通信网的总体要求应能够提供语音、数据、图像等多媒体通信手段，满足高带宽、分布式多业务接入、高可靠性的要求。

(2)根据各专业提供的业务需求，通信网应提供基本通信业务，保证高速铁路运输指挥基本需要的通信业务，包括调度、公务、移动通信、会议电视等。

(3)承载业务包括信号系统、旅客服务信息系统、综合调度系统、综合(视频)监控系统、防灾安全系统、经营管理系统等信息应用系统的承载与互联。

(4)传输系统为所有通信业务提供传输服务，以满足承载语音、数据、图像传输需要。

(5)数据网对不涉及行车安全、资金安全的数据、图像业务提供路由、交换等功能，以满足旅客服务、各类视频监控以及信息化其他相关应用系统等对数据业务的处理需要。

(6)调度通信系统为提供数字化调度通信业务，满足调度通信、专用通信、站场通信、站间通信业务的需要，并可与GSM-R移动通信系统联网实现有线、无线用户的统一调度。

(7)专用移动通信系统(同址双网或交织冗余网络)提供无线移动公务通信、无线列车调度指挥功能，并为列车控制等系统提供无线数据传输通道。

(三)高速铁路信号专用通信系统

高速铁路信号专用通信系统主要包括区段数据通信、区间通信及无线数据通信系统。

1. 区段数据通信

高速铁路设有综合调度中心，在车站信号室内有调度集中分机，在电务、工务、机务、水电维修部门也设有分机或控制终端，他们之间通过主干传输系统提供数字通道互联，形成专用通信。

综合调度系统专用的数据通信加上传统的调度电话业务以及图像业务综合成区段数据通信。其采用现代数据通信技术(如IP技术、VPN技术等)来实现多媒体业务。

2. 区间通信

由于高速铁路站间距可达20～70 km，区间通信更为必要。区间通信主要包括以下内容：

(1)车站信号室之间，车站信号室与区间信号室之间，区间信号室之间列控安全数据传输。

(2)区段联锁系统主站与相邻从站或区间渡线控制点之间的安全数据传输。

(3)天气、地震、线路安全监测站与站终端的数据传输。

(4)列车轴温监测站数据传输。

(5)电力遥控终端数据传输。

(6)区间工务人员及应急抢险通信。

(7)常设线路监视系统及救灾监视用图像传输。

(8)通信、信号维护用通信通道等。

图 4-15 所示是采用光纤用户环路配合光纤/射频传输系统构成的区间信息综合接入系统。

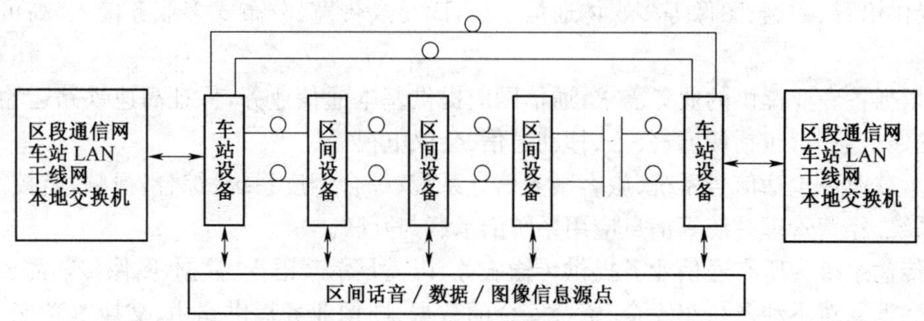

图 4-15 铁路区间信息综合接入系统

3. 高速动车组列车无线数据通信

高速动车组列车无线数据通信用来进行高速动车组列车与地面的无线数据传输，以实现高速铁路的行车安全、运输管理、旅客服务。高速动车组列车无线数据通信具体包括如下内容：

(1)文本方式的调度命令。

(2)车次号、列车速度、列车位置核查。

(3)列车运行时的安全状态。

(4)车辆维修信息。

(5)旅客服务信息等。

4. 专用基础网络

专用基础网络是指信号专用光纤网，把联锁和列控系统、列控系统各信号室设备之间、联锁系统主站与分站间以及 CTC 各系统之间用网络联系起来，称为 CTC-LAN、E1-LAN 和 ATC-LVN。采用先进的网络技术可以简化信号系统设计，便于系统升级、减少配线和电缆，从而提高了信号系统的安全性、可靠性和可维修性。

三、高速铁路无线通信系统

(一)我国铁路无线通信技术的现状与发展

无线电频率是发展无线电技术的基础资源。新中国成立以来，铁路专用的无线电频率主

要集中在 400 MHz 和 450～470 MHz 频段，用于列车无线调度通信、站场平面调车、客货运输及养护维修等对讲通信业务。

2000 年，我国研究决定将 GSM-R（铁路移动通信全球系统）作为国家铁路无线通信技术的发展方向。2003 年，为满足高速铁路发展 CTCS-3 级列车运行控制系统需要，铁道部在信息产业部和中国移动通信集团公司的大力支持下，得到中国移动通信分配的 900 MHz“黄金频段”，发展了我国铁路第二代专用移动通信 GSM-R。GSM 是世界上最广泛应用的第二代数字移动通信标准(2G)，而 GSM-R 则是基于 GSM 技术基础，结合铁路需求进行优化，定位于铁路专网的通信系统。GSM-R 可以提供无线列控信息传输、应急通信和组呼通信等业务，满足铁路生产中的通信需求。与传统的 GSM 技术相比，GSM-R 除了能提供一系列铁路通信业务外，还能保证列车在 500 km/h 的情况下进行高可靠性、高接通率、高传输质量的通信。

自此，我国铁路专用移动通信实现了数字化、网络化升级换代。铁路新线建设全面采用 GSM-R，传统的模拟制式无线列调系统也逐年进行 GSM-R 改造。目前，GSM-R 是我国铁路全面使用的专用数字移动通信系统。

然而，GSM-R 已无法满足日益增长的铁路通信需求。首先，由于全国线路纵横交错的复杂度，铁路并行、交叉区域频率资源紧张，干扰问题日益突出。其次，GSM-R 为第二代移动通信技术，属于窄频通信系统，主要承载语音业务和少量数据业务，数据速率较低，使得在现有 GSM-R 平台上开拓各种新业务有其难度。再次，随着通信技术改朝换代，公网 GSM 逐步退网，GSM-R 相关设备、技术支持等可能最早在 2030 年结束。因而，GSM-R 系统向铁路下一代移动通信系统演进，实现窄带制式向宽带制式的升级，成为必然发展趋势和现实迫切需求。

LTE-R 是将公网 4G 技术用于铁路行业的专用移动通信技术标准，LTE-R 基于 LTE，同时结合铁路对业务、移动性、安全等需求，增加了铁路特有功能。2015 年工作组成立，启动了 450MHz LTE-R 系统技术研究，陆续完成了频率适应性分析、高速铁路 450 MHz 频段电波传播模型、铁路专用关键业务承载能力、组网技术和系统需求相关规范、系统接口互联互通等阶段性研究工作。已在河北、山西、陕西、内蒙古建设了 LTE 系统制式的铁路，其中朔黄铁路于 2014 年实现了 LTE 的全球铁路首例应用。

2020 年，中国国家铁路集团有限公司经过业务需求分析和技术经济比选，结合我国加快 5G 网络等新型基础设施建设的决策部署，基本明确了 5G-R 的系统建设目标。铁路无线通信将从 GSM-R 直接跨入 5G-R 时代，LTE-R 技术研究停止。5G-R 技术基于 3GPP 的开放 5G 标准，在专用频谱上传输，并保持封闭的专用网络，能够为铁路调控带来弹性和安全的车地连接，以实现更高效的列车控制和交通管理。目前，已完成系统需求规范、功能需求规范、总体技术要求、基站技术要求等规范的编写，设备厂商已基本完成设备研发，即将进入试验和建设阶段。

（二）GSM-R 系统结构

如图 4-16 所示，GSM-R 系统由网络子系统（NSS）、基站子系统（BSS）、运行与支持子系统（OSS）及终端设备等构成。

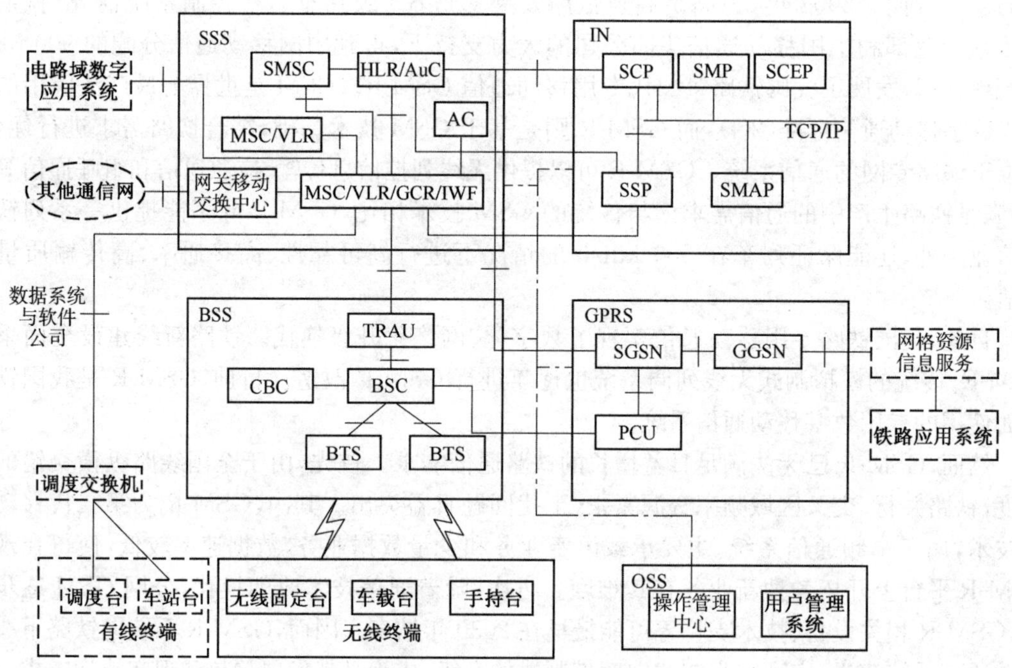

图 4-16　GSM-R 系统结构

注：图中各英文缩写含义见文中解释。

1. 网络子系统

（1）移动交换子系统（SSS）。用来完成用户的业务交换功能，完成用户数据与移动性管理、安全性管理。其主要包括以下各部分：

①移动业务交换中心（MSC）。其负责用户的移动性管理和呼叫控制。

②拜访位置寄存器（VLR）。其负责存储进入该区域内已登记用户的信息。

③归属位置寄存器（HLR）。它是一个负责管理移动用户的数据库。HLR 存储本归属区的所有移动用户数据，如识别标志、位置信息、签约业务等。

④鉴权中心（AuC）。它是存储用户鉴权算法和加密密钥的实体，AuC 只通过 HLR 和其他网络实体通信。

⑤互连功能单元（IWF）。其与固定网络的数据终端之间提供速率和协议的转换。

⑥组呼寄存器（GCR）。其用于存储移动用户的组 ID。

⑦短消息服务中心(SMSC)。其负责向MSC传送短消息信息。

⑧确认中心(AC)。记录、存储铁路紧急呼叫相关信息。

(2)移动智能网子系统(IN)。该系统是在SSS中引入的智能网功能实体,将网络交换功能和业务控制功能相分离,实现对呼叫的智能控制。其中,SSP为GSM、GPRS业务交换点,IP为智能外设,SCP为业务控制点,SMP为业务管理点,SMAP为业务管理接入点,SCEP为业务生成环境点。

(3)通用分组无线业务子系统(GPRS)。该系统负责为无线用户提供分组数据承载业务。由SGSN、GGSN、DNS、RADIUS等功能实体构成GPRS核心层,由PCU、基站、终端等构成GPRS无线接入层。

①GPRS支持节点(SGSN)。其负责收集有关无线网络使用的业务统计信息。

②网关GPRS支持节点(GGSN)。其负责收集有关外部数据网络使用的业务统计信息。

③域名服务器(DNS)。其负责提供GPRS网内部SGSN、GGSN等网络节点的域名解析等。

④认证服务器(RADIUS)。其负责存储用户的身份信息,并完成用户的认证和鉴权等功能。

⑤分组控制单元(PCU)。其负责数据分组、无线信道管理、错误发送检测和自动重发。

2. 基站子系统

BSS通过无线接口直接与移动台相接,负责无线信号发送接收和无线资源管理;与MSC相连,实现移动用户之间或移动用户与固定网络用户之间的通信连接,传送系统信号和用户信息等。

BSS由基站控制器(BSC)、编译码和速率适配单元(TRAU)、小区广播短消息中心(CBC)、基站收发信机(BTS)和弱场设备(直放站、漏缆)等构成。

3. 运行与支持子系统

OSS是操作人员与系统设备之间的中介,实现了系统的集中操作与维护,完成移动用户管理、移动设备管理及网络操作维护等功能。

4. 终端设备

终端是供GSM-R系统用户直接操作、使用,用来接入GSM-R网的设备,包括移动台和无线固定台。

(1)移动台由移动设备和SIM卡组成,包括(机车、汽车)车载台、手持台、列控数据传输设备、列尾信息传输设备和防灾检测信息传输、车辆安全检测信息传输终端等。

(2)无线固定台为非移动状态下使用的无线终端,具备与移动台相同的业务功能。

(三)GSM-R系统功能

1. GSM-R系统业务

GSM-R基于GSM的基础设施及其提供的先进语音呼叫业务(ASCI),其中包括增强多优

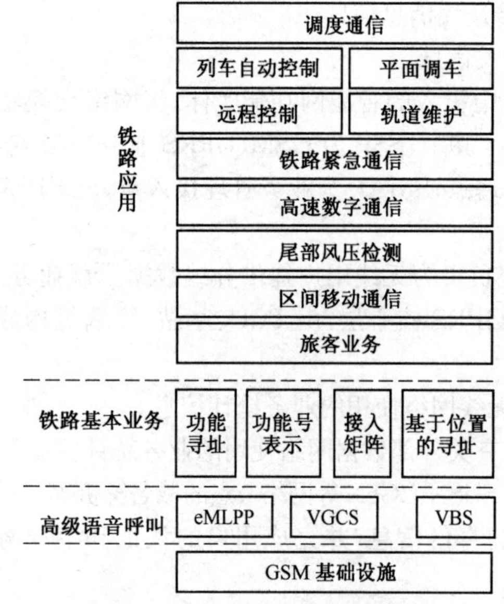

图 4-17 GSM-R 系统业务模型

先与强拆(eMLPP)、语音组呼(VGCS)和语音广播(VBS),提供铁路特有的调度业务,且以此作为信息化平台,使铁路部门用户可以开发各种铁路应用。GSM-R 系统的业务模型层次结构如图 4-17所示。

GSM-R 业务=GSM 业务+语音调度业务+铁路应用

2. 业务类型

(1)语音业务。语音业务主要包括点对点话音呼叫业务,语音广播业务、语音组呼业务、紧急呼叫和多方通信。

(2)数据业务。数据业务主要包括电路交换数据传输业务、短消息业务和分组交换数据传输业务。

(3)基本业务。基本业务主要包括以下内容:

①功能寻址业务。根据被叫用户所承担的功能来发起呼叫,而不是根据被叫用户的号码来寻址。主叫方可以是有线用户,也可以是无线用户。

②功能号表示。将铁路用户根据其当前行使的职能进行编号,该号码可能是非永久的,需要注册和注销。

③基于位置寻址业务。将移动用户发起的呼叫,路由到一个与该用户当前所处位置相关的目的地址。这个功能主要用于解决移动用户呼叫固定用户,包括司机或运营手持台用户呼叫调度员和当前车站值班员等。

④接入矩阵。定义哪些签约用户在网络中与其他签约用户联系。

(4)扩展业务。

①基于位置的呼叫限制业务。其主要将用户(包括调度员、车站值班员和助理值班员)发起功能号呼叫的范围限制在其管辖区域内。

②自动获取调度中心的 IP 地址业务。其主要用于实现列车在运行中自动获取调度中心(TDCS 中心)的 IP 地址。

③短信的智能业务。其主要包括短信的功能寻址和基于位置寻址等。

3. 铁路应用

(1)区间移动通信。区间移动通信代替区间通话柱,满足紧急救援、应急抢险通信指挥的需要,也可实现区间作业人员的移动通信。

(2)尾部风压检测。尾部风压状态由车尾装置移动设备获取,通过 GSM-R 网络传输数据信息、司机可以随时查询、反馈车尾工作状态。

(3)在 CTCS-3 级列控系统中,GSM-R 系统用来实现车、地之间信息的传输,如图 4-18 所示。其中,RBC 无线闭塞传送给车载通信单元的信息有移动授权、线路数据及指令等;车载通信单元传送给 RBC 无线闭塞中心的信息有列车位置、速度、状态、类型等。与传统的系统相比,无线列控系统具有以下优点。

①实现了车—地信息的双向传输。

②去掉了大量分布于沿线的轨旁设备。

③信息传送内容愈加丰富。

④列车控制曲线为圆滑曲线。

图 4-18　GSM-R 与 CTCS-3

(4)在机车同步操控中,GSM-R 实现了主控机与从控机的通信及控制命令的实时传送,使它们置于同步或独立工况,如图 4-19 所示。

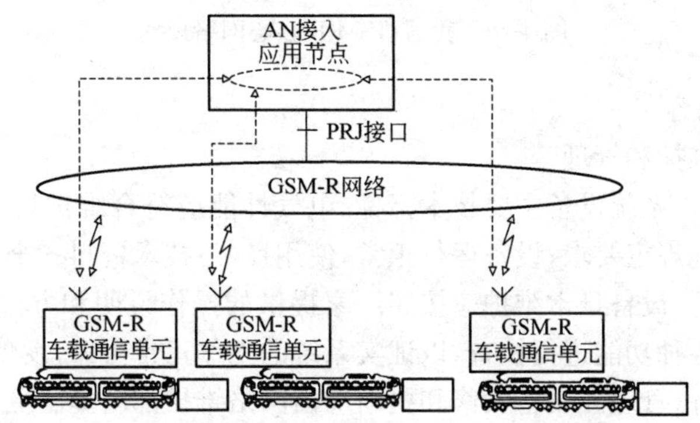

图 4-19　GSM-R 与机车同步操控

(5)分散自律调度集中系统对数据信息传送的要求有调度命令、接车进路预告信息、调车作业通知单、车次号校核等。

(6)旅客业务。如购票服务、预订服务、时刻表信息以及与公网通信等,可增加旅行的舒适性。

综上所述,GSM-R 系统可满足铁路新业务需求,高安全可靠性、联网能力强,可满足高速、重载运输及需求，是铁路现代化建设的重要基础设施。

（四）GSM-R 核心网络的运营维护

1. 运营维护的目标

保证 GSM-R 核心网络处于最佳运行状态，使它的服务质量能够满足铁路应用业务使用时的需求，如图 4-20 所示。

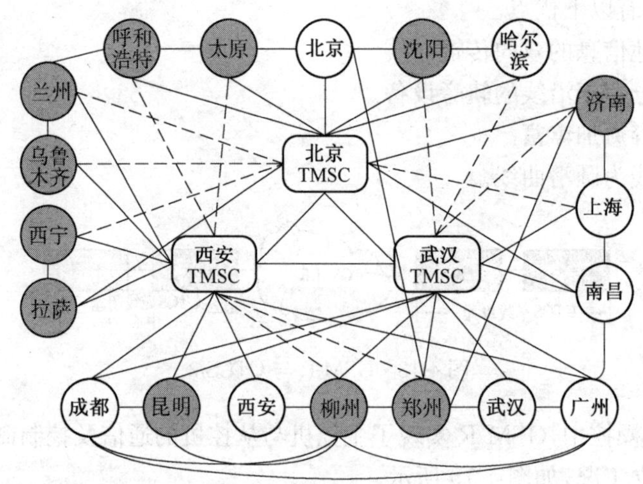

图 4-20　我国 GSM-R 核心网络规划

2. 运营维护的内容

（1）系统设备的维护和管理

①设备完好标准。系统设备主要技术指标、电气性能应符合维护技术标准；结构完整，部件完好，机械性能达到规定要求；设备运行正常，使用良好；技术资料齐全，图纸与实物相符。

②设备日常维护。设备日常维护应按照厂家提供的操作说明和方法，通过输入不同的操作命令，对交换机的各种功能进行检查，以证实系统的工作正常可靠，发现问题及时解决。

③设备更新与大修管理。设备大修和更新应由网络维护部门提出更新依据，编制计划；实施前应做好设计和预算等工作；实施中必须保证现网设备的安全和通信正常。

（2）故障与投诉管理

①交换机设备日常维护和故障处理中，如出现移动用户普遍无法接听其他的网内用户；话务统计中，接通率、每线信令负荷、每线话务量、溢出率、阻塞率等指标的异常波动；交换机设备处理器负荷的异常波动等异常情况后，应立即启动紧急障碍处理流程，及时处理，并将情况上报有关部门，如有需要，可请上级部门参与协调解决。

③交换机设备出现故障时应做好详细记录，并定期对故障现象和处理情况进行分类汇总

统计。汇总统计时应根据故障分级统计，并上报故障原因分析报告；全网严重障碍应立即上报。

(3)系统软件版本与补丁管理

①移动电话系统软件的管理是指对软件功能变更、新版本的确定、升级计划等项工作的管理。系统软件的管理范围包括在铁路 GSM-R 网络上移动电话系统的软件和移动电话独立汇接设备、短消息中心设备、智能网设备、GPRS 设备、网管设备软件。

②软件版本升级和正常软件补丁应严格按照申请、测试、审批、计划、实施的流程进行管理。具体步骤与时限要根据软件版本和软件补丁的类别，区别情况作出规定。

③维护单位为解决设备紧急故障或应付紧急情况，可以直接与上级负责部门联系装载紧急在线补丁和临时补丁，获得批准后直接在现场实施，随后应将相关书面材料进行上报。

④各级软件管理部门需对软件信息整理归档。

(4)铁路局集团公司数据管理

①铁路局集团公司数据管理包括对网内、网间两部分数据的管理，其中网内铁路局集团公司数据指中国铁路 GSM-R 使用的各类设备数据和用户数据；网间铁路局集团公司数据指与铁路信息网、列车控制系统、国内通信运营商的互联和漫游数据。

②重要铁路局集团公司数据修改前后要进行系统备份，涉及铁路局集团公司数据修改的各级单位必须建立严格的反馈制度，应在规定时间内将数据修改情况及测试结果反馈上级主管部门，上级网络铁路局集团公司数据管理部门应在规定时间内督促下级上报铁路局集团公司数据修改测试结果，并及时向上级主管部门进行书面汇报。

(5)质量管理

①网络运行质量指标。制定适用于全网的考核标准，定期对各铁路局集团公司的网络运行质量进行考核。各铁路局集团公司网络的运行质量指标应至少能满足国铁集团下达的标准。各铁路局集团公司应根据国铁集团制定的考核标准制定本铁路局集团公司的考核标准，定期对本铁路局集团公司的网络运行质量进行考核，质量统计分析要注重准确性、时效性。

②运行维护质量检查。建立各级铁路 GSM-R 网络管理部门、网络维护部门和班组各级检查体系。统一领导，分级管理，分工负责，层层到位，把好质量关。

③网络维护质量考评内容。其主要包括网络实际运行质量、维护作业计划、故障处理和历时、各项规章制度、各项原始记录和机房整洁与安全保密的考核。

本章小结

CTCS 是为了保证列车安全运行，并以分级形式满足不同线路运输需求的列车运行控制系统。计算机联锁系统用来完成列车进路建立、锁闭、解锁、道岔控制及信号机控制功能，符合

“故障—安全”的原则。分散自律调度集中系统是以列车运行调整计划控制为中心，兼顾列车与调车作业的高度自动化的调度指挥系统。信号集中监测系统是发现信号设备隐患、分析信号设备故障原因、辅助故障处理、指导现场维修、提高电务部门维护水平和维护效率的重要行车设备。电源系统通过稳压、净化、隔离、变频、整流等技术为信号设备提供稳定、可靠、安全的电源，确保信号设备的正常使用。GSM-R 系统以无线通信的方式实现了铁路现代化运营所需的特殊移动话音和数据的传送。

复习思考题

1. 简述高速铁路信号系统的组成及特点。
2. 简述高速铁路列控系统的组成及主要功能。
3. 简述计算机联锁系统的安全冗余结构及类型。
4. 简述分散自律调度集中系统的组成及主要功能。
5. 简述 GSM-R 的业务及运用。

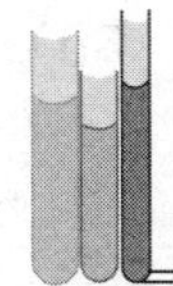

第五章 高速铁路动车组

本章以我国高速铁路动车组为例，介绍了高速动车组的基本概念、结构组成、工作过程；阐述了高速动车组采用的材料、结构、工艺、技术和理念等。

第一节 概 述

高速铁路动车组(简称高速动车组)是高速铁路线上的主要移动设备，它是集当今世界先进的计算机网络技术、电力电子技术、遥感与自动控制技术、空气动力学、新型材料和工艺等为一体的系统工程的产物。

一、基本概念

运行速度在200～400 km/h，由两辆或两辆以上、自带动力的、固定编组的、两端均可操作驾驶的客运列车，称为高速动车组。与普通旅客列车相比，高速动车组有以下三个显著特征：

1. 固定编组。

高速动车组以固定编组担当运营任务，运行时不解编；由于两端均配置驾驶室，往返运行无须掉头；为了增大客运量，高速动车组允许多列重联运行。一二级检修时，通常高速动车组也无须解体，这样可以减少库停时间，提高列车的运用效率。

2. 电力牵引为主。

我国高速动车组均采用电力牵引，与内燃动力比较，它有利于环境保护、节约能源、提高速度和能量转换效率。

3. 牵引功率大，动力分散配置。

为了达到200～400 km/h的运行速度，高速动车组需要强大的牵引动能，其牵引功率(N)公式如下：

$$N=\frac{Q\cdot\omega\cdot v_{\max}\cdot k}{3\ 600}\quad(\text{kW})\tag{5-1}$$

式中 Q——动车组总质量，t；

ω——动车组的单位阻力，N/t；

$v_{\max}$——动车组的最高运行速度，km/h；

k——裕量系数。

由式(5-1)可知，高速动车组对牵引功率的需求是根据高速动车组的总质量、最高运行速度和在该速度下的动车组单位阻力来确定的。

运行时的阻力由运行基本阻力和各种附加阻力组成。基本阻力由空气阻力和机械阻力组成。基本阻力随运行速度的不同而异。低速运行时，以机械摩擦阻力为主；运行速度达到200 km/h左右时，空气阻力占运行基本阻力的70%；如果运行速度进一步提高，空气阻力所占的比例还将增大，而且空气阻力与动车组运行速度的平方值成正比。因此，高速动车组之所以需要很大的牵引功率，是因为动车组运行速度越高，空气阻力越大；且这一随运行速度提高而迅速增大的空气阻力已成为高速动车组运行时的主要阻力。

动力分散配置，是指将由牵引电动机驱动的动力轮对分散布置在所有或多组轮对上，而不是集中安装在一端或两端头车轮对上。动力分散电动车组的优点是，能够在有限的车下空间实现较大的牵引力；由于采用动力制动的轮对多，制动效率高，调速性能好，制动减速度大；另外，列车中若某一节动车的牵引动力发生故障对全列车的牵引指标影响不大。以日本新干线300系为例，其额定功率为12 000 kW，起动加速牵引力可达到360 kN，每吨起动加速牵引力可达到0.5 kN，由起动加速到250 km/h速度的时间仅需215 s、走行9.6 km；新干线300系每米定员为3.29人，超过TGV-A的2.04人和ICE的1.85人。动力分散的电动车组的缺点是牵引设备数量多，总重量大。我国高速动车组均采用动力分散配置形式。

二、中国高速动车组

(一)CRH1型、CRH2型、CRH3型、CRH5型动车组

我国幅员辽阔，南北气候差异大，东西部经济发展水平不均衡，路网规模大，长途与短途需求各异等，综合考虑上述因素，确定了两个速度级的动车组：时速200～250 km的动车组列车——CRH1型、CRH2型、CRH5型；时速300～350 km——CRH2C型、CRH3型。

CRH1型动车组主要配属广州局集团公司范围内，用于城际中短途运输。

CRH2 型动车组主要配属在北京以南地区，郑州、济南、上海、南昌和广州局集团公司范围内，用于京广线、京沪线和杭州—宁波—深圳间的沿海客运专线，辐射陇海线。

CRH3 型动车组主要配属于时速 300 km 城际铁路和客运专线，如 2008 年 8 月 1 日开通运营的我国第一条高速城际铁路——京津城际铁路上。

CRH5 型动车组主要配属在北方地区，北京、沈阳和哈尔滨局集团公司范围内，用于京哈线，也可部分开行至济南和郑州、武昌方向，适用于短途与中长途运输且为高寒适应型。

（二）CRH380 系列动车组

CRH380 系列分为四种型号，分别是 CRH380A 型、CRH380B 型、CRH380C 型、CRH380D 型。

CRH380 系列动车组创造了当时的世界运营速度最快纪录，持续运营时速达到 350 km，最高运行时速为 380 km，最高设计时速达 420 km。它能够满足大众化和高、中端不同层次乘客旅行、餐饮、娱乐、休闲、观光、会议、办公等个性化需求；综合舒适度好，能够平稳低噪运行，自动控制车内压力；更加节能环保，可实现低阻力，轻量化，再生制动，绿色动力，零排放；更安全可靠，故障自动导向安全，强度等级高，实现了高安全低磨耗复合制动和控制诊断监视智能化。

（三）CR400 系列动车组

2017 年 6 月 26 日 11:05，复兴号动车组 CR400AF、CR400BF 在京沪高速铁路两端的北京南站和上海虹桥站双向首发，一个形似“飞龙”，一个神似“金凤”，分别担当 G123 次和 G124 次列车。图 5-1为 CR400AF 高速动车组——“飞龙”，图 5-2 为 CR400BF 高速动车组——“金凤”。

图 5-1　中国 CR400AF 高速动车组

图 5-2　中国 CR400BF 高速动车组

CR400 系列动车组具有以下优点：

1.“寿命”更长

CR400 系列动车组在降低全寿命周期成本、进一步提高安全冗余等方面加大了创新力度。为适应中国地域广阔、温度横跨±40℃、长距离、高强度等运行需求，复兴号动车组进行了 60 万 km 运行考核。最终，整车性能指标实现较大提升，复兴号动车组的设计寿命达到了 30 年，而和谐号动车组是 20 年。

2.“身材”更好

CR400 系列动车组采用全新低阻力流线型车头和车体平顺化设计，列车看起来线条更优雅，跑起来也更节能。坐过和谐号动车组的朋友都会发现，动车组车顶有个“鼓包”，那其实是受电弓和空调系统。复兴号动车组把这个“鼓包”下沉到了车顶下的风道系统中，使列车不仅看起来更美，列车阻力比 CRH380 系列动车组降低 7.5%～12.3%，列车在 350 km 时速下运行，人均百公里能耗下降 17%左右。

3.“容量”更大

从外表看，复兴号动车组身材更好了，登车后，旅客还会惊异于空间更大，因为列车高度从 3 700 mm增高到了 4 050 mm。虽然断面增加、空间增大的情况下，按时速 350 km 试验运行，列车运行阻力、人均百公里能耗和车内噪声明显下降，而且有心的乘客还会发现，座位间距更宽敞。

4. 舒适度更高

复兴号动车组空调系统充分考虑减小车外压力波的影响，通过隧道或交会时减小耳部不适感；列车设有多种照明控制模式，可根据旅客需求提供不同的光线环境；另外车厢内实现了Wi-Fi网络全覆盖。

5. "警惕性"更高

复兴号动车组设置智能化感知系统，建立强大的安全监测系统，全车部署了2 500余项监测点，比以往监测点最多的车型还多出约500个，能够对走行部状态、轴承温度、冷却系统温度、制动系统状态、客室环境进行全方位实时监测，采集各种车辆状态信息1 500余项，为全方位、多维度故障诊断、维修提供支持。列车出现异常时，可自动报警或预警，并能根据安全策略自动采取限速或停车措施。在车头部和车厢连接处，还增设碰撞吸能装置，在低速运行中出现意外碰撞时，可通过装置变形，提高动车组被动防护能力。

CR400型、CR300型、CR200型动车组分别对应350 km、250 km和160 km三种持续时速等级，数字代表最高时速，例如，400代表最高速度可达400 km/h，持续运行速度为350 km/h。三种时速满足不同的市场需求，中国高速铁路主要是时速350 km、250 km两种，中国快速铁路是时速200 km和160 km两种，CR200型动车组可以兼容快速铁路两种时速。三种时速列车可以满足这四种时速需求。

三、基本构成与工作过程

高速动车组系统部件按照其完成的任务、承担的功能，可划分为七大组成部分，即车体、转向架、车端连接装置、车内服务设备、牵引传动系统、制动系统以及控制与管理系统。我国高速动车组由于采用动力分散配置形式，8编组列车一般包括2～3个动力单元，每个动力单元均包含了七个组成部分，具备功能的完整性。

动车组各系统部件以车体为基础进行安装集成，车端连接装置负责各车厢的机械、气路与电路连接，车内设备主要为旅客营造一个安全舒适的乘车环境，转向架负责走行；当受电弓升起受流后，司机给出牵引指令，接触网的电能源源不断地经主断路器—主变压器—牵引变流器，到达转向架上的牵引电机，将电能转化为机械能，驱动轮对转动，进而带动转向架构架乃至车体、车列前进；当司机给出制动指令，牵引电机转变为发电模式消耗前进动能，同时拖车、动车转向架上的基础制动装置视情投入，达到精准制动力要求，轮对减速，进而带动转向架构架乃至车体、车列减速，直至停车；动车组前进、减速和停车的工作状态，旅客服务设施的正常运转，以及行车安全设备等复杂工作，均由动车组计算机网络控制与管理系统统一协调与指挥，全面提升了动车组技术性能和服务品质，实现了动车组智能化，减轻了司机、随车机械师等一线员工的劳动强度。

第二节 车 体

车体是动车组乘载旅客的主要设施，又是安装与连接其他组成部分的基础。高速动车组的技术特点表现之一为车体外形流线化与内在结构坚固、轻量化的统一。

高速动车组车体结构在满足铁路限界条件下，首先要保证结构的强度和刚度，以及高寿命的安全性和可靠性要求(高速动车组设计寿命一般为20年以上)。同时具有良好的空气动力学外形和性能；满足轻量化要求；必须给旅客提供一个安全舒适的乘车环境；对车体内装选材的隔热性能、防火性能、隔声降噪等有明确的限制指标；满足列车零部件保养与维修的通用性、互换性、便利性及可靠性等要求。

一、车体的基本技术要求

车体的基本技术要求有如下几点：

(1)车体承载结构采用车体全长的大型中空铝合金型材组焊而成，或采用不锈钢；为薄壁筒形整体承载结构，即底架、侧墙、车顶、端墙以及设备舱组成一个整体。

(2)车底架设四个顶车位，以便将车体顶起；车下安装设备应采用吊挂安装方式，保证运用安全和安装方便；车下导流罩与侧墙圆滑过渡，在限界允许的条件下距轨面的距离尽可能小。

(3)脚蹬结构采用可伸缩式结构，以便适应500～1 200 mm站台高度要求；驾驶室前端下方装有排障器，排障器中央的底部能承受137 kN的静压力，其距轨面高度(110+10)mm(在车轮踏面磨耗允许范围内可调)。

(4)车头前端鼻部的开闭机构可以由司机室操纵。

(5)车体所用材料符合环境保护和防火的要求。

二、车体外形

高速动车组良好的空气动力学性能的实现主要通过车体外形的特殊设计来实现。

(一)头 型

对于高速动车组来说，列车头型非常重要，好的头型可以有效地减少运行空气阻力、列车交会压力波和解决好运行稳定性等问题。

一些高速铁路发展比较早的国家，通过理论研究、计算和试验，明确提出了各自的列车阻力系统指标值。如《德国联邦铁路城间特快列车——ICE技术任务书》中规定：列车前端的驱动头车空气阻力系数$C=0.17$，列车末端的驱动头车空气阻力系数$C=0.19$。

头、尾车阻力系数与流线化头部长细比直接有关，高速动车组头部的长细比一般要求达到

1∶3 左右或更大。具有代表性的流线型头部外形方案如图 5-3 所示。

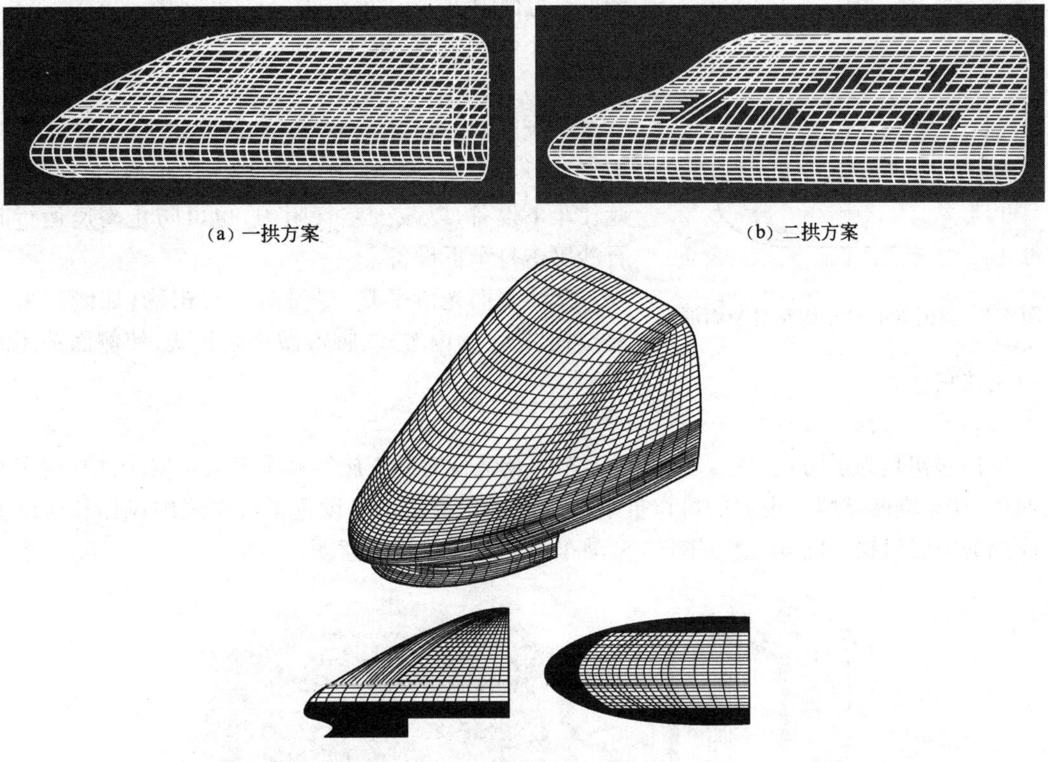

(a) 一拱方案

(b) 二拱方案

(c) 设导流板方案

图 5-3　流线型头部外形方案

车体头部纵向对称面上的外形轮廓线，要满足司机室净空高、前窗几何尺寸、玻璃形状，以及瞭望等条件。在此基础上，尽可能降低该轮廓线的垂向高度，使头部趋于扁形，这样可以减小压力冲击波，并改善尾部涡流影响。

同时，将端部鼻锥部分设计成椭圆形状。对于俯视图最大轮廓线形，首先要满足司机室的宽度要求，然后再将鼻锥部分设计为带锥度的椭圆形状，这样既有利于减小列车交会压力波和改善尾部涡流影响的梭形，又兼顾到降低空气阻力的椭球面形状。

此外还应具备凹槽形的导流板，将气流引向车头两侧。

(二) 车　　身

一般来说，动车和拖车的车体长、宽、高需要根据内部布置的要求来确定，所以，车身的外形主要是横断面形状。高速动车组车身横断面形状的特点如下：

整个车身断面呈鼓形，即车顶为圆弧形，侧墙下部向内倾斜(5°左右)，并以圆弧过渡到底

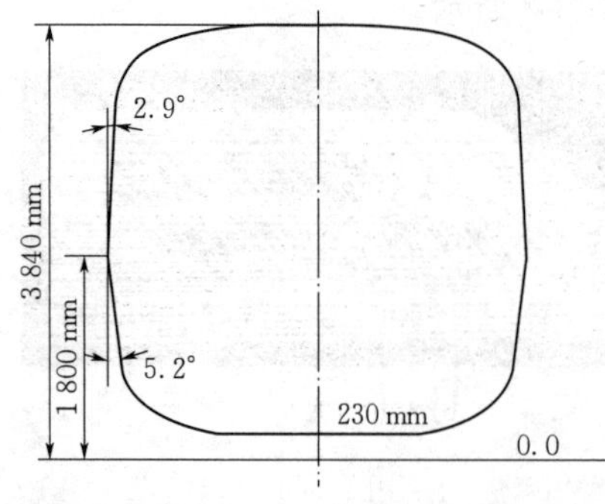

图 5-4　德国 ICE 动车组车身断面形状

架，侧墙上部向内倾斜（3°左右），并以圆弧过渡到车顶。图 5-4 为德国 ICE 动车组车身断面形状示意图。这不仅能减小空气阻力，而且有利于缓解列车交会压力波及横向阻力、侧滚力矩的作用。

车辆底部形状对空气阻力的影响很大，为了避免地板下部设备外露，采用与车身横断面形状相吻合的裙板遮住车下设备，以减少空气阻力，也可防止高速运行时石沙等击打车下设备。

车体表面光滑平整，尽量减少突出物，如侧门采用塞拉式、扶手为内置式、脚蹬做成翻板式，使侧面关闭时可以包住它。

（三）风　　挡

风挡起初是为了防止风沙及雨水侵入车内及运行时便于旅客和乘务人员安全地在两车厢间通行，在车辆两端墙外设置的可弯折柔性通道。高速动车组设置了气密式内风挡和压缩型外风挡的两层风挡。图 5-5 为 CRH3 型动车组的内外风挡示意图。

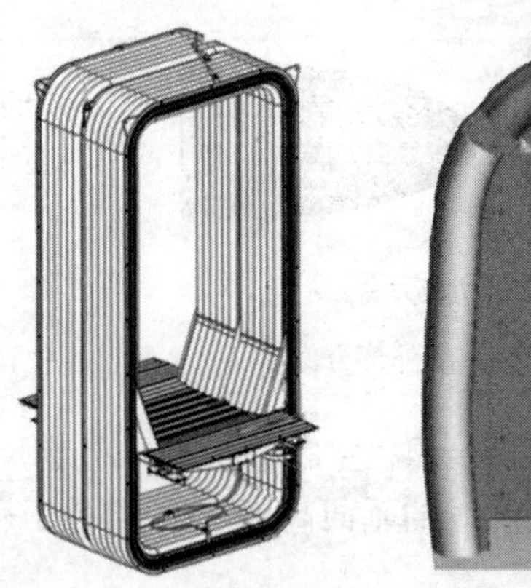
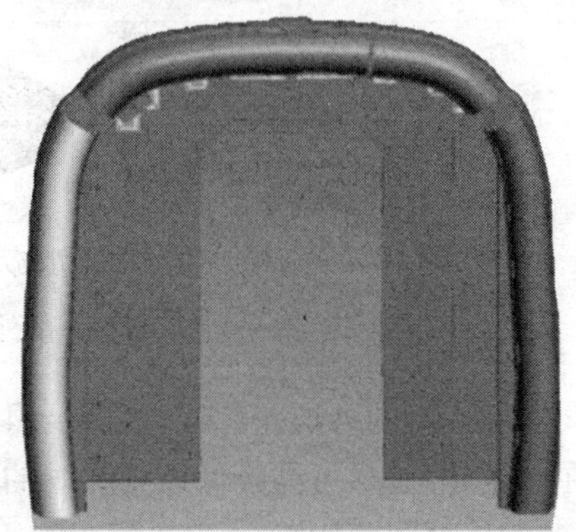
图 5-5　CRH3 型动车组的内外风挡

外风挡与车辆连接处平整光滑，避免形成空气涡流，有效减少列车运行的空气阻力。为了适应车外气压波的急剧变化，风挡还要满足气动载荷下的强度要求；德国规定气动载荷为 3 900～5 500 Pa，日本规定为 7 500 Pa。车辆运行中数个自由度的运动使得风挡始终处于变形之中，因此要求动车组风挡装置具有较高的抗弯曲性能。风挡的隔声性能也有要求，这是保证车内的舒适性，德国规定风挡的隔声至少在 40 dB 以上，当列车以 250 km/h 速度通过隧道时，车内风挡处的噪声不允许超过 75 dB。此外，为了防火，风挡所用的非金属材料阻燃性要好。

在紧急情况下风挡还应能自动分解开。

图 5-6 为 CRH3 型动车组车体外形。

图 5-6　CRH3 型动车组车体外形

三、车体轻量化

为了节省牵引功率，降低高速所引起的动力作用对线路结构、机车车辆结构产生的损伤，以及提高旅客乘坐舒适度，需要最大限度地降低高速动车组的轴重。

车体结构轻量化的实现主要是通过选用轻型材料来实现。

(一)轻量化材料

选择耐腐蚀性好、屈服点高、疲劳强度高和焊接加工性能好的低碳奥氏体不锈钢作为车体材料，比耐候钢车体结构可减轻 15%。

无论用不锈钢或耐候钢制造车体，均须采用框架结构，因此比板壳结构重 10%～20%。

用铝合金制造车体的尝试早在 20 世纪上半期就已经开始，最早用于地铁和市郊列车，后来应用于普速列车上。进入 20 世纪 90 年代，与车体等长的多品种大型中空挤压型材的出现，使铝合金成为生产高速动车组的主导材料。图 5-7 为轻量化铝合金车体实景图片。

铝合金车体的优势可综合为以下几点：

(1)制造工艺简单，节省加工费用。铝合金具有良好的塑性，挤压成型容易，可以根据车体结构优化设计的要求，挤压出各种复杂形状的铝型材，其宽度可达 600～800 mm，长度可达 30 m；可大幅度减少焊接工作量，简化车辆的制造工艺；总的制造工作量比钢质车体减少 40%左右。

(2)减重效果好。用大型挤压铝型材组装的车体，由于型材为薄壁、中空，又减少了很多横向构件，使铝合金车辆重量大幅度降低。钢制车体、不锈钢车体、铝合金车体的重量比达到了 10∶7∶5 左右。另外大型挤压铝型材组焊的车体，其当量弯曲刚度较高，刚度可以达到设计要求。

(3)良好的运行品质。铝合金车辆自重小，节省牵引功率、提高加速性能、降低制动功率，改善动力性能，且具有良好的密封和隔声性能，提高了舒适性。

图 5-7　轻量化铝合金车体

(4)耐腐蚀,维修费降低。铝合金具有良好的耐腐蚀性,从而延长了客车的使用寿命,减轻了检修工作量。

此外铝合金车体还具有外表平滑美观等优点。

表 5-1 列出了我国高速动车组车体结构材质及轴重。

表 5-1　我国高速动车组车体材质及轴重

动车组系列	车体结构材质	轴重(t)	动车组系列	车体结构材质	轴重(t)
CRH2	铝合金	≤14	CRH3	铝合金	≤17
CRH380A	铝合金	≤15	CRH380B	铝合金	≤16
CR400AF	铝合金	≤17	CR400BF	铝合金	≤17

为了进一步减轻动车组的重量,改善隔声性能,以及便于设计、制造等,当前已有研究开始试用纤维增强塑料夹层结构代替金属制造动车组车体。纤维增强塑料具有质轻,抗疲劳强度高、裂纹扩展速率低,较好的结构阻尼性、隔热和耐蚀性能等优点。其缺点是弹性模量(E)低,抗弯扭刚度比金属差,价格贵。若用碳纤维制造动车组车体,车体将会较铝合金车体轻 30%,因此,有人预测碳纤维材料将是下一代高速动车组的理想材料。

(二)车内设备轻量化

车内设备约占客车总重量的 20%,轻量化具有重要意义。

车内设备(如门、窗、行李架、座椅、供水设备、卫生设备等),均可选用轻合金或高分子工程

材料和复合材料，使设备重量大大减轻。仅座椅一项，采用铝—钢合制或全铝制双人座椅，其质量由原钢制的 56 kg 分别降为 32 kg 和 24 kg，按一辆车定员 100 人计，最多可以减轻质量 3.2 t。聚碳酸酯(PC)板材作为透明车窗材料，质量约为同厚度玻璃的 1/15，而且透光、耐压、耐冲击均较普通玻璃好，能方便地制作车辆通长的车窗。

车内装饰板材广泛采用薄膜铝合金墙板，工程塑料顶板等。

其他设备的轻量化。日本 100 系采用直流牵引电机，每台质量为 825 kg(功率为 230 kW)，而 300 系采用交流感应电机后，每台质量仅为 390 kg(功率增至 300 kW)。德国 ICE3 的主变压器铁芯采用优质铁—铝合金，使磁导率提高 4～5 倍，又将铜编线改为铝编线，冷却使用硅油，这样其总质量由 11.5 t 降为 7 t。我国 CR400BF 型动车组牵引电机额定功率达650 kW/台，采用轻量化设计后，功率密度较 CRH380B 型提高了 16%。

四、车体密封技术

国外高速列车的运用实践表明，没有交会列车时，头、尾车外面的气流压力变化为：头部受 2.5 kPa 左右的正压，尾部为 2.0 kPa 左右的负压。有交会列车时，特别是在隧道内会车时，车外气流压力会大幅度变化，对进入隧道列车的气流测定结果：速度 200 km/h 时，头部正压为 3.2 kPa，尾部负压为 4.9 kPa；速度为 280 km/h 时，头部正压为 3.9 kPa，尾部负压为 5.5 kPa。车外压力的波动会反映到车厢内，使旅客感到不舒服，轻者压迫耳膜，重则头晕恶心，甚至造成耳膜破裂。

日本高速动车组密封试验，要求将车体所有开启部位堵塞，车内压力由 4 000 Pa 降至 1 000 Pa的时间必须大于 50 s。欧洲高速动车组在车辆通过台和空调设备关闭的条件下，曾采用与日本相同的密封指标，现在，德国、意大利等国家采用压力从 3 600 Pa 降至 1 350 Pa 的时间大于 18 s。

我国在《200 km/h 及以上速度级列车密封设计及试验鉴定暂行规定》中规定：整车落成后的密封性能试验，要求达到车内压力从 3 600 Pa 降至 1 350 Pa 的时间大于 18 s；车体结构的密封性能要求压力从 3 600 Pa 降至 1 350 Pa 的时间须大于 36 s；组成后的车窗、车门、风挡应能在±4 000 Pa 的气动载荷作用下保持良好的密封性。

动车组的密封需要从车体结构和部件上给以考虑。当前世界各国在高速动车组上采用的密封技术主要有：

(1)车体结构采用连续焊缝以消除焊接气隙，对不能施焊的部位，必须用密封胶密封。

(2)固定式车窗。采用多硫橡胶等材料，保证耐油性、耐溶剂性、耐水性、耐腐蚀性等。车窗的组装工艺要保证密封的可靠性和耐久性，在压力波造成的气动载荷下也应保证密封性能，组成后的车窗应能承受±6 000 Pa 的气动载荷，不会发生变形和破坏。

(3)侧门采用密封性能良好的塞拉门，头、尾的端门要采用可充压缩空气的橡胶条，通过台风挡采用橡胶大风挡，并注意处理好渡板处的密封问题。

(4)空调环控设备设立压力控制。如在客室进排气风口安装压力保护阀，在排气风道中装设带节气阀的排风机，安装压力保护通风机等，主要目的是既保证正常的通风换气又保证车内压力变化在限值之内。

(5)厕所、洗脸室的水不能采用直排式，而要通过密封装置排到车外；对动车组下部的管路和电缆孔应采取必要的密封措施。

(6)车辆出厂前都要通过整车气密性、水密性试验。

五、降　噪

列车在高速运行时，将产生很大的噪声，而且噪声随着列车速度的增加，其级别声压和响度都极快增大。据资料统计，一般速度每提高 10 km/h，噪声相应增加 1～2 dB(A)。噪声可以分为固有噪声和外在噪声。固有噪声是长期存在的，如轮轨黏合声，受电弓与接触网导线的摩擦声，空气与车体的摩擦声等，其中前两种噪声危害最大。外部噪声主要是由于列车进出隧道产生的压缩波及反射波所产生的。

车内噪声一般由车体外部噪声对车内的透射声(一般称之为空气声)，由于各种原因导致的车体内表面结构振动，特别是薄壁结构振动产生的辐射声(一般称之为结构声)，各种车内设备、系统(如空调通风系统，各类管道等)作为振源、声源所产生的噪声在车内部传播与反射所形成的混响声等组成。高速动车组的噪声传到车内，影响旅客的舒适度，同时造成铁路沿线的噪声污染。因此，削弱噪声源发出噪声的强度、提高车体隔声性能是高速铁路动车组必须解决的关键技术。

关于车内噪声的标准限值，德国铁路规定，速度为 250 km/h 时，一等车噪声不超过65 dB(A)，二等车不超过 68 dB(A)。国际铁路联盟(UIC)规定，客车车内噪声应小于 65 dB(A)；在隧道里，噪声可宽限 5 dB(A)；在过道、厕所，其噪声水平不能超过 75 dB(A)。中国铁路标准规定，动车组运行时，距轨道中心线 25 m 和距轨面高度 3.5 m 处测量的噪声应符合国家有关规定，客室不大于 65 dB(A)。

为了降低车内噪声，一方面要削弱噪声源发出噪声的强度，另一方面要提高车体的隔声性能。

1. 削弱噪声源发出噪声强度的措施

在车轮上安装消声器和开发弹性车轮，可有效降低轮轨噪声；车体外形设计成流线型，车体表面平整、光滑都有利于减小空气与车体的摩擦声；采用橡胶风挡，可减小撞击声；在空调系统上安装消声器；降低牵引电机风扇的噪声、驱动装置等设备的振动噪声。

2. 提高车体隔声性能的措施

采用双层墙结构，可增加隔声量 4～5 dB(A)。所谓双层墙，就是指地板、侧墙、车顶等多

层结构，在层间采用橡胶垫隔开，一方面起隔振作用，同时使声波不能通过金属螺钉（声桥）传递，这样能有效地提高了车体的隔声性能。在车体金属（如地板）表面涂刷防振阻尼层，使钢结构的声频振动转化为热能消散，减少声波的辐射和声波振动的传递，从而减少车内噪声；采用双层车窗，减少从侧面传入车内的噪声；车内选用吸声效果好的高分子聚合材料；提高车体气密性的措施，同样可以起隔声作用。

图 5-8 为 CRH 系列动车组地板、车顶隔声减振结构设计。

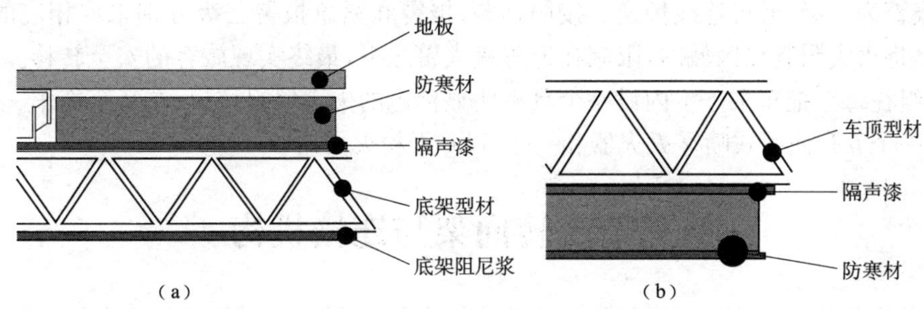

图 5-8　CRH 系列动车组地板、车顶多层结构

六、防火安全设计

运行中的列车，特别是高速动车组，一旦发生火灾，后果不堪设想。为此，国内外在设计、制造高速动车组时，都严格遵循防火安全技术标准。

高速动车组防火系统设计原则为：系统集成、预防为主、应急对策、以人为本。

系统集成就是防火措施按区域配套，通过列车网络构成防火系统的集成响应、信号传递和信息显示；预防为主就是所有材料与器件的选用以防止不会发生火燃或防止火种蔓延为主体，将火情发生因素压到最低程度，达到预防火灾的要求；应急对策就是一旦火灾发生，有严格的分级应急对策，将火灾限制在区域内，限制在低等级火警之下；以人为本就是一切应急对策均以“以人为本”为出发点，防止措施的最终手段要以实现旅客的安全转移为目的。

(1)选用耐火材料。

车辆使用的耐火材料，主要指阻燃、低烟、低毒高分子材料和耐火涂料。如英国和法国规定，通过海峡隧道区间列车的内装饰和包覆材料，必须采用阻燃无毒的酚醛纤维增强塑料(FRP)材料。为了提高窗帘隔热和耐火程度，采用聚酯纤维上喷镀不锈钢或采用玻璃纤维做基底的纺织窗帘布。

根据车型和部位不同选择不同等级的防火、防烟毒材料。例如，法国 TGV 高速动车组车体材料的防火、防烟毒等级远高于速度 200 km/h 的 VTU、VU 系列车；车顶部位高于侧墙和地板。卧车包间的隔墙全部采用防火板包上，隔墙里添加阻燃材料；采用阻燃风挡。在两头端门关闭时保证 10 min 内不致火灾蔓延至邻车。

(2)车门有自动和手动开关功能,失火时能安全疏散旅客;车窗上设有应急手柄或备有应急手锤,平时手锤封在盒内,火警时操纵应急手柄打开车窗或用手锤把窗玻璃击碎。

(3)火灾预测和灭火装置。

设置烟雾探测及失火警报装置,烟雾报警器在明火火灾发生前作出预警,并与地面防火系统联防;失火警报信号可以自动或手动发出,自动分预警、报警和紧急报警三级,通过网络传递;手动报警为一级,通过连线传递。按照预警、报警和紧急报警三级分别采取相应的处置措施,目标是将火灾限制在区域内,限制在低等级火警之下,最终实现旅客的安全转移。

动车组在每个拖车乘务室内设一个具有明显标志的失火警报按钮;在每个拖车、动车的明显处各设一个 6 L 便携式喷雾灭火器和一个 6 kg 干粉灭火器。

第三节　转向架与连接机构

支承车体并使之在轨道上运行的装置称为转向架,亦称走行部,它是动车组的关键部件。车钩缓冲装置使动车组与动车组或动车组的车辆之间实现连挂,并且传递及缓和动车组在运行时所产生的牵引力或纵向冲击力,它是保证列车运行安全、提高旅客舒适度的重要部件。

高速动车组的技术特点表现为与高速相适应的高性能转向架和车钩缓冲装置。

一、转向架的结构组成、功能与载荷传递

(一)转向架的结构组成

动车组转向架可分为动力转向架和非动力转向架。动力转向架主要由六个部分组成,即轮对、轴箱及弹簧悬挂装置(又称一系悬挂)、构架、车体与转向架间的连接装置(又称二系悬挂)、驱动装置和基础制动装置。非动力转向架与动力转向架的主要区别是没有驱动装置。

图 5-9 为 CRH2 型动车组动力转向架,图 5-10 为 CRH2 型动车组非动力转向架。

轮对作为车辆与线路的系统界面,直接向钢轨传递重力,通过轮轨间的黏着产生牵引力或制动力,并通过车轮的回转实现车辆在钢轨上的运行(平移)。一系悬挂用来平衡轴重分配,缓和线路不平顺对车辆的冲击,并保证车辆运行平稳性;轴箱是连接构架与轮对的活动关节,它除了保证轮对进行回转运动外,还能使轮对适应线路不平顺等条件,相对于构架垂向、横向和纵向运动。构架是转向架的骨架,它将转向架的各个零部件组成一个整体,并承受和传递各种载荷。二系悬挂用以传递车体与转向架间的垂向力和水平力,在车辆通过曲线时使转向架能相对于车体回转,并进一步减缓车体与转向架间的冲击振动,保证转向架平稳。驱动装置(动力转向架)将动力装置的扭矩有效地传递给轮对,驱动车轮转动。基础制动装置将制动缸压力增大若干倍后传给闸片或闸瓦,使其压紧制动盘(或车轮),对车辆施行制动。

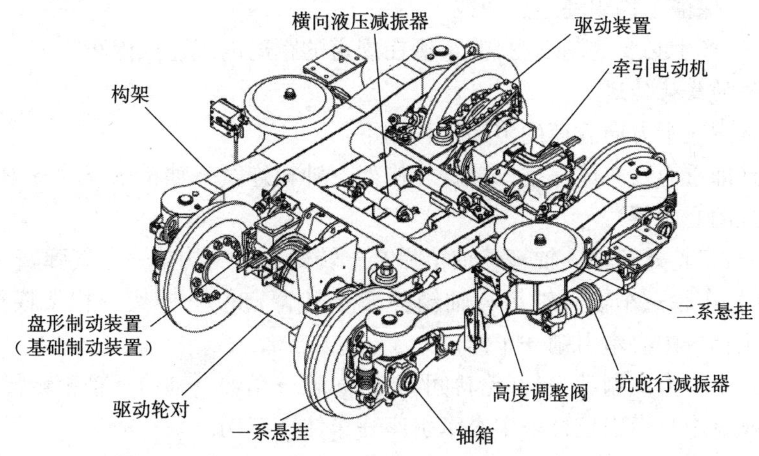

图 5-9　CRH2 型动车组动力转向架

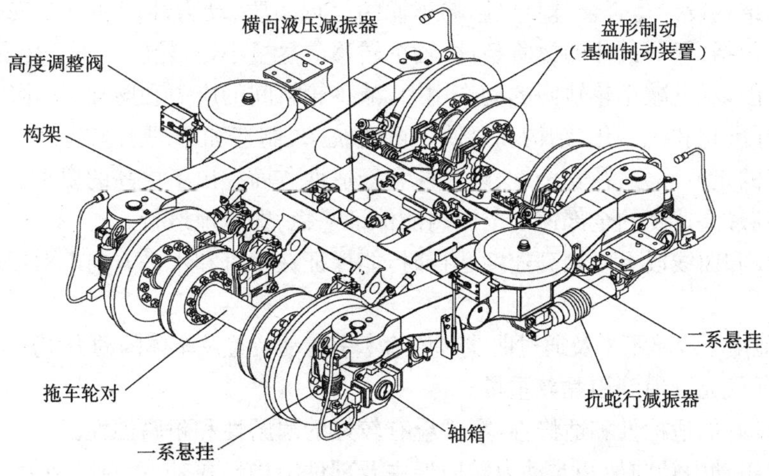

图 5-10　CRH2 型动车组非动力转向架

（二）转向架的功能

转向架必须具有如下功能：

（1）承载——承受转向架以上各部分的重量（包括车辆自重、旅客载重、水及动态载荷等），并使轴重均匀分配。

（2）牵引（动力转向架）——保证必要的轮轨黏着，并把轮轨接触处产生的轮轴牵引力传递给车体、车钩，牵引列车前进。

（3）缓冲——缓和线路不平顺对车辆的冲击，保证车辆具有良好的运行平稳性。

(4)转向——保证车辆顺利通过曲线。

(5)制动——产生必要的制动力，使车辆在规定的距离内减速或停车。

(三)转向架的载荷传递

动车转向架中三个方向载荷的传递过程如下：

(1)垂向力(即重力)：车体→空气弹簧→构架→轴箱弹簧→轴箱→车轴→车轮→钢轨。

(2)横向力(离心力等)：

①力较小时：车轮→车轴→轴箱→轴箱弹簧＋转臂定位→构架→空气弹簧→车体。

②力较大时：车轮→车轴→轴箱→轴箱弹簧＋转臂定位→构架→构架横梁→横梁连接梁→横向橡胶止档→中心牵引销→车体。

(3)纵向力(牵引力或制动力)：(轮轨间黏着)车轮→车轴→轴箱→轴箱转臂定位(座)→构架→牵引拉杆座→中央牵引拉杆→中心牵引座→车体→车钩。

二、高速转向架的性能与结构特点

转向架的结构设计是否合理直接影响车辆的运行品质、动力性能和行车安全。转向架的基本技术要求包括：保证最佳的黏着条件，轴重转移应尽量小，且轮轨间不产生黏—滑振动；良好的动力学性能，尽量减小轮轨间的动作用力，减少轮轨间的应力和磨耗；重量轻，尽可能减轻自重；零部件标准化和统一化，结构和材质尽可能统一，制造和修理工艺简易。高速动车组对动力车及拖车的走行部分，在安全性、耐久性和舒适性方面提出了更高的要求。

(1)从零到最高速度的全部速度范围内能保证平稳、安全地运行。

(2)在直线和曲线段上以最高速度运行时，能保证在垂直和水平方向上对线路的动力作用最小。

(3)能保证由于线路不平及通过曲线时传给牵引传动装置及车体的动力作用和冲击为最小。

(4)能保证最充分地利用黏着重量。

(5)具有良好的适检性和适修性，零件应有较好的耐磨性和耐腐蚀性。

高速动车组动力转向架和非动力转向架主要部件结构形式基本一致，绝大多数均为：

(1)无摇枕。

(2)轮对为空心车轴，整体轧制车轮、磨耗型车轮踏面。

(3)一系悬挂采用钢弹簧＋液压式减振器＋轴箱定位装置。采用轴箱拉杆，实现轴箱的无磨耗纵向定位，横向定位依靠一系圆弹簧来实现，从而使轴箱定位所含的部件数量最少。牵引机构和轴箱定位装置中采用大体积橡胶元件和阻尼元件，可以在最大可能限度范围内，实现各个方向作用的相互独立。在水平方向上，垂向分配给转向架构架一部电机、齿轮传动装置及盘形制动装置的重量，通过横向液压与车体相连；液压减振器采用特殊结构，当车体转向架相对位移较小时(直线蛇行时)，减振器的阻尼很大，而当相对位移较大时(通过小半径曲线及道岔

时)，阻尼很小，可以牵引电动机与转向架构架一起转动；其结果可使横向动力作用也很小。

(4)二系悬挂主要采用空气弹簧。二系悬挂采用柔性高的空气弹簧，可以防止弹簧力造成附加扭转应力，将弹簧布置在转向架构架的纵梁上，并采用高位支承点减轻车体的侧滚倾向。

(5)牵引装置主要采用拉杆方式。在转向架上，不采用常规的牵引销，引力和制动力通过斜拉杆传递到车体上，故而转向架构架不设中间横梁，而呈框形封闭结构。

(6)动力转向架的牵引电机，安装方式采用架悬或体悬或半架半体，其中体悬式可有效降低簧下质量。它们的一部分悬挂在转向架中央上面的车体上，另一部分则通过摆杆悬挂在转向架端部的支承上。这种悬挂方式使得牵引电动机、齿轮传动装置及盘形制动装置的垂向作用重量的 2/3 属于车体，即通过一系及二系弹簧悬挂，仅有 1/3 的垂向作用重量属于转向架构架，也处于一系弹簧悬挂之上。这种结构设计可以达到高速运行时垂向动力作用力很小的目的。

(7)驱动装置采用齿轮减速装置和联轴节，齿轮减速装置通过轴承安装在车轴上，牵引电机与齿轮减速装置通过联轴节传递驱动力。

(8)动力车和拖车均采用综合制动方式，动力车采用电阻制动(或再生制动)＋盘形制动，而拖车采用涡流盘制动(或磁轨制动)＋盘形制动；由于动力转向架有牵引电机和驱动装置，空间位置比较紧张，因此需采用轮盘式(每轴 2 个)，而非动力转向架采用轴盘式(每轴 2～3 个)。

(9)转向架轻量化。高速转向架轻量化的主要措施是采用无摇枕结构。此外还有构架结构轻量化，采用焊接构架可比铸钢结构减重 50%左右；轮对轻量化，采用空心车轴和小直径车轮，采用 S 形薄辐板车轮。德国研制了玻璃钢(FRP)轮心，车轮由钢质车箍、FRP 轮心和钢质轮毂三部分组成，其簧下质量至少降低了 20%(100 kg 左右)；采用双排圆锥滚子轴承，同时承受径向和轴向载荷，其质量只有 40 kg，约为日本新干线原用轴承质量的一半。另外，轴箱和齿轮箱轻量化，采用铝合金的轴箱、齿轮箱，其质量分别只有原来的 40%和 56%。

由此可见，高速转向架的主要结构特点是：无摇枕、空气弹簧悬挂，有回转阻尼、加装弹性定位等。

三、密接式车钩缓冲装置

随着列车运行速度的提高，车钩缓冲装置的作用越来越重要，其中尤以缓和列车纵向冲动功能更显突出。如传统的 15 号与 15X 小间隙车钩缓冲装置，使提速列车的纵向冲动十分厉害，严重影响了列车的运行品质。世界各国高速动车组普遍采用密接式车钩缓冲装置。

1. 车钩性能要求包括间隙、载荷以及自动摘挂与定位

世界各国的动产组普遍采用密接式车钩，使两车钩连接面的纵向间隙小于 2 mm，上下、左右偏移也很小，这为提高列车的运行平稳性和电气线路、风管路的自动对接提供了保证。

车钩缓冲装置在列车中起传递纵向力的作用，应具有足够的强度和刚度。高速动车组对零部件的安全可靠性要求更高，动力集中式动车组车钩的压缩载荷要求不小于 1 500 kN，拉伸载荷要求

不小于 1 000 kN;动力分散式动车组车钩的压缩载荷及拉伸载荷都要求不小于1 000 kN。

高速动车组为了保证列车的密封性能普遍采用密封式风挡,并且为了减小列车运行阻力将封住车体下部;同时高速客车的密接式风挡等附件,占用了车端的有限空间,也为风管、电器连接系统的安装和连挂带来不方便。因此,密接式钩缓装置必须实现自动连挂和分解,手动功能仅限于在自动功能失灵的特殊情况下使用;电器和风管的自动连接或手动整体连接要求车钩有自导向入位功能,且入位后各接头之间的相对位置要比较准确。

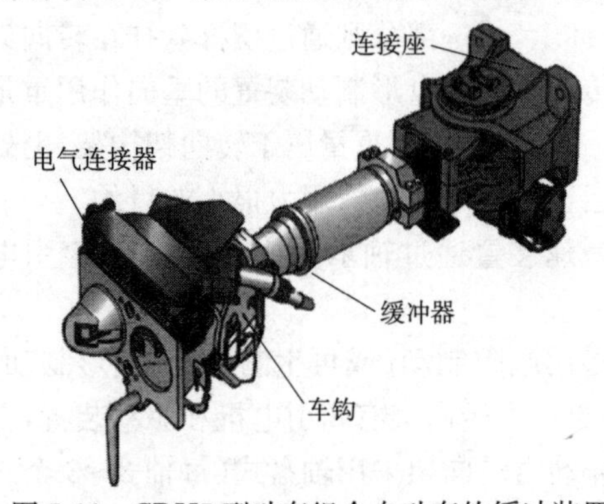

图 5-11　CRH5 型动车组全自动车钩缓冲装置

2. 欧洲密接式车钩缓冲装置

欧洲的密接式车钩缓冲装置主要有两种,其结构非常接近,差异微小。图 5-11 为 CRH5 型动车组使用的车钩缓冲装置模拟图。图 5-12 为欧洲自动车钩缓冲装置结构组成。

图 5-12 所示的密接式车钩缓冲装置主要由钩头、含小容量缓冲器的车钩钩体、电力连接器、风管连接器、尾部橡胶弹簧活节(缓冲器)、中心调整装置机构及钩头电加热装置和能够吸收较大冲击能量的金属压溃管(含与钩体之中)等部件组成。

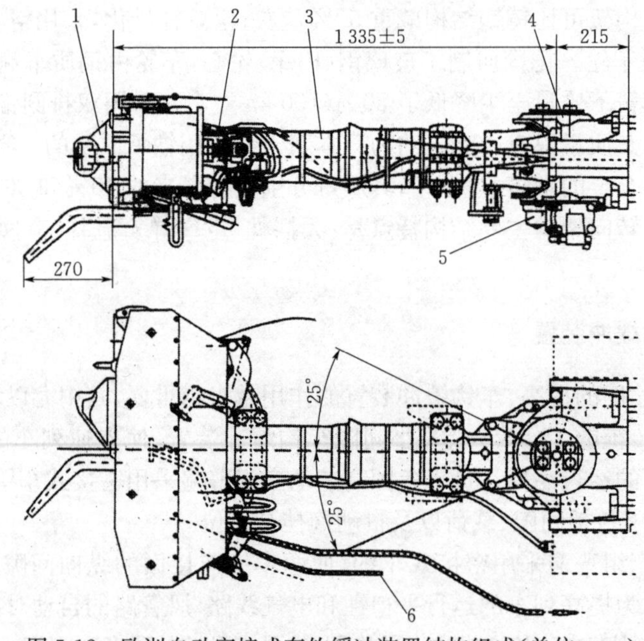

图 5-12　欧洲自动密接式车钩缓冲装置结构组成(单位:mm)

1—钩头;2—电力连接器及风管连接器;3—车钩钩体与缓冲器;4—尾部缓冲器;5—中心调整装置;6—加热器电源线

钩头机械连接部分由壳体、钩舌、中心轴、钩锁连接杆、钩锁弹簧、钩舌定位杆、弹簧、定位杆顶块及弹簧和解钩风缸等组成。壳体的前部，一半为凸锥体，一半为凹锥孔，两钩连挂时相邻车钩的凸锥体和凹锥孔互相插入；中心轴上固定有钩舌，钩舌绕中心轴转动可带动钩锁连接杆动作；钩舌呈不规则几何形状，设有供连接时定位和供解钩时解钩风缸活塞杆作用的凸舌，以及钩锁连接杆的定位槽、钩嘴等，是车钩实现动作的关键零件；钩锁连接杆在钩锁弹簧拉力作用下使车钩连接可靠；钩舌定位杆上设有两个定位凸缘，使钩舌定位在待挂或解钩状态；定位杆顶块可以在连接时顶动钩舌定位杆实现两钩的闭锁。

该自动车钩有待挂、闭锁和解钩三种状态。

欧洲密接式车钩缓冲装置形式齐全，已系列化，其中包括用于各列车单元之间的自动密接式车钩缓冲装置，用于各列车单元内部的半永久式车钩缓冲装置，及用于列车(动车组)前端的可伸缩密接式车钩缓冲装置。

3. 柴田密接式车钩

图 5-13 所示为 CRH2 型动车组使用的端部全自动车钩实景图，图 5-14 为 CRH2 型动车组使用的中间半自动车钩实景图。这两种车钩就是日本的柴田密接式车钩。

图 5-13　CRH2 型动车组端部全自动车钩

图 5-14　CRH2 型动车组中间半自动车钩

该型车钩由钩头、钩舌、解钩风缸、钩身、钩尾等部分组成。钩头为凸圆锥体，侧面是带有凹孔的钩身。

两钩连挂时，凸锥插进对方相应的凹锥孔中，此时凸锥的内侧面在前进中推压对方的钩舌使其转动，这时解钩风缸的弹簧受压缩，钩舌旋转，当两钩连接面接触后，凸锥的内侧面已不再压迫对方的钩舌，由于弹簧的作用，使钩舌向相反方向旋转恢复到原来的状态，此时处于闭锁位置，完成两车连挂。

分解时，由司机操纵解钩阀，压缩空气由总风管进入本车的解钩风缸，同时经解钩风管连接器将压缩空气送入相连挂的另一辆车的解钩风缸，活塞杆向前推并带动解钩杆，使钩舌转动至开锁位置,此时两钩即可解开。当采用手动解钩时,只要用人力推动解钩杆,使钩舌转动至开锁位置,从而实现两钩的分解。

4. 缓冲器

缓冲器是用来缓和列车在运行中由于起动、制动及调车作业时车辆相互碰撞而引起的纵向冲击和振动的装置。缓冲器有耗散车辆之间冲击和振动的功能,从而减轻对车体结构的破坏作用,提高列车运行的平稳性。

决定缓冲器特性的主要参数是缓冲器的行程、最大作用力、容量、初压力及能量吸收率等。

缓冲器受力后产生的最大变形量称为行程。此时弹性元件处于全压缩状态,如再加大外力,变形量也不再增加。缓冲器的行程不应太小,如行程太小,则速度变化率(加速度)太大,就近似没有缓冲器一样。但缓冲器的行程也不能太大,行程太大则可能会影响的列车的纵向动力学性能。通常车钩缓冲器的行程为 10～100 mm。

最大作用力指缓冲器产生最大变形量时所对应的作用外力。缓冲器最大作用力要比车体容许的载荷要小,否则当发生超限载荷时,车体将发生永久变形而损坏。动车组的缓冲器最大作用力通常为 600～800 kN。

缓冲器在全压缩过程中,作用力在其行程上所做的功的总和称为容量。它是衡量缓冲器能量大小的主要指标,如果容量太小,则当冲击力较大时就会使缓冲器全压缩而导致车辆刚性冲击。

对于动力集中式动车组,由于车辆间采用密接式车钩或铰接结构连接,彼此之间无相对运动,这样,相互连挂的车辆就成为一个质量很大的刚性车组,要达到足够大的连挂速度就要安装容量较高的缓冲器。例如,法国 TGV 铰接式高速动车组,为保证连挂速度 8 km/h,装用了容量为 58 kJ 和 62.5 kJ 的弹性胶泥缓冲器。对于动力分散式动车组,由于连挂速度较易控制,分解连挂的次数也相对较少,连挂速度也小些,缓冲器的容量就可低些。

缓冲器在全压缩过程中,有一部分能量被阻尼所消耗,其所消耗部分的能量与缓冲器容量之比称之为能量吸收率。吸收率越大,则表明缓冲器吸收冲击能量的能力越大,反冲作用就愈小,否则缓冲器必须往复工作几次方能将冲击能量消耗尽,这将导致车钩、车底架过早疲劳损伤,并加剧列车纵向冲动。一般要求能量吸收率不低于 70%。

初压力,为缓冲器的静预压力。初压力的大小将影响列车起动加速度。缓冲器在满足容量要求的前提下,尽量减少初压力。

在动车组上应用比较广泛的为橡胶缓冲器、空气缓冲器及液压缓冲器(气—液缓冲装置)、黏弹性橡胶泥缓冲器等。CRH5 型动车组半永久车钩缓冲器,采用气液缓冲器和圆弹簧组合方式,如图 5-15 所示。

由于橡胶具有较好的弹性,因此,在很多需要缓冲减震的场合都可以看到它的身影。橡胶缓冲器根据其作用原理不同又分为平面拉压型缓冲器和剪切型缓冲器。平面拉压型缓冲器由多片橡胶板和金属基板粘接而成,金属基板可提供安装基础及在缓冲过程中起散热作用。该

图 5-15　CRH5 型动车组半永久车钩缓冲器

种缓冲器的缓冲作用主要是通过压缩或拉伸橡胶板，让橡胶板内的橡胶分子互相摩擦生热而消耗能量。

橡胶以压缩或拉伸方式施力时，其变形量不大，而以剪切方式施力时，则变形量较纯压缩或拉伸时为大。这样就有了剪切型橡胶缓冲器。这种橡胶缓冲器的作用原理不同于传统的橡胶缓冲器，不是依靠橡胶片之间的挤压过程吸收能量，而是依靠壳体内部的几块橡胶的剪切变形过程吸收能量。橡胶的可压缩性较小，但是其剪切位移却可以做到相对较大。同时，橡胶块的剪切变形是双向的，因此，新型缓冲器也是一种复式(双作用式)缓冲器。理论上新型缓冲器初压力为 0，这样就可以很好地吸收车辆之间数量较多且作用时间短暂的纵向冲动，大大提高乘坐的舒适性。

弹性胶泥缓冲装置是近年来欧洲新开发的一种新型缓冲器，在法国、德国、波兰的高速动车组、客车和货车上应用获得成功，现已被纳入 UIC 标准(UIC526—1，UIC526—3)。这种缓冲器取用一种未经硫化的有机硅化合物——弹性胶泥作为介质，它具有弹性、可压缩性和可流动性，其物理化学性能在－50～＋250 ℃范围内具有较高的稳定性，抗老化、无臭、无毒，对环境无污染。它具有固体和液体两种属性的特征，其动黏度比普通液压油大几十至几百倍，且可根据需要改变配方予以调节，因此，在液压缓冲器中十分困难的密封问题在这里变得极为简单。

弹性胶泥缓冲器的工作原理为，在充满弹性胶泥材料的缓冲器体内，设有带环形间隙(或节流孔)的活塞。当活塞杆受到冲击力时，弹性胶泥材料受压缩产生阻抗力，并通过环形间隙(或节流孔)的节流作用和胶泥材料的压缩变形吸收冲击能量。由于胶泥材料的特性，冲击力越大，缓冲器的容量也随之增大。当活塞杆上的压力撤除后，弹性胶泥体积膨胀或利用加设的复原弹簧使活塞回到原位，这时胶泥材料通过环形间隙流回原位。其结构工作原理如图 5-16 所示。

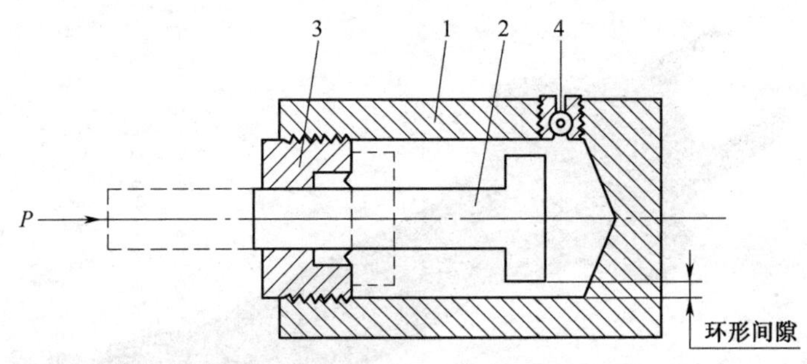

图 5-16 胶泥缓冲器结构工作原理

1—缓冲器壳体；2—活塞与活塞杆；3—带密封盖；4—充料阀

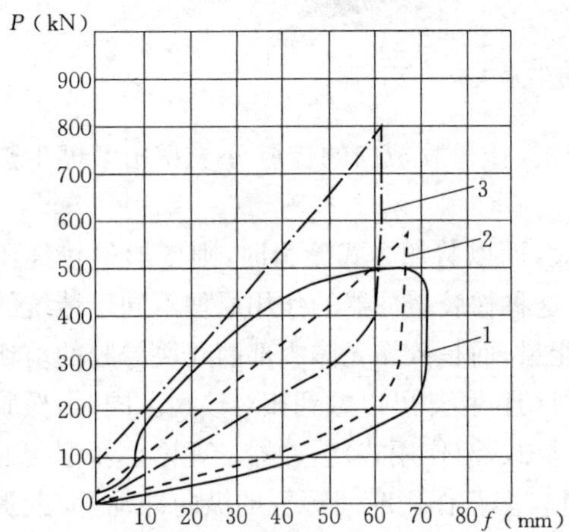

图 5-17 弹性胶泥缓冲器力—位移($P-f$)特性曲线

1—胶泥缓冲器；2—1 号缓冲器；3—G1 型缓冲器

这种缓冲器的力—位移特性曲线呈凸形，如图 5-17 所示。弹性胶泥缓冲器同普通缓冲器性能比较而言，有如下主要优点：容量大、阻抗力小、体积小、质量轻、检修周期长，它兼有液压和橡胶缓冲器两者的优点，同时克服了液压缓冲器制造比较复杂、密封困难和橡胶缓冲器吸收率低等缺点。

这种缓冲器由于具有其他传统缓冲器不可比拟的高技术性能，所以迅速得到了推广，在世界上已经有十几个国家得到应用，现在依然保持着良好的发展势头，UIC 标准已做出规定，凡参加国际联运的欧洲国家的客车，需要装用弹性胶泥缓冲器。

第四节 牵引传动与制动系统

高速动车组的技术特点表现为采用了动力强大、高度智能化、协调化的牵引传动与制动技术。

一、牵引传动系统新技术

早期的电力牵引传动系统采用交—直传动，用直流电动机驱动。采用抽头切换，间断控制或可控硅连续相位控制技术进行调速。到 20 世纪 80 年代末 90 年代初，高速动车组开始采用交流电动机驱动，并存在两种不同的技术路线，即交流同步电机和交流异步电机。鉴于逆变器技术和交流电机控制技术的进步为采用异步牵引电动机驱动提供了条件。因此，交—直—交

传动，并采用异步电机驱动，是高速动车组牵引传动系统的主流。

1. 交—直—交牵引传动的优势

(1)有良好的牵引性能。合理地利用系统的调压、调频特性，可以实现宽范围的平滑调速，使高速动车组的高速利用功率等于1，恒功率调速比大于等于2；能使列车起动时发挥出较大的起动力矩。

(2)电网功率因数高、谐波干扰小。电源侧采用脉冲整流器，通过脉宽调制(PWM)控制技术，可以调节电网输入电流的相位，并能在广泛的负载范围内使高速动车组的功率因数接近于1；使所取电流接近正弦波形，谐波干扰小。

(3)单位重量体积的牵引功率大。由于异步电动机无换向器，转速可达4 000 r/min或更高，且功率大、重量轻、体积小、单位重量体积的牵引功率大且运行可靠。

(4)动态性能和黏着利用好。由于交流异步电动机有较硬的自然特性，其防空转(黏着利用)性能较好。特别是牵引控制采用矢量控制或直接力矩控制策略，不仅能使系统稳态精度高，而且能获得高的动态性能，可以使牵引力沿着轮轨之间蠕滑极限进行控制，更适合于高速、重载牵引的要求。

2. 高速动车组牵引传动系统采用的技术

(1)新型全控电力电子器件的应用

电力电子器件是牵引变流技术的基础和核心。诞生于20世纪80年代的全控电力电子器件绝缘栅双极型晶体管(IGBT)是一种金属—氧化物半导体场效应管(MOSFET)与晶体管复合的器件，由于它既有易于驱动，控制简单、开关频率高的优点，又有功率晶体管的导通电压低、通态电流大、损耗小的显著优点，IGBT的发展及应用领域的拓展十分迅速。高速动车组牵引变流器的功率电子器件大多采用大功率IGBT或智能功率模块(IPM)。

(2)牵引变流器PWM技术

交流调速传动系统中的变流器，无论是电源侧的整流器还是电机侧的逆变器都属于开关电路，电路中开关器件的周期性通断，从根本上破坏了交流电压、电流的连续性和正弦性。电压、电流中的高次谐波，一方面给交流电网带来严重危害，另一方面又使电机运行性能恶化。谐波电流产生的脉动力矩，会引起运动轴系振动，增大运行噪声，严重时还会使电机不稳定运行。减小谐波含量的有效办法是采用PWM技术，高速动车组牵引变流器均采用PWM技术。

(3)列车驱动控制技术

高速动车组牵引传动系统是一个多变量、非线性和强耦合的系统，通常电压(或电流)和频率是可控的输入量，输出量则是转速、位置和力矩，它们彼此之间以及和气隙磁链、转子磁链、转子电流等内部量之间都是非线性耦合关系。

近年来，现代控制理论的应用又促进多种控制系统的诞生，并解决了传统反馈控制理论所不能解决的控制问题，如取得重要突破的矢量控制系统、直接力矩控制系统等。

矢量控制系统是采用参数重构和状态重构的现代控制概念，实现电机定子电流的励磁分量与力矩分量之间的解耦，从而使交流电机能像直流电机一样分别对其励磁分量和力矩分量进行独立控制，是交流驱动控制最有效的方法之一。

继矢量控制技术之后的另一个新的突破是直接力矩控制方法，与矢量解耦控制的方法不同，它无须进行两次坐标变换及求矢量的模与相角的复杂计算，而是直接在定子坐标系上计算电机磁链和力矩的实际值，并与磁链和力矩的给定值相比较，通过二点式调节器进行力矩的直接调节，加快了力矩的快速响应，使响应时间控制在一拍之内，能使系统的静、动态性能得到很大的提高。

二、交—直—交牵引传动系统的组成与能量变换

交—直—交牵引传动系统主要由受电弓(包括高压电器设备)、牵引变压器、脉冲整流器、中间环节、牵引逆变器、三相交流异步电动机、齿轮传动系统等组成，如图 5-18 所示。

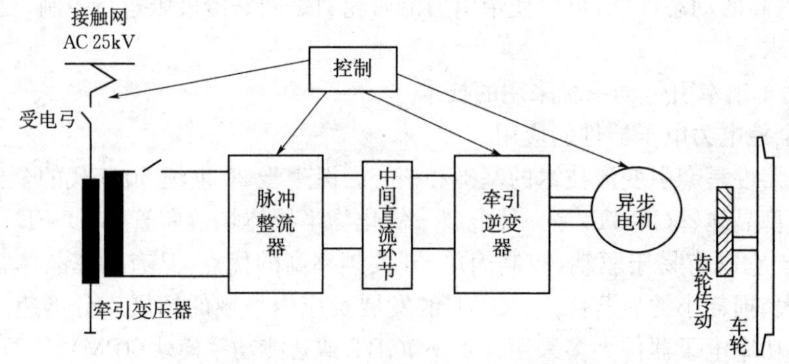

图 5-18　交—直—交牵引传动系统组成

受电弓将接触网的 AC 25 kV 单相工频交流电输送给牵引变压器，经变压器降压后的单相交流电供给脉冲整流器，脉冲整流器将单相交流变换成直流电，经中间直流电路将直流电输出给牵引逆变器，牵引逆变器输出电压、频率可控的三相交流电，供给三相异步牵引电动机，牵引电机轴端输出的转矩与转速通过齿轮传动传递给轮对，转换成轮缘牵引力和线速度。

交流传动技术的发展，一方面由于功率半导体和变流技术的进步，另一方面取决于日臻完善的控制方法和控制装置。后者能够使变流器—电机的整个系统具备不同的性能，以满足不同应用场合的要求。这些要求包括平稳起动、抑制滑行和空转、再生制动、调速范围宽等，此外，还希望多台并联工作的电动机能够由一个控制器进行统一指挥。

图 5-19 为 CRH380A 型动车组一个牵引单元系统组成。其中 CT1 为电流互感器，VCB 为主断路器，MTr 为主变压器，C/I 为牵引变流器，IM11～IM14、IM21～IM24 为牵引电机。

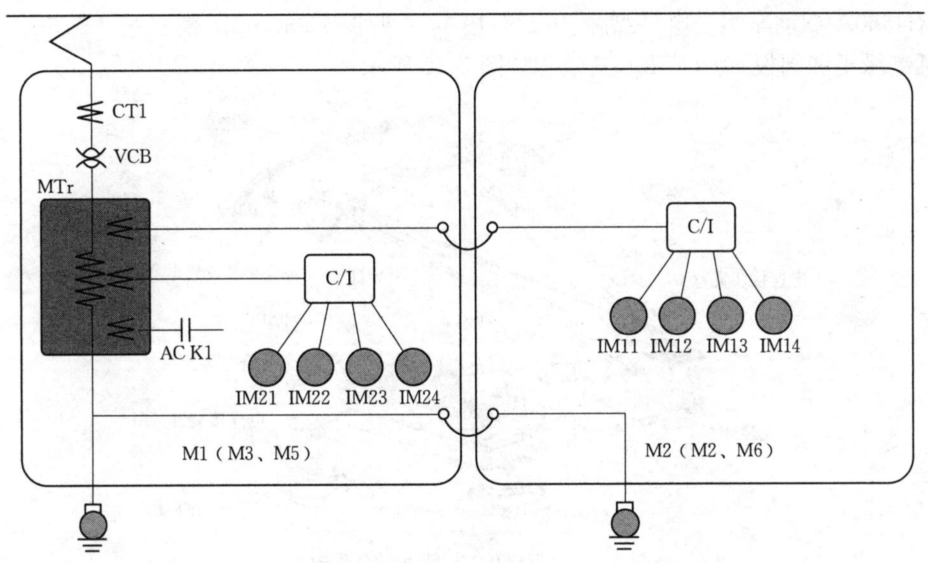

图 5-19　CRH380A 型动车组牵引系统(一个单元)

如图 5-19 所示，时速 350 km CRH380A 型动车组，全列车分为 3 个动力单元：M1＋M2，M3＋M4，M5＋M6。25 kV、50 Hz 单相交流电源从接触网经受电弓处受电，通过 VCB 与牵引变压器 1 次侧绕组连接。每个动力单元车中各设一台牵引变压器、两台牵引变流器(牵引变流器包括整流器和逆变器)及八台牵引电机。牵引变流器牵引运行时向牵引电动机供电，制动时将制动再生电能反馈回电网。

列车牵引运行本质上是将电能转换成机械能的过程，其能量变换与传递的途径如图 5-20 实线箭头所示；再生制动运行是将机械能转换成电能，能量变换与传递的途径如图 5-20 虚线箭头所示。

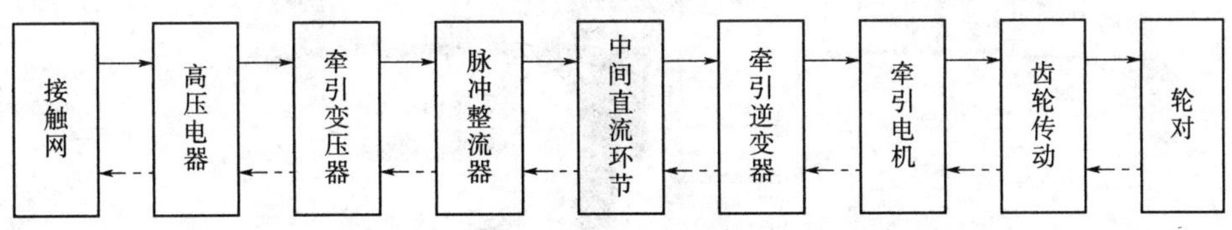

图 5-20　交—直—交牵引传动能量变换与传递途径

高压电器设备完成从接触网到牵引变压器的接通与断开，主要包括受电弓、主断路器、避雷器、电流互感器、接地保护开关等，完成供电系统的接入与断开控制、网侧电流检测、保护等功能，不参与能量的转换。其中受电弓最为关键，负责完成列车运行过程中的高速受流、并确保受流质量。

CRH380A 型动车组受电弓型号为 TSG19A，弓头长 1 950 mm，滑板长 1 576 mm，质量(不包括绝缘子和阀板)为 117 kg，其结构如图 5-21 所示。

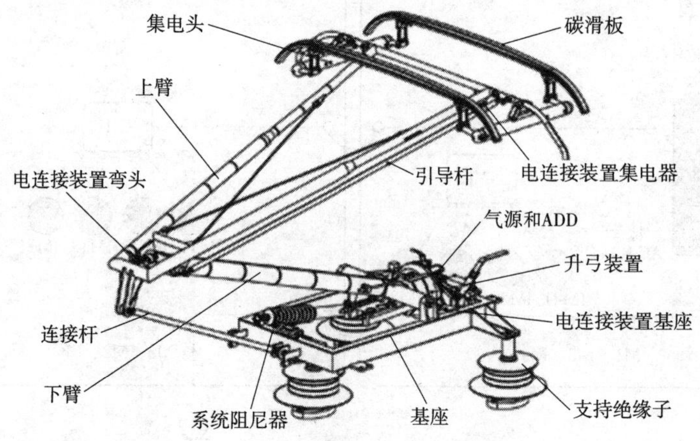

图 5-21　CRH380A 型动车组受电弓

CRH380A 型动车组采用 CB201C 型真空断路器是为了当牵引变压器在二次侧以后的电路中发生故障时，能迅速、安全、确实地断开过电流而安装的，同时，它也是平常开闭主回路一种开关，兼具断路器和开关两种功能的机器。这种真空断路器(通称 VCB)，在被封闭的真空容器中配置动静触头，通过动静触头，利用真空中有高的耐绝缘能力和电弧的扩散作用来断开电流。VCB 配置在车底部的高压设备箱内。图 5-22 展示了 VCB 的内部构造。

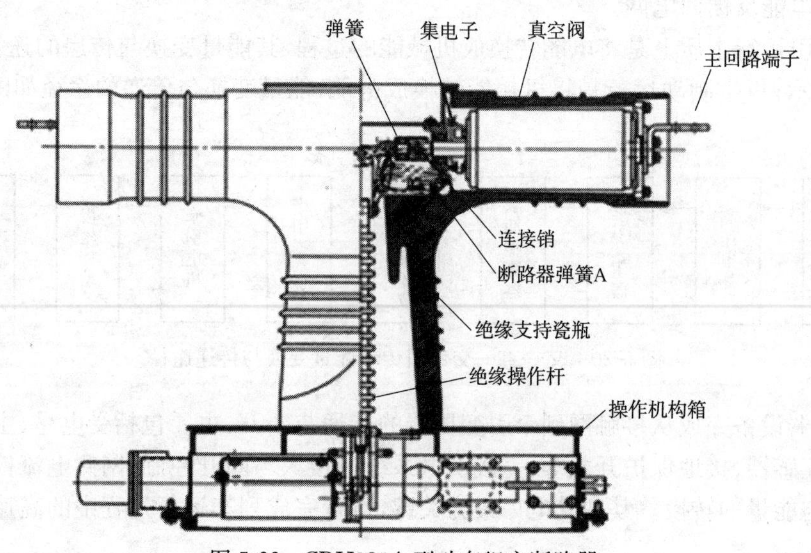

图 5-22　CRH380A 型动车组主断路器

牵引变压器用来把接触网上取得的 25 kV 高压电变换为供给牵引变流器及其他电机、电器工作所适合的电压，其工作原理与普通电力变压器相同。针对高速动车组交流传动系统的特点，为了抑制变压器二次侧电流纹波、控制开关器件的关断电流以及抑制网侧谐波电流，要求牵引变压各绕组有很高的电抗(一般在 20%以上)；为了使二次侧并联的脉冲整流器的负荷平衡，各牵引绕组的电抗必须相等；二次侧各绕组之间相互干扰很强时，电流波形会产生紊乱，严重影响开关器件的关断电流，因此各绕组之间要采取磁去耦结构；由于变流器负载的谐波电流等会引起牵引变压器局部发热，对冷却系统要求很高；同时高速动车组要求其体积小、重量轻、性能稳定。因此，在理论研究的基础上解决牵引变压器的特殊问题是当务之急。

CRH380A 型动车组采用 TBQ34-3855/25A 型牵引变压器具有以下特点：二次绕组为 2 个独立绕组，每个绕组与一台牵引变流器连接，使二次绕组具有高电抗和弱耦合性，确保牵引变流器具有稳定运行的特性；另外，一次绕组配置了 2 个并联结构的线圈；为了减轻重量，一次线圈采用了铝质线圈；一次绕组接地侧、二次绕组侧及三次绕组侧的绝缘套管采用了耐热环氧树脂将 11 根铜质中心导线注塑一块端子板；使用三次绕组侧的端子，并引出 2 根中心导线。其外观如图 5-23 所示。

图 5-23　CRH380A 型动车组主变压器

脉冲整流器是牵引传动系统的电源侧变流器，列车牵引时作为整流器，再生制动时作为逆变器，可以实现牵引与再生工况间快速平滑地转换。列车牵引运行时，将牵引变压器的牵引绕组输出的单相交流变换成直流电，并要保证中间直流环节的电压恒定，交流电网侧功率因数接近 1，使电网电流尽量接近正弦，减少电网对周围环境的电磁污染；对直流侧，在电网电压或负载发生变化时，能够维持中间直流电压的稳定，给牵引逆变器提供良好的工作条件。列车再生制动运行时，将中间直流环节的直流电压变换成电压、频率、相位满足要求的单相交流电，通过牵引变压器实现并网。再生制动及其并网技术是最关键的技术问题。

牵引逆变器是牵引传动系统的电机驱动侧变流器，列车牵引时作为逆变器，再生制动时作为整流器，可以实现牵引与再生工况间快速平滑地转换。列车牵引运行时，将中间直流环节的直流电压变换成电压、电流、频率按照牵引特性要求控制的三相交流电，并要保证三相电压对称、电流尽量接近正弦,减少谐波及电压不对称对牵引电机的影响。列车制动运行时,牵引电机工作在发电状态,将牵引电机输出的电压、频率变化的三相交流电变换成直流电,输出给中间直流环节。高速动车组采用转子磁场定向矢量控制技术和直接转矩控制技术实现对逆变器的 PWM 控制。逆变器+牵引电机的驱动控制技术是牵引传动控制系统的核心技术。

CRH380A 型动车组采用 TGA10E 系列牵引变流器,牵引变流器主要用于控制 4 台牵引电机的电源。其结构简洁,整流器、直流中间电路、逆变器、真空交流接触器等的主电路机器、无触点控制装置、控制电源等控制电路器具均安置在一个箱体内的一箱体构造,缩小了安装空间。同时由于采用铝制框架力求达到轻量化的目的,变流器内部装置的每个单元在结构和控制方面具有互换性。本装置安装在 2、3、4、5、6、7 号车的车下设备舱内。

TGA10 系列牵引变流器主要构成包括:(1)功率单元,主开关元件 IGBT 或者 IPM;(2)过压抑制可控硅单元;(3)充电单元;(4)真空交流接触器;(5)电阻单元,过载电压抑制电阻、放电电阻;(6)交流电压传感器,霍尔型;(7)交流电流互感器;(8)无触点控制装置(变流器控制单元);(9)控制电源单元;(10)电动送风机,主电动通风机和辅助电动通风机(密闭室冷却用)。图 5-24 为 TGA10 系列牵引变流器输入侧的结构布局。

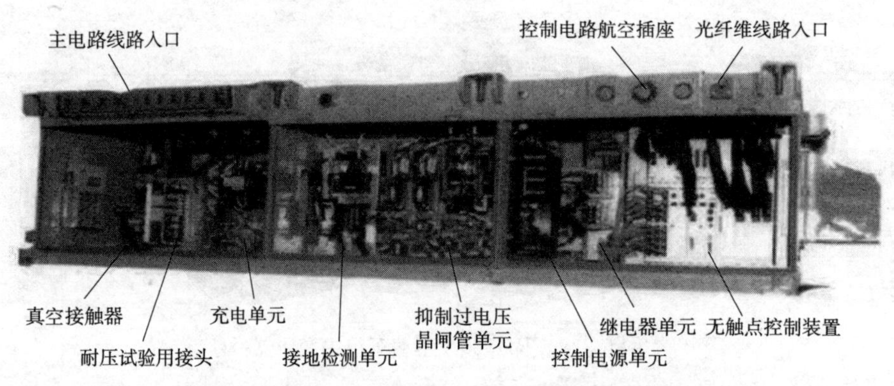

图 5-24　CRH380A 型动车组牵引变流器输入侧结构

牵引变流器的脉冲整流器和逆变器主电路功率模块如图 5-25 所示。

牵引电机是实现电能和机械能转换的最核心的部件。列车牵引时作为电动机运行将电能转化成机械能,制动时作为发电机运行将机械能转化为电能。高速动车组要求牵引电机机械强度高,高速运行时能承受很大的轮轨冲击力;采用耐电晕、低介质损耗的绝缘系统以适应变频电源供电;电机前后端采用绝缘轴承,以防止电机轴承的电蚀;转子导条采用低电阻、温度系数高的铜合金材料,保证传动系统的控制精度;电机采用轻质高强度材料,以减轻电机自重;采用经过验证的轴承和轴承润滑结构,从而减少电机的维护,保证电机轴承更可靠工作;在输出一定功率的情况下,为减少体积,采用强迫通风和优化的通风结构,充分散热,以降低电机的温升,提高材料的

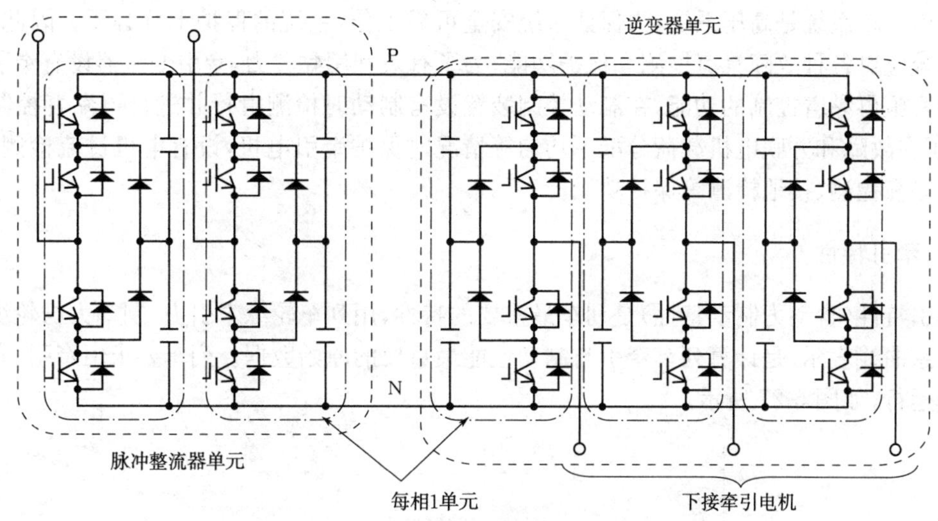

图 5-25　脉冲整流器和逆变器主电路功率模块

利用率;电机的非传动轴端安装了 2 个速度传感器,用以给传动控制系统提供速度信号,便于逆变器控制和制动控制。高速动车组交流牵引电机的优化设计理论与方法研究至关重要。

CRH380A 型动车组采用 YQ365 型牵引电机,属于三相鼠笼型感应电机,冷却方式是强制风冷方式,极数是 4 极,动力传送方式为平行万向节齿轮形挠曲轴接头方式,绝缘等级 200(定子绕组),最高使用转速 6 120 r/min,高速试验转速 7 040 r/min。图 5-26 展示了 YQ365 型牵引电机的外观。

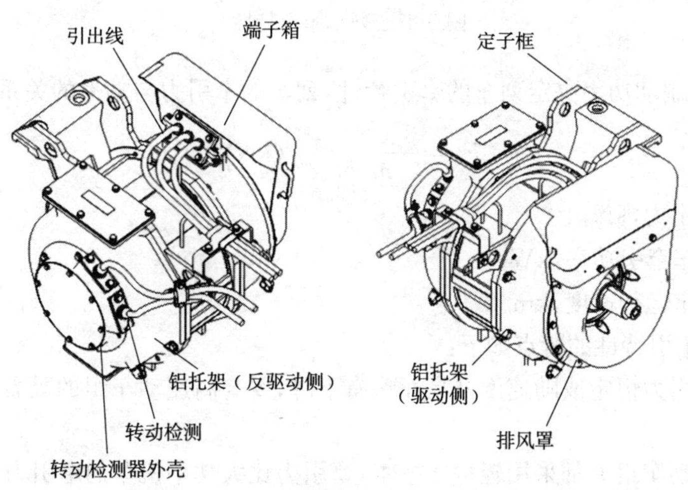

图 5-26　CRH380A 型动车组牵引电机结构

牵引传动系统是高压系统，为保证系统安全可靠工作，系统的保护十分必要。因此，牵引驱动系统应对各种故障具有检测和保护功能；为了有效利用黏着力，牵引变流器设有牵引时检测空转实施再黏着控制的功能，在制动控制装置设有制动时检测滑行并进行再黏着控制的功能；为了在故障和并联电机载荷分配不均匀等情况时保护牵引电机，设有电机过流检测、电机电流不平衡检测、接地检测等保护功能。

三、牵引特性

牵引特性(含动力制动特性)是列车最重要的特性，用列车轮缘牵引力/制动力与轮缘线速度的关系曲线表示，是计算列车牵引与制动性能最重要的原始数据。列车要求恒牵引力起动、恒功率运行，如图 5-27 所示。

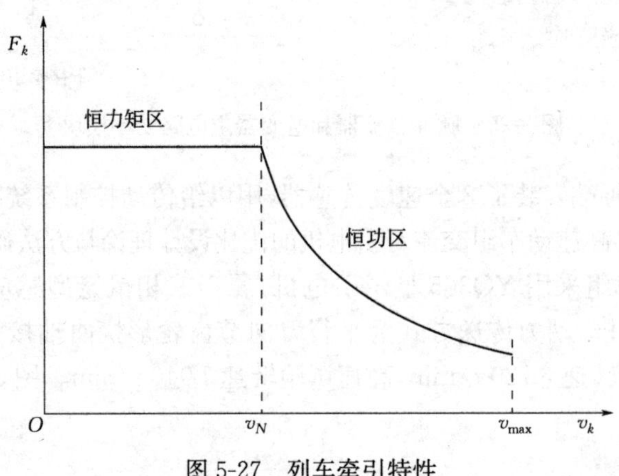

图 5-27　列车牵引特性

列车的牵引/制动功率决定列车的牵引特性，列车的牵引力与功率的关系如式(5-2)所示。

$$F_k = \frac{3.6P_k}{v_k} \quad (\text{kN}) \tag{5-2}$$

式中　F_k——牵引力，kN；

P_k——列车牵引功率，kW；

v_k——列车运行速度，km/h。

高速动车组牵引特性的特点如下：

1. 低速区牵引力恒定或随速度升高而略有下降，要与高速动车组的黏着特性随速度的变化趋势相适应。

2. 由于高速动车组大都采用轻量化技术，牵引力比大功率机车的牵引力明显减小。

3. 高速区为恒功率曲线，牵引力随速度升高而呈双曲线关系下降；这一点与普通内燃、电

力机车的恒功牵引特性曲线是相似的；但恒功范围略小，且向高速区移动；对于最高运行速度300 km/h的动车组，恒功范围起始点多在100 km/h以上。

4. 因采用动力分散牵引模式，在正常轨面状态下，起动时及低速范围的牵引力低于黏着限制曲线较多，因此，在动车组的牵引特性曲线图中黏着特性曲线通常是不画出来的。

5. 在动车组的牵引特性曲线上通常不标注最低持续速度，因为在全功率下，即便在20‰以上甚至接近30‰的坡道上，列车的运行速度仍然在恒功区范围内，牵引电机的散热能力在允许范围，换句话说，在正线运行时(坡道12‰)不会出现全功率低速持续运行的工况。

五种典型动车组的牵引特性如图5-28所示。

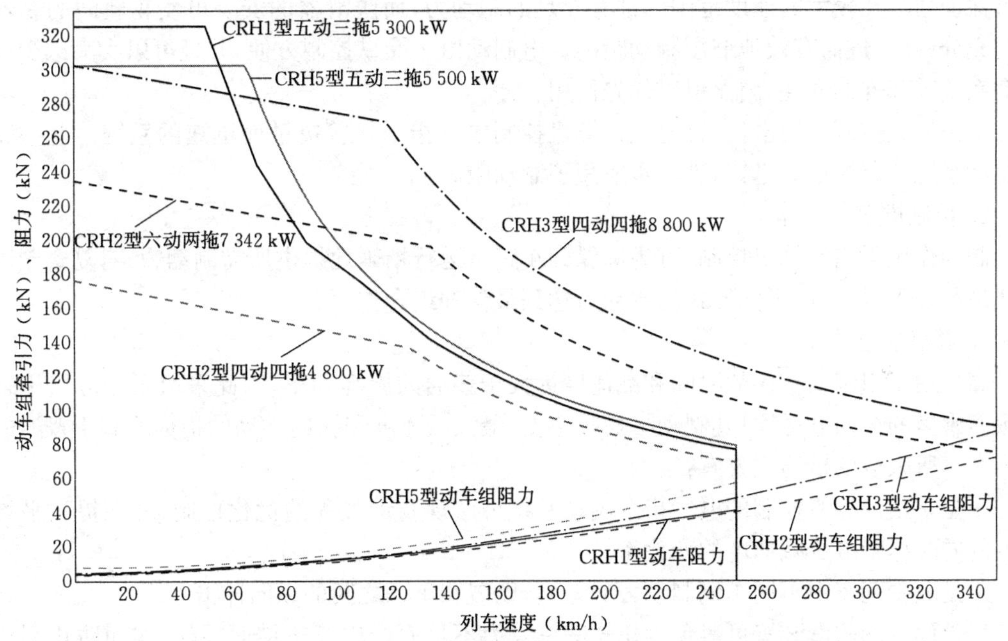

图5-28　CRH1、CRH2、CRH3、CRH5型动车组牵引特性曲线

四、制动系统的性能特点与构成

高速动车组运行速度高，会给列车的制动能力、运行平稳性等方面提出一系列问题，如时速200 km以上的动车组的制动能量是普通列车的4倍以上。因此，高速动车组必须装备高效率和高安全性的制动系统，为列车正常运行提供调速和停车制动的手段；并在意外故障或其他必要情况下具有尽可能短的制动距离。

依据《铁路技术管理规程(高速铁路部分)》，动车组列车制动初速度为200 km/h时，紧急制动距离限值为 2 000 m；制动初速度为 250 km/h 时，紧急制动距离限值为 3 200 m；制动初速度为 300 km/h 时，紧急制动距离限值为 3 800 m；制动初速度为 350 km/h 时，紧急制动距离限值为 6 500 m。

（一）高速动车组制动系统性能特点

1. 高安全性

高速动车组制动系统的制动能力强，反应速度快，具有相当高的安全性；在结构上具体表现在以下两个方面：

一是采用电、空联合制动模式，电制动优先，而且普遍装有防滑器。电制动与空气制动结合可保证列车在较大的速度范围内都有充足的制动力，而防滑器的安装可使轮轨间的黏着力得到充分运用，进而有效地缩短制动距离。电制动由于操纵控制方便，并且可以大大减少空气制动系统零部件的磨耗，因而得以优先使用。

二是操纵控制采用电控、直通或计算机控制电气指令式等灵敏而迅速的系统。这些装置使制动系统的反应更为迅速，进一步缩短了制动距离。

2. 控制准确

制动作用采用计算机控制，可为确保列车正点运行精确地提供所需制动力；对复合制动的模式进行合理设计，使不同形式的制动力达到最佳的组合作用。

3. 高舒适度

高速动车组制动作用的时间和减速度远大于普通的旅客列车，因此采取了相应措施来提高旅客乘坐的纵向舒适度；其制动平均减速度、最大减速度和纵向冲动的指标均高于普通的旅客列车。所采取的措施主要有：

一是采用计算机控制的电气指令制动系统可实现制动过程的优化控制，并在提高平均减速度的同时尽量减少减速度的变化率。

二是减少列车中不同车辆制动力的差别，以缓和车辆之间的纵向冲击力。

三是设置的防滑装置可避免因轮轨间黏着力不足而产生车轮踏面擦伤，继而防止列车运行平稳性恶化，提高乘坐舒适性，以及避免对车轴等部件产生附加应力的问题。

4. 高可靠性

一是采用“故障导向安全”机构，以便在制动系统发生故障时，能向安全方向动作。如高速动车组一般设有空气制动、计算机控制的电空制动和计算机网络三种制动控制方式。在正常运行情况下，由计算机网络控制并传递全列车各车辆的制动信息。当该控制系统发生故障时，能自动转为电空制动作用。在电气故障或电空制动故障时，能依靠纯空气制动来保证不良状态下的制动距离。此外，在高速动车组计算机控制的制动控制过程中需要有大量的信息输入、数字运算和输出指令，为防止故障，在该指令系统的设计中也考虑了相应的可靠性措施。

二是进行“防止误操作”设计。

5. 维修方便

动车组在设计时开发了在故障时能够进行自检的自诊断功能等，并减少了磨耗件，大大减少了维修工作量。

6. 制动装置轻量化

制动系统采用模块化设计，并改进和集成制动部件，以实现小型轻量化。例如，高速动车组可将空气制动的电气—空气—液压方式变换为电气—液压直接变换方式，省却副风缸、增压缸和大量空气配管，以实现小型轻量化，可将质量减轻约 2/3。又如，在动车组的空气制动控制装置中，各种阀门、塞门多采用单元化方式集中安装在铝合金安装板的前面，以减轻质量和减少维护、检修工作量。

高速动车组的制动能量和速度的平方成正比，传统的纯空气制动已不能满足需要。究其原因，一是制动热容量和机械制动部件磨耗寿命的限制，二是摩擦材料的性能对黏着利用的局限性，三是旅客乘坐舒适性的不利影响，在纯空气制动作用情况下，紧急制动距离不可避免地延长。

因此，高速动车组必须采用能提供强大制动力并能更好利用黏着的复合制动系统；制动时电制动与空气制动联合作用，且以电制动为主。空电联合复合制动的优点是尽量发挥再生制动的节能作用，将列车的动能转化为电能并反馈给电网，同时，使空气制动的使用率大大降低，从而减少制动盘和制动闸片的磨耗，节约运行成本。图 5-29 所示为二级常用制动时电制动与空气制动联合作用示意图。

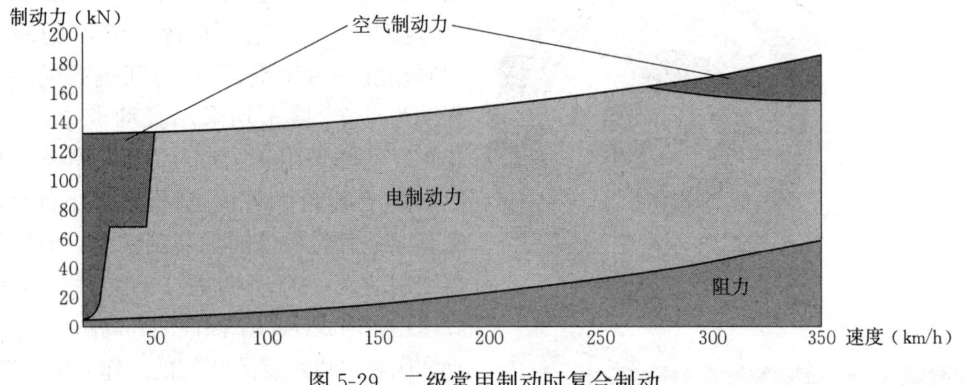

图 5-29　二级常用制动时复合制动

(二)复合制动系统的构成

复合制动系统通常由电制动系统、空气制动系统、防滑装置、制动控制系统等组成。CRH380A 型动车组制动系统由制动控制（包括司机制动控制器、制动控制装置、制动信息显示和监控装置）、再生制动（包括牵引电机）、空气制动（包括空气压缩机、干燥装置）、电子防滑器(包括排风阀)和制动单元(又称基础制动装置)等组成,如图 5-30 所示。

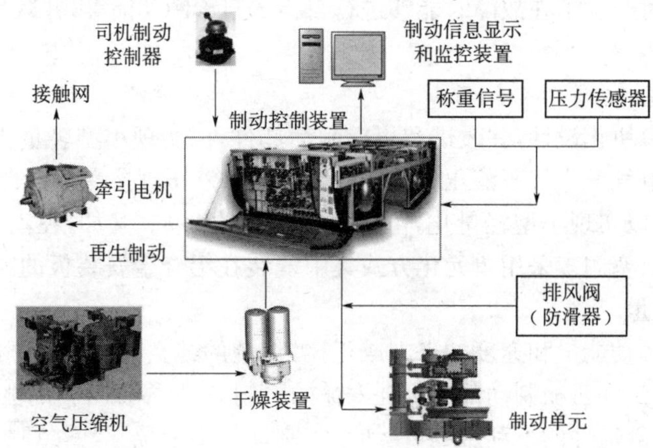

图 5-30　CRH380A 型动车组制动系统构成

制动时,采用空电联合复合制动,常用制动时电制动优先,尽最大能力发挥再生制动作用,将能量反馈回电网。再生制动时,转子产生的电磁转矩与转子转向相反,电机成为发电机,将动能转换为电能,再经牵引变流器和牵引变压器将电能反馈回电网。

6M2T 的编组构成中对拖车使用全机械制动方式。采用直通式电空制动系统,主风管直接向制动缸输入压缩空气实施制动,具有制动缸压力精确、反应时间短的优点;基础制动为动车、拖车均采用气动卡钳盘式制动装置。动轴采用轮盘制动,具有摩擦半径大、散热好、热容量大等优点;拖轴采用轴盘制动,配有三个大热容量的轴装制动盘,制动盘采用铸钢制动盘,并配备铜基粉末冶金闸片,保证在高速运行时稳定的摩擦性能和高耐磨性。制动盘和闸片可以承受 600 ℃的工作温度。图 5-31 为基础制动装置。

图 5-31　基础制动装置

另外,从降低闸瓦磨损的观点上进行延迟控制,制动力优先让动车(再生制动)负担。CRH380A 型动车组将从 2M1T 或单独动车(4 或 5 号车)作为控制单位进行延迟控制。

再生制动和空气制动的切换根据电空协调控制，由制动控制器判断所需要的制动力，当再生制动力不足时，用空气制动来进行补足。

五、制动系统的功能

CRH380A 型动车组具有常用制动、快速制动、紧急制动、辅助制动、耐雪制动、停放制动、救援转替、列车制动管(BP)救援等功能。

1. 常用制动

常用制动力分为 1～7 N(常用制动挡位)，进行延迟控制。延迟时，将动车产生的多余制动力从拖车上减去，作为编组确保必要的制动力。另外，具备随载荷变化调整制动力的功能，无论车辆的质量如何，都可保持一定减速度的控制。图 5-32 所示为 CRH380A 型动车组制动减速度特性曲线。

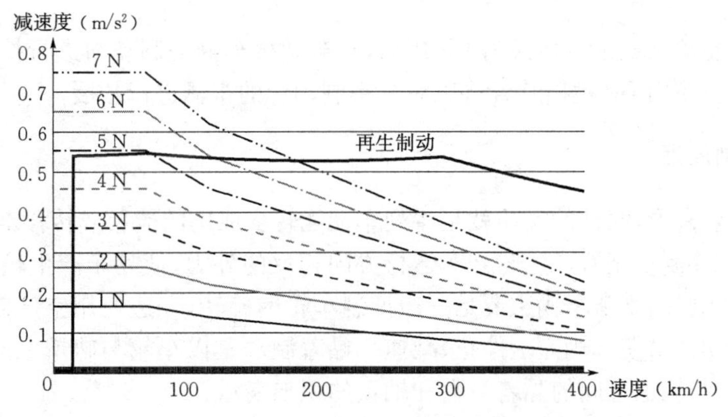

图 5-32　CRH380A 型动车组制动减速度特性曲线

2. 快速制动

快速制动在手动制动操作或列车自动防护(ATP)指令动作时实施。

3. 紧急制动

在列车分离、总风管(MR)压力下降、手柄“拔出位”动作。不具备随载荷变化调整制动力的功能。

4. 辅助制动

为在制动控制器不良、制动指令线断线、救援时等使用的目的而设。通过操作驾驶台的设定开关以及各个单元(拖车)的配电盘开关来进行工作，制动力保持一定，与速度无关，和常用、快速制动是不同的。此外，制动控制器(BCU)还对电动空气压缩机、开闭车门速度等进行控制，即便是在使用辅助制动时，制动控制装置的电源也不能切断。

5. 耐雪制动

为了防止降雪时制动盘和闸瓦之间进雪，轻轻压紧闸瓦，以封闭闸片和制动盘之间的间隙为目的而装备的。速度 110 km/h 以下、操作耐雪制动开关并操作司机制动控制器手柄来运行。制动缸（BC）压力设定在（60±20）kPa，通过制动控制器的开关操作可进行设定值的变更。

6. 停放制动

停放制动功能是由单独的停放制动控制装置来控制的。当需要施加停放制动时，停放制动控制装置排出停放制动缸中的空气，停放制动施加；当需缓解停放制动时，停放制动控制装置向停放制动制动缸充气到预定压力，停放制动缓解。

7. 救援转替

救援转替装置可以读取 BP 管的压力，当 BP 压力从 500 kPa 或 600 kPa 开始减压时，装置将以数字信号输出符合其减压量的制动指令，制动控制装置根据制动指令产生相应的动作。

8. BP 救援

将动车组的制动电气指令转换为 BP 压力，对被救援车辆的制动力进行控制，以达到控制车辆制动的目的。使用 BP 救援装置可以对具备制动管的车辆进行救援。

六、制动控制原理

从能量的观点来看，制动的实质就是将列车动能转变成别的能量或转移走；从作用力的观点来看，制动就是让制动装置产生与列车运行方向相反的外力，使列车产生较大的减速度，尽快减速或停车。一般的铁道车辆主要是一边抑制车轮的旋转，一边使用空气制动器和电气制动器等的黏着制动器来使车辆完全停止、减速。黏着制动是以车轮与轨道之间的黏着力为基础，黏着力以车轮与轨道之间的黏着系数和轴重的积来表示。

黏着系数主要受车辆的行驶速度，雨、霜、雪等气候条件及轨道上面和车轮踏面的状态（生锈、黏附的油脂或尘埃所造成的污垢和踏面的粗糙度等）的影响，会发生很大变化。另外，轴重在运行中也会因轨道的状态而不断变动，再加上车辆的加速、减速时而产生的轴重移动产生变化。也就是说，黏着力在运行中会因各种各样的条件而发生很大的变化。

特别是高速行驶的车辆，在高速区制动时发生滑行的概率很高，因此必须采用充分考虑了这一情况的制动力控制方法。对于 CRH380A 型动车组，为了降低滑行发生概率，使用沿着黏着曲线进行制动力控制的方法。如图 5-33 所示。

另外，即使考虑黏着系数的变动而将黏着系数设定低一些，但由于天气、轨道面状态而使实际的黏着系数异常低下的情况也会出现。在这种情况下制动，车轮相对于轨道可能会发生滑行，严重的情况会形成卡紧（固着）。车轮发生抱死（固着）后，若不及时进行防滑控制，车轮摩擦面将发生异常磨损并形成平面，不光造成制动距离的增大，也涉及乘坐舒适感的降低，对轨道有不良影响。因此，车轮和轨道开始发生相对滑行时，要在尽早监测到的同时减弱制动力

并再次进行对车轮的黏着，采用防止制动距离延伸的滑行检测、再黏着控制方式。

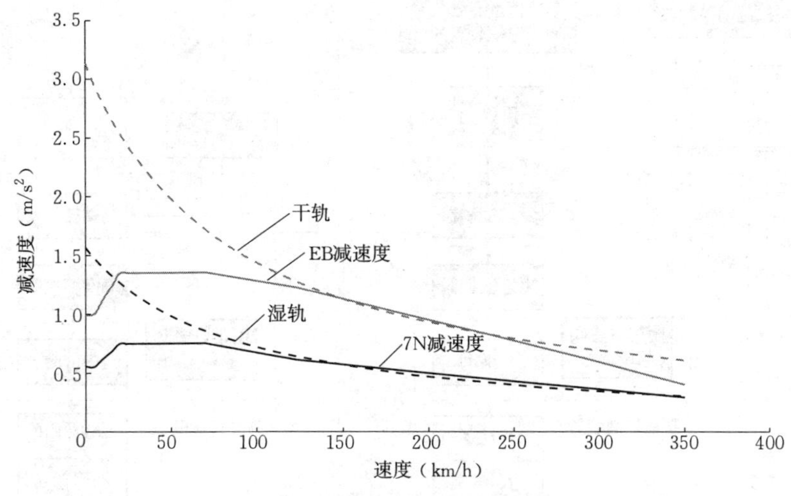

图 5-33　速度—黏着模式控制曲线

CRH380A 型动车组制动控制装置针对常用制动、快速制动、紧急制动和耐雪制动等进行制动控制的工作原理如下：

1. 常用制动、快速制动控制

制动控制装置上内置的制动控制器(BCU)，接受光传输以及指令线所发的常用制动或快速制动指令，根据运算速度、空气弹簧压力、再生制动力的各项因素，算出必要的空气制动力后以电流控制方法来输出必要的空气制动力。从制动控制器上的电流输出到电空变换阀(EPLA)后，被变换成空气压力，然后供给到中继阀。在中继阀放大容量后，将压力空气供给于增压气缸。图 5-34 为 CRH380A 型动车组常用制动控制原理。

2. 紧急制动控制

常时加压的紧急制动指令线在无加压时，电磁阀立即发出动作而把调压阀的压力供给于中继阀下面的膜板室，在中继阀放大容量后，将压力空气供给到增压气缸。调压阀有两级控制区域，分别是速度超过 250 km/h 的高速区域和 250 km/h 以下的低速区域。在高速区域，压力切换指令线加压，装配在调压阀的电磁阀动作输出低压；在低速区域压力切换指令线不加压，调压阀将输出高压。图 5-35 为 CRH380A 型动车组紧急制动控制原理。

3. 耐雪制动控制

制动控制器接收到耐雪制动指令后，在判断制动条件和速度条件的基础上，用电流控制方式输出封闭闸片和圆盘之间的空隙所需的空气压力。与常用制动、快速制动相同的空气控制，将压力空气供给增压气缸。

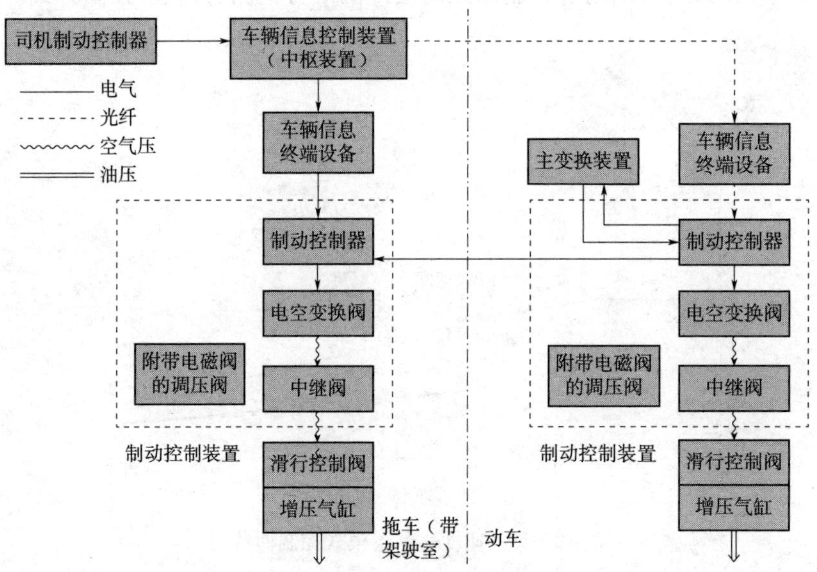

图 5-34　CRH380A 型动车组常用制动控制原理

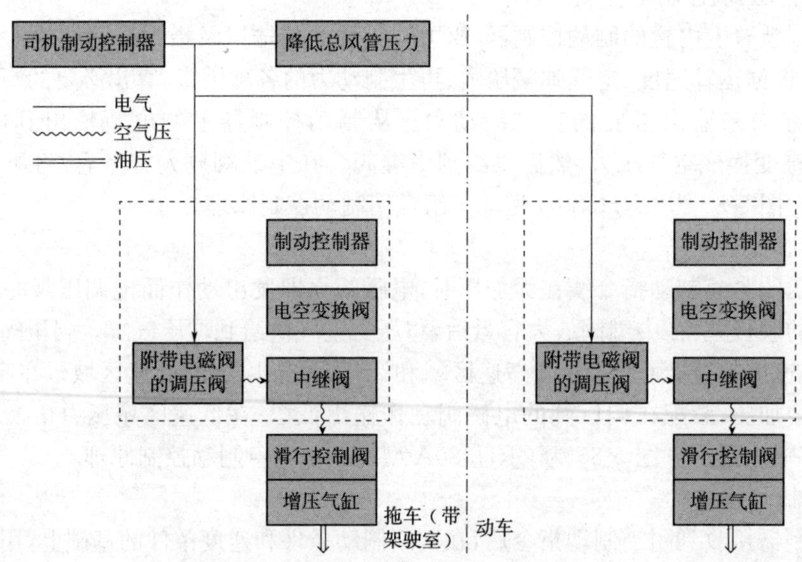

图 5-35　CRH380A 型动车组紧急制动控制原理

4. 辅助制动

制动控制装置中的电空变换阀(EP 阀)通过电气线路 150F 和 150G 线接收来自辅助制动控制装置发出的控制电流(降压、整流处理后),直接输出相应的制动力。当 BCU 检测到当前为辅助制动状态时,将输出最低的 EP 阀电流,以确保制动力不会叠加。

5. 停放制动监控

BCU 可以根据停放制动(PB)压力开关的状态(电气线路 150PB 线)来判断停放制动实际的施加/缓解状态,通过网络告知列车网络控制与管理系统(TCMS);BCU 通过光纤网络接收到停放制动施加的指令信号,与 PB 压力开关的状态来判断停放制动是否异常施加/缓解,通过网络告知 TCMS。

第五节　列车网络控制与管理系统

高速动车组的技术特点还表现为覆盖驾驶、检修、服务的动车组运用模式;基于计算机网络技术组成的列车与车辆控制信息网络系统,它实现了地对车、车对地、车与车之间的实时通信与自动控制,提升了高速动车组的智能化水平。

一、TCMS 的概念、任务及通信网络特点

列车网络控制与管理系统(train control and management system,TCMS),是将广泛分布于列车不同位置,具有不同功能的计算机控制单元(或称智能节点/控制节点),按照一定的通信规则(如 TCN 标准、ARCNET 标准、HDLC 协议等),用传输介质(如双绞线、光导纤维、同轴电缆、无线电波或卫星等)连接起来,搭建成列车总线+车辆总线二层结构,车辆总线进行动力单元内或单车内的数据通信,列车总线进行动力单元间的数据通信。由此,在多种通信与控制计算机软、硬件的支持下,处理整个车组的控制、单车的控制,列车诊断,状态监测,事件记录,人机界面等。

TCMS 是动车组智能化的核心组成部分,在动车组中承担着下述任务:

(1)实现各动力车的重联控制。

(2)实现全列车(动车和拖车)所有由计算机控制的部件联网通信和资源共享。

(3)实现全列车的制动控制、自动门控制、轴温监测及空调控制等功能。

(4)完成全列车的自检及故障诊断决策。

其控制层级结构如图 5-36 所示。

该系统控制主要由列车控制级、车厢控制级、传动控制级以及车内各种设备的监控、诊断和显示装置等组成。

动车组 TCMS 与其他通信网络相比,有如下特点:

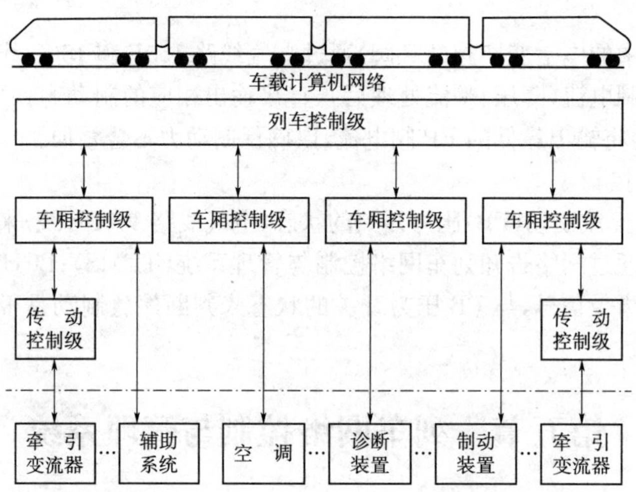

图 5-36 列车网络控制与管理系统的控制层级结构

(1)网络结构相对简单。

(2)数据传输量小且采用短帧结构。

(3)数据传输的实时性与突发性兼顾。

(4)具有自组网能力,具有较好的扩展性。

(5)通信规则具有开放性。

二、TCN 列车通信网络标准

TCN 标准的产生对推动铁路和城市轨道交通的技术进步具有重要意义。TCN 为各种列车上的应用提供了一个标准的通信平台,由于应用不需要考虑从哪里得到数据或怎样将数据发送出去,因而使得系统的信息交换更容易实现;TCN 使简单廉价的设备与复杂的车载计算机协作,共同构成了具有分布式控制系统概念的列车控制系统;TCN 标准确定的列车通信平台使得新设备和新服务的出现更为简便,提高了列车控制的技术水平、服务水平,增强了轨道交通列车的竞争力。

列车通信网络标准(train communication network,TCN)由绞线式列车总线(wire train bus,WTB)和多功能车辆总线(multifunction vehicle bus,MVB)两层总线构成,如图 5-37 所示。

图 5-38 是 WTB 和 MVB 的基本结构模型,也是在列车内应用的标准组合,TCN 协议基本是按照这种模型来定义协议规范的。WTB 和 MVB 虽然是两种不同结构的通信总线,但采用同样的实时传输协议 RTP。

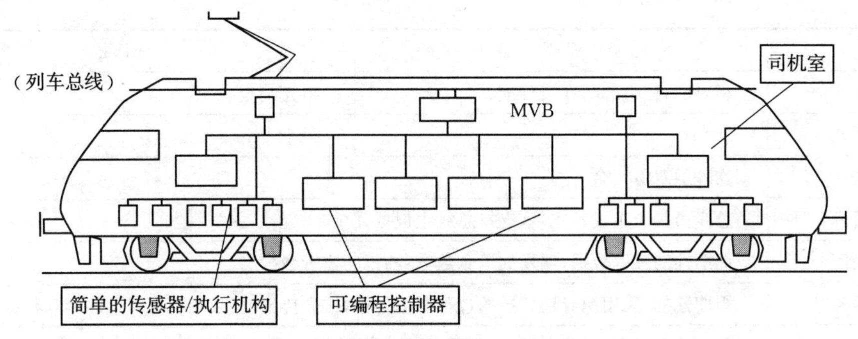

图 5-37　车辆内 WTB 和 MVB 的结构

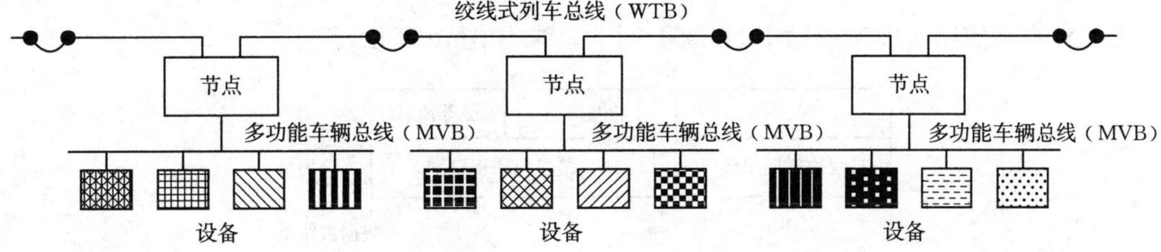

图 5-38　WTB 和 MVB 的基本结构模型

TCN 的两层结构中，连接各车辆的绞线式列车总线 WTB，列车新编组时可自动配置，通信介质为双绞线，通信速率为 1 Mbit/s；连接一节车辆内或车辆组各设备的多功能车辆总线 MVB，经优化具有快响应性，通信介质为双绞线或光纤，通信速率为 1.5 Mbit/s。WTB 和 MVB 的基本特性见表 5-2。

表 5-2　WTB 和 MVB 的基本特性

项　目	WTB	MVB
组态	根据列车编组在线自动组态	总线成员事先确定
介质	双绞线	总线母板，双绞线，光纤
设计长度	860 m	20 m(无隔离)，200 m(有隔离)，2 000 m(光纤)
数据速率	1. 0 Mbit/s	1. 5 Mbit/s
编码	曼彻斯特码＋分界符	曼彻斯特码＋分界符
帧长度	最大 1 024 位	最大 256 位
帧格式	HDLC	TC57
支持设备	最多 32 个节点	最多 4 096 个节点

续上表

项　目	WTB	MVB
地址	相对的,在组态时在线分配	事先确定
基本周期	25 ms	最小 1 ms
冗余	物理层双份冗余	
总线管理	总线由一个主设备控制,支持总线主设备冗余	
介质访问	周期性的过程数据,偶发的消息数据,随机的监管数据	
链路服务	周期性的、采用源寻址广播的过程数据传输;按需传送的、采用目标寻址的消息数据传输	
协议	分布式数据库(过程数据)网络层、传输层和会话层协议(消息数据)统一的数据类型	
应用接口	过程变量(过程数据),远程调用处理(消息数据)	

TCN 的通信层次模型遵循 ISO/OSI 7 层模型,如图 5-39 所示。

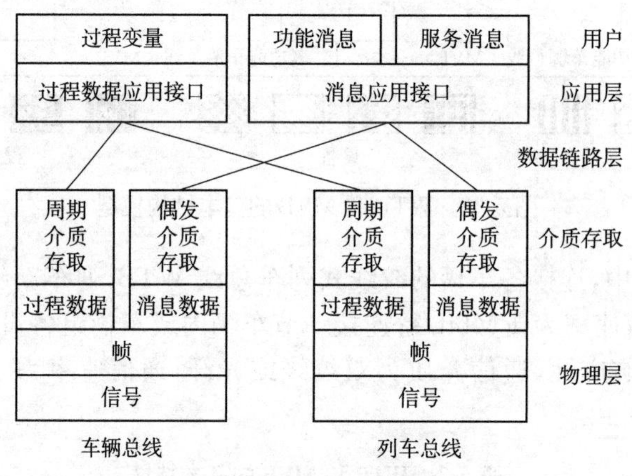

图 5-39　TCN 通信层次模型

列车通信网络作为局域网,节点功能固定,故只涉及网络中的下两层和应用层。其中数据链路层在应用到局域网时分成两个子层,逻辑链路控制(logic link control,LLC)子层和介质存取控制(medium access control,MAC)子层。MAC 子层处理局域网中各站对通信介质的争用问题,对于不同的网络拓扑结构可以采用不同的 MAC 方法;而 LLC 子层屏蔽各种 MAC 子层的具体实现,将其改造成为统一的 LLC 界面,从而向网络层提供一致的服务。列车通信网上的数据量都比较小,不存在路由选择、顺序控制和阻塞控制等问题,比较简单;但是实时性、可靠性及网络构成的实用性要求比较高。

TCN 协议支持多种冗余方式,主要是传输介质冗余和设备冗余。

WTB 和 MVB 的传输介质(双绞线)都是冗余结构。WTB 和 MVB 的双绞线都采用 A、B

两对线，总线上的每个设备都与这两对线分别连接。运行时，设备或节点同时在两对线上发送信息，但只能在其中的一对双绞线上接收信息。设备可以随机地在 2 对双绞线中的任何一对上接收信息，协议支持设备可以按照一种规则来回切换接收使用的双绞线电缆。若设备从侦听中发现其中一对双绞线的信号发生故障时，设备可以固定使用另外一对双绞线进行工作。当然，这种状态必须向主设备报告。

设备的冗余主要是 WTB 的主设备和 MVB 的总线管理器 BA 的冗余。协议要求在一条总线上具有 2 个或 2 个以上的设备具有成为总线主或 BA 的能力。WTB 和 MVB 在工作过程中，总是在不断地进行总线主和 BA 转移(如果能够转移的话)，以避免由于总线主设备和 BA 的故障使得整个网络陷于瘫痪。

TCN 协议的容错机制主要是重发。

由于过程数据周期性地广播发送(周期时间为 ms 级)，因此，对于其中个别的一次性数据错误，很快就会被下一次的数据所覆盖，不会影响系统的运行。

消息数据的传输是点对点的传输，协议定义了数据传输过程中的重发机制，如 WTB 是遵循 HDLC 协议规范定义的数据重发机制。

三、典型 TCN 拓扑结构

TCN 于 1999 年 6 月正式成为国际标准，即 IEC 61735。该标准对列车通信网络的总体结构、连接各车辆的列车总线、连接车辆内部各智能设备的车辆总线及过程数据等内容进行了详细的规定。典型 TCN 通信网的拓扑结构如图 5-40 所示。

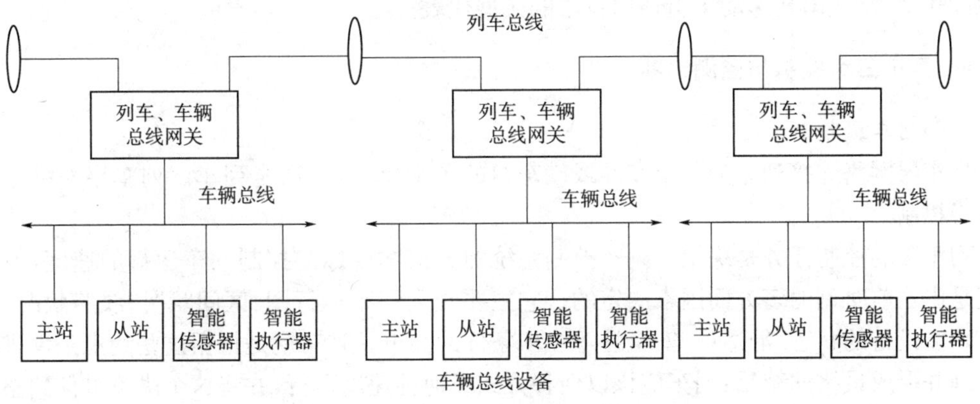

图 5-40　典型 TCN 通信网拓扑结构

TCN 分为上、下两层，上层为列车总线，下层为车辆总线。列车总线由各个车厢内固定安装的物理传输介质(双绞线或同轴电缆)通过车厢之间的互连而构成。每个车厢内设一个通信节点，列车总线通过节点与车辆总线相连。车辆总线分别设置在各节车厢内，连接该节车厢的各个控制单元与设备。图 5-40 中给出了三节的结构，其中，车厢中从站及智能设备的数量因要求不同而有差别。列车总线与车辆总线是两个独立的通信子网，而且有不同的通信协议。节点就是进行协议转换的网关。有动力装置的车厢(动车或机车)内的节点称为主节点，无动力装置的车厢内的节点称为从节点，每一列车在运行中必须有一个且只能有一个控制总线工作的节点，称为控制节点。正常情况下以前导车的主节点为控制节点，称为主控节点。主控节点管理列车总线的运行，必要的时候主控节点可以切换。车辆总线的运作由各车厢的节点来管理。

我国高速动车组 TCMS 前后采用了三种通信模式，CRH2 系列和 CRH380A 型动车组基于 ANSI878.1 即 ARCNET 标准；CRH1 型、CRH3 型、CRH5 型动车组和 CRH380B 型、CRH380C 型、CRH380D 型动车组基于 IEC61357 即 TCN 标准；CR400AF 和 CR400BF 型动车组进行了统型，采用 TCN＋以太网网络架构。

其中符合 GB/T 28029(IEC61375)标准 TCN 网络，列车级采用 WTB 总线(1 Mbit/s)，车辆级采用多功能车辆总线 MVB 总线(1.5 Mbit/s)，用于列车的控制、监视及诊断；另外设置以太网(100 Mbit/s)，用于传输故障诊断、事件记录、显示信息、软件更新和数据下载等，可实现网络、牵引、制动、辅助等系统的单点维护，使列车的智能化程度大幅提升。由此可以看出，CR400 系列动车组 TCN 网络的结构功能，同 CRH1 型、CRH3 型、CRH5 型动车组，还有 CRH380B 型、CRH380C 型、CRH380D 型动车组保持一致；而另外设置的以太网主要起到的是增强数据处理能力，动车组的最基本的控制功能仍然依赖 TCN 两级网络。

尤其是，从 CRH3 型动车组到 CRH380B(L)型动车组再到 CR400BF 型动车组，TCN 网络一脉相承，是我国高速动车组通信技术的典型代表。

四、列车三级控制与监测诊断

(一)列车级控制

列车层网络连接列车的各个车厢或动车组的各个单元，贯通全列车。列车层网络服务于列车级控制。

列车级的控制任务是决策。列车控制系统的最根本目标是控制列车运行的速度，但运行速度是由当前时刻的多方面因素决定的。它主要受到列车运行图、区间状况、线路状况、列车上各功能设备的状态、舒适度、安全性等多项条件的约束。列车就是根据这些约束条件进行综合处理并形成最终的结果：列车应该以何种方式或何种速度运行，并将这个决策贯彻到整个列车控制系统的每一个控制单元上去。

为了迅速地做出切实可行的决策，尽可能多且快的传送信息是必须的。因此，信息共享和信息处理是列车层控制的主要特征。

列车层需要提供一个良好的人机界面，使操作者(司机)能随时了解整个列车的运行状态

和各主要单元部件的工作状态，以便操作者在必要的时刻进行人工干预。由于列车层的作用可以使操作者在操作时，只需发出一些简单的命令，而不必知道命令由谁来执行，从而降低了对操作者的素质要求。从控制系统的这种透明性要求出发，列车层应该是一个分布式系统。

根据列车级控制的功能和要求，需要在列车层采用传输信息量大又具有实时性的网络，列车层网络的响应时间要求是毫秒级的。由于列车（主要是干线列车和国际列车）存在重新编组的情况，因此要求列车层的网络具有重构性能。

（二）车厢级控制

功能层网络连接车厢或动车组单元中的各个功能子系统，为车厢或动车组中的单元提供通信服务。功能层网络服务于车厢级控制。

车厢级的控制任务是控制，即控制策略和控制手段的实现。根据列车层给出的命令对各功能子系统进行调控，在各个功能级上（如牵引控制、制动控制等）保证运行要求的实现。

功能层需要的是实时控制，因此，每一个功能控制的子系统都要求是一个强实时控制系统。功能层是处在列车层和设备层之间的中间层次，其网络必须起到传输各类数据的作用（主要是牵引和转向架控制单元、空气制动单元、空调装置与主控制单元之间的交换信息），主要划分为变量数据和消息数据两类数据的传输。但是功能层网络上的信息量相对列车层来说要小得多，因此，其考虑的主要出发点应该是网络的可连接性和实时响应。功能层网络的响应时间必须小于列车层网络的响应时间。

（三）设备级控制

设备层的设备是指那些直接面向现场完成输入/输出（I/O）处理，并能实现直接数字控制的智能化装置。

设备级控制让来自列车级、车厢级的控制指令信息最终得以实现。

由于设备的多样性，较强的开放性就成为设备层网络的主要特征之一。设备层传送的数据量在三层结构中是最小的，因此实时性就是它的另一个主要特征。设备层网络的响应时间由功能层中各功能子系统的采样周期来决定。

（四）监测诊断

车载诊断系统的结构分为三个层次。一是部件诊断，由各计算机控制装置对其本身进行自诊断，并对被控对象进行监测诊断，然后按事先确定的编码将诊断数据输入控制单元。二是车辆诊断，包括动车和拖车，各车的节点通过车厢总线或输出入口获取、分类、评估本车的诊断数据，并以断电保存的方式存储这些数据，按事先确定的单车诊断参数编码，传输到动力车主控单元中进行故障列表。三是列车诊断，由列车安装在动力车上的主控单元（诊断中心）获取、分类、评估和存储列车的诊断结果，并在前导动力车上显示，同时可将这些信息存储在其他动车的主控单元中。上述各层诊断级均应设有故障自诊断、故障信息保存、必要的故障自排除以及将重要故障信息向上一级传送的功能。各诊断装置还应配备有人机接口，以便维修人员从故障部件读取故障信息和对故障进行定位分析,并查知本车的诊断结果;列车诊断级的人机接口应包括彩色液晶显示屏,功能按键及蜂鸣警报器。

图 5-41 为 CRH380BL 型动车组监测诊断系统的工作流程。

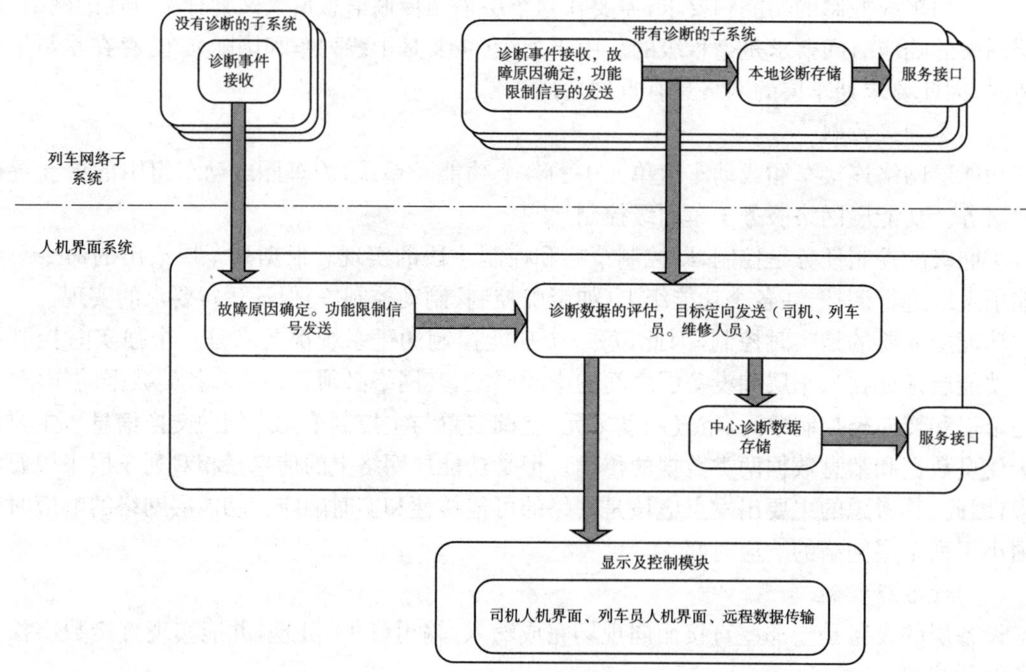

图 5-41　CRH380BL 型动车组监测诊断系统工作流程

诊断结果做如下两种平行的处理。行车过程中将诊断结果输入车载计算机系统进行判断分类,然后向列车控制发出相关的指令;在行车中或检修中将诊断结果送入列车状态数据存储装置或其他数据库,为维修提供信息。

列车诊断装置作为诊断系统的专用设备,与控制系统不直接相关,但部件诊断这一层一般与控制系统结合在一起,诊断与控制共享输入和输出数据,不必另外增设传感器。诊断主要起故障监测、故障数据的保存、故障性质的评估以及故障数据的编码传送等方面的作用。

尽管在部件诊断这一层,诊断离不开控制,但必须明确,诊断系统不附属于控制系统,它不是控制系统的一部分。没有诊断系统,车辆亦能正常运行。诊断功能与控制功能是不同的,是相对独立的。但作为一个完善的计算机系统,在力所能及时应增加诊断功能,可使系统性能更完善。

除车载诊断之外,还有地面诊断装置和控制系统的关系。主要是在列车主控单元上应附加有对地面的发送设备,以便在列车到达前,将故障情况及时发送至地面检修基地做好地面维修的准备。

本章小结

通过本章学习，我们了解到高速动车组是运行速度在200～400 km/h，由两辆或两辆以上自带动力的、固定编组的、两端均可操作驾驶的客运列车；其显著特征有固定编组、电力牵引为主和牵引功率大并分散配置动力的基本概念。同时，能清晰地描绘出高速动车组的轮廓，了解中国高速动车组的发展历程，深入地认识和理解车体、转向架、连接机构、牵引传动、制动系统和列车网络控制与管理系统等关键技术。

复习思考题

1. 高速动车组的基本构成是怎样的？其基本工作过程如何进行？

2. 高速动车组对动力车及拖车的走行部分，在安全性、耐久性和舒适性方面提出了哪些要求？

3. 绘制交—直—交牵引传动系统组成示意图。

4. 什么是复合制动？复合制动系统有哪些组成部件？

5. 绘制列车网络控制与管理系统(TCMS)的控制层级结构图。

第六章 高速铁路动车组驾驶

本章要点

本章以复兴号高速动车组司机室为例，重点介绍相关设备的作用、操作方法和注意事项，详细介绍了动车组安全行驶中最重要的三项设备(LKJ2000 型列车运行监控装置、CTCS 车载列控系统、MON 车载信息装置)的功能与操作方法以及动车组司机一个趟乘的操作要点和注意事项等作业标准。

高速铁路动车组较传统机车牵引模式发生了很大改变，即由过去单一的机车牵引变为动力分散型模式，其驾驶也与传统机车驾驶区别很大。高速动车驾驶引入了自动驾驶模式，其中列车自动防护(automatic train protection，ATP)系统是高速动车组自动驾驶的主要设备；由以接收地面信息为基础的 ATP 车载设备生成速度控制曲线，并实时与实际速度相比较，如果实际速度超过速度控制曲线，车载设备自动实施制动；地面信息和 ATP 车载设备的控制状态由安装在驾驶台上的人机界面(DMI)来显示。司机在注视前方的同时监视 DMI，通过 DMI 或者前方线路状况来操作牵引手柄和制动手柄，控制列车加速、减速。同时，司机还根据需要通过按压 DMI 画面上的按钮，进行确认操作和警惕操作等。

高速铁路动车组相比传统列车，有不随意更改编组和折返不摘挂机车特点，动力分散型动车组具有轴重轻、加速性能好、运用灵活等优点，适用于小编组、大密度客运组织，广泛运用于城际铁路，以及城市轨道交通列车中。

第一节　司机室设备功能及操作

一、概　　述

高速铁路动力分散型动车组在两头分别设有司机室，两个司机室设备布置相同。

动车组司机室为单司机操作模式，司机操纵台设备为居中布置，在操纵台上分别设有变速控制器、制动和运行控制手柄，操纵台正面分别设有速度信息、运行信息和列车信息等提示屏幕。室内设置两个可多方位调节的司机座椅、司机室与客车车厢之间的隔墙上，安装有向驾驶室内开的门，气密和环境控制条件与客车车厢相同。

司机室两侧设有上下车门，门上装有向内开的带自动锁的车窗。另外，司机室后部安装有供随车机师使用的弹起式座位两组，并有搭载物品的空间。

二、司机室主要设备的布局

司机室的主要设备有司机操纵台、司机台左柜、司机台右柜、司机脚踏等，如图 6-1 所示。

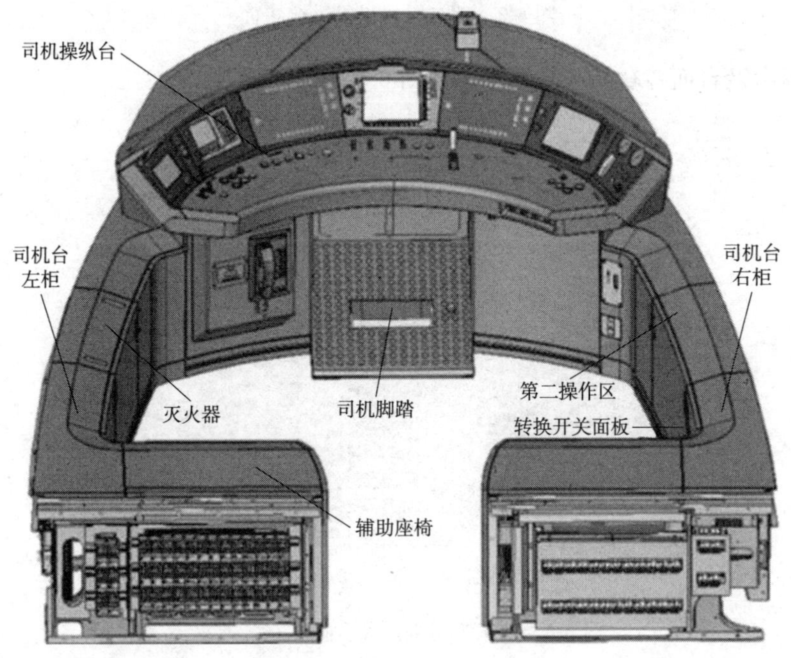

图 6-1 动车组司机室

三、司机室各功能部件和开关

(一)操纵台正面操作区

动车组司机操纵台正面操作区实景如图 6-2 所示。

司机操纵台布置有各系统显示设备、司机控制器、机车综合无线通信设备(CIR)话筒、仪表、指示灯等部件，以及行车过程中司机必须操作的按钮、开关等元器件。

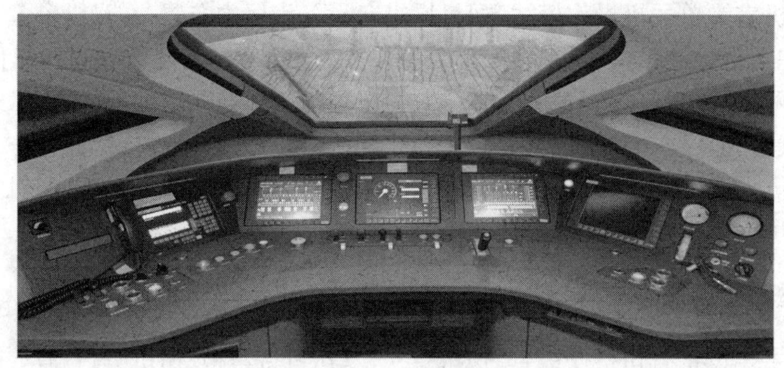

图 6-2　动车组司机操纵台正面

司机操纵台及台面各功能区布置方案如图 6-3 所示。

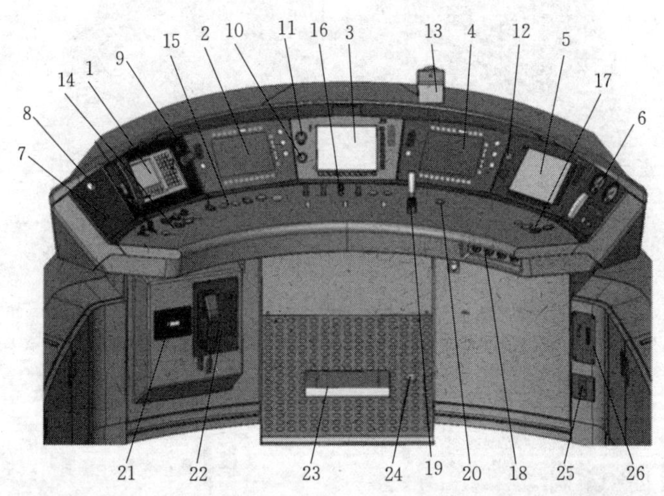

图 6-3　动车组司机操纵台整体布置方案

1—CIR 显示器及话筒；2—车载状态信息系统(TCMS)显示器；3—ATP 显示器；4—TCMS 显示器；5—ATP 显示器；6—仪表区；7—预留横向 7 寸显示屏安装接口；8—动车组司机操控信息分析系统(EOAS)前置摄像头；9—紧急断电按钮；10—录音器；11—紧急制动按钮；12—门关闭指示灯；13—线路摄像机；14—左操作区；15—左侧制动按钮区；16—中央操作区；17—右操作区；18—空调系统控制区；19—主操纵手柄；20—操纵模式选择按钮；21—CIR 打印机；22—乘客资讯系统(PIS)电话；23—无人警惕脚踏开关(DSD)；24—风笛脚踏开关；25—220 V 电源插座；26—转储装置

仪表区主要反映各重要控制参数数据，如总风压力、列车管压力、制动缸压力、控制电压等模拟量测得数据，此外还设有自动过分相指示灯、司机室占用钥匙和方向选择开关等，如图 6-4 所示。

动车组司机操纵台左操作区布置情况如图 6-5 所示。

图 6-4　动车组司机操纵台仪表区

注：BP—列车管；GFX—自动过分相系统

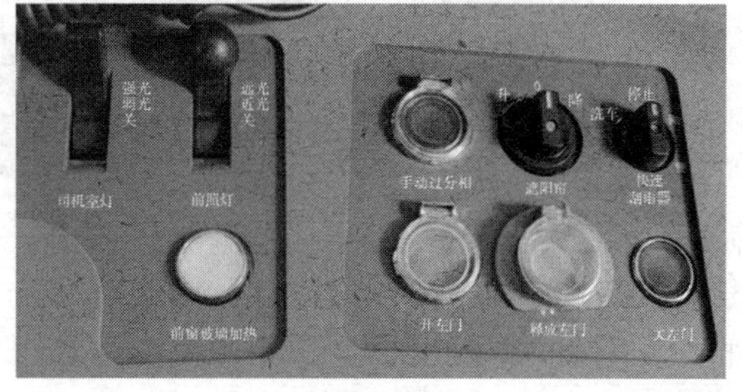

图 6-5　动车组司机操纵台左操作区

动车组司机操纵台左侧制动按钮区布置情况如图 6-6 所示。

动车组司机操纵台中央操作区布置情况如图 6-7 所示。

动车组司机操纵台右操作区布置情况如图 6-8 所示。

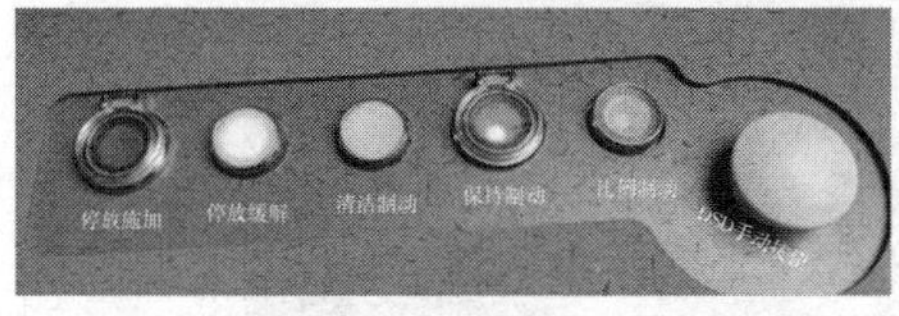

图 6-6　动车组司机操纵台左侧制动按钮区

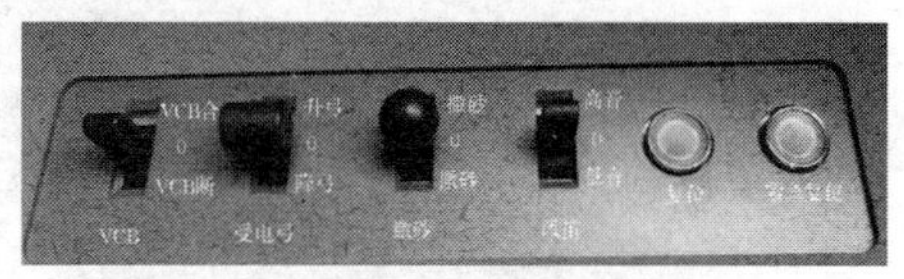

图 6-7　动车组司机操纵台中央操作区

注：VCB—真空断路器

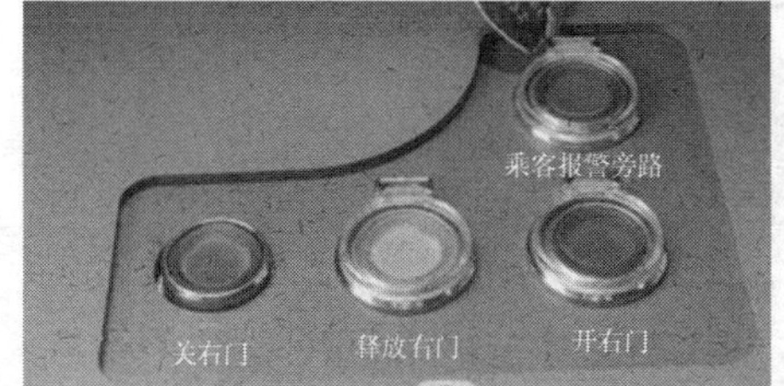

图 6-8　动车组司机操纵台右操作区

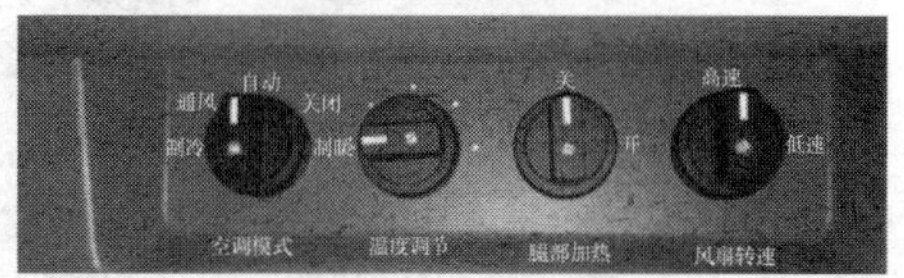

图 6-9　动车组司机操纵台空调系统控制区

(二)第二操作区

第二操作区主要布置司机需要经常操作的开关，如图 6-10 所示。

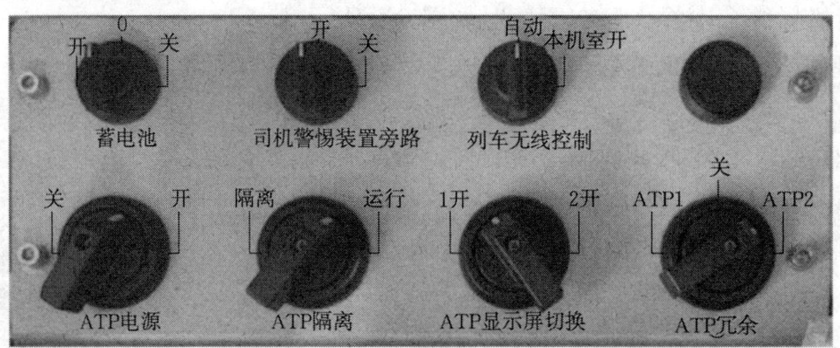

图 6-10　动车组司机室第二操作区

（三）转换开关面板区

转换开关面板位于司机台右柜，主要布置维修期间或故障发生时需要操作的开关，如图 6-11所示。

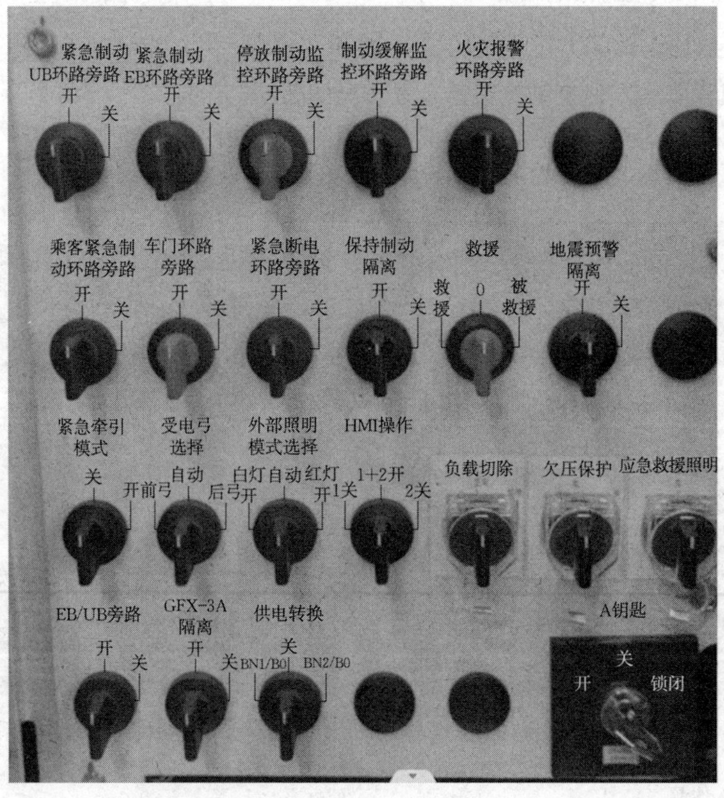

图 6-11　动车组司机室转换开关面板

四、司机室其他设施

（一）安全防护设备

为了保证动车组运行安全，司机室配备了安全防护设备，如灭火器、止轮器（两个）、手旗（绿色和红色）、手电筒、手提式扩音器等，如图6-12所示。

（二）车　　门

1. 司机室侧门

司机室侧门装有膨胀性密封橡胶，密封橡胶充风压紧车门，可保持高速行驶中车辆气密性。门内侧下方有“侧气密”阀门，操作此阀门可对门气密橡胶进行充排风（操作门把手开关车门也可实现）。

图6-12　动车组安全设备

开门时，将车门钥匙插入钥匙孔，顺时针旋转90°，打开司机室门锁，推开外侧手柄推杆，将手伸进开口部分，下拉手柄，打开驾驶室门，进入司机室，如图6-13所示。

关门时，将锁扣顺时针旋转180°（使标记“关”朝上），走出车外，使用埋头把手将车门关闭，即可自动上锁。也可通过钥匙从车外将门锁闭。车内门操作如图6-14所示。

图6-13　动车组车外开门操作

图6-14　动车组车内门

2. 端门

头车通过台与司机室通过台之间安装有端门，门上设有滚珠碰锁及暗锁。驾驶室侧设有镜子，为确保安全还设置有带反光膜的透明有机玻璃观察窗。

（三）其他设施

1. 通风设施

司机室天花板上设置了两处出风口，由车厢的空调装置送风。在乘务员出入口设有循环空气

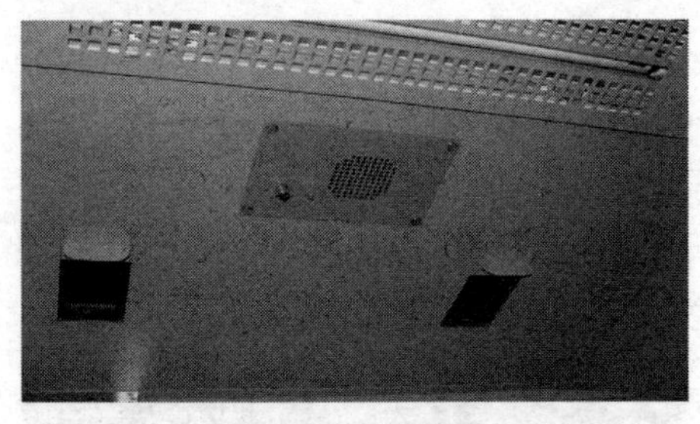
图 6-15　动车组司机室换气设施

的回风口，由车厢的换气装置进行换气，如图 6-15 所示。

2. 照明设施

司机室内装设了 4 盏日光灯，其中 1 盏是应急灯。夜间上车时，应先将应急灯打开，再操作车辆。列车在靠前方玻璃上部位置的左右两边设置了射灯。

车辆在起动状态时，前照灯会自动打开。制动手柄解锁侧车头点亮，反向车头为红色标志灯。在两侧驾驶台的制动手柄都未开锁的情况下，两侧都为红色标志灯。

3. 气密设施

车头罩内装设有车内压力释放阀。当速度超过 30 km/h 时，车内压释放阀关闭，车内开始保持气密；当速度降到 30 km/h 以下时，车内压力释放阀打开，将车内的压力变为与大气压相同，以避免对侧开门的开闭带来影响。

4. 挡风玻璃加热设施

为了防止前方挡风玻璃产生雾气而影响瞭望视线，车头罩内装设加热丝式加热器。

5. 座椅

司机室座椅可以多方位进行调节，有上下高度(调节前、后位侧的圆把手)、前后移动、座椅回转、靠背(调整靠背倾斜度)、扶手角度、头枕高度、座椅悬挂的体重调整，如图 6-16 所示。

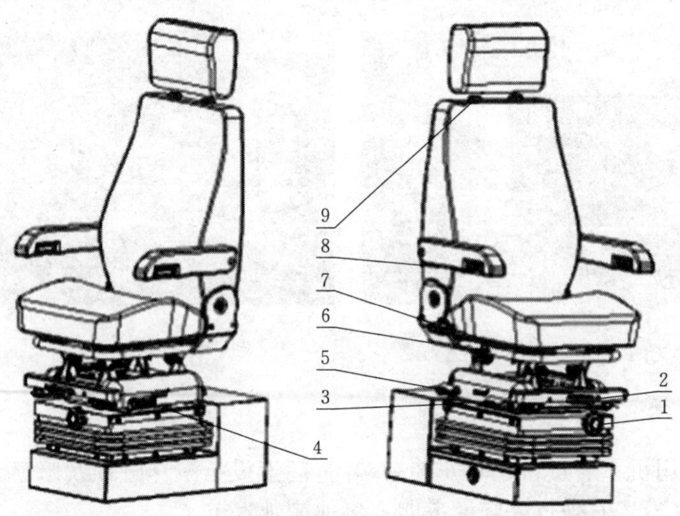

图 6-16　动车组司机室座椅

1—体重调节手柄；2—座椅前后移动调节手柄；3—前升降调节手柄；4—旋转调节手柄、锁闭装置；5—后升降调节手柄；6—坐垫前后调节手柄；7—靠背的倾仰角调节；8—扶手倾斜调节转轮；9—扶手

第二节　动车组操作

动车组可在既有铁路线上运行，也可在新建高速铁路线上运行，车载行车设备，尤其是列车运行控制设备的配备和使用应考虑到这一点，在动车组司机操纵台上的显示屏中既有LKJ2000型列车运行监控装置，也有高速铁路线使用的CTCS车载列控系统和MON车载信息装置，都需要学习掌握。

一、LKJ2000型列车运行监控装置人机界面显示屏的司机操作

1. 开机操作

打开主机电源开关后，系统装置将执行自检功能，数秒后进入主界面的显示状态。屏幕显示器没有电源开关，它的开关状态受主机控制。

2. 操纵权的选择

装置上电自检后，将进入主界面显示，在此状态下，两端司机室对其操作均有效。哪端先进入“监控”状态，则哪端拥有操作权。获得操作权的标志为：显示器操作权显示窗口显示为“有权”。

注意此时在操作端可进行正常按键操作，而在非操作端只能进行一些“查询”功能的操作。

3. 换室操作

列车变换运行方向需要到另一端司机室驾驶时，要执行“换室”操作，转换显示器的操作权。有控制权端交出控制权称为交权操作，无控制权端要回控制权称为夺权操作。操作方法如下：

(1)交权操作

①在有权端的显示器中按压“设定”键，进入参数的设定状态图。

②光标定位在“取消”按钮上，通过“←”“↑”“→”“↓”键，移动光标到“交权”按钮上，单击“确定”键，键盘操作权转向另一端，本端的操作权指示区由有权变为无权。

(2)夺权操作

①在无权端的显示器上按压“设定”键，进入参数的设定状态图。

②光标在“取消”按钮上，通过“←”“↑”“→”“↓”键，移动光标到“夺权”按钮上，单击“确定”键。键盘夺回操作权，本端的操作权指示区由无权变为有权。

4. 参数设定操作

运行前应将本次乘务的司机号、车次、车站等参数输入装置，参数设定操作在机车运行中或停车时均可以操作，参数设定操作分为手动输入和IC卡输入两种：

(1)手动输入操作方法

①按压“设定”键，进入参数的设定状态界面。

②光标在“取消”按钮上，通过“←”“↑”“→”“↓”键，移动光标的位置。通过0～9键，改变对具体项的设置。修改完任一项设置，要按压一次“确认”键，使光标回到下一项。

③客/货、本/补项可以在窗口内直接选择需要填写的内容。

④所有参数修改完毕，把光标移到“确定”按钮，按压“确认”键或直接按压“设定”键，确认修改有效并退出参数设置状态。否则，将光标移到“取消”按钮，按压“确认”键修改无效并退出参数设置状态。

注：计长输入最后一位为小数位。例如，输入计长12.3，应输入123。

(2)IC卡输入

①将写有参数的IC卡，插入屏幕显示器IC卡座内，“IC卡”指示灯点亮。

②按压“设定”键，装置就会将卡内的揭示信息和设定参数读出，自动弹出参数设定对话框，其中的参数为IC卡中预先写入的参数。此时可按照上面的手动“参数设定”更改不正确项。

③设定完毕，装置发送参数的同时将揭示信息传送给监控装置，然后弹出信息窗口说明揭示是否成功。按压“确认”键后返回。

④如果卡中没有揭示信息，就直接返回。

注：当车次、交路号有效设置后，在屏幕的左上角以汉字的形式显示发站的站名。

5. 运行中的操作

(1)开车操作

开车操作主要是完成出发对标。当机车运行到设定的始发站对标基准点时，开车操作调出前方信号机数据，使装置内存储的地面数据同地面基准点同步。

操作方法：正常运行时，当机车经过所设置的对标开车基准点时，一次性按压“开车”键，装置调出前方的信号机数据，完成“开车”操作。

(2)调车操作

机车运行途中要进行调车作业时，需执行调车操作。操作方法：

①进入调车状态。在停车状态下，一次按压“调车”键，进入调车状态，限制速度窗口显示程序设定的调车限速值，距离显示区清零，“调车”指示灯点亮。

②退出调车状态。在调车状态下，按压“调车”键一次就退出调车状态。退出“调车”状态在有无速度的情况下都可以进行。

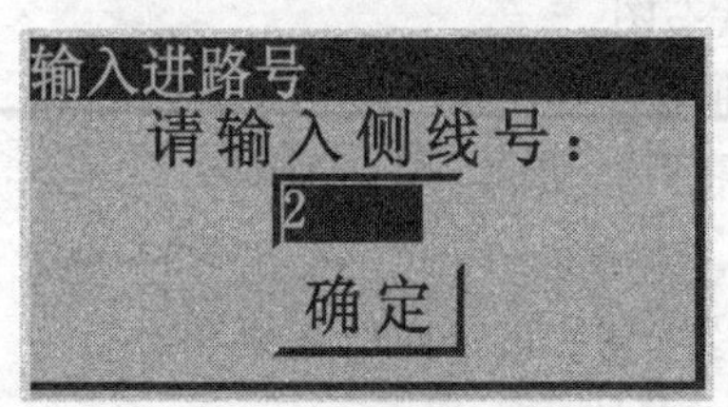

图6-17　LKJ2000型监控记录装置输入侧线号界面

(3)侧线操作

在一些车站和站场，侧线距离相差很大，为保证列车在侧线停车时停车位置准确，司机必须进行侧线选择操作。

①要求输入侧线时，侧线选择允许灯点亮，并语音提示“请输入侧线股道号”，窗口的右下角显示如图6-17所示。

②按压“进路号”键进入侧线号输入状态，显示默认的侧线号。

③利用数字键，输入侧线股道号，例如，输入12道，就按压“1”“2”号键，再按压“确认”键即可。

④如果输入错误，在本架信号机距离没出结束的情况下，可以再次按压“进路号”键，重新输入正确的侧线股道号。

(4)查询操作

司机执行查询操作可以了解机车设备及线路的有关数据，对司机操纵机车运行有很大的辅助作用，操作方法及显示内容如下：

①按压“查询”键，弹出查询选择窗口，如图6-18所示。

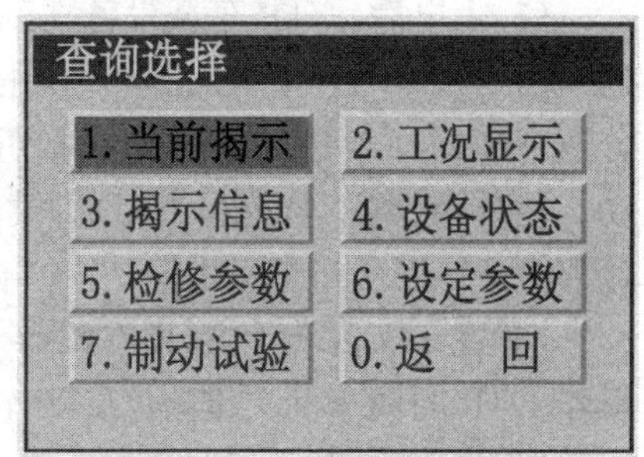

图6-18　LKJ2000型监控记录装置查询页面

②当前揭示信息查询。显示机车前方2 000 m以内的揭示，可利用光标移动光标到“当前揭示”按钮，然后按压“确认”键，当没有揭示信息时，提示“禁止查询”。

当屏幕上的揭示显示底色为白色的是正常的揭示，显示绿色的表示已经越过的，红色是已经解除的揭示。

③工况显示查询操作。将光标移到“工况显示”按钮，按压“确认”键，此时将退出查询状态，同时在曲线显示区域的右上角出现机车工况显示，内容包括机车工况等相关数据，再次按压“确认”键该显示窗口消失。

④揭示信息查询。在自动停车(ZTL)或调车(停车)状态下，将光标移到“揭示信息”按钮，按压“确认”键，显示全部揭示，按“确认”键盘返回，可以用上下方向键翻页显示，当没有揭示信息时，提示“禁止查询”。

屏幕上的揭示显示，底色为白色的是正常的揭示，绿色的表示是已经越过的，红色的表示是已经解除的揭示。

⑤设定参数的查询操作。将光标移到“设定参数”按钮，按压“确认”键，弹出系统当前设定参数，包括司机号、区段号、车站号、车次、总重、辆数、计长以及编组等信息。再次按“确认”键返回。

(5)打点操作

在机车运行中如遇特别情况需要按压“定标”键，装置记录下此刻的公里标及时间，作为运行数据处理的查找标记。

操作方法：机车运行中在需要打点的地点，一次按压“定标”键。

注：本操作只记录，不影响模式的控制。

二、CTCS车载列控系统的人机界面(DMI)操作

以下是以CTCS-2-200H型为例介绍CTCS列控系统车载设备的DMI人机界面的操作。

1. 运行准备

司机乘务人员根据以下顺序进行 ATP 车载设备的操作准备。

(1)确认 ATP 隔离开关是否在“正常”位置。此开关只要没有特殊的情况,不能放到“隔离”位置。如果放到“隔离”位置,就会切断来自 ATP 车载设备的制动,使 ATP 不能实施制动,这有可能导致危险。

(2)把制动手柄从拔出位置转到运行位置,ATP 车载设备和 DMI 人机界面的电源将被接通。DMI 上电后数秒出现准备显示画面。

(3)上电后,ATP 车载设备立刻输出制动指令。DMI 的显示如果正常,通过按压 DMI 上的“上行”或“下行”开关,选定正确的载频。另外通过操作 DMI 的启动开关,将设备转换到部分监视模式。当地面信号开放时,可以通过来自地面上的信息,缓解 ATP 车载设备输出的制动。另外,除调车监控模式(SH 模式)外,ATP 车载设备在停车时自动输出 4 挡位的制动(B4N)。司机可将牵引手柄从“关”位置扳到 1 挡以上的位置解除该制动。

(4)在车库内等地方(即在没有 ATP 地面设备的地方),不能接收来自地面的信号。根据操作 DMI 的调车开关键,使 ATP 转换到 SH 模式。在 SH 模式下,速度与线路条件无关,是常数 45 km/h。如果超过 45 km/h,从 ATP 车载设备输出常用最大制动(B7N)。当 ATP 车载装置常用最大制动动作时,即使停车也不能自动缓解。当允许缓解条件就绪时,在 DMI 上显示出“允许缓解”的提示。在此状态下,如果按压 DIM 上的“允许缓解”开关,可缓解常用最大制动(B7N)。

2. 机控优先模式下的运行

根据 ATP 车载设备的设定,总体上 ATP 有机控优先和人控优先两个模式,在开车前要确认所选择的模式,以下以机控优先模式为例介绍。

(1)待机模式(SB 模式)

该模式是 ATP 车载设备在电源接通后的初始状态,该模式下,ATP 车载设备输出常用最大制动。接通 ATP 电源后,ATP 进入该模式,大约 40 s 后,DMI 有效。在发车前,司机通过选择 DMI 上的“上行”或“下行”按钮,然后按压“启动”键,转换到部分监控模式(PS 模式)。

(2)部分监控模式(PS 模式)

该模式是在侧线发车、收不到应答器线路数据、线路数据缺失时的 ATP 工作模式。当车辆的实际速度超过 50 km/h 时,ATP 车载设备将会输出常用制动(制动 7 挡,B7N)。如果常用制动正常动作,列车将会自动减速,减至低于缓解速度(3 km/h)以后,常用制动会自动缓解。如果列车速度超过 55 km/h,ATP 车载设备会输出紧急制动。紧急制动不能自动缓解,要想缓解紧急制动,在列车停车后按压缓解按钮方可缓解。列车在停止状态下,即使有最大常用制动速度 NBP 为 50 km/h 的条件,ATP 车载设备还是会输出制动 4 挡(B4N)。对于此 B4N,只有在牵引手柄从“切断”位置上操作至牵引 1 挡以上时,方可被解除。

(3)完全监控模式(FS模式)

PS模式下低速运行中,通过应答器后,如果线路的状态信息可以被正常接收,ATP车载设备将会变为FS模式。根据线路条件决定的最大速度、列车前方的允许闭塞区间,ATP车载设备会计算出允许列车速度模式曲线。模式曲线中有最大常用制动速度模式曲线(NBP)和紧急制动速度模式曲线(EBP)两种,列车的实际速度如果超过NBP,ATP设备会输出常用制动(B7N),如果超过EBP,将会输出紧急制动。

列车速度如果在NBP速度以下,通过操作牵引手柄、制动手柄,司机可以根据自己的意愿,对列车进行加速,减速的控制。

列车速度如果超过NBP,ATP车载设备输出常用制动,列车自动减速。减速至缓解速度以下之后,常用制动自动缓解。在常数速度监视区(CSM)区间,NBP为定值,司机应当通过调整牵引手柄,以低于驾驶规程规定的NBP速度的速度来驾驶。

(4)调车监控模式(SH模式)

适用于在车库等地进行调车的模式,按压DMI上的调车按键则可进入此模式。在此模式下,NBP不依赖于地面的信号条件,而是为常数值45 km/h。如果列车的实际速度超过45 km/h,ATP车载设备则会输出常用制动(B7N)。在低于缓解速度(5 km/h)后,如果按压缓解按钮,则ATP车载设备缓解常用制动。

此模式下,由于其他原因引起的限速、地面信号(红色信号等)、ATP车载设备不输出制动,完全由司机负责。

(5)隔离模式(OS模式)

OS模式下,生成NBP为固定25 km/h的速度模式曲线。如果列车的实际速度超过25 km/h,ATP车载设备将会输出常用制动(B7N)。在低于缓解速度(5 km/h)后,按压缓解按钮,ATP车载设备可以缓解常用制动。

如果列车速度超过30 km/h,ATP车载设备输出紧急制动。紧急制动不能自动缓解。为了缓解紧急制动,可以在列车停止后按压缓解按钮,来缓解紧急制动。

在OS模式下持续60 s或是走行200 m的时候,如果不按压确认用的警戒按钮,ATP会输出紧急制动,因此需要司机适时地按压警戒按钮。

此模式下,对于由其他原因引起的限速、地面信号(红色信号等)、ATP车载设备不制动,司机要负全部责任。

(6)引导模式(CO模式)

当车站设备发生故障时,地面信号设备向轨道电路传输HB码(用以表示列车接近的进站或列车进路信号机开放引导信号或通过信号机显示容许信号)。车载ATP装置收到此HB码转入本模式。

CO模式下,ATP生成NBP固定为25 km/h的速度模式曲线。如果列车的实际速度超过 25 km/h，ATP 车载设备将会输出常用制动(B7N)。在低于缓解速度(5 km/h)后，按压缓解按钮，ATP 车载设备可以缓解常用制动。

如果列车速度超过 30 km/h，ATP 车载设备输出紧急制动。紧急制动不能自动缓解。为了缓解紧急制动，可以在列车停止后，按压缓解按钮来缓解紧急制动。在 CO 模式下持续 60 s 或是走行 200 m 的时候，如果不按压确认用的警戒按钮，ATP 会输出紧急制动，因此需要司机适时地按压警戒按钮。

(7)应答器故障模式(BF 模式)

正常状况下，ATP 车载设备不断接收应答器信息，生成正常的速度模式曲线。如果由于应答器故障或是丢失导致无法获得线路数据时，ATP 则无法生成正常的速度模式曲线。这时 ATP 将以 BF 模式运行。

根据地面条件及列车自身条件的变化，ATP 设备能够自动切换到 BF 模式中。在 BF 模式下，当正常接收到应答器信息、获得线路数据后，ATP 可以再次自动返回 FS 模式。

不管地面的轨道电路信号是什么，NBP 被限制为最大 125 km/h。对于更限制的信号，产生的 NBP 将顺序变小，在红色信号处的闭塞的 NBP 为 0 km/h。与 NBP 相同，不管地面的轨道电路信号是什么，EBP 被限制为最大 130 km/h。当列车实际速度超过 NBP 和 EBP 时的 ATP 的动作及司机应该进行的操作，与 FS 模式下的情况相同。

(8)反向运行模式(RO 模式)

在接收应答器的信息后 ATP 车载设备可以自动变为 RO 模式。控制与 FS 模式相同，需要进行和 FS 模式相同的驾驶操作。

(9)ATP 故障隔离模式(IS 模式)

ATP 车载设备发生故障时的模式。隔离开关被安置在 ATP 车载设备的主体上。如果将此开关旋转至“隔离”位置上，来自 ATP 车载设备的制动输出将全部被切断。因此通过 ATP 车载设备来确保安全将不可能，所有的驾驶责任交由司机一方承担。

使用 LKJ 以取代被切断的 ATP 的时候，需要从 DMI 上按压 CTCS-0 按钮，使 LKJ 处于工作状态。

(10)机车信号模式(CS 模式)

在 CTCS-0 区间运行的时候，ATP 车载设备不能控制列车。如果列车接近 CTCS-0 区间，切换信息会由应答器被传至 ATP 车载设备上，DMI 将报警。通过切换点后，ATP 车载设备可以自动切换 ATP 车载设备自身的输出和 LKJ 的输出。切换为 CTCS-0 模式以后，LKJ 的制动指令则被传至车体侧。该种情况下，具体的驾驶方法遵从 LKJ 的操作要求。

ATP 和 LKJ 的切换，也可以通过手动操作来进行。通过选择 DMI 上的“CTCS-0”和“CTCS-2”按键，可以进行手动的 ATP 和 LKJ 切换。如果电源接通时处在不同的区间，或是有什么特殊状况需要对 CTCS-0、CTCS-2 进行切换的时候，可以通过按压 DMI 的按钮进行切换。

三、MON 车载信息装置的操作

司乘人员运行中常用的模式，可细分为司机模式、列车员模式和记录模式，可以触摸“模式转换”按键进行跳转，此处将对和司机操作有关的司机模式进行简单介绍。

在车载信息系统电源接通并且开始传输之后，监视屏会显示初始选择页面。

模式选择键在正常情况下文字以白色显示，背景以蓝色显示。触按相应选择键时，被选中的文字以黑色显示，背景以绿色显示。

“司机模式”菜单项目说明见表 6-1。

表 6-1　MON 车载信息装置“司机模式”菜单项目说明

项目编号	页　面　名　称	说　　明
1	司机模式菜单页面	选择司机模式的各页面，以及其他模式的选择
2	行驶状态页面	显示司机必需的信息(级位、制动、车门、单元、牵引/再生工况等)
3	车辆信息页面	第 1 页面显示引发紧急制动的原因以及主要设备有无故障；第 2 页面显示动车组空气压缩机(CMP)、动车组保护接地开关(EGS)、无电压、总风压力(MR 压)的动作信息
4	故障一览页面	最多显示 20 件最新的故障记录
5	应急手册页面	针对具体事故显示应急指导
6	出库信息页面	显示各设备是否接通电源、有无异常
7	切除状态页面	显示受电弓切除、真空断路器(VCB)切除、动车切除、压缩机切除、空气制动切除、非连锁等各状态
8	制动信息页面	以数字模式显示各压力[制动缸压力、空气弹簧压力(AS 压)、MR 压、电空转换阀(EP 阀)电流、再生型]的状态
9	牵引变流器信息(编组)页面	以数字的模式显示各牵引变流器的电机电流、直流电压、电机频率、再生制动力的状态；此外，通过触按键操作可以转移至显示有各信息条线图的页面
10	牵引变流器信息(各车)页面	显示各车牵引变流器的工作状态
11	累计电力页面	以数字的模式显示各牵引变流器的累计开始日期、牵引电量、再生电量、总消耗电量、累计行车距离
12	空转滑行页面	显示各车空转、滑行的出现次数
13	电源电压页面	显示三相电压、AC 100 V(恒压)、蓄电池电压的状况
14	供电分类页面	显示 AC 400 V、DC 100 V、AC 220 V、AC 100 V、AC 100 V(恒压)等各电压的供电范围

续上表

项目编号	页 面 名 称	说 明
15	车门信息页面	显示各车的车门信息
16	光传输状态信息	显示光传输路径状态
17	配电盘信息页面	显示各车厢的配电盘信息;此外,触按车厢号码键后可以显示被指定车厢的配电盘信息
18	车次设定页面	不使用日常卡的情况下设定车次
19	监控信息设定页面	选择设定项目(日期、时刻)
20	轴温切除页面	设定轴温切除操作
21	远程控制切除页面	设定远程控制切除操作
22	抱死切除页面	设定抱死切除操作
23	连解操作页面	显示连挂时的状态
24	故障信息页面(司机)	显示故障发生时的故障信息(故障内容、保护措施、处理措施、注意)
25	故障发生页面(司机)	发生故障时,无论处在哪个页面都会在该页面的下方瞬间显示故障信息(故障内容、保护)
26	通知状态页面(司机)	发生紧急报警时、或发生火灾报警时,显示紧急报警状态和火灾报警状态

四、动车组正常驾驶操作

动车组的前进、后退和牵引、制动都是由动车组的控制系统来完成,而所有前进、后退和牵引、制动的指令都是由动车组司机通过司机操纵台来完成的,以下对动车组正常驾驶过程的相关操纵办法简单介绍(以 CR400BF 型动车组为例)。

(一)上车准备

1. 钥匙检查

上车前,检查是否已随身携带以下钥匙:外门钥匙、四角钥匙(图 6-19)、司机室门钥匙、主控钥匙。

图 6-19　四角钥匙

2. 外门解锁

翻转外门门扇上保险锁的盖板,露出锁芯,通过外门钥匙操作锁芯的指示标记向绿点方向旋转,对保险锁进行解锁,然后回正锁芯,拔出外门钥匙。翻转外门门扇上隔离锁的盖板,通过四角钥匙使锁

芯的标记指向绿点，即可将隔离锁解锁，通过拉紧急缓解手柄从外侧打开车门。进入列车，插入司机室门钥匙顺时针转动 90°，打开司机室门。

紧急开门装置设置情况如图 6-20 所示。

3. 进入司机室

出库端司机室操作如下：

第一步：确认动车组型号正确，前窗玻璃、刮雨器、前照灯、导流罩及裙板外观状态良好，进入司机室。

第二步：在司机室左侧，检查断路器面板内所有开关是否均在闭合位，检查灭火器[是否铅封良好、指针指向绿色(或黄色)区域、在有效期范围内]，检查左侧中间开关柜内各开关是否均在闭合位。

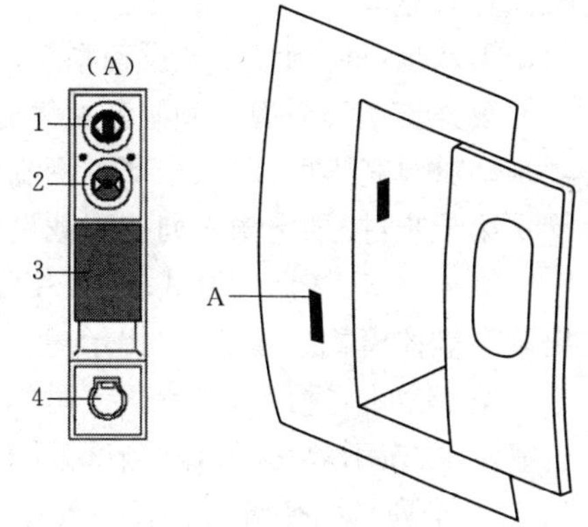

图 6-20　紧急开门装置
1—乘客按钮"打开本地外门"；
2—乘客按钮"关闭本地外门"；
3—紧急解锁手柄；4—钥匙操控开关

第三步：司机操纵台上各仪表、显示器(CIR、网络、ATP)外观良好，刮雨器开关在"停止"位，"停放施加"按钮指示灯长亮，司机控制器(以下简称"司控器")主手柄处于"0"位、方向开关处于"0"位，紧急制动按钮(ATP 显示屏左上方)拔出位置正确，紧急断电按钮(CIR 显示器右侧)左旋位置正确。打印机终端打印纸齐全、广播电话外观状态良好。检查确认操纵台右下侧司机室空调开关位置。检查 EOAS 车载设备确认外观状态良好，并插入 EOAS 转储卡。

第四步：检查第二操作区。打开第二操作区盖板，检查蓄电池开关处于"0"位，火灾报警指示灯不亮，音量调节器作用良好。司机台右侧蓄电池电压表低于 100 V 时，应及时在有电区升弓充电或通知随车机械师采用外部电源充电检查。

第五步：确认司机室右侧转换开关面板各开关位置正确(接地钥匙开关在"开"位，其余各开关均在竖直位)。检查 ATP 相关开关位置，ATP 隔离开关在"运行"位、DMI 转换开关在"DMI1 开"位、ATP 冗余开关在"ATP1"位或者"ATP2"位(默认"ATP1"位)。

第六步：司机台右侧投入司机室主控钥匙按压并右旋，将第二操作区的"蓄电池开关"旋钮左旋 2～3 s，激活蓄电池。确认 HMI(司机监控屏人机界面)启动正常(左侧显示屏默认显示牵引主页面，右侧显示屏默认显示制动主页面)、CIR 启动正常，若发现启动失败，应及时通知随车机械师或动车所调度。

第七步：HMI 启动后，通过"故障信息""通信状态""安全环路""设备控制"等界面查看动车组的设备状态。通过"设备控制"界面，确认无高压牵引设备切除。通过压力表、电压表确认总风压力不低于 500 kPa、蓄电池电压不低于 100 V，根据随车机械师的要求选择相应的受电弓，操作受电弓扳键至"升弓"位保持 2 s，确认受电弓升起、网压正常。若总风管压力低于500 kPa，操作受电弓扳键至"升弓"位保持 2 s，启动辅助空压机，在"制动信息"界面确认辅助空压机启动结束(状态由绿色转为白色)后再进行升弓操作。待 HMI“主断使能”图标变蓝后,操作 VCB 开关置于“VCB 合”位,确认全列牵引变流器、辅助变流器和充电机工作正常。

第八步:将“列控车载设备系统电源”开关转至“开”位,确认 ATP 启动正常。

第九步:300T 型、300T 自主化型 ATP,在上电后的待机状态下先进行车辆制动试验。车辆制动试验完毕后,确认全部车辆制动试验通过,再进行 ATP 制动测试和操作。

第十步:按规定输入列控车载设备参数,注册 CIR、GSM-R 手持终端车次功能号。

第十一步:按调车方式出发,ATP 转入 C2 级调车监控模式;按列车方式出发,将 ATP 退出调车监控模式。按 ATP 提示对各项数据进行确认后进入部分监控模式。

第十二步:进行牵引测试。司控器主手柄放置常用制动“B7”级,方向开关至“前”位,在司机显示屏“牵引界面”操作“测试开始”按键,并在该界面下查看每个动车牵引力柱状条是否达到 5%,全列牵引变流器状态是否为绿色。

(二)段(所)内检查作业

1. 制动试验

制动试验分为五种试验模式,其中全自动制动测试(ABT)适用于整备模式;菜单引导制动试验(MBT)适用于距上次试验结果超过 24 h 的试验;短制动试验(SBT)适用于制动可用测试的基本试验;手动制动试验(HBT)适用于无动力回送等情况下的试验;此外还包括主制动手柄紧急位确认试验。

(1)制动试验前提条件

在开始制动试验前,司机必须确认满足下列条件:

①总风压力处于正常工作压力(800～950 kPa)。

②停放制动监控环路(PBML)与紧急制动环路(UB 和 EB)未被旁路。

③应该施加停放制动。

④确认列车配置,即列车是单编组或多编组。

⑤仅有一个司机室处于占用状态。

⑥空气制动处于缓解状态(保持制动除外)。

⑦主制动控制单元(BCU)从 HMI 收到执行菜单引导的制动试验(MBT)的指令。

(2)全自动制动测试(ABT)

ABT 的目的是验证制动系统的运转性,以保证安全和可用性。司机要通过 HMI 确定列车再次投入运行的时间,中央控制单元(CCU)将计算启动时间并开始 ABT。

在 ABT 开始前,必须实现下列条件:

①动车组管路未通过辅助装置供风。

②未启用牵引方式。

③从 CCU 至列车制动管理器，请求开始全自动制动测试。

注意在 ABT 期间，控制直通制动的“司控器主手柄”必须在缓解位。如果司机制动阀在常用制动位，列车制动管理器会忽视常用制动命令。如果司机制动阀在紧急制动位，那么紧急制动回路被中断并取消 ABT。

在 ABT 期间要进行下列试验：

①总风管贯通试验。

②空压机试验，测试每台主空压机是否可以增加总风压力。

③直接制动试验，包括高/低压方式实施和缓解，即在高/低压阶段实施适当摩擦制动的试验。

④防滑试验。

⑤本地 BCU 对停放制动监控回路中断的试验。

⑥停放制动监控回路对紧急制动回路中断的试验

(3)菜单引导制动试验(MBT)

MBT 是通过 HMI“制动试验”页面实施的制动试验，设有人机配合试验程序。MBT 包括下列程序：

①直通制动试验：检查直通电空制动的施加、缓解状态。

②紧急制动 EB 试验、EB 转 UB 试验：检查紧急制动 EB 的施加和缓解状态，检查 EB 转 UB 功能。

③紧急制动 UB 试验：检查紧急制动功能。

④防滑系统试验：防滑系统功能检查。

⑤总风管贯通性试验：检查总风管路的连续性。

开始 MBT，按制动主界面的“制动试验”键进入如图 6-21、图 6-22 所示制动试验界面。

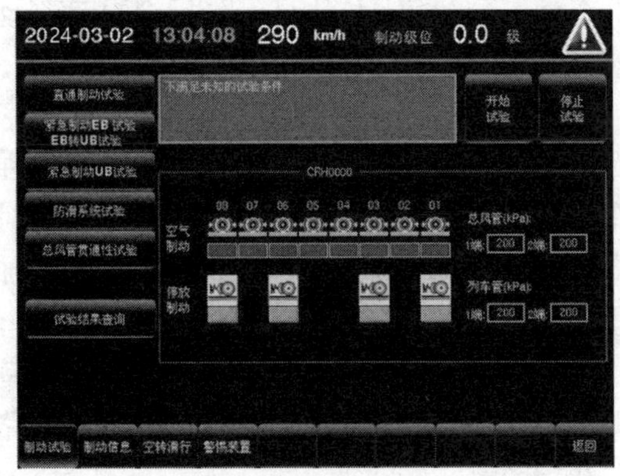

图 6-21　制动试验界面(单列)

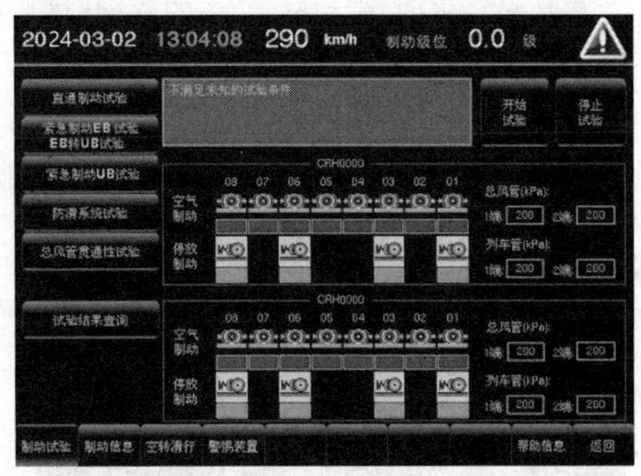

图 6-22　制动试验界面(重联)

在制动试验界面，通过“直通制动试验”“紧急制动 EB 试验、EB 转 UB 试验”“紧急制动 UB 试验”“防滑系统试验”“总风管贯通性试验”键可分别进入分项试验界面，通过“开始试验”键可开始单项制动试验，通过“停止试验”键可结束单项制动试验，通过“试验结果查询”键可查询试验结果，通过“返回”键可回到制动试验界面。

(4)短制动试验(SBT)

仅实施 MBT 中的“直通制动试验”“紧急制动 EB 试验、EB 转 UB 试验”和“紧急制动 UB 试验”三项，即为测试制动可用性的短制动试验。

通过左侧 HMI 开始 SBT，司机必须检查 SBT 试验步骤的结果。

(5)手动制动试验(HBT)

此试验不以网络功能为基础，通过目视控制双针压力表“总风管和制动缸”和外部制动显示器检查试验的结果，为一种备用的人工确认试验，用于无动力回送等情况。

HBT 包括下列程序：

①使用双针压力表“总风管和制动缸”确认总风管压力。

②使用压力表“列车管压力”确认列车管压力。

③使用外部制动显示器确认每辆车制动的施加与缓解状态。

(6)司控器主手柄位确认试验

动车组在当日运营起车前已成功完成完整的 MBT 的前提下，正常的技术状态变更，如换端、重新激活(断电 30 min 内)等，不需做制动试验。通过“司控器主手柄”施加紧急制动 EB，在 EB 位置并保持至少 10 s，通过 HMI 或风表检查制动施加，在等待 10 s 后，移动司控器主手柄回到缓解位置并持续至少 10 s，通过 HMI 或风表检查制动缓解，并确认制动可用即可。

(7)试验结果

操作显示页面“制动试验”中的软键“试验结果查询”，司机室 HMI 显示最后全自动制动测试、菜单引导制动试验和短制动试验的结果。

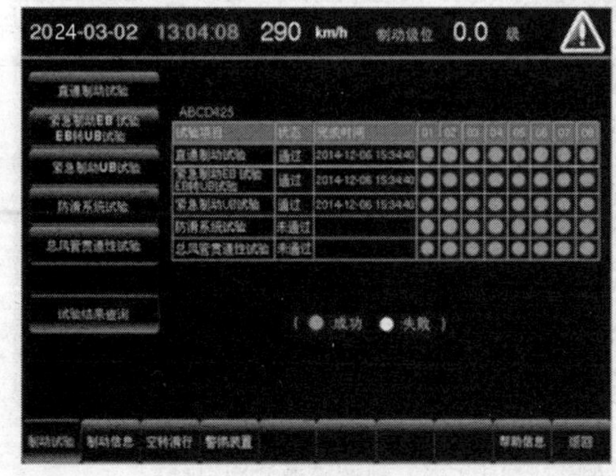

图 6-23　试验结果

2. 司机警惕装置(ASD)

动车组司机警惕装置的作用是监控司机在动车组运行中的工作状态。如司机未在规定时间内进行有效操作，将依次触发警惕报警，施加紧急制动指令。

进行司机警惕装置检测时，先打开司机室右侧转换开关面板，再确认自动安全装置旁路开关在“开”位。

司机警惕装置的操作步骤如下：

列车速度大于等于 5 km/h 时，司机警惕装

置激活，从每次有效操作后的警惕功能启用时刻起，如果警惕操作装置（警惕踏板、警惕按钮或司控器主手柄）未被有效操作，则按以下顺序进行报警及触发制动：

30 s 后，列车同时触发音视觉报警。

若此时司机在 5 s 内有效操作警惕操作装置，则取消音视觉报警，并重新开始计时；若此时司机在 5 s 内仍未有效操作警惕操作装置，则 35 s 后，列车触发最大常用制动，同时封锁牵引，此时列车最大常用制动可通过司机有效操作进行缓解，并重新开始计时。

若此时司机在 5 s 内仍未有效操作警惕操作装置，则在 40 s 后，动车组将触发紧急制动，此时列车需要停车后才能缓解紧急制动。

警惕装置的有效操作如下：

(1)警惕脚踏动作：从放开到踩下（自由位到下踏位），或从踩下到放开（下踏位到自由位）。警惕脚踏如图 6-24 所示。

(2)警惕按钮动作：从松开到按下，或从按下到松开。警惕按钮如图 6-25 所示。

(3)司控器主手柄动作：移动司控器主手柄超过 5%。司控器主手柄如图 6-26 所示。

图 6-24　警惕脚踏

图 6-25　警惕按钮

图 6-26　司控器主手柄

3. ATP、机车综合无线通信设备(CIR)系统检测

列车起动后，检查 ATP、CIR 均得电且显示正常，通过 ATP 正确输入车辆和司机信息，通过 CIR 正确注册车次信息，确认 CIR、列控车载设备启动正常，列控车载设备的 DMI 无“隔离”字样显示。确认 ATP 显示器上的数据“版本号”与实际一致。正确输入参数。

4. 外门测试

(1)按动“车门释放”按钮“左侧门释放”或“右侧门释放”，释放左侧或右侧列车车门。

(2)按动“开门”按钮“左开门”或“右开门”，打开已释放的左侧或右侧列车车门。

(3)使用显示屏“车门状态”菜单检查所有车门状态。

注:列车静止时方可进行外门测试操作,操作时需注意车上人员安全,列车行驶时严禁操作。操作“车门释放”“开门”“关门”按钮时,相关操作必须保持 2 s 以上。

另外进行刮雨器检查、外部照明检查、风笛检查,此处不再详细说明。

(三)整备模式

“整备模式”用于下列情况:车辆需等待较长时间,需保持车内环境适合旅客乘坐;有执行空气调节或供暖的需要;动车组停车较长时间并防止人员通过手动操作外门进入列车;通过车辆控制系统自动执行常规试验和转换动作,从而提高可用性。

操作步骤及说明如下:

(1)通过操作“停放施加”按钮来施加停放制动。

(2)操作“方向开关”转换至“0”位置。

(3)操作“左关门”按钮和“右关门”按钮关闭外门。

(4)确认升弓、合主断以及辅助变流器正常工作。

(5)在左侧 HMI 处的显示页面“维护界面”进入“整备模式”开始界面。

(6)输入整备模式进行的时间(3~24 h 之间)。

(7)操作“开始整备”来启动整备模式。

(8)观察 HMI 测试结果提示,确认主断自动闭合,辅助变流器正常工作。

(9)操作司机室“主控钥匙”至“0”位置,拔下主控钥匙。

(10)操作外门内侧的按钮“开启本地外门”并下车,操作外门外侧的按钮“开启本地外门”关闭车门并离开列车。

(11)在整备模式结束前上车,需要通过外紧急解锁开门;在整备模式结束后上车,操作“开启本地外门”按钮开门。

(四)发车准备与发车

操作步骤及说明如下:

(1)确认动车组型号正确,检查司机室左侧断路器面板 1 内所有开关均在闭合位。

(2)司机室内各仪表、显示器(CIR、网络、ATP)外观良好,刮雨器开关处于“停止”位,司控器主手柄处于“0”位、方向开关处于“0”位,紧急断电按钮(CIR 显示器右侧)左旋确认位置正确,紧急制动按钮(ATP 显示屏左上方)拔出位置正确。检查 EOAS 车载设备,插入 EOAS 转储卡,司机台上左侧停放制动“停放施加”指示灯长亮。

(3)检查第二操作区。打开第二操作区盖板,检查蓄电池开关处于“0”位,火灾报警指示灯不亮,音量调节器作用良好。

(4)检查司机室右侧转换开关面板和第二操作区面板上各开关位置正确,ATP 隔离开关在“运行”位、GFX-3A 开关在“开”位、DMI 转换开关在“DMI1 开”位、ATP 冗余开关在

"ATP1"位或者"ATP2"位(默认"ATP1"位)、接地钥匙开关在"开"位、ATP 专用供电开关在"开"位、其余各开关均在竖直位。

(5)进入 HMI 中的设备控制界面,确认无高压牵引设备切除。

(6)在司机室激活端确认全部车辆制动试验通过,如不通过,需重新进行制动试验。

(7)输入 CIR、列控车载设备的相关数据。

(8)检查"列车无线电通信"。

(9)进行牵引测试。司控器主手柄放置常用制动"B7"级,方向开关至"前"位,在 HMI 中的牵引界面操作"测试开始"按键,并在该界面下查看每个动车牵引力柱状条是否达到 5%,全列牵引变流器状态是否为绿色。

(10)做好开车准备。

(五)途中作业

1. 牵引及制动

(1)牵引

通常情况下,通过将司控器主手柄(图 6-27)从"0"位操作至牵引位来逐步增加或减少牵引力或目标速度:

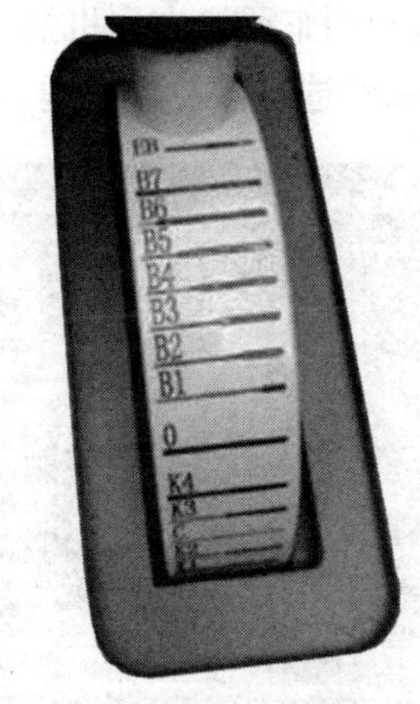

图 6-27　司控器主手柄视图

0——牵引零位,无牵引力或目标速度输出。

C——牵引力或目标速度保持位。

K1——牵引力或目标速度增加位。K1 为大级别上升斜率。

K2——牵引力或目标速度增加位。K2 为小级别上升斜率。

K3——牵引力或目标速度减小位。K3 为小级别下降斜率。

K4——牵引力或目标速度减小位。K4 为大级别下降斜率。

(2)制动

正常情况下,增加或减少制动力时,应逐步操作制动手柄。在实施常用制动时,应结合列车速度、路线情况、目标速度、目标距离等条件,准确掌握制动时机和级位,在列车产生初步制动力后再逐步增加制动力,避免频繁操作制动手柄,保持列车均匀减速。

①常用制动

可使用司控器主手柄控制所有常用制动挡:

0——制动零位,无制动力输出。

B1～B7——常用制动位,"B7"为最大的常用制动挡。

EB——紧急制动位。

②紧急制动

将司控器主手柄调至“紧急制动”EB位置或者激活司机台上的“紧急制动阀”按钮。

③停放制动

通过操作按钮“停放施加”可对整列车施加停放制动。在全部停放制动施加时，按钮灯点亮；通过操作按钮“停放缓解”，可缓解列车停放制动。

④保持制动

停车时保持制动自动施加，保持制动按钮灯点亮；通过操作按钮“保持制动”可对整列车保持制动进行缓解。

2. 恒速

操作步骤及说明如下：

(1)列车司机在司机操纵台上使用模式选择按键切换速度和级位模式。司机于牵引界面(图6-28)选择低恒速按键，进入恒速选择界面(图6-29)。

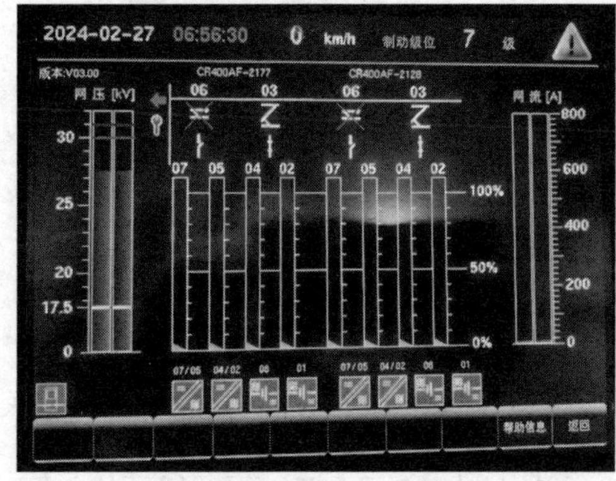

图6-28　牵引界面

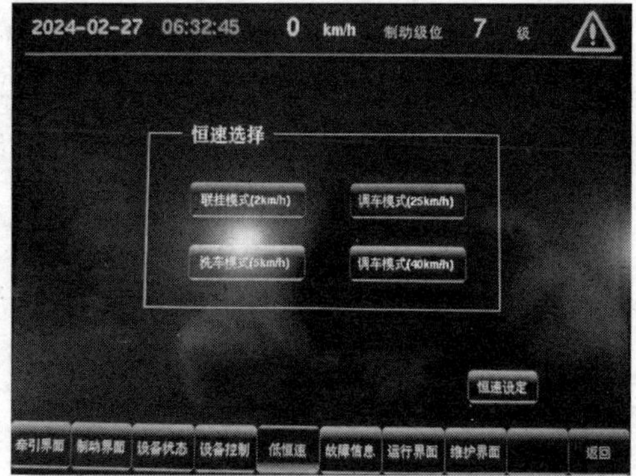

图6-29　恒速选择界面

(2)操作司控器主手柄。控制器允许司机指定设定速度。在自动速度控制模式下，司控器主手柄可在0 km/h和最大速度385 km/h之间设定速度。司控器的范围总是与当时所选操作模式的最大速度相对应。

(3)司机人机界面的状态栏可显示恒速设定值。

注：恒速退出方式为在司机人机界面选择自动速度操作模式，此时要求司控器主手柄必须在零位。

3. 过分相

(1)自动过分相

操作步骤及说明如下：

①ATP 接收到分相区预告信号，此时 DMI 语音播报“前方过分相”，播报时司机操纵台“手动过分相”按钮指示灯点亮，司机需将司控器主手柄移出牵引扇区。

②约 3 s 后主断断开。

③约 7 s 后，车辆经过过分相提醒标志，在进入分相区前司机会在该分相区公里标处看到“断”字菱形提示板，在占用端司机室通过该提示板前，主断必须处于断开状态。

④约 3 s 后，车辆进入无电区，HMI 上的模拟网压表会显示网压降至 17.5 kV 以下。

⑤网压显示下降后会再次上升，证明受电弓已通过无电区，HMI 上的模拟网压表会显示网压上升到该新供电臂网压。

⑥约 2 s 后，在离开分相区后，司机会在该分相区公里标处看到“合”字菱形提示板。

⑦约 2 s 后，车辆自动闭合主断(车辆检测到网压且网压在正常范围内后车辆闭合主断)，同时“手动过分相”按钮指示灯熄灭，司机可以根据行车条件施加牵引。

注：上述时间是单组列车(非连挂)在 300 km/h 速度下通过分相区的计算时间，仅作为行车参考，实际行车时根据列车编组情况、运行速度和分相区长度不同会有不同。

(2)手动过分相

操作步骤及说明如下：

①将司控器主手柄移出牵引扇区。

②按下司机台上的“手动过分相”按钮，持续 3 s。

③确认“手动过分相”按钮指示灯点亮，随后主断自动断开。

④确认受电弓(重联编组时，第二个受电弓)通过分相区，动车组检测到网压下降再上升后，主断自动闭合，手动过分相结束，“手动过分相”按钮指示灯熄灭。

4. 同向继乘

同向继乘是指动车组行驶方向不变，只更换司机乘务组，操作步骤及说明如下：

(1)操作按钮“停放施加”3 s 来施加停放制动。

(2)确认司机室内各仪表、显示器外观良好、外门状态、前照灯状态良好、刮雨器开关处于“停止”位，司控器主手柄处于中立位，方向开关处于“0”位，紧急断电按钮[机车综合无线通信设备(CIR)显示器右侧]左旋。

(3)确认“停放施加”指示灯长亮，紧急制动按钮处于拔出位。

(4)检查左侧断路器面板 1 各开关均在闭合位，检查右侧转换开关面板内各开关位置正确(列控车载设备隔离开关在运行位、列控车载设备冗余开关在 1 系或 2 系、DMI 转换开关在“1 开”位、接地钥匙在开位、其余各开关均在直立位)。

(5)检查确认通信设备工作正常。

5. 换端操作

换端操作是指动车组行驶方向改变，司机更换操作端，操作步骤及说明如下：

(1)操作按钮“停放施加”3 s 来施加停放制动。

(2)将所有司机室右侧转换开关操作至各自的基本位置(列控车载设备隔离开关在运行位、列控车载设备冗余开关在 1 系或 2 系、DMI 转换开关在“1 开”位、接地钥匙在开位、其余各开关均在直立位)。

(3)断开“列控车载设备系统电源”开关,确认 ATP 关闭。

(4)将司控器主手柄置于“0”位,“方向开关”操作至“0”位,换端条件满足图标出现后,将“主控钥匙”旋至“关”位置,拔出,离开后锁闭司机室。

(5)进入另一端司机室,确认司机室内各仪表、显示器外观良好,前照灯、刮雨器开关处于“停止”位,司控器主手柄处于非牵引位,方向开关处于“0”位,紧急断电按钮(CIR 显示器右侧)左旋。

(6)确认“停放施加”指示灯常亮,紧急制动按钮处于拔出位。

(7)检查确认左侧断路器面板 1、2 内各开关均在闭合位(闭合“列车车载设备系统电源”开关),检查转换开关面板各开关位置正确(列控车载设备隔离开关在运行位、列控车载设备冗余开关在 1 系或 2 系、DMI 转换开关在“1 开”位、接地钥匙在开位、其余各开关均在直立位)。

(8)投入司机室主控钥匙并右旋,方向开关置于前进位,CIR 启动正常,发现当前有故障信息时,应及时通知随车机械师或动车所调度。

(9)进入 HMI 设备控制—设备切除界面,确认无高压设备切除。

(10)司控器主手柄置于紧急制动位,确认全部车辆空气制动可用。

(11)输入 CIR、列控车载设备的相关数据。

(12)检查“列车无线电”通信。

(13)在左侧 HMI 牵引—牵引测试界面进行牵引测试:司控器主手柄放至常用制动 7 级,方向开关非零位,点击“测试开始”,在 HMI 牵引界面屏查看出现图标,则牵引测试成功。

(14)做好开车准备。

6. 进站停车

操作步骤及说明如下:

根据线路情况施加常用制动减速进站,进站停稳后,按下“停放施加”按钮 3 s 施加停放制动。根据乘务长指令,按动“车门释放”按钮释放站台一侧的列车车门;根据乘务长指令,按动“集控开门”按钮打开站台一侧的列车车门。关门时,直接通过电台取得乘务长关门指令,并按下“关门”按钮锁闭站台一侧列车车门。

7. 其他操作及注意事项

(1)空调系统

动车组司机操纵台空调系统控制如图 6-9 所示。

旋转开关可改变司机室空调系统的温度设定、打开或关闭司机室腿部加热器、改变司机室空调风扇速度。

(2)撒砂

操作“撒砂”开关至“撒砂”位置开始整车的撒砂。

(3)退行

检查“方向开关”是否处于“向后”位置，将主控钥匙投入并右旋置于“开”，通过将占用端的“ATP 隔离开关”置于“隔离”位来隔离 ATP 系统，通过操作背光按钮“缓解停放制动”执行停放制动的缓解，通过将拨动开关“风笛”操作至“高音”和“低音”位置来检查信号装置，使用司控器主手柄来控制速度。列车退行速度不得超过 15 km/h。

第三节　动车组司机的趟乘作业

动车组从检修基地到始发站、始发站运行到终点站，动车组司机完成的这一过程为一个趟乘作业，它包括以下工作内容：

一、出勤准备

动车组司机出乘前严禁饮酒，必须充分休息，并且要求在距开车时间前 60 min 来到派班(运转)室，了解运行计划及相关要求(俗称摘抄“揭示”)，于开车时间前 30 min 到达车站接车地点(出发车次非操纵端)立岗、接车。同时，必须标准化着装，携带动车组司机驾驶证、怀表及动车组行车规章，并根据天气、线路、人员、时间等情况制定运行安全注意事项，记录于司机手账。

二、发车准备与发车

车站应于开车前 1 min 向动车组开放出站信号机，并执行车机联控。动车组司机确认车门关闭正常(报警灯面板上的门锁闭灯显示“绿色”)、出站信号开放后，确认开车时间，鸣笛起动列车。

起车时，应将主控手柄在离开“0”位稍做停留后推至牵引位，根据目标速度将主控手柄置于适当位置，做到起车稳、加速快、不发生空转，避免强烈的“推背感”；起动后要确认各显示屏、仪表显示是否正常。

三、途中运行

1. 动车组操纵

运行中严格遵守各项容许及限制速度。严格执行车机联控制度(车次用语为“动车××

次”)、呼唤应答制度和安全装备操作使用规定,保证列车安全正点平稳运行。

运行中发生意外,不危及本列车安全时,可不停车,继续运行,同时用列车无线调度通信设备报告就近车站处理。动车组在区间被迫停车时,动车组司机立即使用列车无线调度通信设备报告列车调度员,报告被迫停车原因、停车地点;负责指挥随车机械师、客运乘务组,按有关规定处理有关行车、列车防护和事故救援等事宜。动车组被救援时,过渡车钩、专用风管和电气连接线的连接和分解由随车机械师负责,动车组司机配合。具备升弓供电条件的,司机根据随车机械师的通知升弓供电,但必须与救援机车司机保持联系,防止发生弓网事故。

2. 制动系统使用

进站停车优先使用空气制动,切除电制动,以司机室侧窗后边缘对停车位置标,做到一次稳、准停妥。正常情况下,稳定使用中级挡位以下的制动,随着速度的降低,停车前逐渐减小制动力停车。速度较高时应逐步使用高级位的制动。

四、交、接班作业

1. 在站继乘

交班司机待全列停妥后施行停放制动并集控开门,与接班司机办理交接(交班司机应详细介绍运用状态,填写运行日志记录,办理交接手续),同时将 LKJ 运行记录数据进行转储。经列车长同意换端后,使用换端操作,拔出主控钥匙交与接班司机,待 LKJ 转储成功后关闭 LKJ 及 CIR。

接班司机上车与交班司机进行交接,了解动车组质量状态、运行情况,确认动车组编组、标志灯显示正常,接到主控钥匙后到列车出发操纵端司机室打开 LKJ 及 CIR,进行换端操作作业,正确输入 LKJ 数据及设置 ATP 后,进行简略制动试验及启动试验,并确认行车安全装备合格证,互相签认,填记“动车组司机运行(继乘)交接记录表”。

2. 终到站作业及库内、外临时存放

终到站停车后,确认停放制动已施加,动车组保持制动状态,将牵引手柄置“0”位。司机与地勤司机办理钥匙交接(主控、司机室侧门隔断门)、确认耗电量、填记“动车组运行技术状态交接单”,互相签认后,下车到本段(所)调度室退勤。

3. 退勤

退勤前,司机复核报单填写正确,对本次列车安全正点等情况进行认真分析总结,对作业中出现的非正常情况,写出书面报告。

退勤时,向调度员汇报本次列车运行情况,对监控装置检索分析的问题及超劳、运缓等情况做出说明,并记录于司机手账。交回司机报单、运行揭示、司机手账、列车运行时刻表等有关资料后进行指纹签点,退勤。

本章小结

高速铁路动车组的牵引方式与传统的机车牵引有质的区别，通过本章学习，可了解动车组司机室相关设备的作用及操作方法，动车组司机对整个动车组的加速、减速及紧急制动等操作和驾驶的过程，是通过操作牵引手柄和制动手柄来实现的；介绍了动车组司机室内 LKJ2000型监控装置、CTCS 车载列控系统、MON 车载信息装置等典型设备；最后介绍了动车组司机趟乘驾驶的作业标准。

复习思考题

1. 列车自动防护(automatic train protection，ATP)系统作用是什么？
2. 动车组司机室操纵台上主要的操纵设备有哪些？其作用是什么？
3. 动车组司机室配备了哪些安全防护设备？
4. 简述动车组控制原理。
5. 动车组有哪几种制动指令？各种制动指令方式在什么情况下使用？

第七章 高速铁路运输组织

本章要点

通过本章学习，了解高速铁路运输组织的流程，理解高速铁路运输组织始于客流调查；通过分析、预测运输市场需求，综合考虑铁路线路、车站、信号、动车组等技术设备条件，计算、确定列车运行的各种参数；按照经营方针、经营策略，具体编制列车开行方案，了解高速铁路的具体运输组织工作，进一步理解列车运行图、动车组运用计划、乘务员运用计划等综合运输计划。日常运输组织过程中，高速铁路各部门严格按照综合运输计划规定的时间、内容进行工作。当列车运行偏离列车运行图时，由日常调度指挥部门制订调度调整方案并指挥相关部门和人员，尽可能使列车运行恢复到按列车运行图运行，以减少对旅客和运行秩序产生的影响。

第一节　概　　述

一、高速铁路运输组织的流程

高速铁路运输组织的目的是在高效使用铁路固定设备、活动设备和人力资源的基础上满足旅客的运输需求，并保持良好的运输秩序和运营效果。为此，高速铁路运输组织的一般流程如图 7-1 所示。

首先，通过客流调查，正确分析、预测旅客运输市场需求；其次，综合考虑铁路线路、车站、信号、动车组等技术设备条件，计算、确定列车运行的各种参数；根据运输系统自身的实际情况和市场需求情况确定经营方针、经营策略；最后，基于客流预测、设备条件、经营策略具体编制旅客输送的框架计划，即列车开行方案，对列车开行的起讫点、种类、数量、途经车站的停车方案等做出具体的规定。

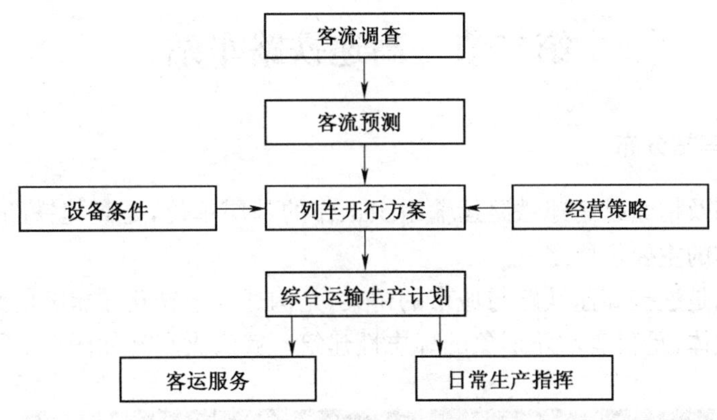

图 7-1　运输组织的一般流程

具体的运输组织工作通过综合运输计划进行安排。高速铁路的综合运输计划主要包括列车运行图、动车组运用计划、乘务员运用计划。列车运行图详细规定了所有列车在各站的到达、通过、出发时刻和途中运行时分；动车组运用计划规定了动车组交路；乘务员运用计划规定司机值乘安排；因此，高速铁路列车运行质量主要由综合运输计划决定。

日常运输组织过程中，高速铁路各部门严格按照综合运输计划规定的时间、内容进行工作。当列车运行偏离列车运行图时，由日常调度指挥部门制订调度调整方案并指挥相关部门和人员，尽可能使列车运行恢复到按列车运行图运行，以减少对旅客和运行秩序产生的影响。因此，建立一套设备先进、安全可靠、功能丰富、使用方便的高速铁路调度指挥系统，是保证高速铁路运输质量的关键。

二、高速铁路的运输组织模式

关于高速铁路的运输组织模式有三个常见的基本概念：运输组织模式、列车运行方案和修建模式。运输组织模式主要是指高速铁路是客运专线还是客货共线；列车运行方案是指高速铁路采取全高速旅客列车运行还是高、中速旅客列车共线运行；修建模式是指高速铁路是采取既有线改造还是新建等。

例如，我国武广高速铁路的运输组织模式采用客运专线，列车运行方案采用时速 300～350 km 动车组的模式，修建模式采取新建模式。

运输组织模式是决定高速铁路主要技术方案与技术标准的前提和基础。运输组织模式与国情、路情和沿线经济、社会条件等密切相关，具有很强的地域特征。但无论是哪一类型的运输组织模式，均有一个共同的发展趋势，即要考虑与既有路网的兼容性，以实现高速列车跨线运行，提高铁路的网络效益。

第二节　高速铁路车站

一、高速铁路车站分布

高速铁路车站及枢纽是高速铁路运输组织工作的基层单位，是高速铁路提供客运服务和进行行车组织工作的主要场所之一。

高速铁路车站是连接高速铁路与城市的桥梁，是沟通高速铁路与旅客的纽带，是诠释高速铁路服务内涵的载体，是代表铁路形象的标志性建筑。武汉火车站如图 7-2 所示。

图 7-2　武汉火车站

高速铁路所提供的服务具有高速度、高密度、大运能等特点，因而高速铁路车站主要设在大城市所在地。高速铁路车站的分布主要取决于城市分布、高速铁路沿线人口密度和客运市场需求情况等因素。国内外部分高速铁路车站分布情况见表 7-1。

表 7-1　国内外部分高速铁路车站分布情况

国家	线　　路	总长度(km)	车站个数(个)	平均站间距(km)	最大站间距(km)	最小站间距(km)
日本	东海道	515	15	36.8	68.1	15.9
	山阳	554	18	32.6	55.9	10.5
	东北	496.5	18	29.2	49	14.5
	上越	269.5	9	33.7	41.8	23.6
	北陆	117.4	6	23.5	33.2	17.6

续上表

国家	线　　路	总长度(km)	车站个数(个)	平均站间距(km)	最大站间距(km)	最小站间距(km)
法国	大西洋	281	4	70	168	15
德国	曼海姆—斯图加特	105	2	105	105	105
	汉诺威—柏林	264	5	66	130	10
中国	武广高速铁路	1 069	17	66.8	83	36.1
	京沪高速铁路	1 318	24	57.3	118.43	31.65
	宁杭高速铁路	256	11	25.6	36	12

二、高速铁路车站的类型

根据技术作业性质不同，高速铁路车站可划分为四种类型。

(一)越 行 站

越行站办理的作业如下：

1. 办理正线各种列车的通过作业。
2. 办理中速列车进出到发线，停站待避高速列车作业。

我国高速铁路越行站不办理客运业务，日本所有越行站均办理客运业务。

越行站布置图如图 7-3 所示。

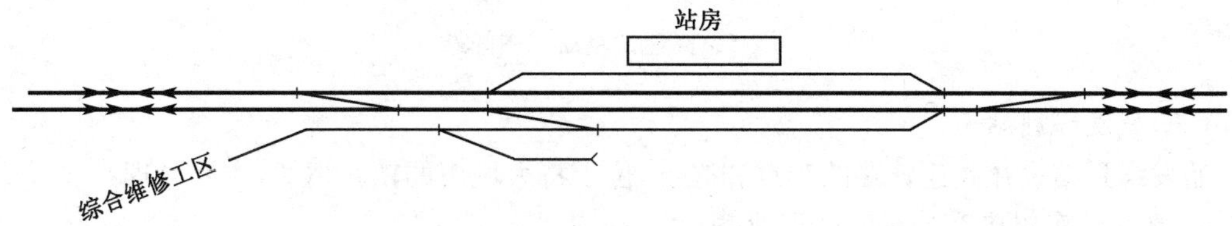

图 7-3　高速铁路越行站

(二)中 间 站

中间站办理的作业如下：

1. 办理正线各种列车的通过作业。
2. 办理停站列车、越行列车进出到发线作业和客运业务。
3. 有立即折返列车的中间站，办理列车终到、始发作业。

4. 办理始发终到列车的客运整备(包括清洁、供应物品等)作业和客运业务。

中间站是高速铁路的最多数车站,它的图型是高速铁路车站的主要图型。中间站的基本图型有两种:一种是中间站台设在正线和到发线之间,站台一侧靠正线,另一侧靠到发线,称之为岛式;另一种是中间站台设在到发线外侧或在到发线之间,站台不靠正线,称之为对应式。

高速铁路对应式中间站布置图如图 7-4 所示。高速铁路岛式中间站布置图如图 7-5 所示。

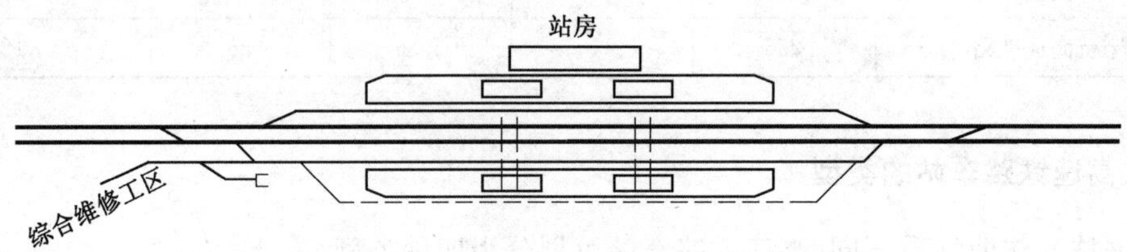

图 7-4 高速铁路对应式中间站

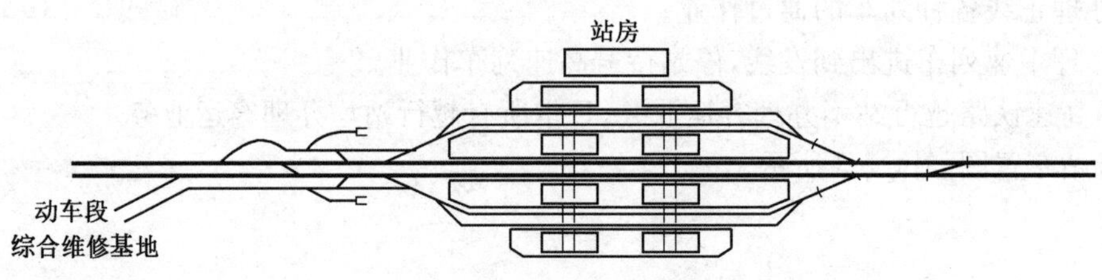

图 7-5 高速铁路岛式中间站

(三)始发终到站

始发终到站设在高速铁路的起点和终点,位于特大城市的铁路枢纽,主要办理:

1. 高速动车组旅客列车的客运业务。
2. 始发、终到高速动车组旅客列车作业。
3. 动车组的整备、检修作业。

始发终到站只是相对于一条高速线而言,如运行于跨越该高速线的列车,在高速铁路的始发终到站仍为通过列车,仅仅是通过的方式可能不同。

高速铁路始发、终到站布置图如图 7-6 所示,其中(a)中紧临正线两侧不设站台,这样当列车不停车通过车站时,旅客安全更有保障;(b)中正线与到发线间设有中间站台,适合于基本上没有不停站通过列车的情况。

(四)枢 纽 站

枢纽站亦称为通过站，设在高速铁路沿线大、中城市的铁路枢纽，一般都有普速铁路干支线接轨。枢纽站的主要作用如下：

1. 办理高速动车组旅客列车的客运业务和旅客换乘。

2. 办理高、中速动车组旅客列车通过作业。

3. 办理部分高速动车组始发、终到作业。

4. 办理高速动车组的整备、检修作业。

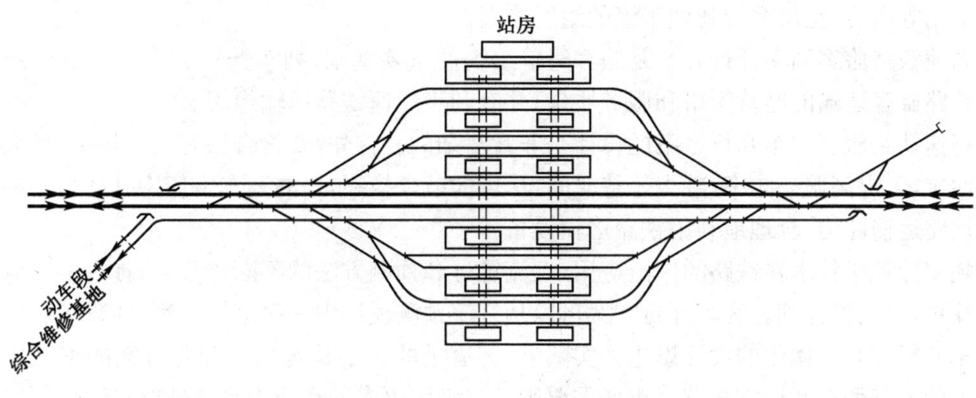

(a)

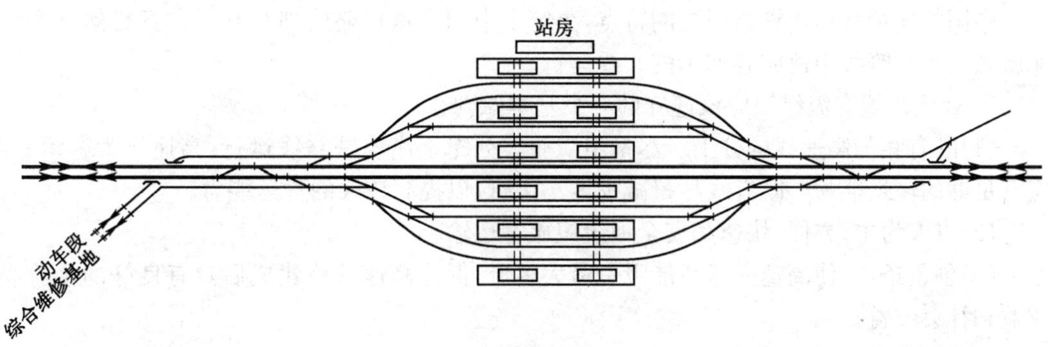

(b)

图 7-6　高速铁路始发、终到站

第三节　高速铁路运输计划

一、列车开行方案

（一）列车开行方案的基本概念

高速铁路列车开行方案是以客运量为基础，以客流性质、特点和规律为依据，科学合理地安排包括旅客列车等级、种类、起讫点、数量、经由线路、编组内容、停站方案、列车客座利用率、车底运用等内容，是从客流到列车流的组织方案。

高速铁路旅客列车开行方案是旅客运输组织的重要基础，列车开行方案必须良好地反映高速铁路旅客运输的经营策略和服务质量，并有利于高速铁路运输组织。

高速铁路旅客列车开行方案的设计是非常复杂的。首先，要符合旅客出行规律，最大限度地方便旅客，提高服务频率，减少等待时间，尽可能减少换乘，提高列车上座率；同时，还要充分利用铁路运输能力，合理地利用铁路运输设备。

随着计算机技术在铁路的广泛应用，客流统计和预测方法的不断进步，所提供的客流资料比以往更科学、更详细。客车开行方案可以从客流预测模型中一次编制出来，体现了客流预测与列车开行方案一体化的设计思想。实际上，客流量的大小是与列车开行方案的编制质量密切相关的。若列车开行方案符合市场需要则可以吸引更多的客流走高速铁路；反之，原本属于高速铁路的客流也可能转入其他运输方式。

（二）我国高速铁路列车开行方案的特点

中国的国情和高速铁路网络的特点，决定了中国高速铁路的列车开行方案必然是本线高速旅客列车和跨线中速旅客列车的共线运行。

1. 处理跨线客流组织应该遵守的三个基本原则

（1）既有线与高速线的分工。尽量组织旅客列车上高速铁路线运行，高速线为客运专线，应有足够的输送能力。既有线尽量减少客车运行，以提高该线的货运能力。

（2）以人为本，方便、快速和安全地组织旅客运输。

（3）创造条件，使高速铁路线能吸引最大客流，保证高速铁路建成后具有良好的企业经济效益和社会效益。

2. 跨线旅客运输方案

（1）高速列车驶离高速线，高速线全走高速列车。此方案对旅客最为有利，跨线旅客可乘坐高速列车直达终点，高速列车在高速线以高速运行，驶离高速线后以所经既有线的允许速度运行。

（2）跨线旅客仍由既有线承运，高速线全走高速列车。此方案会使既有线能力仍将长期饱

和,无法增加货运能力;亦使高速线能力富裕而“吃不饱”,可谓“两败俱伤”。

(3)跨线旅客换乘方案。在高速线上乘坐高速列车,到达换乘站换乘普通列车到达终点站。该方案对旅客和铁路均不利,客观上也难以实现。

(4)高、中速列车在高速线上共线运行,高速线上以高速列车为主,逐步过渡到全高速列车方案。

在高速铁路建成后的较长时间内,高速线上以开行高速列车为主,同时开行部分中速列车,中速列车在高速线上以中速列车本身可以达到的速度运行,驶离高速线以后,以所经既有线允许的速度运行,跨线旅客以中速列车承运。此方案跨线旅客既可受益于高速铁路又可避免换乘,较好地解决了跨线旅客运输问题,又能将既有线客运量的70%~80%转移到高速线,能提高高速铁路的经济效益和大幅度提高既有线的货运能力,基本上实现客、货分线运行,是符合我国国情、路情的较为现实可行的方案,是我国铁路发展高速铁路不可逾越的阶段。

3. 高、中速列车共线运行的实施过程

由于高速铁路线高、中速列车共线运行,故也存在着较多的待避越行。高速铁路线开通后,既有线客运量将逐步向高速线转移。

第一阶段:将在本线范围内运行的客车全部转移到高速线,并转移少量跨线中速车至高速线运行,此时既有线仍承担多数跨线列车,但可腾出较多运能以满足既有线货运量的增加。

第二阶段:转移更多的、走行距离较长的中速车上高速线,进一步减少既有线的跨线客车,腾出更多的运输能力。

第三阶段:高速线运量大量增加,将逐步减少高速线上的中速车,而增加高速线上的高速车,直到最后没有中速车或仅保留个别中速车,过渡到高速线上运行全高速列车。对高速线而言,这是一个中速车渐减,能力渐增,适应运量渐增,最终达到高速线发挥最大能力的过程。

虽然高、中速共线运行会影响高速线的能力,由于中速车在高速线运行数量变化的过程是:少→多→少→零,高速线能力的提高过程是:小→大→最大,因而能与客运量的逐渐增加相适应。

二、列车运行图、通过能力

(一)列车运行图

1. 列车运行图的性质与作用

列车运行图是利用坐标原理来表示列车运行情况的一种图解形式。

在列车运行图上,将横轴按一定比例用竖线划成等分,竖线代表一昼夜的小时和分钟;将纵轴按一定比例用横线加以划分,横线代表车站的中心线;这样便构成了列车运行图的基本格式。列车运行图上的列车运行线(斜线)与车站中心线(横线)的交点,即为列车到、发或通过车站的时刻,如图7-7所示。

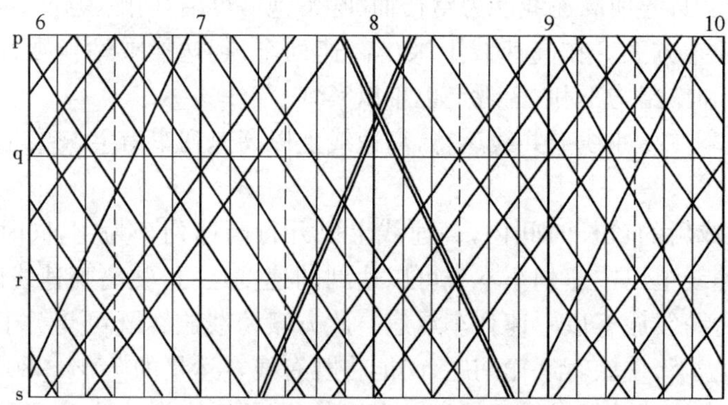

图 7-7　双线追踪非平行运行图

从列车运行图中可以反映出列车从始发站始发至终到站终到,包括在各区间的运行时分,途中经过车站的到达、出发或通过时刻以及占用区间的先后顺序等。

列车运行图是行车组织工作的基础,也是各部门、各单位行车工作人员相互配合协调的主要依据。

首先,它规定各次列车占用区间的顺序,列车在每个车站的到达和出发(或通过)时刻,列车在区间的运行时间,列车在车站的停站时间以及动车组交路等。

其次,列车运行图也是维持运行秩序、保证行车安全和协调铁路各部门工作的综合性工作计划,是行车调度员指挥列车运行的基本依据。正确地编制列车运行图,对保证行车安全、加速动车组周转、提高运输效率和运输能力、完成或超额完成客运任务,具有重要的意义。

2. 高速铁路列车运行图的主要特点和优点

由于高速铁路在行车组织、列车运行速度、天窗设置等方面与普速铁路有很大区别,高速铁路列车运行线的铺画方法与双线普速铁路列车运行图有较大差别。

(1)我国高速铁路列车运行图的主要特点

我国高速铁路列车运行图的主要特点包括:

①高峰时段突出。高速铁路以客运为主,其列车运行图的设计需要满足旅客出行的规律,通常表现出早晚高峰时段列车密集发车和到达的特点。

②列车以最小追踪间隔密集到发。在高峰时段,尤其是短途旅客列车,几乎按照最小的追踪间隔进行密集到发,以满足旅客的高频次出行需求。

③分类细致。根据不同的线路类型和路网作用,我国高速铁路的列车运行图可以分为路网干线、路网联络线、路网支线和区域城际铁路等类别,每种类别的运行图都有其特定的设计和运行特点。

④适应换乘理念。为了提高旅客的出行效率，列车运行图的设计趋向于方便乘客在不同线路间进行便捷换乘。

⑤周期化运营。高速铁路的列车运行图趋向于实现周期性运营，即在一定周期内运行图的模式重复出现，以便于乘客记忆和安排行程。

⑥快运需求。针对高速铁路快递等物流服务的需求，列车运行图也会做出相应的调整以适应快递运输的需要。

⑦技术文件关键性。列车运行图是轨道交通运输组织的关键技术文件，它规定了列车的出发和到达时间，对整个铁路系统的运行效率和服务质量有重要影响。

⑧持续优化。随着技术的发展和乘客需求的不断变化，列车运行图需要不断地进行评价和优化，以提高运输效率和旅客满意度。

综上所述，我国高速铁路列车运行图在设计时充分考虑了旅客出行规律、线路特性以及运输效率等多方面因素，形成了具有明显特点的运行图模式，并且随着高速铁路网络的发展和技术的进步，这些特点也在不断地演进和优化中。

(2)我国高速铁路列车运行图的优点

我国高速铁路列车运行图的优点主要体现在以下几个方面：

①安全性高。我国高速铁路建立了全面的安全风险管理体系，包括基础设施、移动装备、综合检测、防灾减灾和应急救援等，确保了高速列车的安全运行。此外，高速铁路实行全线封闭管理，配备先进的监测系统和完善的预防措施，能够及时应对自然灾害和突发事件。

②科技手段先进。我国高速铁路充分利用物联网、大数据、北斗卫星定位等现代科技手段，提升了设备监测检测、风险预警和养护维修的智能化、科学化水平。

我国高速铁路列车运行图在确保安全的前提下，通过科学合理的编制和管理，实现了高效便捷的运输服务，同时也展现出对科技创新的深度融合和应用。

(二)线路通过能力

1. 铁路线路通过能力的基本概念

铁路线路通过能力是指某一铁路线、方向或区段，根据现有的固定技术设备(如区间、车站、机务设备及电气化铁路线的供电设备等)，在一定类型的机车车辆和行车组织方法(如运行图类型及车站技术作业过程等)条件下，在单位时间(通常为一昼夜)内所能通过的规定重量的最大列车对数或列数。

按各种固定设备分别计算出来的通过能力，其中最小的一种能力就限制了整个线路、方向或区段的通过能力，该能力即为该线路、方向或区段的最终通过能力。

在实际工作中，通常把通过能力分为设计通过能力、现有通过能力和需要通过能力三个不同的概念。设计通过能力，对新建铁路来说，是指竣工交付运营后所能达到的能力；对既有铁路线来说，是指对区段技术设备进行技术改造后所能达到的能力。现有通过能力是按照现有技术设备和行车组织方法、不进行任何技术改造就可以达到的通过能力。每次编制运行图时所计算的区间通过能力，即是现有通过能力。需要通过能力是指为了适应国家经济发展和人民生活需要，并考虑一定的后备，该铁路线、方向或区段所应具有的通过能力。

2. 区间通过能力

区间通过能力主要取决于该区段的技术设备和所采用的行车组织方法，例如，区间正线数量、区间长度、线路纵断面、机车车辆类型及信号、联锁、闭塞方式，以及列车运行图的类型等。计算区间通过能力，一般是先计算平行运行图的区间通过能力，然后，在此基础上再计算非平行运行图的区间通过能力。

3. 影响高速铁路通过能力的因素

(1)若以客运站为客流的主要始发和终到站，并将客流主要始发站与终到站之间的铁路区段定义为客流区段，则旅客列车通常应以客流区段为单位制定开行方案，亦即在高速铁路上通常只开行客运站间的旅客列车。在一个客流区段内，高速列车可能在途中停车办理客运业务，与不停车高速列车比较，它将产生额外的占用列车运行图的时间，对通过能力产生不利影响。

(2)当采用不同速度列车共线运行的运输组织模式时，在高速铁路上开行的速度较低的列车，由于列车运行速度较低，而且停站办理客运业务的次数也可能较多，因而占用列车运行图的时间较长，将对通过能力产生不利影响。

(3)为使技术设备经常处于质量良好的状态，以确保行车安全，在高速铁路列车运行图中，一般应为设备的日常维修和养护预留出必要时间的天窗。天窗不仅缩短了可供列车运行的时间段，而且人为地将列车运行图分割为两个隔开的时间段，致使在列车运行图上不能组织列车24 h运行，对通过能力造成了相当大的影响。

(4)为方便旅客乘车旅行，在编制列车运行图时，应尽可能规定适宜的旅客列车始发和终到时刻。高速铁路一般规定在6:00—24:00间在客流区段内到发。受这一到发时间的限制，在列车运行图中除天窗之外，还将产生一定的称之为无效时间的时间段，它对通过能力也有一定影响。

因此，在运输组织中，影响高速铁路通过能力的主要因素包括：途中停车办理客运业务、高、中速列车共线运行、天窗、无效时间段等。

三、动车组运用计划

列车运行图规定了各次列车的始发、终到车站和始发、终到时刻等，而这些列车的运行都必须由具体的动车组来担当。动车组运用计划是动车组周转接续和维修的综合计划，是根据

给定的列车运行图、有关动车组检修修程的法规规定及检修基地条件等，对动车组在哪个车站、担当哪次列车以及在什么时间、什么检修基地、进行哪种类型的检修等做出具体的安排，以确保状态良好的动车组实现列车运行图。在列车运行图调整的同时，动车组运用计划也将做相应的调整。

下面用简单的例子来说明动车组运用计划及运用方法。

例如，如图 7-8 所示某天动车组 1 按交路段 1 的计划运行，即从站 A 担当 1001 次列车，运行到站 B，然后担当 2006 次列车到站 A，再担当 1009 次列车到站 B，在车站 B 驻留；第 2 天，按交路段 2 的计划运行，担当完 1007 次列车任务后，在站 B 相连的维修基地进行日常检修；检修完毕后，第 3 天，按交路段 3 的计划运用；然后依次按交路段 4、5、6、7 的计划运用，当按交路段 7 运用完以后，再按交路段 1 的计划运用，如此循环。在动车组 1 按交路段 1 计划运用时，其他的 6 组动车组也按照同样的规则依交路段 2，3，…，7 的计划运用。一般对应同一运行图，可以编制出许多不同的动车组运用方案。

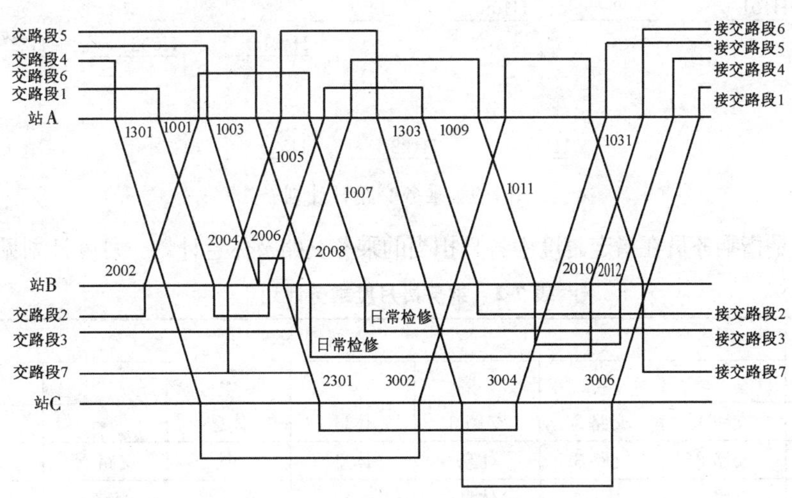

图 7-8 动车组运用计划

编制动车组运用计划时，不仅编制列车间的接续，动车组的日常维修计划和定期检修计划也应同时编制。动车组的日常维修计划应根据动车组的种类确定，通常每 72～144 h 内进行一次，每次在库进行 2～4 h 检修。定期检修计划通常每 50 d 以内或 30 000 km 以内进行一次，在动车组检修基地进行 4～7 h 的检修。

动车组运用计划的评价主要包括使用的动车组数、回送列车的次数和里程、定期检修次数和日常检修次数等因素。一是完成同样的列车运行图，所使用的动车组数量越少越好；二是回送列车开行的次数越少越好，因为回送列车不能运送旅客，不仅不能直接带来运营收入而且耗费人力、电力等资源；三是定期检修和日常检修在满足法规规定要求下越少越好。

四、乘务运用计划

高速列车的乘务员包括动力车乘务员（即司机）和列车乘务员（即列车员）。

乘务运用计划是动力车乘务员的综合乘务计划，也就是根据给定的列车运行图、有关乘务员乘务规程、乘务基地条件等，对乘务员在什么时间、什么地点出乘，在什么时刻、担当哪次列车，在什么时间、什么地点退乘等做出具体安排，以确保列车开行计划的实现。

乘务计划主要分为乘务日计划及月度计划。日计划由全体乘务交路构成，表示完成一日的运行图任务需要的乘务员数量及各乘务员担当的乘务交路。乘务交路日计划如图 7-9 所示。乘务交路是指一名乘务员一日的工作计划，图中每一行是一个乘务交路，线段上的字符表示为车次。

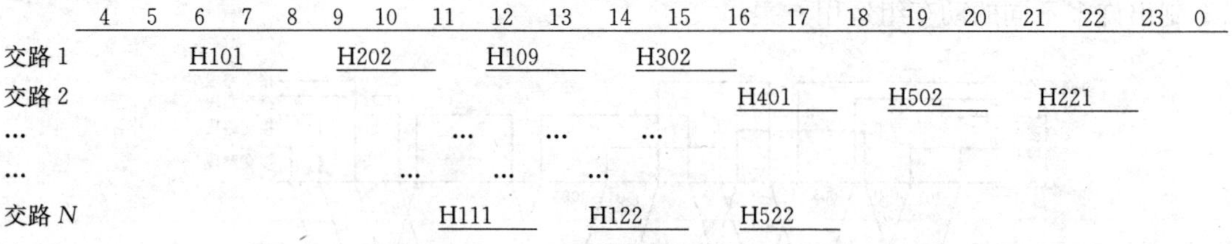

4 5 6 7 8 9 10 11 12 13 14 15 16 17 18 19 20 21 22 23 0

交路 1 H101 H202 H109 H302

交路 2 H401 H502 H221

… … … …

… … … …

交路 *N* H111 H122 H522

图 7-9 乘务交路日计划

月度计划是指乘务员在指定月度中各日担当的乘务交路及休息计划。月度计划见表 7-2。

表 7-2 乘务员月度乘务计划

乘务员	日期						
	1	2	3	…	…	…	*N*
1	交路 1	交路 2	交路 3	休息	休息	…	交路 *N*
2	交路 2	交路 3	休息	休息	…	交路 *N*	交路 1
3	交路 3	休息	休息	…	交路 *N*	交路 1	交路 2
⋮	休息	休息	…	交路 *N*	交路 1	交路 2	交路 3
⋮	休息	…	交路 *N*	交路 1	交路 2	交路 3	休息
⋮	…	…	…	…	…	…	…
N	交路 *N*	交路 1	交路 2	交路 3	休息	休息	…

动力车乘务员的值乘制度有包乘制和轮乘制两种。

1. 包乘制

包乘制是指由几个固定的乘务机班组成动力车乘务组，轮流值乘一列电动车组（或一台机车）的乘务制度。

在这一值乘制度下，动力车乘务组包管包用固定一列电动车组，即除值乘外，还负责电动车组的日常检查和保养以及中间技术检查，并参加电动车组的修理作业。

包乘制有利于加强列车驾驶员对电动车组运用和保养的责任心，便于列车驾驶员熟悉电动车组的性能特征，掌握电动车组的状态，但在检修期间对设备利用与培训资源是一种浪费，包乘制使电动车组运用受到限制，电动车组运行时间不能充分利用，从而降低了电动车组运用效率和列车驾驶员的劳动生产率。

2. 轮乘制

轮乘制是指没有固定的电动车组乘务组，电动车组由若干司机轮流使用，各个司机可以在任一列电动车组上值乘的乘务制度。在这一值乘制度下，电动车组的日常检查、保养和维修工作由专职维修人员负责。

第四节　高速铁路运输组织

一、高速铁路车站作业和服务的特点

1. 高速铁路车站作业单一

高速铁路线开行轻快货车问题复杂，投资大、运输组织和货物装卸困难，涉及问题多，因此，我国高速铁路只办客运业务，不办理货运、不开行轻快货车，高速车站不考虑货物列车的各项作业。

2. 高速铁路车站不办理行包和邮件业务

我国普通旅客列车多挂有行李、邮包车厢。列车到达较大车站时，要进行邮件和行李的装卸作业。高速动车组旅客列车和跨线快速列车，牵引质量小、定员少、运输成本较高，在这种列车上占去两节旅客车厢而挂邮车和行包车，是不经济的。为办理行包、邮件装卸而延长旅客列车停站时间与高速铁路追求最短的旅行时间是背道而驰的。

3. 高速铁路车站作业和服务要体现“以人为本、方便旅客”的宗旨

高速铁路车站设计上提倡旅客流程立体化，进出站自由化和多样化。

4. 高速铁路车站作业和服务要适应高效率、快速作业的要求

高速动车组旅客列车停站作业时间很短，如G103次(北京南—上海虹桥，2023年8月2日车票信息)运行途中停站七次，除在宿州东站停车5 min外，其余站均只停车2～3 min。

为适应高速动车组旅客列车在站高效、快速的作业要求，必须改进车站客运组织工作和行车组织工作，并配以先进设备。

客运组织工作方面，应设置自进站至站台候车全程醒目清晰的旅客引导电子设备和多处一定时间段内各次列车电子信息告示牌。旅客到站台后能方便地找到与车票相同的车厢号的

停车车门位置，旅客能自己"对门上车、对号入座"，消除旅客在站台上寻找车厢门的时间。这就要求站台上有准确、醒目的停车车号车门位置的标志，高速动车组旅客列车应通过列控系统或司机操纵准确无误地停在与站台标志一致的位置上。这样旅客能以最短的时间上车。

根据客运量大小，配备多个自动售票和自动识别检票口，达到基本上消除售票和进出站排队的现象。

快速组织完成折返列车清洁、废物处理、上水和物品供应工作。

行车组织工作方面，车站应有自动控制接发列车信号系统，包括信号机显示、接发车进路（包括道岔）的自动控制和完成操作，以减少办理闭塞和开通进路时间，提高行车工作效率和保证安全。

车站平面布置应使停站列车以不低于 80 km/h 的速度进入进站信号机，并安全准确地到达停车位置，保证通过列车不减速通过车站，保证通过列车与停站列车或待避列车的行车安全。

二、高速铁路客运服务系统

为旅客服务是高速铁路企业的根本目的。世界各国高速铁路企业无不全方位运用高科技手段为旅客提供全程服务，充分体现以人为本、以旅客为本的服务意识和理念。从购票前的营销策略到订票购票，从旅客到站后的信息揭示引导到有困难时车站的及时救助以及车站的旅客快速疏散，从乘车前的自动检票到上车后的服务，处处体现着高速铁路在为旅客服务方面所下的功夫。

高速铁路客运服务系统是在现代高速铁路管理思想、服务理念和当今最新信息技术基础上，建立起的信息高度共享、资源高效利用、运行安全可靠的综合完整的服务系统。客运服务系统由票务子系统、旅客服务子系统、呼叫中心子系统、互联网服务子系统构成。

1. 票务子系统

票务系统是以席位管理和交易处理为核心，建立广泛的销售渠道，适应多种售票方式、多种支付方式、灵活的营销策略，包含自助式销售和自动检票的实时交易系统。

(1)票价体系

各国高速铁路票价体系都是根据本国铁路发展状况与客运市场竞争情况建立的。它既要满足旅客的出行需求、便于铁路的运输组织，又要符合经济规律和适应市场竞争需要，因此，各国高速铁路票价体系都有各自的特点。

法国高速铁路根据收益优化思想，采取动态定价策略。每个价位水平的座席数量取决于每趟列车的车辆编组及预期需求，同时定期审查销售量的变化，为高价票保留适当座席数量，通过折扣价格吸引旅客填补空白座席。通过这种方法，实现了在既定运输能力基础上，不增加成本使收益增加 5%的目标。

德国高速铁路根据旅客对服务等级的需求不同，提供一等座、二等座客票；根据服务对象不同，提供普通票和学生票；根据旅客使用高速铁路的频率和期限不同，提供"年票""半年票""季度票""月票""周票""天票""往返票"等；根据旅客群体人数的不同，在满足一定条件下，可购买"伴侣 2 人票""5 人票""团体票"等；根据群体的特性，提供"家庭票""伴侣票"等；根据出行时间特点，推出"周末票"，票价仅 28 欧元，可供 1～5 人在 1 d 的有效期内，在全德国境内乘任何区内快车、区内列车和城市公交工具，极大地方便了以学生为主的周末旅游群体，吸引了假期客流。在各联邦州还有类似功能的"州票"，在周一至周五有效。此外，德国高速铁路还与城市公交部门合作，对其开发的产品提供优惠服务，提高产品吸引力。如长途快速列车票持有者可在列车到、发当天在到、开地免费乘坐任何城市公交设施到达车站和终到地；持有"周末票""州票"的旅客可分别在德国境内、州境内任何城市乘坐公交设施。

为吸引客流，德国铁路于 2002 年 12 月 15 日推出了新的票价体系，采用了各种以需求为出发点的优惠政策。新票价体系有以下几个特点：

①运价率首次实行递远递减，旅行距离越远，单位距离票价越低。

②以多种优惠条件鼓励旅客提前预订车票。旅客的计划性越强，接受铁路更多的限制条件，就能得到更大的优惠。例如，旅客如果在出发前一天订票，有 10%的优惠，条件是固定车次；提前 3 d 有 25%的优惠，条件是要买往返票、固定车次；提前 7 d 有 40%的优惠，条件是要买往返票、固定车次，而且要在目的地住一夜。

③市场定位在争取同行的人群上。如果几人同行，同行者(最多 4 人)只付一半的票价。

④实行新的铁路卡。每张售价 60 欧元，可在所有各类票价基础上再得到 25%的优惠。

⑤新票价体系对儿童乘车要求特别宽松。14 岁以下的儿童在家长的带领下可免费乘车，而且不限人数。德国铁路这样做的目的很明确，就是培养儿童乘火车的习惯，培养未来的顾客。

我国铁路客运票价体系是由客票票价与附加票票价组成。基本票价以每人每公里的票价率为基础，加上按各种列车等级、空调、席别的上浮比率，以"递远递减"的方式计算。

当前，我国高速铁路票价体系的优点包括：

①票价相对稳定，不会随着市场波动而大幅上涨或下跌。

②票价透明度高，乘客可以清楚地了解到自己所支付的费用。

③票价优惠力度大，特别是在节假日和寒暑假期间，高速铁路票价会有较大的折扣。

我国高速铁路票价体系的缺点包括：

①票价形式缺乏灵活性，主要提供一等座、二等座和商务座三种，不利于铁路的竞争力。

②票价集中管理，无法实现铁路资源的合理配置。

③定价体系不合理，资源利用率低。

(2)自动售检票系统

自动售检票(automatic fare collecting，AFC)系统是票务系统中一个重要系统。高速铁路

通过自动售检票系统完成检票功能与辅助售票功能。自动售检票系统是基于计算机、通信、网络、自动控制等技术，实现售票、检票、计费、收费、统计、清分、管理等全过程的自动化系统。

一般 AFC 系统共分为车票、车站终端设备、车站计算机系统、线路中央计算机系统、清分系统五个层次。

AFC 的设备主要包括自动售票机、自动检票机。

自动检票机主要有三种类型，分别是转杆式、扇门式和拍打式。各种类型的自动检票机的特点如下：转杆式自动检票机的通行流量比较小，容易造成拥堵和事故；扇门式可以达到安全迅速疏散人流的目的，不会出现转杆式闸机那样的拥堵与事故，但人性化的闸机由于停滞时间相对较长，往往出现一些不自觉的乘客在出闸门时漏刷或者逃票；拍打式适合大流量或大件行李及残障车，须配合监控人员使用。

(3)客票销售渠道

高速铁路主要售票渠道有：车站窗口售票、自动售票机售票、互联网售票、电话订票、代售车票、上车补票。

(4)我国高速铁路票务电子化

我国高速铁路票务的电子化，也被称为"无纸化客票"，是指旅客在互联网上购买车票后，无须换取纸质车票，直接持有效身份证件检票乘车。这一转变主要发生在 2019 年和 2020 年。2020 年，全国高速铁路和普速线路已全面实行电子客票。电子化票务的实施不仅带来了极大的便利性，而且标志着铁路客运服务数字化的新发展。

2. 旅客服务子系统

旅客服务系统以为旅客提供全方位信息服务为目标，实现车站信息自动广播、导向揭示、信息服务、监控等功能，并提供互联网、呼叫中心、无线局域通信等多种途径的信息服务，运用多样化的服务手段为旅客提供优质的服务，实现旅客服务的信息化。

旅客服务系统的设置旨在体现以人为本的理念，在旅客出行前、进站、候车、乘车、换乘、出站等各环节上提供全方位的信息服务，通过引导、揭示、广播、监控、查询、求助、应急、投诉、寄存、站台票发售、残障旅客服务和延伸服务等多种服务手段，形成统一的旅客服务平台。

旅客服务系统主要包括导向揭示系统、公共广播系统、视频监视系统、查询系统、时钟系统、投诉系统、求助系统和延伸服务系统等八个子系统。

我国旅客服务系统总体上为两级架构，设置若干个旅客服务中心系统，实现服务策略的制定和车站服务状况的监控，从运营调度系统和 CTC 获取运行图信息，按照客运服务的需求进行整理后，下载到所辖各车站。车站后台设置小型管理系统，实现对服务设备设施状态的设置和临时服务信息的调整。

(1)导向揭示系统

导向揭示系统在旅客进站、购票、候车、检票、乘车、出站等各个环节上为旅客提供及时准

确的动、静态信息服务。信息内容主要包括:列车时刻信息、票务信息、列车到发通告、车站空间说明、服务设施说明、市内交通、天气情况、旅客出行相关信息等。

导向揭示系统以车站为核心,有不同地点的显示屏、到发通告终端机静态显示标上显示动、静态图形、图像、文字和视频信息。

在车站外,旅客可以通过互联网或移动通信设施获得信息。在站内,高速铁路通过 LED 和大型等离子显示屏等新技术和新设备,从检票口到列车上向旅客提供旅行全程的音像及文字信息服务。除了各个车站提供旅客服务信息外,采用新干线综合调度、汇总、集成发布信息的服务模式,实现了旅客服务信息发布的实时性和准确性。在列车上,除了一般的导向信息外,还可转发由新干线综合调度所信息输入装置发布的列车运行信息,包括列车运行方向、下一停车站、需要运行的时间、正点到达时间、晚点时间、晚点原因、现在到站、换乘车次和时间、列车紧急通告等。

(2)公共广播系统

高速铁路公共广播系统采用数字音频控制和传输技术,将多路信源同时传输到不同的分区,保障旅客和工作人员能够在整个站区内清晰明确地获取音频信息,在特定情况下,能够实现紧急情况广播。公共广播系统向旅客播报铁路通告、列车运行时刻、票务、站内设施说明、站内环境说明、旅客乘车、安全提示及与旅行相关的信息等。

在公共广播系统中,音响设备是不可或缺的重要组成部分。扬声器的选择和摆放决定了一个系统的优劣,如果安装得不好,优美的背景音乐也会像噪声一样令人不快。因此,必须在系统实施初期就要充分考虑音响设备的选购和安装问题。

(3)视频监视系统

视频监视系统,又称为 CCTV 系统,是运用多媒体技术、计算机网络技术和音、视频技术对高速铁路车站整个站区内的服务对象和服务设施进行视频监视,以提高综合管理和服务水平、保证车站工作组织和安全的重要部分。其目的在于使监控中心指挥人员及时观察到车站广场、进出站口及通道、售票厅、候车区、检票区、站台等旅客停留区域的客流动态、安全情况、现场工作情况。有利于正确有效地疏导客流、处理问题,充分保证车站、机车及旅客安全。同时,它也是调度员和车站值班员提高行车指挥透明度的重要辅助工具。当车站发生突发性危急事件时,监视系统可作为管理员指挥抢险的重要指挥工具。

视频监视系统由前端设备、传输线路设备、终端控制设备及显示记录设备四个主要部分组成。前端部分包括多台摄像机及与之配套的镜头、云台、防护罩、解码驱动器等;传输部分包括电缆或光缆以及可能的有线/无线信号调制解调设备等;终端控制部分主要包括视频切换器、云台镜头控制器、操作键盘、控制通信接口、电源和与之配套的控制台、监视器柜等;显示记录部分主要包括监视器、录像机、多画面分割器等。机房设备主要有控制部分和显示记录设备。

(4)查询系统

查询系统以客运服务系统数据平台为主要数据源,采用触摸屏、计算机、多媒体、网络和接口等技术,为旅客主动获取出行相关信息提供渠道,车站控制中心系统能够对提供旅客查询的信息进行收集、加工、分类、管理。查询系统为旅客提供查询的信息包括:列车运行图信息、列车时刻表信息、票务信息、站内环境说明、站内服务设施说明、市内交通、天气情况、旅客出行相关信息等。

旅客主要的查询方式有:

①利用触摸屏作为自助查询设备,为旅客提供自助式查询服务。

②自助查询设备与车站控制中心系统通过局域网络相连接。

③站内设置人工服务台,工作人员可通过查询终端,获取旅客需要的信息。

④人工查询终端与车站控制中心系统通过局域网络相连接。

⑤旅客可通过电话查询铁路服务信息。

⑥旅客可通过互联网查询铁路服务信息。

⑦旅客可通过手机短信方式查询铁路服务信息。

(5)时钟系统

时钟系统从统一的时钟源获得标准时间,实现整个站区内各个子钟及相关系统与统一时钟源的时钟同步,为旅客和车站工作人员提供准确的时间信息。

时钟系统的主要功能包括:

①采用子母钟系统。

②时钟设施应满足旅客和车站工作人员的计时需要,应在进站大厅、候车厅、站台醒目处及生产房屋内设置时钟设施。

③提供给旅客计时需要的时钟采用指针式时钟,工作人员可采用数字式时钟。

④具有自动校时、自动追时功能。

⑤具有时钟同步功能,并能与客服系统时钟实现时钟同步。

⑥母钟具有提供 NTP(TCP/IP)、RS232、RS422、RS485 接口的条件。

(6)投诉系统

投诉系统是高速铁路旅客服务的投诉处理平台,旅客可通过互联网、电话、电子邮件、信函等形式进行投诉和建议。投诉中心对投诉信息进行收集(记录)、分类、归档、存储,不能自动收集的信息(如信函,电话录音等),提供人工编辑输入工具。

系统能够按照预置的处理流程,对于能够自动应答的投诉或建议,自动进行处理;不能自动应答的投诉或建议,提示人工进行处理。系统能够按照业务需求设置,定期生成投诉和建议旅客回访名单。车站设置人工投诉台,工作人员通过投诉终端记录投诉信息和处理结果。

(7)求助系统

求助系统以计算机电话集成技术为基础，采用摘机通话的对讲分机或求助按钮，通过与监控、查询系统的有机配合，响应旅客的紧急求助需要，使旅客及时获得车站工作人员的帮助。

求助系统的主要功能是实现免拨号通话、多路呼入排队、事件记录、电话录音、交换机故障检测及自动报警、线路实时监测。

(8)延伸服务

延伸服务是指利用互联网、电视、LED 显示屏、广播、多媒体终端、计算机、电话等手段向客户提供与高速铁路业务本身无关的信息服务，其基本内容包括：

①娱乐、财经、新闻、天气预报等资讯信息。

②旅客在站内、车上的上网服务。

③市内交通指南。

④旅游信息。

⑤IP 电话服务。

3. 呼叫中心子系统

呼叫中心子系统以电话方式，在旅客旅行的各环节中为其提供全方位的查询、咨询、订票、投诉、建议等服务，成为客户与铁路之间沟通、互动的重要渠道。公司也可以通过该呼叫中心开展宣传、信息发布、市场调查等业务。呼叫中心子系统可以为高速铁路票务系统、旅客服务系统等提供对外统一的服务途径。

我国客运专线呼叫中心系统将由平台管理、客户服务、业务管理、服务支持四个子系统组成。全国设置统一的呼叫中心系统，面向旅客提供电话接入服务。旅客可通过呼叫中心系统完成订票、查询、投诉、建议等相关事务。

(1)平台管理

平台管理子系统主要负责完成对呼叫中心系统资源和自身的管理，包括时钟同步、平台监控、数据备份转储和恢复、平台异常处理、身份管理、权限管理、系统监控与管理、接口管理、负载均衡等功能。

(2)客户服务

客户服务子系统负责向旅客或旅行服务提供者提供综合信息服务，内容包括查询、咨询、订票、投诉、宣传、市场调查等。

(3)业务管理

业务管理子系统主要包括录音管理、客户信息收集发布及反馈、客户服务流程管理、业务数据维护、排队策略管理、客户服务统计汇总和分析等功能。

(4)服务支持

服务支持子系统主要为客户提供基础条件和服务支持。通过服务接口、信息导航、工作流等途径使呼叫服务能够顺利获得服务支持信息。对自动化服务进行控制，同时实现计费管理的功能。

4. 互联网服务子系统

互联网服务子系统以满足旅客的需求为出发点，在高度信息安全保障的基础上，建立客户与铁路服务者之间沟通和互动渠道。以互联网接入方式，在旅客旅行的各环节中为其提供全方位的查询、咨询、订票、投诉等服务。铁路通过互联网开展宣传、信息发布、市场调查等业务。互联网服务子系统可以为高速铁路票务系统、旅客服务系统等提供对外统一的服务途径。

互联网服务子系统采用 Web 信息发布、动态网页制作、数据库集群、负载均衡、信息安全技术，以数据库为核心，采用网站、电子邮件、短信等方式。以票务子系统、旅客服务子系统、数据平台和其他子系统为业务支撑，实现旅客与铁路的沟通。通过对铁路信息的汇总，设置面向旅客的、开放的信息门户网站，实现铁路信息发布。

互联网服务子系统的主要功能包括：电子商务、信息/应用集成、旅行计划制订、娱乐、延伸服务、业务宣传、个性化功能、多通道访问、服务功能、系统管理等。

第五节　高速铁路调度指挥

一、高速铁路调度指挥的特点

高速铁路无论在技术装备、运输服务还是在运输组织工作上都与常规铁路有着显著的差别。高速铁路运输组织的目标是高速度、高安全、高密度、高正点率、高质量服务、高市场占有率及高社会经济效益。

高速铁路运营调度系统是高速铁路运输管理和日常列车运行控制的中枢，是高速铁路高新技术的集中体现，也是高速铁路运营管理现代化、自动化、安全高效的标志。它根据机车车辆配备和动力特性、车站配备及作业、沿线线路和设备状态、人员配备、相邻线路列车运行状态等，统筹编制列车运行计划、集中指挥列车运行和协调铁路运输各部门的工作。因此，只有一个高效率、现代化的运营调度信息管理系统，才能充分发挥高速铁路本身所具有的运输能力，确保高速铁路的运行安全和优质服务。

高速铁路运营调度指挥具有如下特点：作业简单、规律性强、有利于集中控制，高安全、高速度，高密度，高正点率，人性化的旅客服务，实行综合维修。

高速铁路“高安全、高速度、高密度、高正点率、高质量服务、综合维修”的特点是高速铁路运输调度指挥工作的前提与核心，也应该成为高速铁路运输调度指挥系统重点考虑的问题。

二、调度系统功能结构

从功能上可将调度系统分成如下六个功能子系统:运输计划、运行管理、车辆管理、综合维修、客运服务、供电管理等。我国高速铁路运营调度系统功能结构如图 7-10 所示。

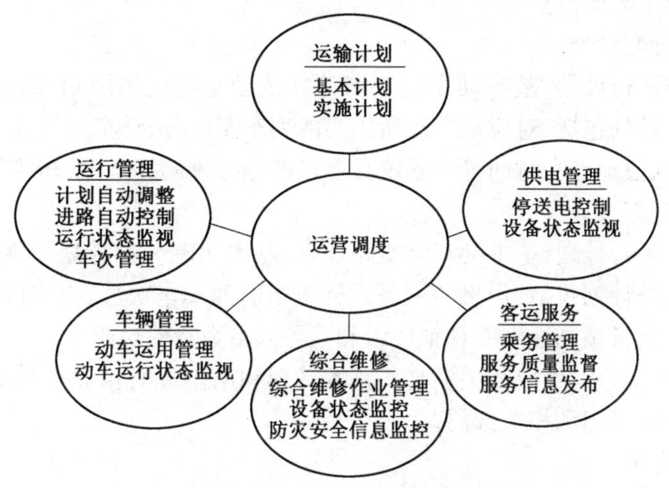

图 7-10　调度系统功能结构

三、我国高速铁路运营调度系统的功能

(一)运输计划子系统

国铁集团调度指挥中心和各铁路局集团公司调度所高速铁路调度台运输计划编制部门采用统一的计划编制系统,能随时按业务需求调整,进行权限控制和功能切换。计划编制系统依据计划编制规则要求,提供计算机辅助计划编制方式,具备牵引计算、合理性检查和模拟仿真功能。

1. 基本计划编制

国铁集团运输计划编制部门根据不同时期的客运市场需求,组织编制基本计划。基本计划以线路数据、动车组参数、信号系统参数、车站参数等数据为依据,结合客流分析与列车开行方案进行编制。基本计划包括:基本列车运行计划、基本动车组交路计划、基本车辆分配计划、基本乘务计划等。

(1)基本列车运行计划

根据不同时期的客运市场需求、客流预测和列车开行方案,编制基本列车运行计划。基本列车运行计划内容包括:列车车次、始发终到站、运行径路、运行进路、各站的发到时刻、占用股道号码等。

(2)基本动车组交路计划

根据基本列车运行计划和动车组修程及检修基地布局,编制基本动车组交路计划。基本动车组交路计划包括:列车车次号、始发终到站和时间、接续运行进路等。系统具备按基地别测算分车型的动车组需要数量的功能。

(3)基本车辆分配计划

根据基本列车运行计划、基本动车组交路计划及动车组运用规则,编制基本车辆分配计划。基本车辆分配计划包括:对应动车组所担当的列车车次号、动车组号、编组、接续运行进路和时间,动车组出入段地点和时间等。系统具备按基地分别测算车种、车辆数量的功能。

(4)基本乘务计划

根据基本列车运行计划、基本动车组交路计划、基本车辆分配计划及乘务规则,编制基本乘务计划。基本乘务计划包括:司机和乘务人员担当的列车车次号、担当区段和时间、出乘地点和时间等。系统具备按基地别测算乘务组和乘务人员数量的功能。

基本计划编制完成后,生成相关资料。基本计划和已生成的相关资料下达到各高速铁路调度所运输计划编制部门和相关部门。

2. 实施计划编制

高速铁路调度所运输计划编制部门根据国铁集团下达的计划、市场需求及线路、设备等相关情况,负责编制管辖范围实施日前 7 d 内的实施计划。实施计划分为列车运行计划、动车组交路计划、车辆分配计划、车辆检修计划、乘务计划、车站作业计划、综合维修计划、供电计划。

(1)列车运行计划

根据基本列车运行计划、高速铁路有关运输需求、现场设备状态、维修施工情况、动车组运用情况、气象灾害情况、既有线列车运行情况和其他必要的参考信息,编制列车运行计划。列车运行计划还包括基础设施检查和确认车辆的运行计划、维修施工车辆的运行计划。当发生特殊事件(如地震、洪涝灾害、大雪等恶劣气候和自然灾害、列车运行秩序混乱)时,实施计划编制系统可以编制特定的列车运行计划。列车运行计划的内容包括:列车车次、始发终到站、运行径路、运行进路、各站的发到时刻、占用股道号码等。

(2)动车组交路计划

根据列车运行计划和动车组修程、修制、检修基地布局等编制动车组交路计划。动车组交路计划的内容包括:列车车次号、接续运行的进路、接续地点和时间等。

(3)车辆分配计划

根据列车运行计划、动车组交路计划、动车组检修规程和作业时分标准、动车组履历等,编制车辆分配计划。其内容包括:动车组号、编组、运行交路、出入段时间、动车组回送及接运计划、动车组车辆解除备用及转入备用计划等。

(4)车辆检修计划

根据动车组交路计划、车辆分配计划、动车设备履历、修程、修制、列车走行统计数据和列车故障情况、检修基地的作业能力等,编制车辆检修计划。它包括动车检修等级、检修作业内容、等待停留的时间和地点、检修作业起止时间、检修作业具体地点等。

(5)乘务计划

根据列车运行计划、动车组交路计划和车辆分配计划,编制乘务计划。其内容包括乘务组编号及担当的车次、乘务区段、出退勤地点及时间、轮休/倒休安排等。

(6)车站作业计划

根据列车运行计划、动车组交路计划等,编制车站作业计划。

(7)综合维修计划

根据各维修部门提报的维修计划,协调确定高速铁路综合维修计划,其内容包括维修地点、维修作业内容、工作量及时间安排,维修车辆的运行径路、维修车辆的上下道时间、安全防护措施等。

(8)供电计划

根据列车运行计划、高速铁路综合维修计划和供电设备状况,编制供电计划,其内容包括停送电时间、停送电区段等。

实施计划编制完成后,发送到国铁集团调度指挥中心相关调度、相邻高速铁路调度所、相关铁路局集团公司调度所、动车基地和站、段(所)等。

实施计划完成后,系统能够根据运输实绩进行运输统计、分析,并将统计结果发送到相关部门。

(二)运行管理子系统

运行管理子系统具备实施计划接收、人工和自动列车运行计划调整、列车运行监视、列车运行调整计划下达、人工和自动进路控制、实绩运行图描绘、调度命令传送、列车跟踪及车次号校核等功能。在异常情况下,国铁集团调度指挥中心运行管理系统可以接管铁路局集团公司调度所高速铁路调度台指挥权。

1. 实施计划接收

接收国铁集团调度指挥中心相关调度、相邻铁路局集团公司调度所高速铁路调度台、相关铁路局集团公司调度所传来的实施计划。

2. 列车运行监视

(1)实时显示列车运行位置、列车车次、列车速度、列车早晚点、联锁和列控系统信息等。

(2)列车实绩运行图和列车运行调整计划图的显示。

(3)列车出入动车段状态显示。

(4)安全监控及设备故障等报警信息的显示。

(5)显示与所管辖高速铁路衔接的相邻线路至少两个车站站场、列车运行位置、信号设备状态、列车运行早晚点信息及预计进入所管辖高速铁路时分的信息。

3. 调度指挥与控制

(1)列车运行调整。当发生列车运行秩序紊乱时,系统能自动调整列车运行计划,或由人工调整列车运行计划。调整计划的内容包括:由晚点列车引起的列车速度调整、列车区间占用顺序、列车占用车站线路和停靠站台的调整、列车运休及合并运行等。经确认的列车运行调整计划能自动下达到相关车站和处所。系统具备列车晚点预测功能。

(2)控制模式。系统具备高度集中控制和非正常情况下的站控两种控制模式。在调度集中控制模式下,系统具备自动进路控制功能和人工进路控制功能。系统确保两种控制模式转换的安全,控制模式的状态有明确的显示。

(3)列车进路控制功能。系统能够根据列车运行计划、列车运行实际情况、列车车次号等信息,自动设置列车进路,若进路设置失败则进行报警。系统具备人工排列列车进路的功能。

(4)调车进路控制功能。系统能够根据列车运行计划、车站作业计划和列车运行实际情况,自动设置动车组出入段调车进路、动车组折返调车进路等,若进路设置失败则进行报警。系统能够根据列车运行计划、综合维修计划和现场实际情况,自动设置维修施工车辆出入车站、区间运行进路,若进路设置失败则进行报警。系统具备人工排列调车进路的功能。

(5)临时限速。系统能够根据来自其他系统的临时限速建议或临时限速请求,进行临时速度限制设置或解除,并对临时限速的设置及解除状态有明确显示,确保临时限速设置与解除命令输入的准确性与安全性。

(6)区间、股道封锁。系统具备对区间、车站股道进行临时封锁或解除封锁的功能,并对被封锁的位置和状态明确显示,确保区间、股道封锁设置与解除命令输入的准确性与安全性。

4. 调度命令管理

运行管理子系统具备调度命令管理功能,包括调度命令的编制、审批、传送、签收、查阅等。

5. 实绩运行图管理

系统能生成、描绘列车实绩运行图,可实现事故、灾害、施工、维修及其他特殊情况的录入,能根据实绩运行图统计和分析列车运营指标并存储、查询运行相关信息。

6. 列车运行历史数据回放

运行管理子系统具备对列车运行历史数据进行回放的功能。

7. 列车车次追踪及管理

(1)系统能自动获得管辖范围内所有列车车次相关信息,实时追踪列车车次。

(2)对于跨线运行的列车,系统能与其他线路的系统交换车次信息,确保这些列车车次能够被实时追踪。

(3)系统具备车次号自动校核和人工修改功能。

8. 维修作业时间管理

(1)系统具备维修作业开始时间的下达功能。

(2)系统具备维修作业结束时间的确认和检查功能。

(三)车辆管理子系统

车辆管理子系统具备接收列车运行计划、动车组交路计划和列车运行调整计划的功能,可实时显示动车组的运行位置、运用情况和动车组状态。根据列车运行调整计划、车载诊断信息等,制定动车组交路和车辆分配调整计划并发送至有关单位。查询动车组的修程、修制和与动车组运用相关资料的功能,接收动车检修部门的动车组相关信息,并在动车组发生故障时,提供紧急处置预案。此外,系统还具备动车组各项运用指标的统计与分析的功能。

(四)客运服务子系统

客运服务子系统具备的功能包括:接收列车运行计划、动车组交路计划和列车运行调整计划,自动生成相关的旅客服务信息,并发送到车站及有关单位;集中管理旅客服务有关各类信息,实时掌握列车运行实绩信息和预测信息,并实时监督管辖范围内高速铁路列车编组、上座率、各站中转旅客人数、动车组周转、中转列车接续及列车乘务组等信息;通过监督晚点列车,制订其运行调整建议方案;查询与旅客服务相关的数据,生成相关数据统计和信息汇总;当发生突发事件时,能提出紧急处理预案、旅客疏运方案,提出列车运行调整方案建议,同时,对大型车站关键场所进行视频监控。

(五)综合维修子系统

综合维修子系统具备综合维修管理、防灾安全监控和综合设备管理等三大功能。

1. 综合维修管理

通过建立基础设备履历,提供维修资源分布情况,对维修作业计划进行汇总和协调,接收列车运行计划、综合维修计划和列车运行调整计划。对维修作业过程进行管理,确认维修作业开始和结束状态,下达维修作业开始和结束命令,向列车调度中心发送维修作业结束确认信息。

2. 防灾安全监控

对管辖范围内的基础设施、自然灾害进行实时监测,或从其他相关系统或部门得到报警信息,对各种监测信息进行汇总、分析、处理,判定设备安全隐患、灾害及故障的类型、性质和级别,对各种不同级别的报警、预警信息提出处理建议,并能发送至相关系统和部门。

主要接收的灾害信息包括:风、雨、洪水和降雪等自然灾害信息;机房、站房等关键设备火灾报警信息;防坠落物检测信息。

根据线路参数、车辆参数等设置各种灾害预警的门限值,通过灾害分析判决模型,对各种灾害可能对列车运行造成的影响作出判断,设定警戒、巡检、限速运行和停车四级报警,并提出应急处理建议。将报警信息、行车建议实时发送到相关系统,同时具备实时接收报警信息处理情况反馈信息的功能。

对各种防灾安全监测信息、报警事件处理实绩进行存储、统计、查询。

3. 综合设备管理

监视设备的工作状态；接收对线路、桥梁、隧道及通信、信号、信息等设备的监测数据，监视其工作状态；可查询管辖范围内所有设施和设备技术资料，并将报警信息传送给相关系统或部门。

（六）供电管理子系统

系统具备如下功能：接收列车运行计划、供电计划、综合维修计划、列车运行调整计划和列车运行状态等；实时监视牵引供电系统运行状态、系统设备带电状态，将重要信息发往相关系统；实时监视牵引供电设备技术状态和故障信息分类归档，将重要信息发往相关系统；可靠完善的遥控功能，包括单控、程控两种方式，程控内容可由用户根据系统控制需要编制，遥控功能具有严格的防误操作闭锁措施；事故记录功能，并可实现历史数据回放；调度事务管理功能；容错、自诊断、自恢复功能，并能支持远程维护；实现对无人值班场所的视频监控；供电设备发生故障时，能提供紧急处置预案。

本章小结

高速铁路运输组织的核心在于编制旅客输送的框架计划，即列车开行方案，对列车开行的起讫点、种类、数量、途经车站的停车方案等做出具体的规定。

复习思考题

1. 简述高速铁路运输组织的流程。
2. 简述高速铁路运输组织模式和列车运行方案。
3. 根据技术作业性质不同，高速铁路车站可划分为哪几种类型？各种类型车站的作业有何区别？
4. 我国高速铁路列车开行方案的特点有哪些？
5. 国外高速铁路列车运行图的主要特点有哪些？
6. 设计通过能力、现有通过能力和需要通过能力三者有何不同？
7. 什么叫作动车组运用计划？
8. 什么叫作乘务运用计划？轮乘制和包乘制有何区别？
9. 高速铁路车站作业和服务的特点有哪些？
10. 我国高速铁路运营调度系统由哪几部分组成？各子系统的功能是什么？

第八章 磁悬浮铁路

本章要点

磁悬浮铁路是近几十年发展起来的一种新型陆地运行的轨道交通运输工具，它的出现不仅改变了传统轮轨运输方式，且以速度快、能耗低、噪声小、安全好、维修少等特点，引起了世人的关注，本章重点介绍磁悬浮铁路的概念、主要特点及主要设备的工作原理；对世界各国磁悬浮铁路的技术发展及我国磁悬浮铁路的研究及发展情况作简要介绍。

第一节 概 述

人类交通运输发展的历史是一部不断探索、不断提高列车运行速度的科技发展历史。自1825年世界第一条铁路诞生以来，以能源革命为先导，经历了蒸汽、内燃和电力牵引等三次重大的牵引动力革命。伴随着车辆技术、通信信号、线路工程、施工技术的发展和改进以及计算机技术的广泛应用，列车运行速度不断提高。当今，一般高速列车的时速均在 200 km 及其以上，铁路因其列车运行速度的不断提高已经成为陆地上现代化的大型交通运输工具之一。

但自汽车和飞机出现后，其快速发展使铁路面临来自长短途运输两个方面夹击的严峻挑战。铁路要想在运输市场的竞争中立于不败之地，不断提高列车运行速度是其发展的必然选择。

围绕提高列车速度这一问题，近几十年世界各国作出了大量的努力，高速铁路的产生和发展可谓举世瞩目，惠及亿万民众。但客观地说，想以此弥补铁路与航空之间速度的差距，仍有很多难以解决的客观问题。由于传统的轮轨黏着式铁路是利用车轮与钢轨间的黏着力推动列车前进的。黏着系数是随着列车的速度增加而减小，而运行阻力却是随着速度的增加而加大。当列车速度超过黏着曲线和运行阻力曲线的交点时，理论上讲，其速度难以再有大的提高。此外，现代高速列车都是采用电力作为驱动动力，而要把电力有效地传输到列车上，需通过受电弓,列车与供电系统的联系是通过受电弓上的电刷在接触网上滑动来实现的,而高速滑动摩擦极易产生火花,从而制约了列车运行速度的进一步提高。因此,要进一步提高旅客列车运行速度,满足人们对旅客列车安全、舒适、快速的更高需要,且不断降低运输成本,传统铁路恐怕难以担此重任。

从20世纪60年代初开始,一些发达国家就开始探索非黏着式或非接触式的超高速列车的技术或方式,包括对气垫式悬浮和磁悬浮等技术的研究。经过深入研究和对比试验,人们认为在长大运输上,磁悬浮技术在能源消耗、噪声等方面,比气悬浮技术有更多的优势。因此,当今除法国在奥尔良修了一条18 km的气垫车辆试验线路外,英、美、德、日等国从20世纪60年代开始,先后停止了对气垫车辆的技术研究,进而深入研究磁悬浮铁路技术。

经过多年的研究和试验,世界各国对磁悬浮铁路技术的研发有了突破性进展。我国以及德国和日本已经进入实用性开发运用阶段。而超导技术的研究和取得的阶段性成果,为磁悬浮铁路的进一步研究开辟了道路,大大加快了磁悬浮铁路研发的进程。

一、磁悬浮铁路的概念

磁悬浮铁路是近几十年发展起来的一种新型交通运输工具,它与传统的轮轨铁路有着很大的不同。磁悬浮铁路上运行的列车是利用磁悬浮力(即磁的吸引力和排斥力)来使整个列车悬浮在导轨上(图8-1),并靠电磁力进行导向,利用直线电机将电能直接转换为推动力来推进列车前进。

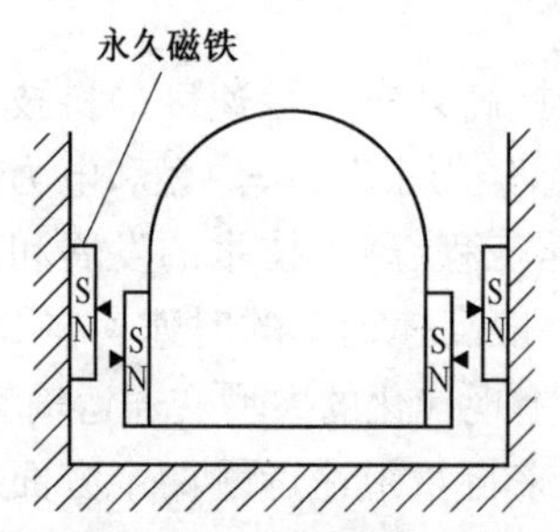

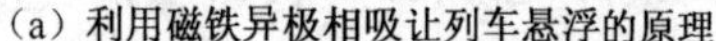

(a) 利用磁铁异极相吸让列车悬浮的原理

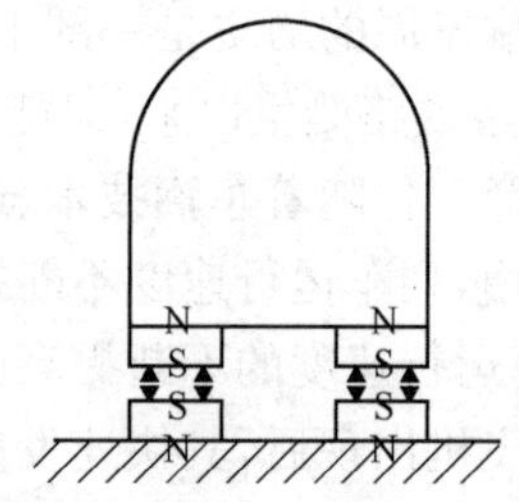

(b) 利用磁铁同极相斥让列车悬浮的原理

图8-1　磁悬浮的基本原理

由于磁悬浮列车在轨道上靠磁力使之悬浮在空中,行走时不接触地面,因此,其阻力只限于空气的阻力,对线路的垂直负荷小,适于高速运行。目前,世界上最高试验速度的磁悬浮列车速度高达603 km/h,它是由日本的JR公司在中央新干线运行试验中取得的(图8-2)。

磁悬浮列车运行时无机械振动和噪声,无废气排放和污染,有利于环境保护;它能充分利用能源,有较高的运输效率;由于磁悬浮系统采用导轨结构,且与地面有一定的空隙,不会发生

脱轨和颠覆事故，大大提高了列车的运行品质和安全可靠性；同时，磁悬浮列车没有钢轨、车轮和接触导线等摩擦部件，大大降低了日常维修的工作量和运用维修成本。

图 8-2　日本 JR 公司在中央新干线上的磁悬浮列车

德国是磁悬浮铁路研究起步最早的国家。1922 年德国工程师赫尔曼·肯佩尔提出了电磁悬浮原理，并于 1934 年申请并获得了世界上第一项有关磁悬浮铁路的发明专利。在电磁悬浮理论诞生之后的近 40 年间，由于第二次世界大战后经济的不景气、世界铁路的停滞和当时科技水平的限制，至 20 世纪 60 年代前，磁悬浮铁路在实用化方面没有取得什么实质性的突破。

20 世纪 70 年代以后，随着世界工业化的发展，发达国家经济实力的不断增强，为提高交通运输能力，适应经济发展和人们对提高列车运行速度的需要，德国、日本、美国、加拿大、法国、英国和苏联等发达国家相继投入大量的人力、物力和财力进行磁悬浮铁路的技术研究和开发。我国在磁悬浮铁路的研究方面，与世界发达国家基本同时起步，由于开始阶段投入有限，故成效不大。但近二十年来有了长足的发展，并取得了一大批研发成果，具体情况见本章第四节。

由于多种原因，美国和苏联在 20 世纪七八十年代先后放弃了对磁悬浮铁路的技术研究和开发。美国人给出的最后结论是，无论是气浮列车还是磁悬浮列车都还离实用化太远。因此，随后除德国、日本外，其他国家要么觉得轮轨式更有竞争力，要么是因本国经济、技术或工业制造能力等方面的原因，先后淡出了悬浮列车研发的竞争舞台。只有德国、日本和中国等少数国家仍在继续进行磁悬浮铁路的研究，并均取得了一些令世人瞩目的进展。具有代表性的有：日本超导超高速磁悬浮技术（magnetic levitation 或称 MagLev，ML），德国常导超高速磁悬浮技术（trans rapid，TR），日本高速地面运输系统（high speed surface transport，HSST），以及中国科技工作者自主研发，并取得技术发明专利的永磁悬浮技术。

二、磁悬浮铁路的主要特点

从技术经济和社会效益的角度来看，磁悬浮铁路与传统的黏着式铁路运输及其他交通工具相比较，有着自身独特的优越性。

1. 速度快、能耗低

磁悬浮铁路是当今唯一能达到运营速度 500 km/h 及以上的地面客运交通工具，具有不可取代的优越性，这是最主要的特点；同时，磁悬浮列车在 500 km/h 速度下每座位每公里的能耗仅为飞机的 1/3 至 1/2，比汽车少 30%。在相同速度下比高速铁路列车的能耗也低。

2. 安全好、维修少

磁悬浮列车是沿导轨运行，由于导轨与悬浮电磁铁的特殊结构，不但速度快，而且平衡、舒适，安全性和可靠性比飞机高，从世界各国的试验和载人运行情况看，还没有出现过任何事故。磁悬浮列车由于没有车轮与钢轨接触以及受电弓与接触网的机械接触，震动小、舒适性好，其工况属于无磨损运行，维修主要集中在电子器件方面，因此，安全稳定性好、维修部件少、体力劳动小、运用效率高。

3. 噪声小、无污染

当今世界，经济快速发展，人们交往增加。随之而来的是运量剧增，各种传统的交通运输方式给大气和环境带来的严重污染，直接影响人们的身心健康。当前，在城市中心地区，机动车的起动、鸣笛等交通噪声甚至可达 105 dB(一般当噪声达到 95 dB 时人就会感到焦躁不安)。在城市交通中汽车排出的废气占大气污染量的 60%，加上道路阻塞、交通事故等共同构成了当前地面运输的“三大公害”。而磁悬浮列车可以离开地面(高架或走地下)，运用计算机、自动控制、无人驾驶等技术，避免交通事故和交通阻塞；由于磁悬浮列车采用橡胶轮支撑和悬浮运行，噪声大大低于其他交通工具。据德国有关部门实测表明，TR 磁悬浮列车通过时，在 25 m 距离处的噪声为 83 dB，ICE 列车为 88～90 dB。在我国上海磁悬浮铁路示范运营线上，当列车运行速度达到 300 km/h 以上时，噪声小于 65 dB。因此，可以说磁悬浮铁路是无振动、无废气排出、对环境无污染的新型环保交通运输工具。

4. 起停快、爬坡强

德国 TR07 磁悬浮列车起动 50 s 后(走行 2 km)，速度可达 200 km/h；100 s 后(走行 4.8 km)可达 300 km/h；而轮轨高速铁路的 ICE 列车 150 s 后(走行 5 km)达 200 km/h。已经有数据证明，磁悬浮列车爬坡能力可达 10%，而轮轨高速列车为 4%。在同等速度下，磁悬浮列车转弯半径小，从而其选线的自由度要比高速铁路大得多，这意味着同距离的两点，全程线路可以相对缩短，且少占地面，节约耕地，降低工程总投资。

5. 能效高、投资大

从直接数据来看，磁悬浮铁路的电力消耗比高速铁路和飞机要高。但若用能量效率来比

较，磁悬浮列车的能量效率是比较高的。加拿大曾做过对比研究，对于 600 km 的路程，磁悬浮列车的单位能量消耗效率是格拉斯 De-9 型客机的 7 倍，是波音 737 的 3.8 倍。俄罗斯的资料表明，当往返方向的年客运量大于 2 500 万人时，磁悬浮列车比传统铁路要经济。

与此同时，我们也要看到，由于目前磁悬浮铁路技术尚处于基础研究阶段，不仅在防辐射、防潮湿、防线路下沉、线路平整度、道岔转换、安全保障等工程技术和制造工艺方面仍有诸多问题尚未彻底解决，且工程造价高(据估算，磁悬浮铁路的投资与高速铁路相比要大。例如，日本于 1982 年建成的、速度为 210～260 km/h 的新干线，投资为 56 亿日元，而同期磁悬浮列车的投资估算为 60 亿日元/km 以上，比新干线高约 20%左右)。由于无法利用既有铁路网、速度优势在缩小等问题，因此，这也是为什么世界上现今为止，除有少数几个人口密集的城市建有几段磁悬浮铁路或试验段外，各国对磁悬浮铁路的投资多持谨慎、观望、等待态度的重要原因。

第二节　磁悬浮铁路的工作原理

磁悬浮铁路是利用磁的异性相吸、同性相斥的电磁感应原理，以直线电动机作为驱动力，运行时车体悬浮或吸浮于导轨之上，并与导轨保持一定间隙的铁路。磁悬浮系统运行的车辆通常称为磁悬浮列车。

一、磁悬浮铁路的分类

根据着眼点的不同，磁悬浮铁路可以有多种不同的分类，如按应用范围不同可分为干线、城际和城市磁悬浮铁路；按运行速度不同可以分为低速、中速、高速、超高速磁悬浮铁路；按制冷剂及工作温度可以分为高温超导、低温超导磁悬浮铁路；按直线电机定子长度可以分为长定子和短定子直线电机的磁悬浮铁路；按驱动方式可以分为导轨驱动和列车驱动磁悬浮铁路；按悬浮方式可以分为电磁悬浮和永磁悬浮两类；按导轨结构形式可以分为“T”形、“⊥”形、“U”形、“-”形导轨磁悬浮铁路。本章重点介绍根据直线电机线圈导体材料不同划分的常导吸引式和超导排斥式两类的磁悬浮铁路(表 8-1)。

表 8-1　磁悬浮系统的分类

常导吸引式(EMS 型)	长定子同步直线电机(高速型)	德国 TR 系列(450 km/h)
	短定子感应直线电机(中低速型)	日本 HSST 系列(110 km/h)
超导排斥式(EDS 型)	低温超导(高速型)	日本 MLX 系列(552 km/h)
	高温超导	处于实验阶段

1. 常导吸引式

常导吸引式(electro magnetic suspension，EMS)，也称电磁悬浮型，是指采用常导磁铁

(即普通磁铁),导轨为导磁体,装在车上的常导磁铁励磁后产生磁力吸向导轨,使车辆悬浮的磁悬浮列车。其车辆和轨面之间的间隙与吸引力的大小成反比。为了保证这种悬浮的可靠性和列车运行的平稳性以及直流电机有较高的功率,必须精确地控制电磁铁中的电流,才能使磁场保持稳定的强度和悬浮力,使车体与导向轨之间的间隙始终在10～15 mm左右。这种列车制造及运营成木较低,其悬浮控制属于不稳定型。

根据驱动列车所用直线电机类型的不同,常导磁吸式磁悬浮列车还可分为两种:一是采用长定子同步直线电机推进,这种方式效率较高,速度也较快,主要用于高速运行,列车速度可达400～500 km/h,这种列车典型代表是德国的 TR 系列磁悬浮列车;二是采用短定子感应直线电机推进,效率较低,速度也较低,主要适用于低速运行,列车速度一般为50～100 km/h,典型代表是日本的 HSST 系列磁悬浮列车。

2. 超导排斥式

超导排斥式(electro dynamic suspension,EDS),也称电动悬浮型,是指利用磁极同性相斥的原理,采用超导磁铁,使车辆在轨道上浮起的磁悬浮列车(图 8-3)。由于磁场特别强,因此,车辆悬浮高度较高,一般可达 100 mm 左右。推进装置采用长定子同步直线电机。这种类型的磁悬浮列车运行速度较高,一般可达 500～600 km/h,且所需费用较高,但悬浮控制属于稳定型。

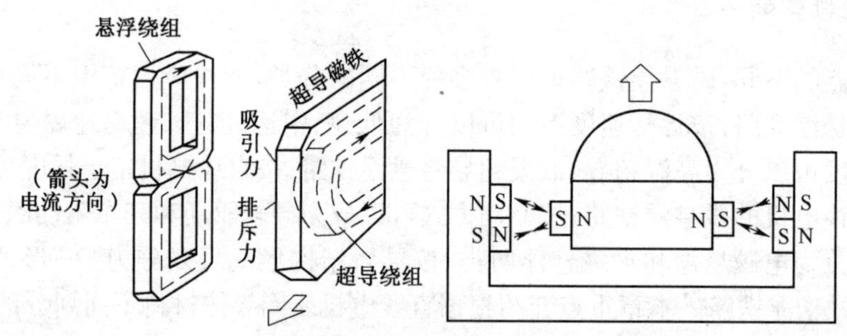

图 8-3 超导排斥型磁悬浮列车悬浮原理

两种形式磁悬浮铁路比较见表 8-2。

表 8-2 常导与超导高速磁悬浮铁路主要技术经济比较

项 目	常导磁悬浮系统(德国 TR 系列)	超导磁悬浮系统(日本 MLX 系列)
悬浮方式	常导吸引	超导排斥
悬浮磁铁	常导电磁铁	低温超导磁铁
悬浮高度	8～10 mm	约 100 mm

续上表

项　目	常导磁悬浮系统(德国 TR 系列)	超导磁悬浮系统(日本 MLX 系列)
牵引电机	长定子直线同步电机	长定子直线同步电机
最高试验速度	600 km/h(2020 年 6 月 21 日)	620 km/h(2023 年 4 月 2 日)
最高营运速度	431 km/h(上海机场高速磁悬浮线)	还未投入营运
适用速度范围	高、中、低均可	高速
低速时车体支承	悬浮磁力	车轮
磁悬浮、导向控制	精确的闭环控制	自稳定性,不需控制
技术关键	磁悬浮、导向间隙的精确控制	低温超导
运营成本	低	高

根据所采用的超导材料不同。超导排斥式磁悬浮可分为低温超导磁悬浮和高温超导磁悬浮两种类型,低温超导磁悬浮采用−269 ℃液氦冷却。这种列车的典型代表为日本 MLX 型低温超导磁悬浮列车,其试验速度已达到 581 km/h。高温超导磁悬浮采用−192 ℃液氮冷却。这是一种更有广阔应用前景的超导方式,目前,我国西南交通大学等科研团队,在低温超导磁悬浮列车的研制方面,取得了可喜的重大突破,进入样车调试阶段。

二、超导的概念

1911 年,荷兰莱顿大学的物理学家卡茂林-昂尼斯意外地发现,将汞冷却到−268.98 ℃时,汞的电阻突然消失;后来他又发现许多金属和合金都具有与上述汞相类似的低温下失去电阻的特性,由于它的特殊导电性能,卡茂林-昂尼斯称之为超导态。卡茂林也由于这一重大发现而获得了 1913 年的诺贝尔奖,并引起了世界性的震动。在他之后,人们开始把处于超导状态的导体称之为“超导体”。超导体的直流电阻率在一定的低温下突然消失,被称作零电阻效应。导体没有了电阻,电流流经超导体时就不会发生热损耗,电流可以毫无阻力地在导线中流动,从而产生超强磁场。

1933 年,荷兰的迈斯纳和奥森菲尔德共同发现了超导体的另一个极为重要的性质。即:当金属处在超导状态时,这一超导体内的磁感应强度为零,并把原来存在于体内的磁场排挤出去。他们在对单晶锡球进行实验时发现:锡球过渡到超导态时,锡球周围的磁场突然发生变化,磁力线似乎一下子被排斥到超导体之外去了,人们将这种现象称之为“迈斯纳效应”。

后来人们还做过这样一个实验:在一个浅平的锡盘中,放入一个体积很小但磁性很强的永久磁体,然后把温度降低,使锡盘出现超导性,这时可以看到,小磁铁竟然离开锡盘表面,慢慢地飘起,悬空不动。

迈斯纳效应的发现有着重要的现实意义,它可以用来判别一种物质是否具有超导性。

为了使超导材料有实用性，人们开始探索高温超导。从1911年至1986年，超导温度由水银的4.2 K提高到23.22 K（0 K＝－273 ℃）。1986年1月发现钡镧铜氧化物超导温度是30 K；当年12月30日，又将这一纪录刷新为40.2 K；1987年1月升至43 K，不久又升至46 K和53 K；当年的2月15日发现了98 K超导体，很快又发现了14 ℃下存在超导迹象。由此，高温超导体的研究取得了巨大突破，使超导技术开始走向大规模应用。

超导材料和超导技术的应用前景十分广阔。人们可以利用超导现象中的迈斯纳效应制造超导列车和超导船。由于这种交通工具将在无摩擦状态下运行，可以大大提高它们的速度和安静性能。超导列车已于20世纪70年代成功地进行了载人可行性试验，并于1987年开始试运行。虽然利用超导材料制造现代交通工具在技术上还存在一定的障碍，但其良好的发展前景已经在人们面前展现，并可以预期，在不远的将来，人类将会实现常温（300 K左右）超导的梦想。

常温超导材料若付诸实用，将对未来的工业技术革命开辟新的纪元。这是因为常温超导材料可以应用于很多领域，诸如精密测量、卫星通信、军事侦察和信息储存、交通、医学、科学研究等方面。例如，用超导线绕制的超导线圈，具有磁场强、体积小、重量轻、耗电少等显著优点，被称为第三代磁体；超导材料的零电阻特性还可以用来制造大型磁体和输变电，超高压输电会有很大的损耗（通常称为“电损”），而利用超导体则可最大限度地降低损耗。但目前，由于临界温度较高的超导体还未进入实用阶段，从而限制了超导输电技术的运用。随着科学研究的不断深入和科学技术的发展，新型超导材料的不断涌现，超导输电将在不久的将来得以实现。

超导磁体在核物理、高能物理中的应用也十分广泛。用超导材料能制成大功率的发电机和电动机。超导材料制成的电机线圈，磁感应强度可提高5～10倍，允许电流密度可提高100～1 000倍，在同样功率下，电机重量可大大减轻，这对减轻飞机、高速铁路列车等运载工具的自重意义重大。

但是，现有的高温超导体还处于必须用液态氮来冷却的状态，它由于制冷技术复杂、代价高而很难推广使用。因此，只有在常温下实现超导，才具有现实意义。因此，提高超导的临界温度，是当前世界各国科学家面临的一个重大课题。但人们仍认为超导是20世纪世界最伟大的科学发现之一。

三、工作原理

下面主要以TR系统的磁悬浮列车为例，介绍磁悬浮列车的工作原理。

（一）悬浮原理

常导磁吸式（EMS型）磁悬浮列车，在T形梁翼底部为同步直线电机的定子，其下方为安装在车体上的悬浮电磁铁，该电磁铁同时兼作同步直线电机的转子。悬浮电磁铁通电时产生磁场，成为电磁铁，与直线电机定子的铁芯产生吸引力，把磁悬浮车往上拉向定子。利用距离

传感器控制悬浮电磁铁与定子的距离(即悬浮气隙),保持在 10 mm 左右。

超导磁斥式(EDS 型)磁悬浮列车,是在车辆底部安装超导磁体(放在液态氦储存槽内),在轨道两侧铺设一系列铝环线圈。列车运行时,给车上线圈(超导磁体)通电流,产生强磁场,地上线圈(铝环)与之相切割,在铝环内产生感应电流。感应电流产生的磁场与车辆上超导磁体的磁场方向相反,两个磁场产生排斥力。当排斥力大于车辆重量时,车辆就浮起。因此,超导磁斥式就是利用置于车辆上的超导磁体,与铺设在轨道上无源线圈之间的相对运动来产生悬浮力,将车体抬起的(图 8-4)。

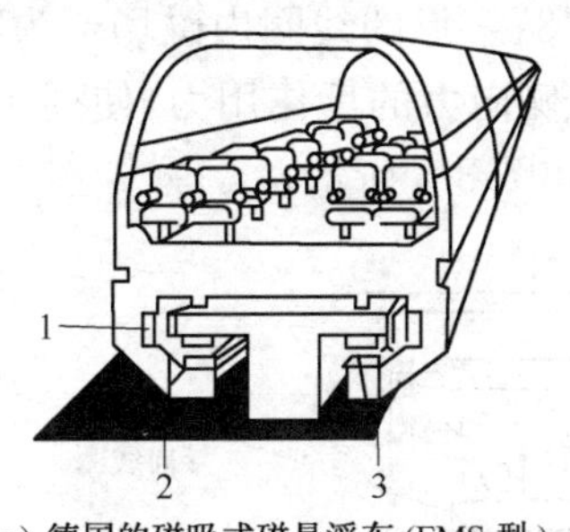

(a) 德国的磁吸式磁悬浮车 (EMS 型)

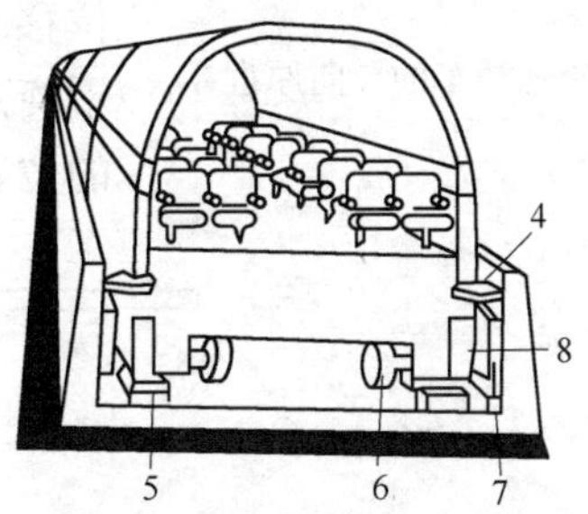

(b) 日本的磁斥式磁悬浮车 (EDSG 型)

图 8-4 磁悬浮原理比较

1—前导磁铁;2—导向与制动轨;3—磁悬浮与推进电磁铁;4—前导轨;
5—磁悬浮磁铁;6—支撑轮;7—推进磁铁;8—超导磁铁

(二)导向原理

轮轨列车的导向是靠车轮的轮缘与钢轨之间的相互作用实现的,而磁悬浮列车是利用电磁力的作用进行导向。

1. 常导磁吸式导向系统

它是在车辆的两侧面安装一组专门用于导向的电磁铁。当车辆运行发生左右偏移时,车上的导向电磁铁与导向轨的侧面相互作用,产生一种排斥力,使车辆恢复到正常位置,并和导轨两侧之间保持一定的间隙。当车辆的运行状态发生变化时(如运行在曲线或坡道上时),控制系统通过控制导向磁铁中的电流来保持这一侧向间隙,从而达到控制列车运行方向的目的。德国 TR 系统采用的就是这种方式。

2. 超导磁斥式导向系统

一般采用三种方式:

(1)通过安装在车辆上的机械导向装置实现列车的导向。该装置采用车辆上的侧向导向辅助轮,使之与导轨侧面相互作用(滚动摩擦)以产生复原力,使这种力与列车沿曲线运行时的侧向力相平衡,从而使列车始终保持沿着导轨中心线运行。

(2)安装导向超导磁体在车辆上,使之与导轨侧向的地面线圈或金属带产生磁斥力,并使

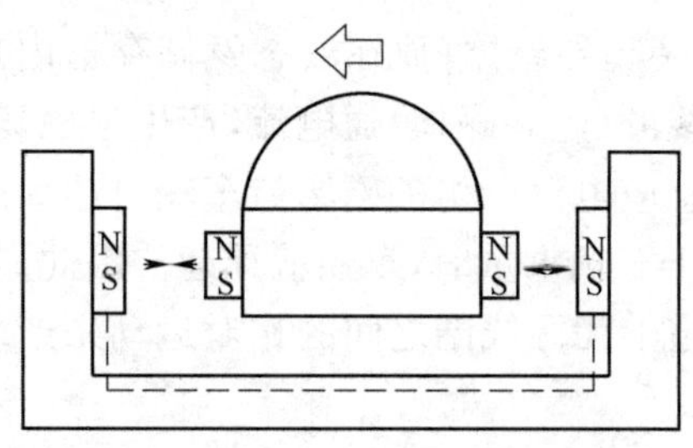

图 8-5 超导磁悬浮车的导向原理

该力与列车侧向作用力相平衡，从而使列车始终保持正确的运行方向。该导向方式只要控制侧向地面导向线圈中的电流，就可以使列车保持一定的侧向间隙，并避免了机械摩擦，如图 8-5 所示。

(3)“零磁通量”导向系统。沿线路中心线均匀铺设“8”字形的封闭线圈，当列车上超导磁体位于该线圈的对称中心线上时，线圈磁场为零；而当列车发生侧向位移时，“8”字形的线圈内磁场不为零，并产生一个以平衡列车侧向力的反作用力，使列车回到线路中心线的位置，如图 8-6 所示。

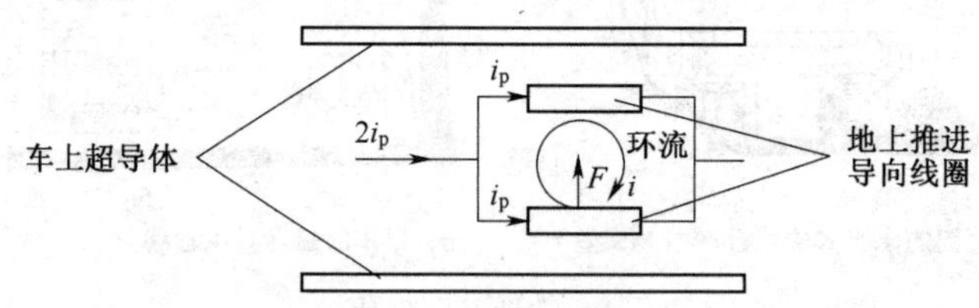

图 8-6 利用磁力导引的磁悬浮列车导向原理

(三)牵引原理

由于磁悬浮列车是悬浮在一定的高度，使“车轮”与导轨脱离，故不再是依靠它们之间的摩擦力产生牵引力使车辆前进了，而是采用一种叫作直线电机的牵引装置作为列车的牵引动力。这种无接触的牵引工作原理类似于转动的同步电动机，只是它将旋转的电机定子切开，并且沿着线路方向展开，这样，在定子上产生的就不再是一个旋转的行波磁场，而是一个移动的行波磁场。列车的悬浮电磁铁通电后，就成为电动机的转子(励磁磁极)。路轨上的定子中三相绕组产生的移动行波磁场作用在车上的悬浮磁铁(转子)上，产生同步的电磁牵引力，引导磁悬浮列车前进或后退。同步直线电机驱动如图 8-7 所示。调节定子供电的频率与电压，即可改变磁悬浮列车的运行速度。

(四)供电原理

1. 非接触式的供电原理

由于 TR 系统的磁悬浮列车运行时与轨道完全无接触，其列车车载控制、照明、空调等设备的用电以及导向电磁铁和悬浮电磁铁的供电，均来自车载电源(镍镉可充电电池组和整流设备)和直线发电机。车载电源的充电，在列车运行时是由直线发电机提供；停站时由车站的供电轨(列车到站后受流器与供电轨接触)供电。直线发电机是将三相绕组固定放在悬浮磁铁

上。当列车运行时，由于速度的变化以及定子槽电压的作用，装在悬浮磁铁上的三相绕组将产生感应交流电(图 8-8)，经整流后可供列车用电。这些高频磁场分量因列车运行时惯性较大，对列车悬浮控制影响不大。

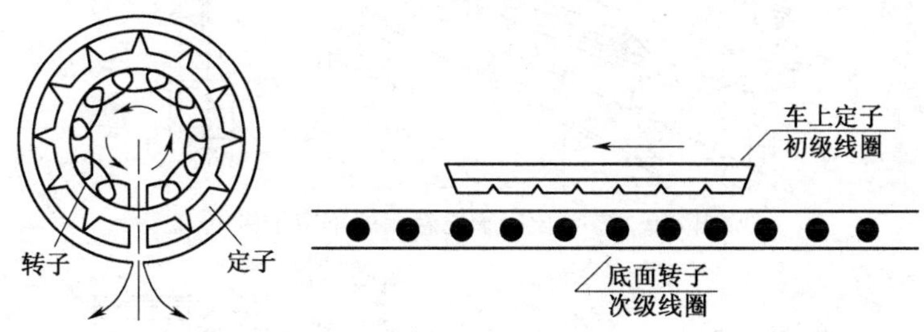

图 8-7　HSST 直线电机原理

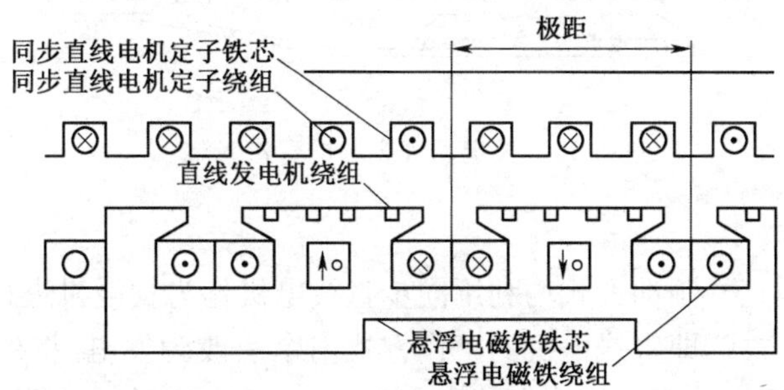

图 8-8　直线发电机结构

2. 同步直线电机定子的供电原理

如前所述，TR 系统的磁悬浮列车的动力和其他用电全部从同步直线电机定子上获取。定子分段铺设于线路上，且每段的长度不等，视列车在该段的运行速度、加速度、爬坡、转弯等情况及车体长度而定，一般为 300～2 000 m(图 8-9)。定子线圈的供电来自沿线的变电站，一般变电站相隔在 25～40 km。两个变电站之间只允许有一个列车运行，而且仅对列车所在的那一段定子供电，其他线路段则无电。

由于定子安装在线路上，因而可以根据该段线路的具体情况(如爬坡或加速)，确定该段直线电机的功率，再确定为这段线路供电变电站的功率与距离(图 8-10)，而无须像轮轨列车那样按整个线路可能出现的最大功率需求来确定列车上的电机功率。直线同步电机的控制，采用 VVVF 变压变频高速方式。

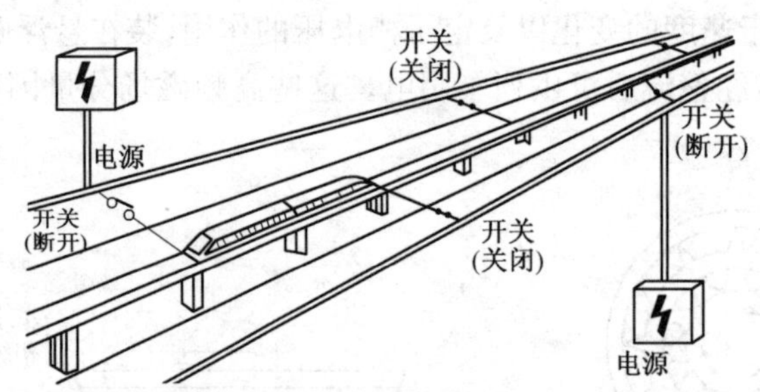

图 8-9　常导长定子磁悬浮列车定子供电

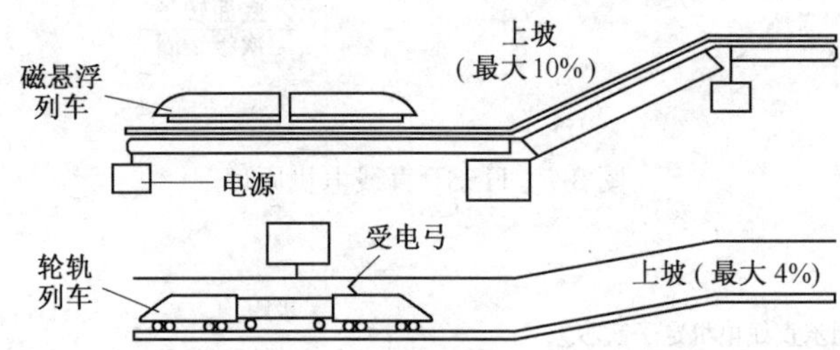

图 8-10　长定子直线电机容量确定

(五)制动原理

常导磁悬浮列车的正常制动方式均利用同步直线电机作为发电机进行控制。当列车高速运行时,采用再生制动方式,即直线电机的工作方式由牵引改为发电,将列车的动能转化为电能回馈给电网,以降低列车速度。当列车速度较低时,再生制动改为电阻制动,即电能不再反馈给电网,而是消耗在变电站的特殊电阻上以热的形式散发,当列车的速度很低时,直线电机改为反接制动,即电机的牵引方向与列车的运行方向相反,直到列车停止。当长定子供电产生故障导致直线电机制动失灵或需要紧急制动时,采用涡流制动方式,即车上的涡流制动磁铁励磁,使侧向导轨上产生涡流,形成对列车的涡流制动力。

(六)控制原理

传统的轮轨列车依靠轮轴短路两根钢轨上传输的电信号来确定列车的位置,而磁悬浮列车无轮轨系统,不能采用这种方式。TR 系统的磁悬浮列车的定位由两部分构成:一是在线路上的定子下方每隔大约 500 m 设置有电磁性标志板,列车经过时,即读取标志板上绝对地址;二是标志板之间的定位靠记录经过的定子齿槽数而获得,定子齿槽间距为 8.6 cm。因此,TR 系统的磁悬浮列车定位精度较高。

磁悬浮列车以无线通信方式与地面进行联系。沿线路大约每隔 300 m(视线路具体情况而定)有一根无线电杆(图 8-11),采用 38 MHz 的高频专用信道以安全编码方式与列车进行双

向通信，传输所有与行车安全有关的指令及数据。与安全无关的信号则通过其他频道传输。

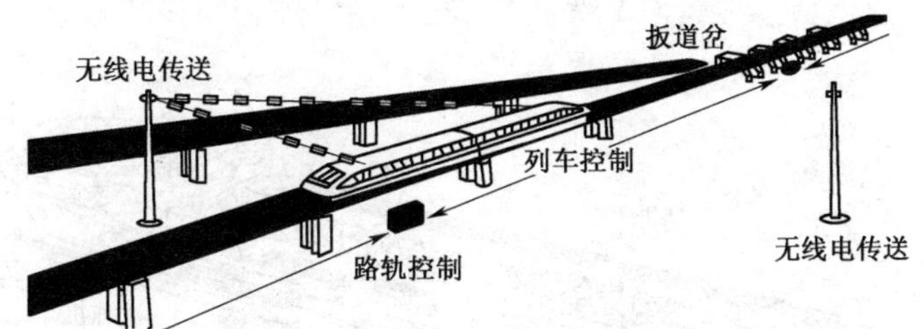

图 8-11　常导磁悬浮列车的通信

TR 系统的磁悬浮列车自动控制系统由三级构成：第一级为中央控制中心；第二级为分区控制中心（设在变电站）；第三级为列车控制系统。每一级都由高可靠独立冗余（三取二）安全计算机系统构成，其中列车两端各有一套独立的计算机系统。正常情况下由一套计算机系统工作，另一套热机备用。一旦工作系统出现异常，备用系统立即自动投入工作，并实现列车安全停车。

第三节　磁悬浮铁路技术的发展

磁悬浮铁路的关键技术主要体现在磁悬浮铁路的主要行车设备上。相对于轮轨铁路，磁悬浮铁路的行车设备比较简单，主要由车辆、线路、供电和运行控制等设备组成，但在技术标准上要求却非常高。

一、磁悬浮铁路的车辆

磁悬浮铁路的车辆是一种不与轨道接触的运载工具，它是磁悬浮铁路的重要组成部分。从磁悬浮铁路产生到现在，随着时代的发展和制式要求的不同，其车辆也在不断发生变化。尤其是最近十几年来，各国对磁悬浮车辆的外形、材料和结构都做了较大的改进。

磁悬浮车辆的构造如图 8-12 所示。

无论其结构和外形如何变化，磁悬浮车辆一般都由三大部分构成：即客室、操纵室、动力室。客室占的比重较大，内设若干排座椅；在动力室中，设有冷却风扇、冷冻机空调器和辅助动力装置等设备。此外，磁悬浮车上还有燃料电池、超导磁体等，有的还设有车辆转向架，用于车辆未浮起或减速停车着地时起辅助支持车体。

从 1962 年起，日本经过多次的试验和研究，于 20 世纪 70 年代先后推出了 ML100、LSM200、ML100AT 和 ML500 等不同型号的试验车。1977 年在宫崎试验线上，对倒 T 形导轨和跨座式 ML500 试验车进行了无人驾驶试验。该车体长 13.5 m,重约 10 t,是当时空气阻力最小的空载试验车。1979 年 12 月创造了时速 517 km 的当时世界最高纪录。

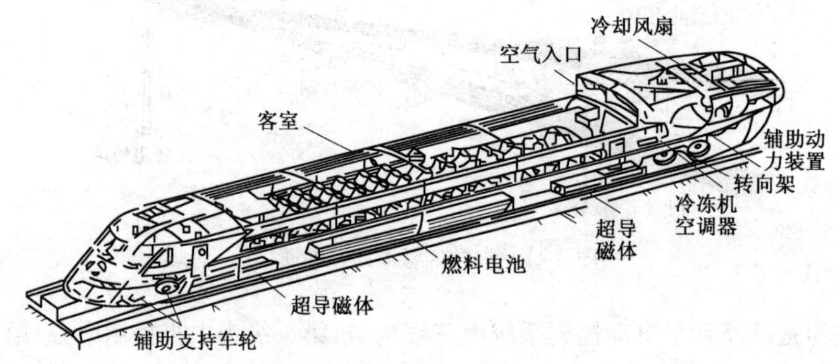

(a) 倒 T 形导轨上的磁悬浮车辆

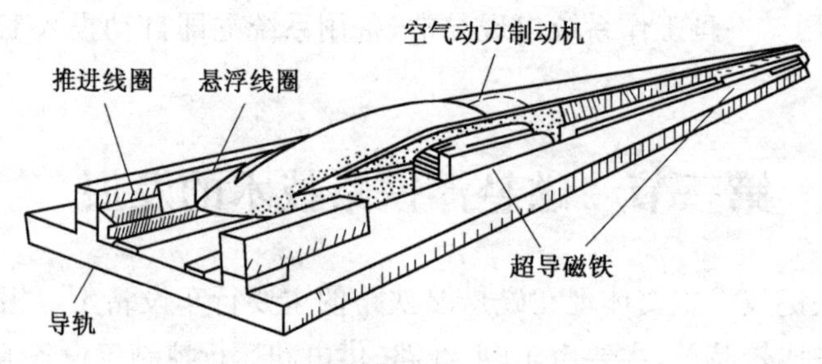

(b) U 形导轨上的磁悬浮车辆

图 8-12　超导磁悬浮车辆的构造

1980 年,为使磁悬浮铁路向更实用化的阶段迈进,日本将线路的基本形状改进成 U 形断面,同时,开发了箱形的试验车 MLU001 号。该试验车由转向架、二系弹簧装置和车体等构成。车辆长 28.8 m,宽 3 m,高 3.3 m。采用线性同步电机驱动,最高时速达 400 km。其横断面构造如图 8-13 所示。

随后,日本对 MLU001 号又做了改进,推出 MLU002 号试验车。该车车身长 22 m,宽 3 m,高 3.7 m,重约 17 t,相当于新干线车辆质量的 1/3。车内设有 44 个座席,座席背面有显示屏。列车在行进过程中,可以将前方景物清晰显示在液晶电视屏幕上。

此外,日本航空公司研制了适合市郊或机场使用的中高速磁悬浮列车 HSST 车。它采用常导磁吸式,用感应线性电机驱动,1978 年在东扇岛长 1.6 km 的试验线上速度达到 307 km/h。HSST 系列磁悬浮车按设计的运营计划可以编成列车运行。列车两端的车辆长 21.8 m,载运 112 人,中间车辆长 18.2 m,载运 120 人,速度可达 300 km/h。

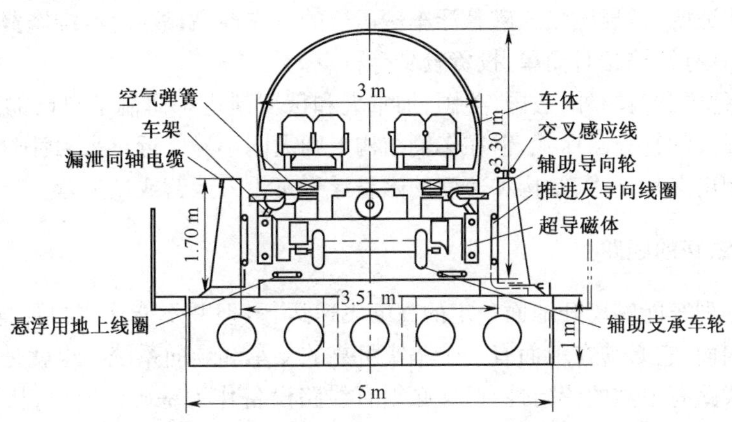

图 8-13　日本 MLU001 试验车及 U 形轨道断面

1996 年，日本为适应山梨试验线侧面悬浮方式的需要，又研制出磁悬浮车辆 MLX01 型，称为日本第二代磁悬浮列车。该列车由 3 辆试验车编组而成，全长 101.9 m，高 3.23 m。车辆连接采用铰接式转向架，即一个转向架分别连接两个车厢，以此来降低车辆高度，减少高速运行空气阻力以及车厢电磁场影响。

在超导磁悬浮车辆上采用摩擦制动（轨面摩擦、车轮盘型）、电气（再生、电阻）制动、空气阻力制动等形式。

德国从 20 世纪 70 年代初开始研制 TR 系统常导磁吸式磁悬浮列车。1974 年采用的 TR04 型磁悬浮车，采用异步短定子，车辆长 15 m，宽 3.4 m，重 20 t，最高时速为250 km。1983 年推出的 TR06 型磁悬浮列车为同步长定子，由两辆车组成，长 54 m，宽 3.7 m，重120 t，可载客 200 人（图 8-14），最高时速 400 km。在 TR06 车型基础上改进的 TR07 型磁悬浮列车，最高运行速度为 450 km/h，且安全运行达 20 多万 km，表明技术基本成熟。

图 8-14　运行于西门子试验段的磁悬浮列车

多年的实践证明，常导磁吸式磁悬浮车辆运行的可靠性高，故障少，维修费用低，与超导磁悬浮车辆相比，具有结构相对简单、投资较少等特点。

除了日本、德国和英国外，法国、美国、加拿大和俄罗斯也都研制了自己的磁悬浮列车，分别采用常导磁吸式和超导磁斥式，但在车辆结构上则大同小异。近年来，我国在磁悬浮试验样车的基础上研制出多种制式、结构和速度的磁悬浮列车投入运营或试运营。

二、磁悬浮铁路的线路

虽然磁悬浮列车能够离开地面一定的高度飞速运行，但并不能像飞机那样以空气为依托在空中飞行。因而，它必须在地面有一个坚实可靠的支承和导向系统。也就是说，它虽不像传统铁路那样对线路有强烈的依附性，但又必须有线路设备作为基础。所以，从这个意义上讲，磁悬浮列车仍然属于陆地交通运输工具——铁路的范畴。

磁悬浮铁路的线路作为其基本组成部分和走行基础，在构造上必须满足磁悬浮列车运行的基本要求。因为磁悬浮列车不但在构造和原理上与传统铁路的列车不同，而且采用不同的悬浮方式，对线路的要求也不一样。磁悬浮铁路的悬浮、导向和推进设备，无论什么形式，都是采取一部分安装在车辆上，一部分安装在线路上，因此，磁悬浮铁路的线路结构必须与磁悬浮车辆相适应。尤其是直线电机设备，对磁悬浮铁路的线路平面的平整度要求非常高。

磁悬浮铁路与现代铁路一样，可以修建在路基上或类似地下铁道的隧道内，或者修建在高架桥上。为了减少磁悬浮铁路与城市或其他道路间的相互干扰，减少占用土地，并使线路的平顺性和刚度能够满足直线电机的技术要求，修建高架磁悬浮铁路的线路具有更大的优越性。虽然修建地下铁道与高架线路有相同的优点，但由于其工程量大、造价昂贵、施工困难，因此，修建高架磁悬浮铁路线路是大多数国家磁悬浮铁路的首选。

由于磁悬浮列车施加于线路上的载荷与传统铁路不同，它是分布荷载。因此，磁悬浮铁路的桥梁设计荷载可以低于传统铁路，甚至低于公路。故磁悬浮铁路高架桥体的尺寸可以明显减少，从而大大降低工程造价。

磁悬浮铁路高架线路的横断面一般采用 U 形、T 形或倒 T 形，如图 8-15 所示。

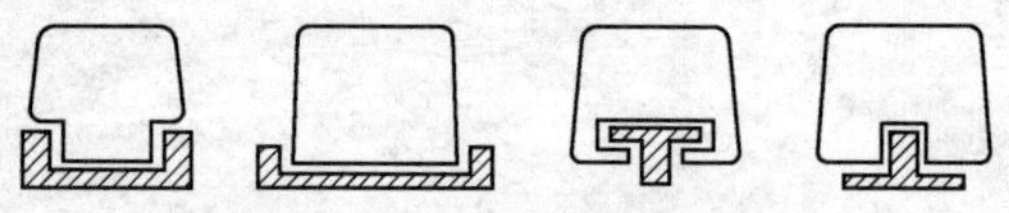

图 8-15　磁悬浮铁路高架线的横断面

磁悬浮铁路线路的高架桥一般采用块体拼装式连续梁钢筋混凝土结构，跨度约 20～30 m。立柱式墩台采用深基或桩基基础，直径约为 0.8～1.2 m，梁柱间采用铰接，橡胶

支座的调高范围为 20～60 mm。梁底至地面之间距离(净空)不小于 5 m。高架线路有单线和复线两种。线路的最大坡度可以比传统铁路大。线路平面曲线半径一般在6 000～10 000 m。例如，日本宫崎试验线全长 7 km，全部采用高架结构，始点和终点均为桁式钢架结构，中部为空心板梁，跨度为 15.4 m，最小曲线半径为 10 000 m，大部分为平直地段；德国的埃姆斯兰试验线，全长 31.5 km，整个线路采用高架式，最大坡度为 35‰，北环线最小曲线半径为 1 690 m，南环线最小曲线半径为 1 000 m。

从 1994 年 9 月开始修建的柏林—汉堡 285 km 磁悬浮铁路，线路基本上与现有的铁路平行，除一小部分线路在坡道上与地面持平外，大部分线路为高出地面 5 m 的高架线，线路最大坡度为 100‰。最小曲线半径则根据不同的列车速度进行设计：时速 500 km 时曲线半径为 4 415 m；时速 400 km 时曲线半径为 2 825 m；时速 200 km 时曲线半径为 705 m；车站曲线半径则为 350 m。

1990 年开始，日本修建了 42.8 km 的山梨磁悬浮铁路，该线为复线设置，线间距为5.8 m。最大坡度为 40‰，最小曲线半径为 8 000 m，全线有 14 座隧道，隧道总长约为 34 km。为了解决气压变化、微气压波、走行阻抗等高速运行与隧道的矛盾，该线采用大断面隧道，隧道最大宽度为12 m(新干线为 9.6 m)，高为 8.3 m(新干线为 7.8 m)。从断面比来看，隧道断面面积为 71 m^2，车辆断面面积为 9.3 m^2，车辆断面只占隧道断面的 12%(新干线车辆断面约占隧道的 26%)。

磁悬浮铁路上的感应轨和轨道上的联结件一般采用无磁钢。日本研制的无磁钢强度比不锈钢高 1 倍以上，价格却比不锈钢低 30%。

磁悬浮铁路若要改变列车运行的方向，也需要采用道岔转换来实现。但其道岔的形式与传统铁路却有很大差别。它不使用尖轨、辙叉等形式，而采用活动轨转辙方式(图 8-16)，由主动轨、从动轨、调整轨、结合轨、转动装置、锁定装置和操作机构等组成。

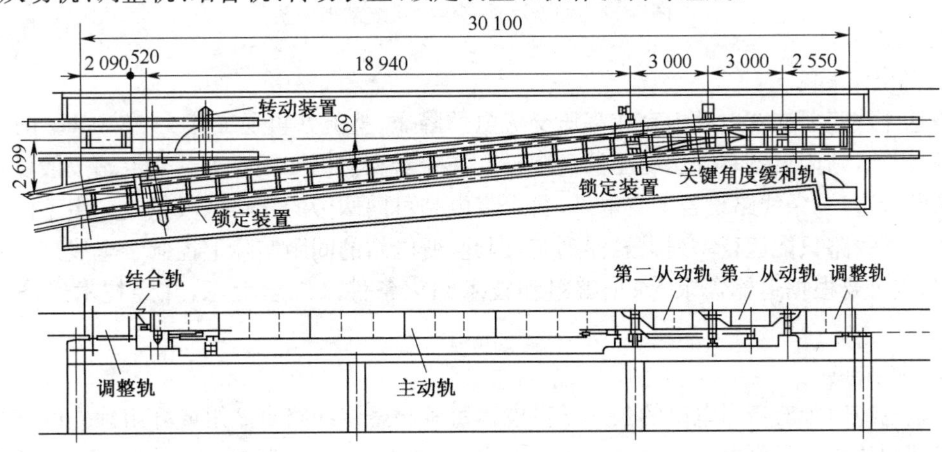

图 8-16　磁悬浮铁路道岔转换装置(单位：mm)

磁悬浮列车需要改变运行方向时，主动轨转动，从动轨也随之转动；当转到规定部位时，由结合轨进行连接。调整轨调整定位后，由锁定装置进行锁闭。于是，列车可以安全地转变运行方向。经过多次试验证明，其安全性、可靠性和耐久性都完全可以满足要求。

三、磁悬浮铁路的供电

磁悬浮铁路的供电系统一般由变电站、沿线供电电缆、开关站和其他供电设备组成。

磁悬浮列车的供电系统通过给地面长定子线圈供电来提供列车运行所需的电能。首先，从 110 kV 的公用电网引入交流高压电，通过降压变压器降至 20 kV 和 1.5 kV，然后整流成直流电，再由逆变器变成 0～300 Hz 交流电，升压后通过线路电缆和开关站供给线路上的长定子线圈，在定子和车载磁铁之间形成牵引力，如图 8-17 所示。磁悬浮列车系统的整流、变流及电机定子等设备均在地面，因此，对设备的体积和重量以及抗震性能等均无严格要求。

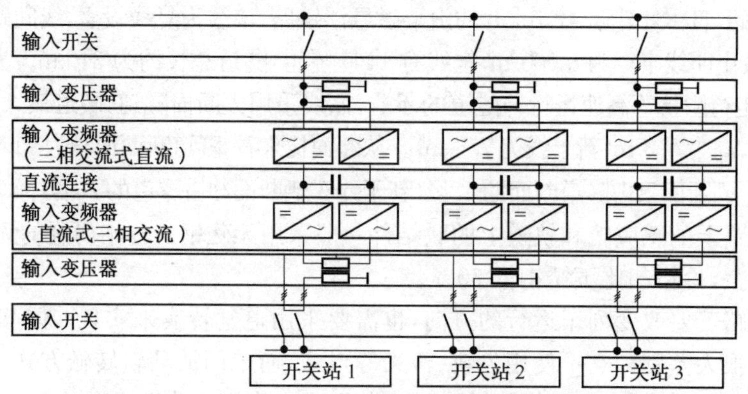

图 8-17　磁悬浮铁路供电系统逻辑关系

1. 变电站

磁悬浮铁路要在变电站内完成高压交流电的降压、整流并再逆变成 0～300 Hz 的交流电等任务，因此，站内设备有降压变压器、整流器、逆变器和输出变压器等。变电站一般设在磁悬浮线路的旁边，一条线路设若干变电站，每个变电站可向两旁的线路区段供电。由于两个变电站之间每条线路只能运行一列磁悬浮列车，因此，变电站的间距实际上控制了全线列车运行的密度，其设置要根据运输需求、列车编组和技术约束条件来综合考虑，并经技术经济分析后确定。

2. 供电电缆

供电电缆用于对牵引电机的长定子供电。每条磁悬浮线路有 2 组或 3 组独立的三相电缆对线路两侧的长定子供电。

3. 开关站

开关站沿磁悬浮铁路的线路分布，将同一供电区间的电机长定子分为若干小段(数百米)，在列车通过时交替接通。设置开关站的目的是减少供电电缆在定子段上的功率损失。

4. 其他供电设备

磁悬浮铁路除了对长定子供电以外，还需要给相关电气设备供电，如道岔、车/线数据传输天线、车站或停车点的静止列车等。

四、磁悬浮列车的控制

磁悬浮列车运行控制系统(OCS)是一个安全控制与防护系统。其基本任务是:控制列车运行，确保行车安全，提高运输效率，实现列车运行的自动化。所以，磁悬浮列车的运行控制系统不仅仅是实现列车运行的安全控制与防护，还兼有列车运行的管理和调度等功能。

要保证磁悬浮列车高速、安全地运行，并能根据运行中车辆、线路的状况随时调整运行计划，迅速处理运行中的各种突发事件，列车的运行安全控制必须实行自动化。磁悬浮列车运行控制系统按照已存储的行车时刻表对列车进行中央自动控制，包括按照时刻表给定的时间和地点准确操纵列车的驱动和制动过程。常规的列车控制任务不是由司机操作而是完全由运行控制系统来履行。因此，该系统具有很高的自动控制和防护功能，一般无须人工干预列车的运行，只是在清除故障或发生突发事件时才需要司机按照操作顺序进行人工干预。

磁悬浮列车运行控制系统的任务还包括调度、处理与记录列车运行情况及故障诊断数据，为操作人员与乘客介绍最新信息。因此，该运行控制系统是整个磁悬浮铁路正常运转的根本保障。它包括所有用于安全保护、控制、执行和计划的设备，还包括用于设备之间相互联系的通信设备。

磁悬浮列车运行控制系统由三级构成:第一级为中央控制中心;第二级为分区控制中心;第三级为列车控制系统。中央控制中心与分区控制中心、分区控制中心与无线基站、分区控制中心与开关站间的通信由光缆传输;列车控制系统(列车上)之间的通信通过 38 GHz 的高频无线微波传输。

1. 中央控制中心

中央控制中心的主要功能是安排行车计划、编制运行图、指挥和调度列车运行。根据线路条件按计划发出列车;当列车出现故障或冲突时，根据情况的变化改变或撤销计划;通过比较预定计划和实际运行情况，实现整个系统的优化运行。为保证计划的正常执行，控制中心通过数据传输设备从下属分区控制系统取得各种信息，进行计算分析并提出运行调整计划。同时，中央控制中心还负责保存各种技术数据，用于进一步的统计分析和故障诊断。此外，中央控制中心负有向乘客发布列车运行信息的任务。

2. 分区控制中心

分区控制中心直接参与列车的控制和运行。它的主要功能是保证本区段内列车的运行安

全，对本段各种设备状况进行监护和维护，将各种信息传给中央控制中心，并在非计划情况下执行中央控制中心的指示，对设备状态和列车运行进行人工干预。

分区控制中心借助轨道上的数字密码化的位置标记准确地测定列车的位置，不断监控列车是否超过了容许速度的限制。如果超过则自动切断相应供电区间的电源；如果需要还可以开启列车制动装置，保证运行安全。此外，系统还负有确保路段上列车之间的距离、保护道岔及车站工作人员安全、保证运营设施其他功能和过程安全的责任。

3. 列车控制系统

列车控制系统的主要功能是对各种车载设备进行检测和控制，保证它们正常工作。磁悬浮列车车辆的每列末节车厢均配备了速度运行控制装置，通过车厢总线实施通信。控制装置从定位分系统接收其定位信息，以便监视列车的运行速度和状态。这些数据由无线微波传输系统发送至分区控制中心，然后经分区控制中心发送至中央控制中心。通过移动无线传输，车上的列车保护系统始终和分区控制中心及中央控制中心保持无线通信联系，使列车运行状况的数据得以及时传给中央控制中心并接受后者对行车计划的调整命令。列车控制系统的监控设备会随时比较当前运行数据与计划运行数据，一旦两者的差别超出允许范围，就启动列车保护系统，使列车迅速减速或停车。

五、磁悬浮铁路的维修

磁悬浮铁路与轮轨铁路之间的最大差别是很少有机械摩擦和接触，这一特性使其在运用维修及作业内容上较传统的轮轨铁路要简单得多。磁悬浮铁路的列车、线路、供电、运行控制等系统之间始终保持相互联系、相互影响、相互制约，车辆、线路、供电、运行控制系统的运行及工作状况通过列车配置的监测设备自动检测，并自动传递至维护管理系统(MMS)。

磁悬浮列车的维修一般在动车段(所)进行。维修库内设置车底、走行部以及车厢内上、中、下三个作业面检修平台，可实行平行作业，避免维修工艺流程与设备、运输车辆间的相互干扰，便于立体展开列车各种维修检测工作。由于磁悬浮列车运行时无摩擦、无磨损，因此，其日常维修工作量很少，列车停修时间短，列车的利用率较高，且检修动车段(所)的规模一般也比较小。

磁悬浮铁路的维修可分为计划性维修和临修两大类。实行定期预防修和状态修相结合，以预防修为主的维修原则。运行控制中心将计划性维修和临修作业均衡地安排在每天的行车组织计划中，满足对单个零部件及列车的维修保养要求。通过合理配置运用维修设施和维修人员，提高磁悬浮列车及各项设备的运用效率。

磁悬浮铁路的各类设备均有在线自动故障诊断系统，监测并获取各个零部件的运行状态和数据，通过冗余件替代故障零部件，保证列车正常运行。当列车入库及线路停止工作后，由中央控制中心将接收的在线诊断警报进行整理，根据处理故障的优先级，制定出临(维)修计划

和列车运用计划，向沿线各段（所）发出指令并执行维修任务。

磁悬浮列车一般白天运行，晚上返回动车段（所），因此，车辆、供电、线路及运行控制系统等设备设施均利用这一时间，按照中央控制中心下达的维修计划书，进行平行维修作业。

磁悬浮铁路车辆、供电、运行控制系统的维修对象主要是电子器件，一般采取定期检测和更换模块的方式进行，不需要大规模的专用检修设备和设施，而线路结构（含道岔、定子铁芯、定子线圈、供电轨等）的维护主要包括日常检查、清扫及必要的调整，配置的检修设施宜简易、便捷。

第四节　我国磁悬浮铁路的研究与发展

长期以来，我国科研部门高度重视磁悬浮铁路的研究和开发。20 世纪 70 年代开始组织有关专家进行磁悬浮铁路技术发展的跟踪和研发工作，形成了中国铁道科学研究院、西南交通大学、国防科技大学、中国科学院电工研究所等研究团队，并在中低速技术方面取得了一些重大研究成果。

一、我国磁悬浮铁路的研究

早在 20 世纪 70 年代，我国科技工作者对于磁悬浮交通系统的进展就给予了关注。一些大学、研究机构开展了基础性研究，如国防科技大学在 20 世纪 80 年代开始研制小型磁悬浮实验系统，对电磁浮机理进行了理论分析、实验研究；中国科学院电工所在 20 世纪 70 年代中期开始了直线感应电机驱动的研究，对直线感应电机端部效应、直线电机的设计及计算方法进行了理论研究和实验；西南交通大学和中国铁道科学研究院在 20 世纪 80 年代也对磁悬浮的原理进行了探讨和研究。

在各单位研究工作推进的基础上，国家科委在“八五”期间组织了“磁悬浮列车关键技术”的科技攻关。由中国铁道科学研究院牵头，国防科技大学、中国科学院电工所、西南交通大学、北京交通大学参加，主要研究对象为低速磁悬浮列车。通过项目实施，基本掌握了低速电磁吸引式短定子直线感应电机驱动磁悬浮的悬浮、驱动等关键技术。

经过近五十多年艰苦努力，我国目前已成为继德国、日本、英国之后第四个掌握磁悬浮铁路技术的国家。我国是目前世界上磁悬浮铁路技术研究种类最多的国家之一。在导体材料方面包括超导、常导磁悬浮技术；在应用速度范围方面包括超高速、中低速磁悬浮技术；在直线电机方面包括长定子同步电机、短定子异步电机技术；在驱动方式方面包括列车驱动、驱动技术；甚至在车轨结构方面包括磁悬浮列车技术、磁悬浮飞机技术等。尤其是西南交通大学研究团队的“世纪号”低温超导磁悬浮铁路技术是世界范围内的独有技术。但同时，我们也清楚地看到，我国磁悬浮铁路技术的研究虽然取得了可喜的成果，但距工程化、实用化、规模化发展还有相当大的距离，还需要我国广大科技工作者加强内外交流，学习国外最新科技成果，创新发展，开发出满足我国未来地面交通运输发展需要的磁悬浮铁路技术。

二、上海磁悬浮铁路的建设

当前，我国在磁悬浮铁路的发展方面正面临两个重大的选择：一是根据中国国情，在选择交通运输方式时，是大力发展高速公路、航空还是大力发展轨道运输，而在轨道运输中是发展高速铁路还是发展磁悬浮铁路；二是如果要发展磁悬浮铁路，应该如何发展。磁悬浮铁路与其他高速运输工具技术经济的对比分析情况见表 8-3。

表 8-3　磁悬浮铁路与其他高速运输工具的技术经济比较

项　　目	磁悬浮铁路	高速铁路	高速公路	航　　空
最高速度(km/h)	500	380	160	1 200
占用土地(hm^2/km)	15	30	122	52
运量	大	大	中	小
单位能耗[W·h/(人·km)]	320(400 km/h)，较小	160～380，较小	320(160 km/h)，大	770(1 000 km/h)，最大
线路维护成本	低	较高	高	较低
设备维护成本	低	高	较高	高
建造成本(万美元/km)	416～464，高	216～232，较高	375，较高	100～500，中等

鉴于我国国情，同时，基于我国在磁悬浮铁路技术方面的研制基础与专业技术队伍的状况以及德国、日本的高速磁悬浮列车技术已经发展到建造实际运营线的阶段等现实，2000 年，我国决定采取引进技术建设磁悬浮铁路试验运营线的方式，推进我国磁悬浮铁路技术及相关产业的发展。经过多方比较，决定与德国合作，在上海浦东国际机场至上海地铁二号线龙阳路车站间，建造全长 30 km 的磁悬浮铁路示范运营线——简称上海磁悬浮铁路线。该线于2001 年 3 月 1 日正式开工。经过 22 个月的施工，2002 年 12 月 31 日世界第一条磁悬浮列车示范运营线——上海磁悬浮铁路线实现通车(图 8-18)，列车最高速度达到了430 km/h，全线运行时间为 7～8 min。

上海磁悬浮铁路示范运营线采用“常导磁吸型”(简称“常导型”)磁悬浮技术。它利用“异性相吸”的原理设计，在列车两侧转向架上安装悬浮电磁铁和铺设在轨道上的磁铁，在磁场作用下产生吸力使车辆浮起来。

该列车在车厢底部及两侧转向架顶部安装电磁铁，在“工”字轨的上方和上臂部分的下方分别设反射作用板和感应钢板，通过控制电磁铁的电流，使电磁铁和轨道间保持 1 cm 的间隙，让转向架和列车间的吸引力与列车重力相互平衡，利用磁铁吸引力将列车浮起 1 cm 左右，使列车悬浮在轨道上运行。因此，它要求精确控制电磁铁的电流。

图 8-18　上海磁悬浮示范运营线的磁悬浮列车

悬浮列车的驱动和同步直线电动机原理一样，是在位于轨道两侧的线圈里通上交流电，将线圈变成电磁体，由于它与列车上的电磁体的相互作用，使列车"开动"。因此，该列车头部的电磁体 N 极被安装在靠前一点的轨道上的电磁体 S 极所吸引，同时又被安装在轨道上稍后一点的电磁体 N 极所排斥。列车前进时，线圈里流动的电流方向就反过来，即原来的 S 极变成 N 极，N 极变成 S 极。循环交替，列车向前奔驰。

磁悬浮列车的稳定性由导向系统来控制。它是在列车侧面安装一组专门用于导向的电磁铁。列车若发生左右偏移，列车上的导向电磁铁便与导向轨侧面的电磁铁相互作用，产生排斥力，使车辆恢复正常位置。列车如运行在曲线或坡道上时，控制系统通过对导向磁铁中的电流进行控制，达到控制运行速度和方向的目的。

上海磁悬浮铁路示范运营线的一个供电区内只能允许一辆列车运行，轨道两侧 25 m 处有隔离网，上下两侧有防护设备。曲线半径一般为 8 000 m，最小的半径为 1 300 m。轨道全线两边 50 m 范围内装有隔离装置。

由于该工程地处上海市浦东区，腐蚀环境介于海洋性和内陆大气环境之间，雨量中等、盐雾影响较大，钢铁腐蚀严重。因此，施工中必须对磁悬浮铁路工程的全部钢结构进行整体长效防腐，才能实现一次防腐终身受益的目的。上海磁悬浮铁路建设及施工单位经过细致的调研和缜密的论证，决定选择电弧喷涂技术对磁悬浮列车轨道功能件进行长效防腐。针对磁悬浮列车轨道钢结构工件形状复杂、大小不一、防腐质量要求高等特点，施工单位制定了详细可行的施工措施，对工件内壁采用手工电弧喷涂，确保了防腐施工的质量。

经过各国科学工作者数年的精心研制和技术发展，磁悬浮铁路的诸多优势已经开始显现，有专家、学者甚至称它是 21 世纪最理想的陆上客运交通运输工具。目前，世界各国开始重视磁悬浮铁路的技术研发。日本、德国、英国、美国和我国已在磁悬浮铁路技术的研发上取得重大的历史性突破。经过深入研发，磁悬浮铁路将有可能作为一种新型的交通运输工具，以其高速、安全、舒适、方便、环保的崭新面貌出现在世人面前，成为人们出行的又一项选择。

本章小结

本章对磁悬浮铁路的产生、发展及主要技术设备的工作原理进行了详细的介绍。简要介绍我国的磁悬浮铁路的研究及发展及上海浦东机场磁悬浮试验线的运行情况，分析了磁悬浮铁路目前尚存在的不足，展望了未来发展的前景。

复习思考题

1. 何谓超导？
2. 简述磁悬浮铁路的工作原理。
3. 简述磁悬浮铁路的主要特点及优势。
4. 简述磁悬浮车辆的构造及制动原理。
5. 简述磁悬浮列车运行控制系统的特点、任务及构成。

参 考 文 献

[1] 胡思继. 交通运输学[M]. 北京:人民交通出版社,2001.
[2] 魏庆朝,孔永健. 磁悬浮铁路系统与技术[M]. 北京:中国科学技术出版社,2003.
[3] 钱立新. 世界高速铁路技术[M]. 北京:中国铁道出版社,2003.
[4] 朱惠忠. GSM-R 通信技术与应用[M]. 北京:中国铁道出版社,2005.
[5] 黄方林. 铁路运输新设备[M]. 北京:中国铁道出版社,2005.
[6] 卢祖文. 客运专线铁路轨道[M]. 北京:中国铁道出版社,2005.
[7] 胡思继. 综合运输工程学[M]. 北京:清华大学出版社,北京交通大学出版社,2005.
[8] 佟立本. 铁道概论[M]. 北京:中国铁道出版社,2006.
[9] 杨中平. 新干线纵横谈:日本高速铁路技术[M]. 北京:中国铁道出版社,2006.
[10] 董锡明. 现代高速列车技术[M]. 北京:中国铁道出版社,2006.
[11] 杨广庆. 高速铁路路基设计与施工[M]. 北京:中国铁道出版社,2006.
[12] 严陆光. 磁浮交通文集[M]. 北京:中国电力出版社,2007.
[13] 李向国. 高速铁路技术[M]. 北京:中国铁道出版社,2008.
[14] 黄民. 铁路"十一五"发展战略研究[M]. 北京:中国铁道出版社,2008.
[15] 韩宝明,李学伟. 高速铁路概论[M]. 北京:北京交通大学出版社,2008.
[16] 钱仲侯,高速铁路概论[M]. 北京:中国铁道出版社,2009.
[17] 刘建国. 铁路运输管理体制改革模式研究[M]. 北京:经济科学出版社,2010.
[18] 刘建国. 高速铁路动车组[M]. 北京:中国铁道出版社,2014.
[19] 左大杰. 高速铁路动车组运用管理与行车组织[M]. 北京:科学出版社,2015.
[20] 杨铁军. 产业专利分析报告[M]. 北京:知识产权出版社,2014.
[21] 洪从鲁. 高速铁路动车组操纵与安全[M]. 成都:西南交通大学出版社,2017.
[22] 中国铁路总公司. 铁路技术管理规程(高速铁路部分)[S]. 北京:中国铁道出版社,2014.
[23] 刘建国. 高速铁路信号与通信[M]. 北京:中国铁道出版社,2017.
[24] 闻映红. 中国高速动车组列车电磁兼容技术[M]. 北京:中国铁道出版社,2018.
[25] 洪从鲁,张洪河. 高速铁路动车组牵引系统维护与检修[M]. 成都:西南交通大学出版社,2019.
[26] 邓海. 京张智能高速动车组(列车)[M]. 上海:上海科学技术文献出版社有限公司,2020.
[27] 刘志明,王文静. 高速铁路动车组[M]. 北京:中国铁道出版社有限公司,2021.
[28] 徐传波,于文涛,程迪. 高速铁路动车组网络技术[M]. 成都:西南交通大学出版社有限公司,2021.
[29] 刘建国. 高速铁路运输组织:第 2 版[M]. 北京:中国铁道出版社,2015.
[30] 中国铁路总公司. 高速动车组概论[M]. 北京:中国铁道出版社,2015.
[31] 刘建国. 城市轨道交通概论:第 3 版[M]. 北京:中国铁道出版社有限公司,2023.
[32] 隋东旭. 高速铁路动车组餐饮服务[M]. 北京:北京交通大学出版社有限公司,2023.